Mensenhandel op
klaarlichte dag

E. Benjamin Skinner

Mensenhandel op klaarlichte dag

Vertaling Gerda Baardman,
Lidwien Biekmann en Kitty Pouwels

Cossee
Amsterdam

Voor mijn moeder: mijn geweten, en
Voor mijn vader: mijn gevoel voor humor

Er is maar één lafaard op aarde,
dat is de lafaard die niet durft te weten.

W.E.B. Du Bois

Oorspronkelijke titel *A crime so monstrous*
© 2008 E. Benjamin Skinner
en Free Press, Simon & Schuster, Inc. New York
Nederlandse vertaling © 2010 Gerda Baardman,
Lidwien Biekmann, Kitty Pouwels en Uitgeverij Cossee bv, Amsterdam
Omslagillustratie © Corbis
Boekomslag Marry van Baar
Foto auteur Alessandra Petlin / Edge
Typografie binnenwerk Aard Bakker, Amsterdam
Druk HooibergHaasbeek, Meppel

ISBN 978 90 5936 280 2 | NUR 130 / 600

Inhoud

Voorwoord

Iedereen weet natuurlijk wat slavernij is. Daarover hebben we gelezen in talloze geschiedenisboeken en we hebben er documentaires en films over gezien. Slavernij is afschuwelijk. Slavernij is onmenselijk. Slavernij bestaat niet meer. Maar dat laatste klopt niet. In alle delen van de wereld is de slavernij juist springlevend. Zoals Ben Skinner laat zien, is het zelfs zo dat er tegenwoordig meer slaven zijn dan ooit tevoren, hoewel ze een kleiner percentage van de wereldbevolking vormen dan vroeger.

De algemene roep om de afschaffing begon, zoals iedereen weet, in de negentiende eeuw. In die tijd was slavernij een openlijke en wettige praktijk, die werd verdedigd en gepraktiseerd door mensen als Thomas Jefferson en de machtige Engelse parlementariër Banastre Tarleton. Tegenwoordig kan niemand meer openlijk enige vorm van slavernij toestaan. Maar slavernij bestaat nog steeds, en wordt over het algemeen door de meeste mensen en door de media genegeerd. Hoe wijdverbreid is het? Hoe kunnen we er een einde aan maken? Dat zijn nog steeds de grote vragen die schandelijk genoeg niet worden beantwoord. Ben Skinner brengt daar verandering in.

Maar het is wel gecompliceerd. Activisten en beleidsmakers zijn het zelfs over de definitie van slavernij niet eens. Sommige mensen vinden dat alle prostituees slavinnen zijn; sommigen vinden zelfs dat de prostitutie de enige vorm van hedendaagse slavernij is. Dat absurde standpunt verwijst de miljoenen mannen en vrouwen die feitelijk in slavernij leven maar niet in de seksindustrie werken, naar een niemandsland. Als bijvoorbeeld in Oeganda het Verzetsleger van de Heer (LRA) een veertienjarig meisje ontvoert en haar dwingt te gaan werken als onbetaalde drager en concubine, dan is dat volgens elke definitie slavernij. In New York dwong een criminele familie honderden doofstomme Mexicanen met snuisterijen te leuren in de metro. Als deze mannen en vrouwen hun dagelijkse portie niet hadden verkocht, werden ze door de handelaars geslagen of kregen ze een schok met een stroomstootwapen. Ook dat is slavernij.

Ben Skinner neemt de lezer mee naar een aantal van de meest afschuwelijke oorden ter wereld. Door zich te verplaatsen in de positie van de hedendaagse slaven en mensenhandelaars, door langs lange, moeilijke wegen op zoek te gaan naar de oorzaken van het probleem, brengt Skinner de spoken aan het licht die tegenwoordig op de wereld rondwaren.

Mensen die de slavernij het best begrijpen, hebben slaven of overlevenden ontmoet, of zijn zelf ontsnapt aan de ketenen van de slavernij. Dat geldt bijvoorbeeld voor Tom Lantos. Tijdens de Tweede Wereldoorlog dwongen de nazi's de zestienjarige Lantos tot slavenarbeid in zijn geboorteland Hongarije. Miljoenen andere Joden hebben dat niet kunnen navertellen. Maar Lantos overleefde het niet alleen: hij heeft tegen de nazi's gevochten en is uiteindelijk ontsnapt naar Amerika. Hij is de enige voormalige slaaf (en de enige overlevende van de Holocaust) in het Amerikaanse Congres, waar hij voorzitter is van de machtige Commissie Buitenlandse Zaken van het Huis van Afgevaardigden. Door zijn steun aan de wetgeving tegen mensenhandel blijft Lantos zich inzetten voor andere slachtoffers van hetgeen hij zelf heeft meegemaakt. Maar Lantos is een zeldzame uitzondering: een gepassioneerde, machtige man die vrijelijk over de persoonlijke ervaringen uit zijn verleden kan vertellen.

Wat nooit vergeten mag worden is dat slaven op de eerste plaats mensen zijn. Hun leven is vol verdriet en onrechtvaardigheid, maar zoals Skinner laat zien, zijn het ook mensen met humor, mensen die blij kunnen zijn. Net zoals alle andere mensen. Net zoals vrije mensen.

Dit boek gaat ook over de mensen die profiteren van de ellende van slaven. Skinner heeft in vier werelddelen meegemaakt dat er mensen werden verkocht, en hij is de eerste schrijver die deze handel blootlegt. In Port-au-Prince biedt een mensensmokkelaar hem een meisje van tien jaar aan voor vijftig dollar. In Boekarest stelt een pooier voor een jonge vrouw in te ruilen voor een tweedehands auto.

Ondanks de gruwelen die ze te verdragen krijgen, weten sommige slaven er toch bovenop te komen. Zoals een Haïtiaanse kindslaaf, die na een moedige reddingsactie een beroemde drummer wordt. En een Oost-Europese seksslavin, die zich weet te bevrijden en de moed heeft te getuigen tegen haar mensenhandelaars. Een jong meisje dat is bevrijd uit gevangenschap in een huis in de buitenwijken van Miami, pleegt het ultieme verzet door te herstellen, onderwijs te volgen en weer te durven dromen.

De uitbanning van de slavernij lijkt soms misschien een hopeloze zaak. Slavernij is een ongrijpbaar en verwarrend kwaad dat nog steeds bestaat, ondanks twaalf internationale conventies tegen de slavenhandel en driehonderd internationale verdragen die slavernij verbieden.

Maar toch is dit een gevecht dat we moeten winnen. De wereldwijde afschaffing moet een prioriteit blijven totdat de laatste slaaf is bevrijd. Omdat slavernij een verborgen misdaad is, is het vooral erg belangrijk er bekendheid aan te geven, het verschijnsel in al zijn gedaanten te tonen. Als de mensen het aan den lijve voelen, zullen ze begrijpen dat deze monsterlijke misdaad, mensenhandel op klaarlichte dag, geen politiek onderwerp is, maar de verantwoordelijkheid van iedereen.

Daarom zijn er ook tegenwoordig nog abolitionisten. En daarom moeten wij ons allemaal bij hen aansluiten.

Richard Holbrooke

Inleiding

Stel dat de stafofficier van Robert E. Lee in 1862 niet zijn drie sigaren was verloren. Stel dat de gevechtsplannen van generaal Antietam, die om de drie sigaren gewikkeld zaten, niet in handen van de Unionisten waren gevallen. Of stel dat George McClellan die informatie niet had gebruikt om de rebellen tegen te houden in het bloedigste gevecht van de Amerikaanse geschiedenis. Stel dat een aldus machteloos geworden Lincoln niet de Emancipatieproclamatie had getekend. Stel dat het Zuiden had gewonnen en de slavernij naar het Westen had gebracht.

Stel dat Japan tachtig jaar later zijn racistische rijk had beperkt tot Azië en Pearl Harbor niet had aangevallen. Stel dat Hitler, ongehinderd door de Geconfedereerde Staten van Amerika, een halt had toegeroepen aan de gestage opmars van de vrijheid sinds Engeland in 1807 de slavenhandel verbood.

Met andere woorden: stel dat er nog een wereld was waarin de ideologieën die de slavernij goedkeurden nog steeds overeind stonden.

Die scenario's hebben zich allemaal niet afgespeeld. En toch zijn er tegenwoordig meer slaven dan er ooit in de geschiedenis zijn geweest.

In zijn boek *Disposable People* (1999) beweerde een bescheiden wetenschapper, Kevin Bales, dat er op dat moment wereldwijd 27 miljoen slaven waren, die hij definieerde als mensen die onder bedreiging van geweld werden gedwongen zonder betaling te werken. Dat was een verbijsterend aantal, zelfs in vergelijking met andere verschrikkelijke tijdperken. Onder Stalin waren er in de Goelag in de Sovjet-Unie 5 miljoen slaven. De nazi's hebben in totaal 12 miljoen mensen tot slavernij gedwongen, maar maakten die in zo'n hoog tempo af dat er een veel minder groot aantal tegelijk in leven was.

Alleen in het jaar 1861 kwam het aantal slaven in de buurt van het aantal van tegenwoordig. In dat jaar waren er 3,8 miljoen slaven in de Verenigde Staten: dat was meer dan in de rest van de wereld bij elkaar.[1] Hoewel de slavernij in die periode in het grootste deel van Europa was afgeschaft, waren er in die tijd in Rusland naar schatting 23 miljoen lijfeigenen, maar die schatting van een bolsjewistische schrijver die de excessen van de communistische revolutie wilde rechtvaardigen, is bedrieglijk.[2] Een lijfeigene was een onderdaan die onder de wet viel, ook al had hij minder rechten dan een vrije burger, en had vaak bezit, terwijl een slaaf volgens de wet het bezit van iemand anders was.

Tegenwoordig is slavernij overal illegaal. Maar als er één slaaf bestaat in een wereld waarin de slavernij wettelijk is afgeschaft, dan kan het bij nadere beschouwing ook zo zijn dat er miljoenen slaven zijn.

Bales geeft toe dat zijn cijfers verre van exact zijn. John Miller, de antislavernijpaus van Amerika, zei tegen me: 'De slachtoffers staan niet keurig in de rij om zich te laten tellen, Ben.' Bales stond open voor kritiek in de hoop ongelijk te krijgen. Maar de regionale onderzoeken die vervolgens werden uitgevoerd versterkten zijn beweringen alleen maar. Uit een uitgebreid rapport van de Internationale Arbeidsorganisatie blijkt dat er alleen al in Azië 10 miljoen dwangarbeiders zijn. Het wereldwijde aantal moest dus wel gigantisch zijn. En voor mij niet te bevatten.

'De dood van één mens is een tragedie,' schijnt Stalin, die wel bekend was met het onderwerp, te hebben gezegd, 'de dood van een miljoen mensen is een cijfer.' Dat was de eerste reden waarom ik dit boek wilde schrijven. Ik kon niet bewijzen wat het exacte aantal slaven was en dat wilde ik ook niet proberen. Maar ik wilde wel laten zien wat slavernij voor hen betekent.

De tweede reden om aandacht aan het onderwerp te schenken was dat mijn regering dat ook deed. Een week voor de verkiezingen van 2000 ondertekende president Bill Clinton een wet die bescherming bood aan de slachtoffers van mensenhandel. Voor het eerst zag een Amerikaanse president de wereldwijde afschaffing van slavernij als een nationale taak van Amerika. De nieuwe wet vroeg om programma's teneinde de slavernij uit te bannen en schreef voor dat het Amerikaanse ministerie van Buitenlandse Zaken landen in categorieën moest indelen op grond van hun inspanningen op dat gebied. De Eerste Categorie was voor landen die vooruitgang boekten op het gebied van de afschaffing. Als een land in de Derde Categorie viel, werd het berispt vanwege het gedogen van slavernij en kon het op sancties rekenen. John Miller, van wiens bureau het rapport afkomstig was, wilde op die manier de praktijken van buitenlandse regeringen aan de kaak stellen.

Aan de kaak stellen. Een slap aftreksel van het ingrijpen van de Britse Koninklijke Marine in de negentiende eeuw. In een periode van zeventig jaar sneuvelden 2000 Britse matrozen bij de bevrijding van 160.000 slaven.

Toch was deze moderne Amerikaanse strijd tegen slavernij van historisch belang. President Lincoln wist met het beëindigen van de slavernij buitenlandse steun te verwerven voor de Unie, terwijl president George W. Bush de macht van zijn land gebruikte om steun te verwerven voor het beëindigen van mensenhandel en -uitbuiting. John Miller, zijn ridder in de strijd, begon in dezelfde periode voor die zaak te werken als ik. In dit boek zijn daarom zijn ervaringen en bevindingen verweven met de mijne.

Drie voorbehouden. Ten eerste wat betreft de terminologie. Om de cijfers van Bales inhoud te geven, moet het woord slavernij ook een vastgestelde inhoud hebben. Ik neem zijn definitie over. Ik heb tientallen mensen ontmoet die zichzelf slaaf noemen. Die mensen hadden vaak een tragische geschiedenis. Er waren veel kindslaven bij. Velen werden vreselijk misbruikt. Maar in dit boek geldt dat zij geen slaven zijn als ze niet voldoen aan alle drie de criteria van Bales: gedwongen tot arbeid, door bedrog of bedreiging, zonder betaling – hooguit voor maaltijden en onderdak.

Het tweede voorbehoud betreft de reikwijdte; die is in dit boek zeer beperkt. Ik heb in vijf jaar tijd twaalf landen bezocht en gesprekken gevoerd met meer dan honderd slaven, slavenhandelaars en overlevenden. Dat is geen homogene groep. Ze hadden allemaal hun eigen verhaal, waarvan ik er hier maar een paar vertel. Er zijn miljoenen slaven die ik niet heb bereikt en tientallen landen waar ik geen onderzoek gepleegd heb.

Tot slot een voorbehoud betreffende de feiten. Ik heb acht namen gewijzigd. In Europa vroeg 'Tatjana' of ik haar, haar medeslavinnen en de mensenhandelaars een pseudoniem wilde geven; ook voor mijn tussenpersonen in de Roemeense en Turkse onderwereld heb ik een pseudoniem gebruikt. In India wilde 'Gonoo' dat ik zijn naam en die van zijn oudste zoon veranderde. Slaven in pre-industriële maatschappijen zoals in Zuid-Soedan hebben maar zelden een westers tijdsbesef, dus de chronologie van hun persoonlijke verhaal is misschien niet correct. Ik kon de meeste – maar niet alle – verhalen controleren, en als ik onjuistheden ontdekte, vermeldde ik die. Ik heb valuta omgerekend in dollars en een inflatiecorrectie toegepast. Verder heb ik geen details veranderd.

Het eerste wat John Miller ooit tegen me zei, was dat de slavernij het grootste mensenrechtenprobleem is van mijn generatie. Daar had hij gelijk in. Maar in elk nieuw land dat ik bezocht, beschouwde ik het in de eerste weken als mijn belangrijkste taak een slaaf te vinden. Pas als ik met de juiste personen had gesproken, vaak lieden van twijfelachtig allooi, kon ik door de spiegel stappen. Dan waren opeens overal slaven. Ik heb me vaak afgevraagd of ik de slaven die ik ontmoette niet zou kunnen redden. Op één uitzondering na heb ik dat niet gedaan. Ik ondernam geen actie om individuen te helpen, in de hoop dat ik er met dit boek veel meer zou kunnen redden. Maar nu ik dit zo opschrijf, voelt het nog steeds als een excuus voor mijn lafheid.

Mensenhandel op klaarlichte dag

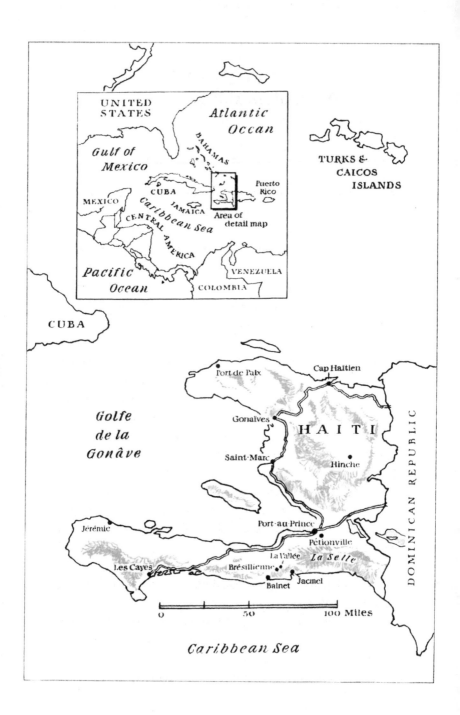

1

De rijkdom van de armen

Laten we er voor de gelegenheid van uitgaan dat het middelpunt van het morele universum in Kamer S-3800 van het Secretariaat van de vn in Manhattan ligt. Op vijf uur daarvandaan kun je op klaarlichte dag onderhandelen over de verkoop van een gezond kind, een jongen of een meisje. Je kunt – vrij naar Henry Ford – een slaaf in elke gewenste kleur krijgen, zolang het maar zwart is. Maximumleeftijd: vijftien jaar. Je kunt hem of haar overal voor gebruiken. Meestal is het seks of huishoudelijk werk, maar je mag het zelf weten.

Laten we, voordat u vertrekt, duidelijk vaststellen wat u gaat kopen. Een slaaf is iemand die door bedrog of bedreiging met geweld gedwongen wordt te werken zonder vergoeding, behalve voor eten en onderdak. Mee eens? Goed. Misschien denkt u dat u niet meer de kans hebt om een slaaf te kopen. Misschien denkt u dat de 360.000 soldaten die in de Amerikaanse Burgeroorlog hun leven hebben gegeven voor de Emancipatieproclamatie en het Dertiende Amendement een einde hebben gemaakt aan de slavernij. Misschien denkt u dat de twaalf internationale conventies om de slavernij uit te bannen werkelijk iets voorstelden en dat de 30 miljoen mensen die zijn omgekomen in de wereldoorlogen door dat offer voor wereldwijde vrijheid hebben gezorgd.

Maar u hebt geluk. Volgens onze definitie zijn er tegenwoordig meer slaven op de wereld dan ooit tevoren. Als u er echter binnen vijf uur een wilt kopen, moet u zich vooral niets aantrekken van zaken als de wet of de morele vooruitgang van de mensheid. Dan moet u voortmaken.

Allereerst neemt u een taxi naar jfk International Airport. Als u via de Queensboro Bridge naar de Brooklyn-Queens Expressway gaat, rijdt u daar binnen een uur naartoe. Zonder bagage bent u snel genoeg door de douane om een directe vlucht naar Port-au-Prince in Haïti te halen. Vliegtijd: drie uur.

Het laatste uur is het vreemdst. Als u bent uitgestapt, loopt u over het asfalt naar de terminal, waar trommelaars in voodoo-outfit en een dansende dwerg u begroeten met een lied.[1] Op grond van de waarschuwingen van de Transportation Security Administration die u in de vertrekhal van JFK hebt zien hangen, verwacht u op Toussaint L'Ouverture Airport misschien een vreselijke chaos. Maar er staan keurige rijen voor de balie waar de visa worden afgestempeld, niemand vraagt om smeergeld, u hoeft maar even op uw tas te wachten en daarna zoeft u langs de douane. Buiten staan taxichauffeurs en kruiers die opdringerig, maar niet bedreigend zijn. Aangenomen dat u geen Creools spreekt, zoekt u een Engelssprekende kruier en vraagt of hij voor 20 dollar een dag lang voor u wil tolken.

Vraag de tolk of hij een tap-tap voor u aanhoudt, het meest gebruikelijke vervoermiddel: een platte pickup waarop de eigenaar banken en een felgekleurd afdakje heeft gemonteerd. U zult er een paar keer een moeten nemen, maar u betaalt er maar 10 gourdes (25 dollarcent) voor. Meestal zijn ze beschilderd met teksten in steenkolenengels of Creools: op bijna alle tap-taps staat MY GOD of JESUS. Op de ene staat: MY GOD IT'S MY LIFE, op een ander: WELCOME TO JESUS. De meeste tap-taps zijn versierd: de voorruit zit vol franje, speeltjes en hommages aan mensen als Che Guevara, Ronaldinho of reggaelegende Gregory Isaacs. De chauffeur navigeert op zijn geheugen en instinct. Airco is er niet. Oordopjes komen goed van pas, want de stereo, die vaak meer kost dan de auto zelf, laat je stuiteren op de maat van Haïtiaanse pop en Amerikaanse hiphop. Er gaan wel twintig mensen mee: wonderbaarlijk genoeg blijkt er op een plekje van vijftien centimeter bank een vrouw te passen met een achterwerk zo groot als een tractorband. Zet uw rug maar schrap.

Als u het terrein van het vliegveld afrijdt, komt u langs twee soldaten van de VN-vredesmacht, de een met een Braziliaans embleem en de ander met een Argentijnse vlag. Terwijl u langs deze blauwhelmen rijdt, lacht en zwaait u; ze reageren met een sullige blik. De VN heeft hier ook Jordaniërs en Peruanen gestationeerd, die een kwartier verder naar het noordwesten in een geparkeerde jeep zitten, langs de rand van de zeer gewelddadige krottenwijk Cité Soleil, de armste en dichtstbevolkte tien vierkante kilometer van het halfrond. De vredessoldaten vertonen zich daar niet vaak, evenmin als de lokale politie. Als ze dat wel doen, worden ze beschoten door de criminelen die daar de touwtjes in handen hebben. Blijf dus uit de buurt, hoewel de prijs van kinderen er laag is. Misschien krijgt u er daar zelfs wel een gratis.

U moet de Route de Delmas nemen in de richting van de buitenwijk Pétionville, waar een groot deel van de dertig rijkste families die de economie van het land in hun macht hebben, een pied-à-terre bezit. Terwijl u van de kust naar het westen rijdt, verandert de geur van rotte vis in die van rotte groente. Er hangen veel uitlaatgassen. U komt langs een reclamebord met een foto van een klein meisje met staartjes en de tekst GEEF ME JE HAND. GEEF ME EEN TOEKOMST. WEG MET KINDSLAVERNIJ. Waarschijnlijk kunt u, net als de meeste Haïtianen, geen Frans of Creools lezen. U negeert het bord, net als zij dat doen.

Het zal u opvallen dat de straten van de Haïtiaanse hoofdstad net als de tap-taps propvol, uitgewoond maar kleurrijk zijn. De wegen zijn slecht tot abominabel en zelfs de stevigste SUV's worden afgeschuurd tot op het chassis. Sommige stukken van de Delmas zijn zo steil dat de truck begint te sputteren en afslaat.

Port-au-Prince is gebouwd voor ongeveer 150.000 mensen en is sinds 1804 nauwelijks legaal uitgebreid. In de laatste vijftig jaar zijn er 2 miljoen mensen van het platteland naar deze stad gekomen, dat is een kwart van de totale bevolking. En ze hebben hun dieren meegenomen. Kippen scharrelen in de straatjes, jongens lopen rond met een kemphaan aan een touwtje. Monsterlijk dikke varkens wroeten in het roetkleurige, rottende afval dat in bergen van tweeënhalve meter hoog op de straathoeken ligt of in de diepe afgronden naast de weg is gestort.

Uit een overvolle kerk klinkt een hartstochtelijk opgedragen mis.

De meeste Haïtianen zijn katholiek. Ondanks de inspanningen van de priesters doen de meesten ook aan voodoo. Op het platteland zelfs alleen maar.

Misschien ziet u een witte jeep of een busje met een sirene en een rood kruis, en in handgeschilderde letters het woord AMBULENCE erop. Misschien denkt u dat dit een ambulance is. Dat is het niet. Deze particuliere voertuigen worden alleen gebruikt om dode mensen te vervoeren. De nationale gezondheidszorg is zelfs in het gunstigste geval alleen sporadisch inzetbaar. Het jaarlijkse budget voor de gezondheidszorg van de VN-vredesmacht in Haïti is groter dan het hele jaarlijkse budget van het Haïtiaanse ministerie van Volksgezondheid.[3] Het is niet zo slim hier ziek te worden, zoals ik aan den lijve zou ondervinden.

's Nachts proppen degenen die een dak boven hun hoofd hebben zich in hun hutjes van multiplex of goedkope bouwblokken met een golfplaten dak. Deze krotten staan aan onbestrate weggetjes, die doorsneden worden door open riolen. De meeste mensen tappen elektriciteit af om een of twee lampjes te laten branden. Als er tenminste geen algemene stroomstoring is die de stad in het duister hult en een einde maakt aan de reggae en de hiphop. Dan heerst totale duisternis en een diepe stilte, afgezien van het nerveuze geblaf en de nachtelijke schoten uit de Cité Soleil en Pétionville. Alleen de lampen van de bewaakte VN-compound, die stroom krijgen van een generator, verlichten dan nog de damp die boven de stad hangt.

Maar nu, overdag, zijn de meeste Haïtianen, vooral de 70 procent die geen werk heeft, op de zweterige, dampende, stoffige straten. De mensen, mannen en vrouwen, urineren tegen een paal of in een greppel. Het heeft ook weinig zin daarvoor naar huis te gaan, want bijna niemand heeft thuis sanitair. De Haïtianen zijn erg op uiterlijk gesteld, maar omdat drie kwart van de bevolking moet rondkomen van minder dan 2 dollar per dag, hebben ze geen uitgebreide garderobe. Sommige mensen bedelen, zoals de vrouw van een jaar of dertig die midden op de Delmas zit. Een van haar borsten, afschuwelijk ontstoken en glinsterend van de pus, hangt uit haar shirt.

Sommigen proberen wat te ritselen. Er zijn meer dan 10.000

straatkinderen, voornamelijk jongetjes van een jaar of zes, van wie sommigen voor 1,75 dollar onveilige seks aanbieden. Haïti heeft het grootste percentage hiv-infecties buiten zuidelijk Afrika onder de Sahara,[4] en de Haïtianen die geloven dat seks met een maagd beschermt tegen aids of deze ziekte zelfs kan genezen, hebben de prijs van dat soort betaalde seks opgedreven tot wel 5 dollar. Haïti werkt als een magneet op sekstoeristen en pedofielen. Een van hen heeft een beoordeling geschreven in een online chatroom: 'De jongsten zijn nog kinkier [sic] dan de oudere vrouwen... Gewoon langs de weg parkeren en zeggen dat ze aan de slag moeten!!! Als de mensen je zien, negeren ze je gewoon. Er is geen politie, alleen de internationale vredesmacht is er nog.'[5] Mensen die hier wonen, beweren dat de economische bijdrage die de vredesmacht levert vooral via de bordelen gaat. Tegenover een vn-kamp aan een verder verlaten weg buiten Port-au-Prince doet de nachtclub Le Perfection goede zaken.

Als de stadsbewoners al werk hebben, is dat op onregelmatige basis. Een voorovergebogen man met ontbloot bovenlijf zeult met een ezelkar waarop een uitgebrand autowrak ligt. Een oudere vrouw houdt behendig honderd eieren in vijf lagen op haar hoofd in evenwicht. Een jongeman baant zich een weg over het drukke trottoir met twee grote matrassen op zijn hoofd. Overal klinkt het gerinkel van de schoenpoetsersbelletjes. Een oude man, waarschijnlijk niet ouder dan zevenenvijftig, de gemiddelde leeftijd die de Haïtianen bereiken, loopt achter een kruiwagen vol lege flessen. Hij ziet dat je lacht om zijn versleten, te grote T-shirt met een tekeningetje van Snoopy en Woodstock en de tekst KNUFFELIGSTE OMA VAN DE WERELD. Bruisend van vrolijkheid lacht hij terug met een tandeloze grijns. Veel mensen leuren met snuisterijen, bouillonblokjes, plastic zakjes met water, bananenchips, 'Megawatt' energiedrank of groenten in verschillende stadia van ontbinding.

Een man verkoopt opladers voor mobiele telefoons, waarmee hij langssluipende zwerfhonden een mep geeft. Een andere man op de Delmas verkoopt *rigwaz*, zweepjes van koeienhuid, en leren karwatsen. Die zijn voor andere doeleinden bestemd. '*Timoun se ti bet,*' zegt een Haïtiaans spreekwoord. 'Kinderen zijn kleine beesten.' *'Ti neg se baton ki fe I mache,*' zegt een ander spreekwoord. 'Door de zweep zal de kleine wel lopen.'

U bent inmiddels halverwege de Delmas en overal zijn slaven. Als u voor het eerst in Haïti bent, zult u die niet meteen herkennen. Maar voor een Haïtiaan uit de lagere klasse of middenklasse staat dat 'in bloed geschreven'. Sommigen zijn maar drie of vier jaar. Klein zijn ze altijd, ook als ze ouder zijn. Kindslaven van vijftien jaar zijn gemiddeld vier centimeter kleiner en twintig kilo lichter dan de gemiddelde vrije vijftienjarige.[6] Soms hebben ze brandwonden omdat ze voor het gezin van hun baas moeten koken op een open vuur; ze hebben littekens van afranselingen, die soms in het openbaar worden gegeven, met de karwats, met elektriciteitssnoeren of met de zweep. Ze dragen verschoten afdankertjes die veel te ruim zitten en lopen op blote voeten, op sandalen, of soms, als ze geluk hebben, op schoenen, die meestal te groot zijn.

Als u hier 's middags komt, kunt u zien hoe ze hun tere nekjes inspannen om emmers met twintig liter water op hun hoofd te vervoeren terwijl ze tussen glasscherven door over de kapotte wegen lopen. Of de keurig geklede kinderen van hun baas uit school halen.[7]

Dit zijn de *restavèks*, de 'bijblijvers', zoals ze in het Creools eufemistisch worden genoemd. Ze verrichten onbetaalde dwangarbeid, van 's ochtends vroeg tot 's avonds laat. Ze krijgen in hun leven te maken met bikkelhard geweld.

Dit zijn de kinderen die u niet aankijken.

Op Delmas 69 roept u *'merci'*, u betaalt de chauffeur, stapt uit, en slaat linksaf de relatief goed onderhouden straat in met overhangende maar niet verwilderde bomen. Daar staat op elk moment van de dag een groepje van vier of vijf mannen voor kapperszaak Le Réseau (Het Netwerk).[8]

Als u komt aanlopen, komt een van de mannen naar u toe. 'Zoekt u iemand?' vraagt hij.

Dat is Benavil Lebhom. Een familiair type, iemand die veel lacht, met wie je goed zaken kunt doen, al vraag je je wel af of hij betrouwbaar is. Benavil is achtendertig jaar, hij heeft een verzorgde snor en draagt een poloshirt met veelkleurige strepen, een gouden ketting met een munt en een kruisje en oude Doc Martins. Zijn collega's komen er ook bij staan. Een steekt zijn hand uit, geeft zijn visitekaartje en stelt zichzelf voor als 'zakenman'.

Benavil is wat je in Haïti een *courtier* noemt, een makelaar. Hij heeft een officiële onroerendgoedvergunning en noemt zich personeelsbemiddelaar. Maar de meeste werknemers die hij aan een baan helpt, zijn geen gewone werkzoekenden. Tweederde van hen zijn kindslaven.

Benavil komt zoals de meeste Haïtianen van het platteland, maar is vijfentwintig jaar geleden naar Port-au-Prince verhuisd. Hij begon in de bouw, maar stapte in 1989 over naar de verkoop van onroerend goed en richtte een bedrijf op dat SOPNIBEL heette. Al snel ontdekte hij een nog lucratievere handel: mensen. Het beste jaar voor de verkoop van kinderen was 1995, kort nadat president Jean-Bertrand Aristide weer aan de macht kwam en de sancties van de VN werden opgeheven. In de steden kregen de mensen wat meer geld en konden ze zich weer wat luxe veroorloven. Benavil verkocht toen in een goede week twintig tot dertig kinderen en verdiende meer dan 200 dollar per maand. Het aantal restavèks in het hele land nam explosief toe van 109.000 in 1992 tot 300.000 (dat is een op de tien kinderen) in 1998, en 400.000 in 2002.[9]

Benavil, afkomstig uit het gehucht La Vallée in het onderontwikkelde en ontoegankelijke zuidelijke berggebied La Selle, verwekte daar twee kinderen, hoewel hij nooit getrouwd is. Uit die vruchtbare bergen halen hij en zijn medecourtiers de meest lucratieve oogst.

Benavil gaat als volgt te werk: een klant komt naar hem toe en wil een restavèk kopen. Normaal gesproken is dat iemand uit de lagere middenklasse: uit een onderzoek van UNICEF blijkt dat het gemiddelde inkomen van een Haïtiaans gezin dat een slaaf in dienst heeft onder de 30 dollar per maand ligt.[10] Het gemiddelde inkomen per hoofd van de bevolking is na twee staatsgrepen, sancties en ernstig wanbeleid van de overheid in vredestijd nog lager geworden.

De stedelingen uit de lagere middenklasse kopen ook restavèks, maar kunnen zich geen tussenpersoon als Benavil veroorloven en laten de bemiddeling gratis doen door een vriend of familielid.

Over de prijs van een kind kan worden onderhandeld, maar Benavil is gebonden aan afspraken – die hij niet nader uit de doeken zal doen – met de andere courtiers in de hoofdstad, waarvan er volgens hem zeker drieduizend zijn. 'We hebben een formule,' zegt hij.

Dan geeft de klant een opdracht. Sommigen willen een jongen, de meesten een meisje. Sommigen wensen speciale vaardigheden. 'Dan vragen ze om iemand die kan bakken,' zegt Benavil. 'Soms vragen ze om een jongen die weet hoe een oven werkt.' De meesten willen een kind van het platteland. Niemand wil een kind uit een krottenwijk als de Cité Soleil. Hoewel hun ouders ze soms gratis weggeven, weten de klanten dat zulke kinderen bij de eerste de beste gelegenheid weglopen. Ook oudere kinderen zijn ongewenst, omdat zelfs de plattelandskinderen eigenwijs en onafhankelijk zijn. De meeste kinderen die Benavil verkoopt zijn rond de twaalf. De jongste slaafjes voor wie hij bemiddelt zijn zeven.

Als een klant een bestelling heeft geplaatst, gaat Benavils collega in La Vallée een arm plattelandsgezin overhalen een kind af te staan. Meestal is daar alleen de belofte voor nodig dat het kind goed te eten zal krijgen en naar school mag. De Haïtianen in de stad zijn arm, maar die op het platteland zijn nog veel armer. In de stad sterven 112 van de 1000 kinderen voordat ze vijf zijn, op het platteland 149. Ter vergelijking: in de naburige Dominicaanse Republiek zijn dat er 35 en in het door oorlog verscheurde Congo 108.[11]

De ouders krijgen zelden geld. Ze geven hun kind mee omdat de courtiers hun de belofte van onderwijs voorhouden als een diamanten halsketting.[12] Meer dan 80 procent van de Haïtiaanse scholen is particulier en de middelbare scholen in de steden vragen 385 dollar schoolgeld, een bedrag dat boven het jaarinkomen van de gemiddelde Haïtiaan ligt en al helemaal niet kan worden opgebracht door de plattelandsbewoners, die alles wat ze verdienen moeten besteden aan voedsel. De jongens in Haïti krijgen gemiddeld 2 jaar onderwijs, de meisjes gemiddeld 1,3 jaar. Op het platteland, waar maar een paar scholen zijn, worden de meeste kinderen helemaal niet onderwezen.[13]

Maar de halsketting die de ouders wordt voorgehouden is vals, want 80 procent van de restavèks gaat niet naar school. De kinderen die wel gaan, moeten zelf het benodigde geld bij elkaar scharrelen en ze mogen alleen naar school als hun werk af is. De taak van de slaaf is werken, niet leren.

Als ouders bereid zijn hun kind af te staan, gaat Benavil van tijd tot tijd zelf naar het platteland om te controleren of hij kwaliteit kan leveren aan zijn klant. 'Soms ga ik kijken of het kind wel goed gezond is,' zegt hij. En dan levert hij. Ook is de klant niet altijd tevreden. 'Dan zeggen ze: "O, dat is niet wat ik zoek,"' zegt hij verontwaardigd. Dan werpt Benavil tegen: 'Je kunt niet zeggen "Deze wil ik niet," want je had er eerst helemaal geen, dus hoe kun je dan weten dat je deze niet wilt?' Soms weigeren ze te betalen. Soms nemen zijn klanten hun slaaf mee naar het noorden. 'Soms naar de vs, soms naar Canada. Dan blijven ze voor die persoon werken. En soms, als ze daar eenmaal zijn, mogen de kinderen zelf weten hoe ze willen leven. Dan laten ze ze vrij. Soms.'

Maar niet altijd. Er zijn nog steeds restavèks die als slaaf in de Haïtiaanse gemeenschappen in de vs wonen. Maar ze komen niet in de krant. Behalve toen op 28 september 1999 een meisje van twaalf jaar werd bevrijd uit het huis van Willy en Marie Pompee in een buitenwijk van Miami. Het echtpaar had het meisje gekocht in hun geboorteland Haïti en haar meegenomen naar de vs, waar ze gedwongen werd het huis van drie ton brandschoon te houden, afval te eten kreeg en op de grond moest slapen. Net zoals veel andere restavèks werd ze ook beschouwd als een 'la-pou-sa-a', ofwel 'daar-voor-dat.' Met andere woorden: een seksspeeltje.[14] Toen de politie haar op die dag in september na een tip bevrijdde, had ze hevige buikpijn en een geslachtsziekte: de twintigjarige zoon van het echtpaar, Willy Jr., verkrachtte haar al sinds haar negende regelmatig.[15]

Net zoals veel mensensmokkelaars beschrijft Benavil zijn werk in eufemistische, zelfs humanitaire termen. Hij beweert dat hij de kinderen alleen maar helpt met wat hij doet. 'Omdat het kind geen eten heeft' als het op het platteland blijft; 'omdat er betrouwbare mensen zijn die ze willen helpen.' Hij beweert dat hij tegen zijn klanten zegt: 'Een levend wezen heeft een ziel, het is niet iets wat je in een winkel kunt kopen.' 'Ik verkoop geen kinderen,' zegt hij ongevraagd, 'ook al lijkt dat wel zo.' Hij 'plaatst' ze alleen.

Maar, geeft Benavil toe, 'sommige mensen mishandelen de kinderen' die hij niet verkoopt. Als hij kinderen wegbrengt, ziet hij vaak dat ze op de grond moeten slapen, bij de andere huisdieren van de klant.

Het wordt tijd om een slaaf te kopen. De onderhandelingen kunnen ongeveer als volgt verlopen.

'Hoe snel denkt u dat u een kind voor me kunt halen? Eentje die kan koken en schoonmaken?' vraagt u. U wilt niet te lang in Haiti blijven. 'Ik heb niet zo'n groot huis, alleen een klein appartement. Maar ik vraag me af hoeveel dat gaat kosten. En hoe snel het kan.'

'Drie dagen,' zegt Benavil.

'En haalt u het kind dan hierheen? Of zijn hier al kinderen?'

'Op dit moment heb ik er geen in Port-au-Prince,' zegt Benavil. Zijn ogen worden groot bij de gedachte aan een buitenlandse klant. 'Daarvoor zou ik de stad uit moeten.'

'Moet ik ook voor het vervoer betalen?'

'*Bon*,' zegt Benavil. 'Gaat u dan ook mee?'

'Ja, misschien. Als het kan.'

'Honderd Amerikaanse dollars.'

'Alleen voor het vervoer?' vraagt u, want u vermoedt dat u wordt afgezet.

'Het vervoer kost ongeveer honderd Haïtiaanse dollars,' zegt Benavil, dat is ongeveer dertien Amerikaanse dollars, 'want u moet daarnaartoe. Plus het eten onderweg. Vijfhonderd gourdes.' U moet een eind reizen, naar La Vallée. Met een privéauto gaat het sneller, maar dat is wel duurder, legt Benavil uit. U moet dan ook nog de benzine betalen, en dat is wel veertig Amerikaanse dollars. Plus een hotel en eten.

'Oké, vijfhonderd Haïtiaanse dollars,' zegt u. Dan komt de grote vraag: 'En wat zou uw vergoeding zijn?'

U heeft zojuist geïnformeerd naar de prijs van een kind. Dit is het moment van de waarheid; Benavil kijkt u met toegeknepen ogen aan en probeert te bedenken hoeveel hij u afhandig kan maken.

'Honderd. Amerikaans.'

'Honderd Amerikaanse dollars!' roept u uit. Hier doet u enigszins theatraal, verontwaardigd, maar wel met een glimlach om de transactie niet voortijdig af te kappen.

'Achthonderd Haïtiaans.'

'Dat is wel erg veel,' zegt u. 'Hoeveel zou u aan een Haïtiaan vragen?'

'Een Haïtiaan? Een Haïtiaan?' vraagt Benavil, net als u met geveinsde verontwaardiging. 'Honderd dollar. Het is een hele onderneming.'

'Kunt u niet naar vijftig Amerikaanse dollars zakken?' vraagt u. Benavil zwijgt. Maar alleen voor het effect, want hij weet dat hij u al veel meer kan laten betalen dan een Haïtiaan ooit zou doen. '*Oui*,' zegt hij uiteindelijk met een glimlach. Maar de zaak is nog niet rond.

'Ik wil even overleggen. Het is erg veel geld, maar ik heb gehoord dat u de beste bent,' zegt u.

'Oui!'

Hij geeft u zijn nummer, en omdat hij zijn visitekaartjes op kantoor heeft laten liggen, schrijft hij ook zijn naam voor u op. Hij buigt zich naar u toe en fluistert: 'Ik ga u iets persoonlijks vragen. Zoekt u alleen iemand voor het werk? Of ook iemand als "partner"? Begrijpt u wat ik bedoel? Of wilt u iemand die echt alleen moet werken?'

U bent ingelicht over het fenomeen '*la-pou-sa-a*', dus u vertrekt geen spier als hij vraagt of u een kind wilt voor seks of alleen voor huishoudelijk werk.

'Kan ik ook iemand krijgen die allebei kan?' vraagt u.

'Oui!' reageert Benavil enthousiast.

'Een meisje is waarschijnlijk het beste.'

'Eentje maar?' vraagt Benavil hoopvol.

'Eentje maar.'

'Wanneer hebt u haar nodig?' vraagt hij.

'Dat kan ik nu nog niet zeggen, maar u zei dat ze over drie dagen kon klaarstaan?'

'Mm-mmm.' Hij knikt.

'Ik weet eigenlijk niet of een jongen of een meisje beter is,' zegt u, de twijfelende klant. Een slaaf is een serieuze aankoop. Dat kun je het beste in één keer goed doen. 'Daar wil ik nog even over denken. Wilt u verder nog iets weten?'

'Welke leeftijd?' vraagt Benavil.

'Hoe jonger hoe beter,' zegt u. 'Ergens tussen de negen en elf jaar.'

'Welk salaris gaat u betalen?'

Deze vraag verrast u, in tegenstelling tot de vraag naar seks. Maar waarschijnlijk voert Benavil alleen maar zijn humanitaire kunstje op. 'Eten en onderdak, en misschien ook schoolgeld. Maar salaris... ook al ben ik Amerikaan, ik ben maar een arme schrijver. Misschien een schoolopleiding en eten.'

'En als u het land uitgaat, neemt u de persoon dan mee?'

'Ik denk het wel. Dat hangt ervan af of ik een visum voor deze persoon kan krijgen, maar dat krijg ik denk ik wel rond. Verder nog vragen?'

Benavil zegt dat hij de papieren wel zo kan 'ritselen' dat het lijkt alsof u het kind hebt geadopteerd. Daardoor wordt het gemakkelijker de aankoop mee naar huis te nemen. Hij biedt een meisje van dertien aan.

'Dat is wel aan de oude kant,' zegt u.

'Ik weet nog wel een ander meisje, van twaalf. En dan nog een paar die tien, elf en twaalf zijn,' reageert hij.

U zegt dat u wilt zien wat hij buiten de stad in de aanbieding heeft. En u zegt dat hij niets moet ondernemen zonder nader bericht van u.

Hier, negenhonderd kilometer vanaf de Verenigde Staten, op vijf uur afstand van het kantoor van de Secretaris-Generaal van de VN, hebt u door succesvol onderhandelen de prijs van een mens teruggebracht tot de kosten van een taxirit naar JFK.

Ik heb deze gebeurtenissen en gesprekken niet verzonnen, hoewel dit verhaal leest als een pervers reisverslag. Het is opgetekend in Haïti, oktober 2005, en je kunt het eigenlijk alleen bevatten als je het – net als slavernij – beschouwt als iets wat ver weg is. Maar een slaaf is nooit een metafoor, ook niet in Haïti.

Een ironisch verzonnen literair verhaal kan niet op tegen de wrede ironie van de Haïtiaanse geschiedenis. De Franse kolonie Saint-Domingue was ooit 'de parel van de Antillen', de rijkste kolonie van het halfrond, met een bnp dat verhoudingsgewijs groter was dan dat van de vs. Nu is Haïti het armste land van het Amerikaanse continent. Zwarte Haïtianen, destijds 90 procent van de totale bevolking, vormden in 1791 een vrije republiek – de tweede in dit gebied – na de eerste en enige succesvolle slavenopstand uit de geschiedenis.

Tegenwoordig zijn in Haïti meer slaven dan in welk ander land buiten Azië ook, en meer dan er op het eiland Hispaniola (Haïti en de Dominicaanse Republiek) zwoegden voordat de revolutie begon.[16] In 1685 legde de Franse koning de basis voor het systeem van kindslavernij dat nu, na driehonderddertig jaar, nog steeds bestaat, zij het in gewijzigde vorm. Honderdzeventig jaar nadat de eerste zwarte slaven naar het eiland werden gebracht, verklaarde de absolute heerser Lodewijk xiv, de Zonnekoning, dat zwarte kinderen in Saint-Domingue eigendom waren van de eigenaar van hun moeder. De slaveneigenaren mochten het nageslacht van hun slaven verkopen of weggeven aan familie.[17] Vanaf hun achtste jaar pasten de slavenkinderen op de kinderen van de eigenaar. Vanaf hun twaalfde moesten ze bij hun ouders op het land werken.[18]

Een eeuw later, tijdens de bloedige, langdurige opstand, maakte de leider van de revolutie, Toussaint L'Ouverture, een nieuwe grondwet die de slavernij verbood. Zijn nieuwe land was het eerste op het westelijk halfrond, en het tweede ter wereld, dat de slavernij bij wet verbood. Maar L'Ouverture was bang dat een gewoonte die steeds meer de overhand kreeg, zou leiden tot het voortbestaan van de slavernij. Het baarde hem zorgen dat ouders op het platteland steeds vaker 'hun zoons en dochters naar de stad sturen onder het voorwendsel dat ze daar onderwijs zullen genieten, wat in de steden nooit zal gebeuren.'[19] Het restavèk-verschijnsel was al in de kiem aanwezig. In artikel 68 van de grondwet van 1801 werd daarom gesteld dat overal op het platteland scholen moesten worden opgericht.

De opvolgers van L'Ouverture misten zijn visie, ze pleegden verraad aan de nieuwe grondwet, en wat hij had gevreesd, werd bewaarheid. De eerste leiders van Haïti richtten maar een paar scholen op, die waren gereserveerd voor kinderen van ouders die 'goede diensten aan het land' hadden bewezen.[20] De president zelf mocht uiteindelijk bepalen wie er werden toegelaten. De school werd het exclusieve domein van de elite.

De onafhankelijkheidsverklaring van 1 januari 1804 zorgde voor economische chaos. Door de revolutie waren de plantages vernield, en de nieuwe leiders probeerden ze weer nieuw leven in te blazen door burgers opnieuw tot slavernij te dwingen. Maar zoals de Haïtianen zeggen: 'Als een kip een ei heeft gelegd, kun je dat niet terugstoppen.' De Haïtianen verzetten zich hevig. De leiders bleven het proberen, bijvoorbeeld door grove maatregelen zoals de Plattelandswet van 1864, die de bevolking opdroeg *corvee* (lastig, ondankbaar werk) te verrichten op grote plantages. Ondanks deze pogingen werd Haïti een land van boeren die amper genoeg produceerden om in hun eigen levensonderhoud te voorzien, aan de bedelstaf gebracht door een nationale schuld van 150 miljoen franc aan Frankrijk ter compensatie van 'koloniale verliezen'.[21]

De plattelandskinderen van Haïti zouden daar – zoals altijd – het meest onder lijden.

Op 9 oktober 1779 vochten 750 bevrijde zwarte Haïtianen in dienst van het Continentale Leger tegen de roodrokken bij het beleg van Savannah. De meeste Amerikanen beschouwden de Haïtianen echter niet als wapenbroeders, maar als vertegenwoordigers van gevaar, chaos, een duivels kwaad dat tot uiting kwam in de overheersende voodoo-religie en in de nieuwe naam van het land, die in de Amerikaanse uitspraak bijna klonk als 'Hades'.

Het idee dat dit land zich door een slavenopstand had bevrijd, vond men in Amerika heel bedreigend, vooral door de gedachte dat zoiets ook in Amerika zou kunnen gebeuren. In *De Negerhut van Oom Tom*, de invloedrijkste roman van de negentiende eeuw, bracht Harriet Beecher Stowe de Amerikaanse gevoelens jegens het Haïti van voor de Burgeroorlog onder woorden in het commentaar van de zelfingenomen slavenhouder Alfred St. Clare. Alfred krijgt het aan de stok met zijn broer, Augustine, die de slavernij verafschuwt maar toch slaven heeft. Op een dag, als hij gezien heeft dat een slaaf wordt afgeranseld, begint Augustine als waarschuwing over de opstand in Haïti.

'Kom op, Augustine!' snauwde Alfred. 'Alsof we niet allang genoeg hadden van dat walgelijke, verachtelijke Hayti!'[22]

In een poging om, zoals president Thomas Jefferson het zei, 'de pest tot het eiland te beperken', legde Amerika Haïti zestig jaar lang een embargo op.[23] Maar tijdens de laatste stuiptrekkingen van de legale Amerikaanse slavernij hadden de Verenigde Staten geen excuus meer om Haïti te isoleren. 'Als er al goede redenen zijn waarom wij de onafhankelijkheid en soevereiniteit van Hayti en Liberia nog steeds niet zouden moeten erkennen, dan kan ik die niet onderscheiden,' zei Abraham Lincoln in 1861.[24]

Een jaar later, nadat het Amerikaanse Congres Haïti had erkend, wist Lincoln wel een nuttige functie voor de zwarte republiek: een stortplaats voor bevrijde Amerikaanse slaven. Hij moedigde zwarten aan te emigreren naar Haïti en Liberia om daar de vrijheid en onafhankelijkheid te zoeken die ze volgens hem in de vs nooit echt zouden kunnen krijgen. Lincoln stuurde Frederick Douglass, een weggelopen slaaf die optrad als de woordvoerder van de antislavernijbeweging, als beoogd minister-president en consul-generaal naar Haïti om het goede voorbeeld te geven. Maar er volgden geen andere bevrijde slaven.

De officiële erkenning van Haïti als onafhankelijke republiek betekende natuurlijk niet dat de Amerikanen zelf de Haïtianen als gelijken beschouwden, met dezelfde rechten als blanken. In de herfst van 1906 bekeek president Theodore Roosevelt Haïti tijdens een cruise aan boord van de uss Louisiana. Hij zei tegen zijn zoon Kermit dat het land er een eeuw na de slavenopstand in was geslaagd zich met succes te transformeren tot 'een land van wilde negers die weer in voodoo en kannibalisme vervallen.'[25] Later schreef hij: 'Het universele stemrecht in Hayti heeft de Haytianen niet in staat gesteld zichzelf werkelijk te regeren.'[26]

Woodrow Wilson was het daarmee eens en ging er in 1915 iets aan doen. Na een van de coups die met regelmaat werden gepleegd, stuurde Wilson, om mogelijke Duitse infiltratie via dit eiland te voorkomen, 330 mariniers naar Haïti om daar de touwtjes in handen te nemen. De Amerikanen bleven er negentien jaar. Omdat veel Haïtianen zich actief tegen de bezetting verzetten, moesten de mariniers hun toevlucht nemen tot historische maatregelen om de arbeiders te dwingen wegen aan te leggen. Ze stelden het corveestelsel weer in werking, bonden Haïtianen met kettingen aan elkaar in de zogenoemde *chain gangs* en executeerden degenen die weigerden mee te werken. Nadat enkele zwartgeschminkte mariniers de rebellenleider Charlemagne Péralte hadden doodgeschoten, stelden ze op Allerheiligen zijn lijk tentoon op een plein.

Terwijl de bezetters opnieuw de slavernij van volwassenen instelden, gaven ze de kindslavernij juist op als belangrijkste reden van hun aanwezigheid. In 1921 schreef de Amerikaanse aristocraat John Dryden Kuser, die getrouwd was met de zeventienjarige Brooke Russell (later bekend als Brooke Astor), dochter van de Hoge Commissaris brigadegeneraal John H. Russell, een boek met de titel *Haïti: Its Dawn of Progress After Years in a Night of Revolution*. Dat boek was niet alleen een hagiografie van de schoonvader van Kuser, maar ook een rechtvaardiging van de Amerikaanse bezetting vanwege de kindslavernij. Vier jaar later, tijdens een bijeenkomst van de Tijdelijke Commissie voor de Slavernij van de Volkenbond, citeerde het onafhankelijkste en openhartigste lid van de commissie Kuser om zijn kitiek op Haïti vanwege het restavèksysteem kracht bij te zetten.[27] De voormalige minister van Landbouw van Haïti, Louis Dante Bellegarde, reageerde verontwaardigd: volgens hem zorgden de boeren alleen maar dat rijkere landgenoten het schoolgeld van hun kinderen betaalden in ruil voor wat lichte arbeid.[28]

Pas een halve eeuw later kwam het onderwerp weer in een internationaal forum ter sprake.

Het portret van de martelaar Péralte staat tegenwoordig op het Haïtiaanse muntstuk van vijftig cent en het einde van de Amerikaanse bezetting in 1934 is in het Haïtiaanse nationale geheugen gegrift, maar voor de kindslaven moest het ergste nog komen.

In de zeventig jaar die daarop volgden, werden de restavèks niet meer alleen vernederd, maar gewoonweg vertrapt. Vóór de onafhankelijkheid hadden sommigen een zekere status als au pair en hulp in de huishouding van gegoede families. Maar toen de rijke Haïtianen ook volwassen personeel konden betalen, werden de restavèks de slaven van de lagere middenklasse in de steden. Door het ernstige economische wanbeheer en het onderwijsbeleid, dat vooral gericht was op de steden, werd de situatie er voor de plattelandsbevolking niet beter op. Tien jaar na de onafhankelijkheid was het aanbod van restavèks hoger dan de vraag. Hoewel het misbruik van de restavèk de fijngevoelige burger op gezette tijden tegen de borst stuitte, werd niets gedaan aan de handhaving van de paar wetten die de overheid had doorgevoerd om een einde te maken aan de uitbuiting.[29]

Vanaf 1957 maakte de dictatuur van François 'Papa Doc' Duvalier en zijn zoon 'Baby Doc' van Haïti een schurkenstaat. Met zijn doodseskaders, de Tontons Macoutes, werd de terreur door de vader geïnstitutionaliseerd. Onder zijn zoon werden tienduizenden Haïtianen als slaaf verkocht; sommigen werden onder valse voorwendselen naar rekruteringscentra gelokt en anderen werden met geweld meegevoerd naar suikerplantages in de aangrenzende Dominicaanse Republiek. 'Het Haïtiaanse volk is voorbestemd tot lijden,' verklaarde Baby Doc ooit.[30]

Op de kop af vijf jaar nadat de plattelandsbevolking van Haïti het bewind van Baby Doc bij een bloedige coup omver had geworpen, hielp ze de populist Jean-Bertrand Aristide aan de macht. De eerste democratisch gekozen president van Haïti leek de kampioen van de restavèks. Hij was een rooms-katholieke priester uit de sloppenwijken die een weeshuis leidde, en hij nodigde honderden arme kinderen uit zijn inauguratie bij te wonen: 'Kinderen van Haïti,' zei hij tegen ze, 'dit jaar hebben jullie een vriendje dat president is geworden.'[31]

Maar Aristide was minder dan een jaar president. De overgebleven Tontons Macoutes zetten het 'vriendje' af in een orgie van geweld, waarbij ze verscheidene aanhangers van Aristide tentoonstelden met hun afgehakte genitaliën in de mond. Aristide vluchtte het land uit, ageerde tegen de samenzweerders en probeerde zich opnieuw op te werpen als voorvechter van de armen. Daarbij sneed hij ook het onderwerp aan van de restavèk, dat hij een nevenproduct noemde van de onderontwikkeling en de westerse hebzucht. De Amerikaanse diplomaten in Port-au-Prince waren niet onder de indruk: 'De linkse beweging in Haïti, inclusief president Aristide en zijn aanhangers in Washington en hier,' telegrafeerde de ambassade naar Washington, 'gebruiken al dan niet verzonnen misdaden tegen de rechten van de mens als propagandamiddel.'[32]

Niemand in de regering-Clinton was overigens voorstander van de nieuwe junta. Nancy Ely-Raphel, assistent-onderminister voor de Mensenrechten, zei: 'Ze maken Haïti langzaam tot een hel.'[33] Op 19 september 1994 baande een door de vs geleide internationale legermacht de weg voor de terugkeer van Aristide. Een week voordat hij weer aan de macht zou komen, stak de conservatieve republikein Phil Crane uit Illinois daar in het Huis van Afgevaardigden een stokje voor: 'Haïti is niet één Amerikaanse dode waard,' zei hij, een herhaling van wat Bob Dole eerder in het Congres had gezegd.[34] 'We kunnen beter naar China gaan, de grootste slavenstaat in de geschiedenis. Laten we China niet de status van *most favored nation* geven, maar de regering daar een lesje in democratie leren.' Maar de republikeinen hadden al veertig jaar geen meerderheid meer in het Congres en de regering-Clinton had hier geen oren naar.

'Het ei is terug! Het ei is terug!' Dat riepen de aanhangers van

Aristide toen hij weerkeerde in het presidentiële paleis. Het spreekwoord bleek niet te kloppen: de kip had het ei inderdaad teruggenomen, maar het bleek rot te zijn. De Aristide die door de internationale troepenmacht opnieuw in het zadel was geholpen, was niet de Aristide die door het volk gekozen was. Onder druk van de eisen van de internationale financiële instellingen gaf hij zijn plannen voor de arme bevolking op. En uit angst dat er wederom een coup gepleegd zou worden, nam hij zijn toevlucht tot de misdadige tactieken van de Duvaliers.

Aristide bleek erg goed te zijn in het bewijzen van lippendienst aan de restavèks. Twee maanden nadat hij opnieuw aan de macht gekomen was, ratificeerde hij het Verdrag inzake de Rechten van het Kind van de VN; later erkende hij dat het systeem van de restavèk 'een van de kankergezwellen van de Haïtiaanse maatschappij is die de democratie in haar groei belemmert.' [35] Maar in de praktijk deed Aristide weinig om de slaven te bevrijden, hij stelde alleen maar nog meer vergaderingen voor en opende met veel vertoon een speciaal telefoonnummer om misbruik en mishandeling van restavèks te melden. Die telefoonlijn werd normaal gesproken niet bemand en geeft tegenwoordig altijd de ingesprektoon. [36]

In die periode vond in de Verenigde Staten een politieke aardverschuiving plaats. Een week na de opmerking van Crane in de herfst van 1994, kregen Newt Gingrich en zijn collega's van de republikeinen de meerderheid in het Congres, en in de vijf verkiezingen die daarop volgden, wisten ze hun macht te behouden. Tijdens de tweede regeerperiode van Bush werd de moderne slavernij op de agenda gezet en werd Aristide de schurk die de kindslavernij in Haïti in stand hield.

Kort voordat George W. Bush president werd, maakte een zeer zachtaardige man, Jean-Robert Cadet, het Amerikaanse geweten wakker met betrekking tot de Haïtiaanse slavernij. Cadet werkte een biografische brief aan zijn pasgeboren zoon om tot een raak geschreven, pijnlijk boek over zijn verleden als restavèk. Hij onthulde gedetailleerd de mishandelingen en het seksuele misbruik dat hij zolang hij zich kon herinneren had moeten verduren, totdat zijn bazin hem meenam naar de Verenigde Staten. Op 28 september 2000 gaf Cadet een gedetailleerde getuigenverklaring tijdens een hoorzitting inzake moderne slavernij van de Commissie Internationale Betrekkingen van de Senaat onder leiding van Jesse Helms. 'Het is de morele plicht van dit prachtige land om Haïti te helpen het restavèkprobleem op te lossen,' concludeerde hij.[37]

Sinds de eerste ambtstermijn van Bush had het ministerie van Buitenlandse Zaken rapporten over kindslavernij opgenomen in de jaarlijkse beoordeling van de mensenrechtensituatie in Haïti. Maar nu hanteerde het ministerie een strengere aanpak. In 2003, het eerste jaar waarin John Miller aan het roer van het Amerikaanse bureau tegen de slavernij stond, plaatste hij de regering van Aristide in Categorie Drie in het jaarverslag over mensenhandel, het *Trafficking in Persons Report*, een status op grond waarvan sancties kunnen worden genomen. De Haïtiaanse Senaat stelde te elfder ure een amendement op de grondwet voor om het restavèksysteem te verbieden.

De autoriteiten van de ambassade in Port-au-Prince schakelden Roger Noriega, de nieuwe Amerikaanse staatssecretaris voor het westelijk halfrond, in om minister Colin Powell ervan te overtuigen dat hij Haïti een nieuwe status moest geven. De ambassade droeg als argument aan dat als de vs sancties oplegden aan Haïti, dat afhankelijk was van financiële hulp, het land binnen de kortste keren failliet zou zijn. Op grond van dat argument en van het belang van de Haïtiaanse medewerking bij het inperken van de stroom immigranten en de drugssmokkel, besloot minister Powell Haïti de status van Categorie Twee te geven, waarbij geen sancties worden opgelegd.

Kort na de geboorte van Bill Nathan in 1984 stierf zijn vader aan malaria. Te zijner nagedachtenis gaf Bills moeder, Teanna, het kind een Amerikaans klinkende naam. Zijn vader was Haïtiaan, maar had gewerkt voor een Amerikaans transportbedrijf in de kustplaats Cap Haïtien. Teanna werd op haar veertigste weduwe en moest, net als 60 procent van alle Haïtiaanse moeders, in haar eentje voor haar kinderen zorgen.[38] Samen met Bill en zijn driejarige zusje Shayla ging ze in het zuiden op zoek naar werk; ze kwam terecht in Hinche, een stadje op het centrale plateau van Haïti. Daar ontmoette ze zuster Caroline, een Amerikaanse non die haar hielp met het vinden van een huisje. Teanna verdiende de kost met wassen en koken voor meer welgestelde mensen uit de buurt. Ze verdiende niet veel, maar het was genoeg om rijst, bonen en zo nu en dan wat kip te kopen voor haar kinderen.

Teanna had nooit gestudeerd, maar het was haar droom om haar kinderen wel die kans te geven, en met hulp van zuster Caroline kon Bill op zijn derde jaar naar de kleuterschool. Zijn moeder werkte hard, maar ze zorgde er toch voor dat haar kinderen een leuke jeugd hadden. Als ze thuiskwam, maakte ze altijd water warm om ze te wassen, hoe uitgeput ze ook was. Als de kinderen zich misdroegen, kregen ze huisarrest, maar ze sloeg nooit.

'Op zondag na de kerk maakte mijn moeder verschillende gerechten, zoals vis, bananen, soms een salade,' herinnert Bill zich. 'Ze maakte dan iets speciaals om ons een plezier te doen en te laten merken dat ze van ons hield. En ze nam ons mee naar het park, waar we met de andere kinderen konden spelen. Ze was een goede vrouw.'

Kort nadat Teanna met haar gezin naar Hinche verhuisde, kwam haar broer daar ook naartoe. Bill begreep als kind nooit zo goed hoe het kwam, maar er waren altijd veel spanningen tussen zijn moeder en zijn oom. Toen Bill en Shayla een keer naar zijn huis gingen, greep hij ze boos vast. 'Wat doen jullie hier?' vroeg hij. 'Waar is jullie moeder?'

Toen Teanna dat hoorde, besloot ze dat haar broer geen betrouwbare pleegvader was in het geval haar iets overkwam. Ze uitte die bezorgdheid tegenover de twee buren voor wie ze werkte.

Op een smoorhete avond in 1991 gaf Teanna de kinderen te eten en stopte ze in bed. Bill, die toen zeven jaar was en net leerde lezen, viel lekker in slaap. Midden in de nacht begon zijn moeder te jammeren. 'Bill! Shayla! Ik hou van jullie, mijn lieverds!' riep ze. 'Ik weet niet wat er met me is. Ik heb het gevoel dat ik doodga.' Dat was het laatste wat ze zei.

De dag nadat ze was gestorven, kwam zuster Caroline naar hun huis om te condoleren. De twee buren voor wie Teanna had gewerkt, kibbelden over wie de kinderen in huis zou nemen. Ze sloten een compromis: ze zouden uit elkaar gehaald worden. Meteen na de begrafenis verhuisde Bill, die nog steeds in shocktoestand verkeerde, naar de familie Gil. Wilton en Célan Gil runden een restaurant en hadden zelf twee zoons en twee dochters. Ze kwamen uit de lagere middenklasse en hadden geen auto, maar wel genoeg te eten. Hoewel zijn zusje bij een familie vlak in de buurt ging wonen, zag Bill haar bijna nooit meer.

Iedereen nam aan dat er goed voor de kinderen gezorgd zou worden omdat de families zo met Teanna begaan waren geweest toen ze nog leefde. En de eerste twee maanden werd Bill ook heel fatsoenlijk behandeld, misschien wel uit mededogen; hij mocht naar school en kreeg een lekker bed, dat hij deelde met de twee andere jongens. Alle kinderen moesten huishoudelijke karweitjes doen, maar er was een betaalde hulp die het huis schoonmaakte en kookte. Maar na de eerste maand begon Célan Gil Bill steeds minder als een nieuw gezinslid en meer als een slaaf te behandelen. 'Elke dag moest ik bepaalde dingen voor haar doen, zoals water halen,' zei hij. Wilton was vriendelijker en hij wist de sluimerende woede van zijn vrouw steeds tot bedaren te brengen.

Zoals zo vaak in Haïti werd alles door tussenkomst van de politiek nog erger. Op 30 september 1991 viel het bewind van Aristide en begonnen de zuiveringen onder zijn aanhangers. Wilton, die lid was van de politieke partij van Aristide, de Lavalas (de Lawine), kende Aristide persoonlijk. Op een avond kwamen de paramilitairen naar het huis van de familie Gil, ze wilden Wilton spreken, schoten op het huis en trapten de deur in. Wilton gaf zich over. Hij werd aan handen en voeten gebonden, in de gevangenis gegooid en gemarteld. Na een maand ontsnapte hij via Port-au-Prince naar de Verenigde Staten, waar hij al snel iets kreeg met een Amerikaanse vrouw.

Nu zijn enige beschermer weg was, veranderde het leven van Bill drastisch. In de rampzalige economische situatie na de coup ging het slecht met het restaurant. Célan kon de hulp niet meer betalen en liet Bill haar werk overnemen, soms zelfs nog meer doen. Hij moest om vijf uur 's ochtends beginnen, dan moest hij de vloer dweilen, het erf aanvegen en water koken. Daarna moest hij een paar uur buiten werken, ook als het goot van de regen; hij moest het varken voeren en water geven en voor de groenten zorgen. Hij kreeg geen tijd en geen water om zich te wassen en mocht niet meer samen met de anderen aan tafel eten. Soms gaf Célan hem alleen kliekjes. Hij raakte ernstig ondervoed. Zijn nieuwe bed was een stapel vodden op de vloer in het huis van Célans moeder. Als zijn kleren versleten waren, gaf Célan hem afdankertjes van de andere kinderen.

Soms mocht Bill een paar uurtjes naar school, want zuster Caroline betaalde nog steeds het geld daarvoor. De schooldirecteur zag dat hij erg ondervoed was en betaalde het eten dat hij op school kreeg. Bill mocht van Célan alleen naar school als hij zijn andere werk af had en ze gaf hem thuis geen tijd om zijn huiswerk te maken. Hij raakte ver achter. Maar de school had Bill nog iets veel belangrijkers te bieden. Daar pestte niemand hem ermee dat hij een restavèk was. Daar was hij een paar uurtjes per week een kind, en geen dier.

'*Petit paw lave yon Bo, Kite yon bo*,' luidt een Haïtiaans spreekwoord: 'Jouw kind is niet mijn kind en ik hoef niets voor hem te doen, omdat hij niet van mij is.' Terwijl de kinderen van Célan op school zaten, moest Bill afdingen op de markt en in het restaurant werken. Als ze thuiskwamen, noemden ze hem 'slaaf' en sloegen ze hem met zweepjes of met hun vuisten om de kleinste overtreding of zomaar om niets. Ze waren groter dan hij, dus Bill kon zich niet verdedigen.

Célan schreeuwde altijd tegen hem, ook in het openbaar. Op een dag verloor hij het geld waarmee hij de boodschappen moest betalen. 'Ik ken jou langer dan vandaag, Bill! Jij hebt dat geld verbrast!' schreeuwde Célan toen hij thuiskwam. Ze pakte haar leren zweep. Terwijl ze hem voor de zoveelste keer sloeg, hield hij zich met z'n acht jaar groot en gaf geen kik.

'*Mon Dieu bon*,' zei hij opstandig, maar met een trillende onder-
lip. 'God is goed, en op een dag zal ik geen restavèk meer zijn.'

'En waar dacht jij dan heen te kunnen gaan?' vroeg Célan lachend.
'Jij wordt nooit iets, je leven lang niet. Je blijft je hele leven een
restavèk, je zwerft over straat en wast auto's. Jij wordt hooguit een
dief.' Bill wilde ontzettend graag ontsnappen, maar dat lukte hem
niet. Zijn wereld was nog te klein.

Maanden later besloot Célan dat ze de jongen weleens zou leren
dat hij harder moest werken. Ze gaf hem twintig Haïtiaanse dollars
en zei dat hij op de markt rijst, bonen en andere etenswaren moest
gaan kopen. Toen spuugde ze op de grond. 'En zorg dat je terug
bent voor dat spuug is opgedroogd.'

Hij rende zo hard dat hij met zere longen op de markt aankwam.
Hij was een beetje over zijn toeren door het harde rennen, en omdat
hij zag dat er geen rijen bij de kraampjes stonden liet hij zich van
zijn taak afleiden. Een jongeman draaide met zijn handen over drie
houten schelpen; onder een daarvan zat een plaatje. Er stonden een
paar kinderen om hem heen en ze keken gefascineerd wat hij deed.

'Hé, ventje,' zei de man tegen Bill. 'Als jij vier dollar neerlegt bij
de schelp waar het plaatje onder zit, krijg je van mij acht dollar.'
De andere kinderen spoorden hem aan: 'Doen! Doen! Dan heb je
nog meer geld om dingen te kopen!'

De man wachtte en iedereen keek naar Bill. In een opwelling
legde hij vier dollar neer voor de linkerschelp. Hij verloor. Misselijk
van angst realiseerde hij zich direct dat hij nu niet alle boodschappen kon kopen die hij van Célan moest meenemen doordat hij die
vier dollar (ongeveer vijftig cent) had verloren. Hij schaamde zich
enorm, en die schaamte werd nog erger toen hij bij de marktkoop-
lui kwam die hem vaak zagen, maar hem niet kenden. Terwijl de
tranen in zijn ogen sprongen, vertelde hij meer dan hij eigenlijk
kwijt wilde. Dat hij bij mensen woonde die niet zijn ouders waren
en dat die hem naar de markt hadden gestuurd. Dat was een eufemistische manier om te zeggen dat hij een restavèk was. Hij
smeekte ze hem de spullen te geven en zei dat zijn *granmoun*, zijn
grote mens, hem anders zou vermoorden. Maar ze weigerden.

Bill ging in elkaar gedoken onder een mangoboom liggen, blind van angst, en hij probeerde wanhopig smoezen te verzinnen die hem de afranseling konden besparen die hem te wachten stond. Wat hij niet wist was dat Célan al wist van zijn pekelzonde. Toen hij thuiskwam, was het spuug opgedroogd.

'Jij hebt dat geld vergokt!' schreeuwde Célan. 'En je weet best dat we niet meer geld hebben!'

Bill probeerde iets te zeggen, maar hij kon door de tranen geen woord uitbrengen. Ze schopte hem totdat hij door zijn knieën ging. Toen gaf ze hem twee stenen, in elke hand een, en zei dat hij zijn armen uitgestrekt moest houden en de stenen niet mocht laten vallen, want anders zou ze hem vermoorden.

De zweep raakte hem eerst op zijn rug. Hij hield zich stil en bleef de stenen vasthouden. Toen sloeg ze hem nog harder. Toen hij het uitschreeuwde, begon ze hem overal te raken, op zijn hoofd, zelfs op zijn ogen. De andere kinderen keken vol afschuw toe. Na twintig minuten lag zijn bloed overal op de cementvloer. Hij had de stenen nog steeds vast.

Op 1 januari 2004 zei Aristide tegen een kleine groep die zich voor het schitterende witte presidentiële paleis had verzameld dat Haïti 'de moeder van de vrijheid' was.[39] Maar de wereld had genoeg van de vrijheid van Aristide. Er waren tientallen staatshoofden uitgenodigd voor het tweehonderdjarig jubileum van Haïti, maar alleen de premier van de Bahama's en de president van Zuid-Afrika, Thabo Mbeki, kwamen opdagen.

Ook Haïti had genoeg van Aristide. Het werd weer tijd voor een coup. Net als in de nadagen van Baby Doc verspreidden de protesten zich van het platteland naar de stad; de opstandelingen veroverden Cap Haïtien, waar ooit de slavenopstand tegen de Fransen was begonnen. De aanhangers van Aristide werden onder de voet gelopen en de helikopter van Mbeki werd beschoten. Rebellenleider Louis-Jodel Chamblain verklaarde dat hij Haïti wilde 'bevrijden' en vergeleek Aristide met de zwager van Napoleon, die de slavenopstand niet de kop had weten in te drukken.[40]

Op 29 februari werd Aristide opnieuw door de Amerikaanse luchtmacht in ballingschap geleid. In de tien daaropvolgende maanden werd door buitenlandse donoren miljoenen dollars aan toegezegde hulp ingetrokken. Het bnp van Haïti slonk met 4 procent terwijl de bevolking met 2,3 procent toenam. Bepaalde delen van Haïti raakten volkomen buiten het bereik van de overheid. Door de coup, en door de oorlog in Irak, was in Amerika nauwelijks nog aandacht voor de restavèks. De kinderen van het platteland verdwenen opnieuw, en nu in veel groteren getale, in de slavenhandel.

Het Amerikaanse Agentschap voor Internationale Ontwikkeling (USAID) financierde campagnes om aandacht te vragen voor kindslavernij en die in te perken, maar het meeste geld werd besteed aan billboards voor een bevolking die niet kon lezen, en televisie- en radiospotjes voor een bevolking zonder elektriciteit. Drie mensen van het Amerikaanse ministerie van Buitenlandse Zaken werden parttime aangesteld om de mensensmokkel in de gaten te houden, maar door allerlei regels van het ministerie waren ze aan handen en voeten gebonden bij de opsporing van slavenkinderen en hun ouders.

In het jaarverslag van 2004 vroeg de werkgroep tegen mensenhandel Trafficking in Persons (TIP) toestemming om Haïti niet te hoeven opnemen in hun classificatiesysteem, omdat er geen georganiseerde overheid was om aan te klagen. Het volgende TIP-rapport was een warrig en tegenstrijdig mengsel van eerdere verklaringen: 'De interim-regering van Haïti voldoet niet volledig aan de minimumstandaard voor het uitroeien van mensenhandel, maar onderneemt wel belangrijke pogingen om daar verandering in aan te brengen. Haïti is op de controlelijst in Categorie Twee geplaatst vanwege het gebrek aan voldoende pogingen in het afgelopen jaar om de mensenhandel te beperken.'[41]

De organisaties van de VN benaderden de slavernij in Haïti op dezelfde manier waarop ze de moderne slavernij in veel andere landen benaderden. Zonder dramatiek, zonder creativiteit en zonder effect. De Mensenrechtencommissie (in 2006 omgezet in Mensenrechtenraad) van de VN ging door met wat ze al vijftien jaar deed, namelijk 'haar bezorgdheid uiten'. Vanuit het zwaarbewaakte hoofdkwartier met airconditioning in Port-au-Prince schreef UNICEF lange rapporten over het probleem van 'kinderen werkzaam in de huishouding', waarin ze om de hete brij van de slavernij heen draaiden en uitdrukkelijk weigerden die term te gebruiken.[42]

Renel Costumé was gespierd, had kortgeknipt haar, een goedverzorgd snorretje en hij droeg meerdere gouden ringen. Hij leek een paar maten te groot voor zijn bedompte kantoor in het politiebureau naast het vliegveld. Costumé stond aan het hoofd van de drieëntwintigkoppige Brigade voor de bescherming van Minderjarigen (*Brigade for the Projection of Minors* – BMP) en leidde de nationale inspanningen om het systeem van de restavèk tegen te gaan. Hij was in 1995 afgezwaaid aan de politieacademie van Haïti en ontdekte al snel waarom zijn collega-officieren de door UNICEF gefinancierde BPM een lachertje vonden.

Terwijl we met elkaar spraken, boog hij zich langs zijn computer, die het niet deed, en begon peinzend aan mijn taperecorder te prutsen; hij hield zijn hoofd gebogen en gaf met zachte stem antwoord. Op een bepaald moment viel de elektriciteit uit en zaten we in het donker, zonder zelfs maar een ventilator om de drukkende hitte te verdrijven.

Een bedompt kantoor was nog wel het kleinste probleem waar Costumé mee te maken had. Theoretisch was de BPM een instantie die eerste hulp moest bieden, die rapporten moest opstellen over het misbruik van restavèks en ze onverwijld te hulp moest schieten. Maar de telefoonlijn van het kantoor was kapot en de mobiele telefoon had geen beltegoed meer. In het theoretische geval dat er een bericht doorkwam, konden ze bij de BPM weinig beginnen omdat ze maar één auto hadden en hun bereik zich tot de hoofdstad beperkte.

Mocht een agent al op onderzoek uit gaan, dan kon hij niet veel doen, tenzij hij een schandelijke mishandeling vaststelde. Net als de Verenigde Staten spoorde Haïti met veel meer ijver naar drugs dan naar slavenhandelaars. Mensenhandel was nog steeds legaal, evenals gedwongen onbetaalde arbeid door kinderen tussen de twaalf en vijftien jaar. Een wet waarin de registratie van onbetaalde huishoudelijke hulp was vastgelegd, werd nooit gehandhaafd. Toen de BPM onder Aristide wat meer geld had en echt op onderzoek uit kon gaan, hadden de agenten nog steeds niet de bevoegdheid de meesters te arresteren en konden ze hun alleen maar een berisping geven voor het mishandelen van hun slaven. Zo nu en dan liep een kind weg en bracht een goeie ziel het naar de BPM. Zo'n kind werd vervolgens in een detentiecentrum voor volwassenen gestopt.

Toen ik Costumé vertelde over Benavil Lebhom en zijn kinderhandel, reageerde hij laconiek. 'Als het een afspraak tussen twee families is, hoeven wij niet tussenbeide te komen,' zei hij. 'Kijk, wij weten ook wel dat dit huishoudelijke systeem illegaal is,' – hij gebruikte het eufemisme waarvan ook de Haïtiaanse overheid en de VN zich graag bedienen – 'maar het ligt niet binnen onze mogelijkheden er een einde aan te maken.' Verbijsterend genoeg gaf hij toe dat er in zijn huis ook een paar restavèkkinderen woonden.

'Maar ik verkracht ze niet.'

De ochtend nadat ik Benavil ontmoette, ging ik op weg naar de bergen van La Selle, waarvandaan hij het meisje voor mij zou halen. Ik ging alleen, niet om een meisje te kopen, maar om erachter te komen waarom ouders een kind aan een vreemde meegeven.

Bij elk slecht idee is er een moment waarop het zich als zodanig ontpopt. Helaas gebeurt dat maar zelden bij het ontstaan ervan. Als ik in slechte voortekenen geloofde, dan zou ik de enorme tarantula die traag over mijn pad wandelde toen ik die ochtend om vijf uur vertrok beslist als zodanig hebben herkend, en dan was me misschien een licht opgegaan. Maar dat licht kwam pas negenenhalf uur later, op het hoogste punt van de boog die ik beschreef toen ik tussen mijn motorfiets en de puntige rotsen de diepte in vloog.

Die ochtend hadden mijn tolk, Serge, en ik voor zonsopkomst een tap-tap genomen. Het centrum van Port-au-Prince was al ontwaakt. Een passerende vrouw in een jurk en met opgestoken haar preekte het evangelie tegen niemand in het bijzonder. Straatventers drukten zich tegen de ramen van de tap-tap met allerlei goederen in grote manden op hun hoofd: bergen banenenchips, kartonnen schalen met eieren, appels. Een ondernemende jongen probeerde medicijnen aan de man te brengen met een megafoon. Door een open raampje achter me trachtten handen aan mijn arm te trekken met een smekend: '*Blanc! Blanc!*'

Kinderen liepen haastig voorbij. Sommigen hadden een uniform aan en een rugzak op en liepen naar school. Anderen, de restavèks, brachten ze weg of sjouwden met water. De tap-tap was groter dan normaal, maar daardoor zaten we niet comfortabeler. De plastic schoolbusstoelen stonden dicht tegen elkaar aan, er was weinig beenruimte en het middenpad was maar dertig centimeter breed. De mensen persten zich er met z'n allen in, compleet met huilende baby's, doodsbange kippen in plastic zakken en logge zakken graan. De conducteur liet steeds maar mensen instappen omdat hij dan meer verdiende. Toen begon iedereen te schreeuwen.

Uit gigantische luidsprekers klonk een gospel van Losharimi, een Haïtiaanse pastor, waardoor de passagiers werden gekalmeerd, totdat de conducteur luid en op barse toon om het kaartje van een oude vrouw vroeg. Haar kin begon te trillen. 'De aap heeft mij een kaartje verkocht,' zei ze, 'en nu wil de aap het nog zien ook.' Zodra de conducteur de bus tot de laatste centimeter had volgepropt, persten twee corpulente vrouwen zich achterin tussen de stoelen door, klauterden naar beneden en urineerden in het reservewiel.

Boven op de tap-tap naast de onze stond een geit, als een soort motorkapornament. Ons dak was propvol bagage, vaten en mensen. Binnen was elke vierkante centimeter beplakt met lelijk, groen jarenzeventigruitjesbehang. Op de zijramen hingen Amerikaanse vlaggen en tegen de achterruit, de ereplek van elke tap-tap, hing een zorgvuldig geschilderd portret van Mozes die met zijn staf de Rode Zee laat wijken en zijn volk naar de vrijheid leidt.

Een paar ondernemende venters wisten de bus binnen te komen. Even ontstond een wonderlijke thematische eenheid in het verder totaal onsamenhangende gebeuren toen een weelderige jonge vrouw met een diep uitgesneden V-hals de Franse stokbroden waarmee ze ventte betitelde als 'Mozes-staven'. De conducteur stopte een paar gourdes in haar decolleté, maar daar was ze niet van gediend: ze haalde ze eruit en smeet ze terug. Een man buiten de bus riep boos tegen haar dat ze de beste plaats in de bus had ingepikt.

Toen de dageraad over de bergen kroop en de zee van mensen om ons heen verlichtte, leek het gebied rondom de bus te exploderen. De muziek ging van melodieuze gospel over in oorverdovende hiphop en de bassen dreunden onder onze stoelen. De chauffeur startte de motor en we drongen door de mensenmassa heen naar de kolkende achterbuurt Carrefour. Een straatventer die aan boord wist te klimmen hield ginseng en aspirine omhoog en prees zijn producten op luide toon, waarbij hij ons steeds met een stalen gezicht aansprak als 'Mes amis...'

Na een uur reden we over een slingerende weg langs boerderijtjes met terrasakkers de weelderige bergen in, waarbij de tap-tap gevaarlijk dicht langs dertig meter diepe afgronden reed. De moderne tijd leek hier in de berglucht op te lossen; naakte kinderen scharrelden rond hutjes die niet aan een pad of een weg lagen en ver verwijderd waren van de akkers.

Toen we de berg af reden en richting de zee denderden, begon de chauffeur pompend te remmen en klonk een vervaarlijk piepend geluid. In Jacmel, een slaperig toeristisch stadje aan zee, was het drukkend warm. Sommige delen van Jacmel waren heel aardig, en leken op Oud Havana of op het New Orleans van voor de overstromingen. De afgelopen tien jaar kwamen drugssmokkelaars uit Colombia hier hun geld witwassen in het onroerend goed, wat broodnodige, zij het twijfelachtige investeringen opleverde. Maar het grootste deel van de stad stond net als Port-au-Prince op instorten.

Na een snelle lunch van wilde duif vulden we onze waterflessen en reden per scooter vijf kilometer door naar het kleine Dumez, waar we voor de rest van de reis een veel zwaardere crossmotor huurden. Er waren geen helmen en de 'weg' die voor ons lag, of liever gezegd de strook modder met scherpe stenen, was niet op wielen berekend.

Een paar honderd meter verderop werd het pad volkomen overspoeld door een kolkende bruine rivier. Serge, ik en drie lokale bewoners die zich bij ons hadden gevoegd, staken onze benen omhoog en ploegden door het water; we hoopten vurig dat het niet dieper dan een halve meter zou zijn. Op een bepaald punt kwamen we vast te zitten naast een tap-tap die ook was blijven steken, gevaarlijk dicht bij een waterval van drie meter. We gebruikten de tap-tap als steun en trokken onszelf verder.

Toen we door het eerste kleine dorpje kwamen, veranderde de weg in een modderpoel. Nog hoger hadden we een spectaculair uitzicht, al konden we daar moeilijk van genieten omdat we gevaarlijk dicht langs de afgrond hobbelden. De schokbrekers van mijn motor hadden het allang geleden begeven en af en toe leek het wel alsof mijn maag, die al geteisterd werd door giardia, in mijn keel geschoten werd. We daalden af in een nevel die alles een zachte, mystieke sfeer gaf. Maar meestal konden we niet verder dan vijf meter vooruit kijken. We minderden vaart tot 35 kilometer per uur, knepen bergafwaarts de remmen in en gaven bergopwaarts weer flink gas.

Gelukkig gebeurde het ongeluk terwijl ik bergopwaarts reed, dus ik ging niet erg hard. Serge was al vooruitgereden en in een poging hem bij te houden, reed ik tegen een onhandig geplaatste steen, viel en belandde heel onplezierig op mijn zij. Mijn linkervoet brak de val van de brommer, maar mijn hand zat onder het bloed. De mensen uit de buurt die het ongeluk hadden zien gebeuren kwamen meteen nieuwsgierig kijken, maar ze interesseerden zich meer voor de aanblik van een *blanc* in die contreien dan voor mijn welzijn. Ik had niets gebroken, dus ik schopte het voorspatbord weer op z'n plaats, stopte de kapotte achteruitkijkspiegel in mijn tas en haalde Serge in, die een sanitaire stop had gemaakt.

We reden verder en kwamen langs steeds landelijker gehuchtjes, die aan het vervallen decor van een spaghettiwestern deden denken. Overal kwamen we langs mannen met kapmessen die me verbaasd aangaapten, en even verbaasde vrouwen met bagage op hun hoofd, een zweep in de hand en een ezel die voorop liep.

Na drie uur kwamen we bij een gehucht dat Bainet heette. Daar lieten we de crossmotoren achter en maakten kennis met Trajean LaGuerre, die al de hele ochtend op ons wachtte. Trajean, een lange man met versleten nette schoenen en een wit overhemd, was onze gids tijdens de drie uur durende wandeling naar Brésillienne, het kleine dorpje dat hij bestierde. We daalden af naar La Selle, over witte, puntige rotsen die al snel verdwenen onder een laag verraderlijke rode modder. We kwamen mannen van alle leeftijden tegen die moeiteloos over het terrein liepen waar ik overheen strompelde als een man van negentig. Op sommige plaatsen werd de prettige geur van vochtige aarde afgewisseld met de stank van ezelmest of de geur van kookvuren in de omgeving.

De rode modder werd donkerbruin. De helling naast het pad werd steiler en op sommige plaatsen verdween het pad helemaal, alsof het in de afgrond was gevallen. Het groen om ons heen vibreerde en leefde. Toen we om een lange bocht kwamen, braken we door de mist heen en konden we over de puntige rotsen naar zee kijken.

Na een halfuur veranderde de lichte regen in een stortbui. Ik zwikte op mijn voet, die opgezwollen was van de valpartij, viel in de enkeldiepe modder en kwam van top tot teen onder de blubber te zitten. We gingen van de weg af, klauterden over een steile gladde rots van drie meter hoog, en kwamen in een andere wereld terecht. Bij een hutje met een golfplaten dak vroegen we aan de boer of we mochten schuilen. De man had een slordige baard en vriendelijke ogen en miste al zijn voortanden. Hij zat met zijn buurman op de grond maïskorrels uit kolven te peuteren. Beide mannen droegen een strohoed, een vuil hemd en een overall. Het stonk naar de petroleum van de enige lichtbron, een lamp in de kamer ernaast. Afgezien van de jerrycans met water en de plastic meisjessandalen zou het hutje niet hebben misstaan op het Amerikaanse platteland halverwege de negentiende eeuw.

We zaten zwijgend in de kamer terwijl de boerin, die zich vrijwel steeds in de andere kamer schuilhield, emmers water vulde onder verscheidene lekken in het verroeste dak. De boer gaf ons de enige stoelen in het huis, zelfgemaakte, van riet en onbewerkt hout. Op een bepaald moment beduidde hij me in gebarentaal dat ik me om moest draaien, hij haalde een sikkel tevoorschijn en schraapte de modder van de achterkant van mijn broekspijp af. Zijn jonge zoon had een versleten tuniek aan en zat in de hoek van de kamer. Vlak bij de hut ertegenover stond een hond met gesloten ogen te hopen dat hij weer droog zou worden. Eindelijk hield het op met regenen. Ik bedankte de boer, gaf hem 25 gourdes, en we gingen verder. Mijn kleren waren vanbuiten kletsnat van de regen en vanbinnen van het zweet. Uitgeput klommen we de laatste paar honderd meter naar het gemeentehuis van Brésilienne, een eenvoudige kerk van boomstammen en riet, met een vloer van aangestampte aarde en losse, handbewerkte houten banken. We bevonden ons op het hoogste punt van de omliggende heuvels. Vanaf dit elliptische plateau keken we uit over de zee en de in mist gehulde ruige groene heuvels die ons aan alle kanten omringden. Columbus heeft dit land beschreven, maar hij zag het alleen vanuit zee.

Door het uitzicht vergat ik de armoede die overal heerste. Trajean herinnerde me er weer aan met een kokosnoot, die hij met een kapmes openhakte en aan mij gaf. Hij deed dat omdat er in Brésillienne geen betrouwbaar drinkwater beschikbaar is, en zoals geldt voor 77 procent van het platteland.

De mensen leven hier nog ongeveer op dezelfde manier als in de tijd van L'Ouverture. Iedereen is boer, maar de cassaves en aardappelen worden maar zelden verkocht in Bainet. De slechtste oogst in de lokale geschiedenis was die van 2003, maar 2004 en 2005 waren ook slecht. Er is echter één oogst die nooit mislukt.

'Timoun se richès malere,' zegt de Haïtiaan: 'Kinderen zijn de rijkdom van de armen.' Gemiddeld krijgen vrouwen hier 4,8 kinderen.[43] Elk gezin in Brésilienne heeft minstens 2 kinderen onder de vijftien; een van de gezinnen bracht in één generatie 18 kinderen voort. De mannen gebruiken hier geen condooms en de vrouwen gebruiken de pil niet; ze zeggen dat ze er misselijk van worden en dat het hun de lust beneemt. Maar de werkelijke reden dat mensen zoveel kinderen krijgen is dat twee van de vijf kinderen overlijden, bovendien betekent een extra paar handen ook extra inkomsten, zolang de oogsten niet mislukken.

Trajean blies aan de rand van het plateau op een schelp om de mensen bij zich te roepen, en al snel stroomde de kerk vol met personen van allerlei leeftijden. Ze zeiden dat ik de derde *blanc* in de geschiedenis was die daar kwam. (Vier jaar eerder hadden twee Franse dokters de reis ook gemaakt.) Verder was hier de laatste tijd maar één Haïtiaanse groep hulpverleners geweest, de Limyè Lavi ('Levenslicht'), die met beperkte middelen opmerkelijk veel werk verzette. Zonder dat bezoek zouden de gezinnen helemaal niets weten van het gevaar van de courtiers, die een financiële definitie geven aan hun jonge *'richès'*.

De hoofden van de tweeëndertig gezinnen van Brésillienne waren allemaal aanwezig. De oudsten zaten op de kerkbanken die ze aan alle kanten om ons heen geschoven hadden; de jongere mannen en vrouwen stonden achterin. Trajean ging voor in een kort gebed en iedereen boog het hoofd.

Daarna vond een open gesprek plaats waarbij alle aanwezigen vragen konden stellen. Angst, schaamte en spijt straalden van de ouderparen af, die op één na allemaal een kind hadden meegegeven aan een wildvreemde. De meeste indringers hadden beweerd dat ze een connectie met hun familie hadden. Maar waarom gaven deze mannen en vrouwen hun kinderen mee aan mensen die ze nog nooit hadden gezien en waarschijnlijk ook nooit meer zouden terugzien? Toen ik die vraag stelde, sloegen de meesten hun ogen neer.

'Wij kunnen onze kinderen niet helpen,' riep een van de mannen uit. 'Toen kwam die man en wij dachten dat hij het kind goed zou behandelen!'

De kinderen die werden meegegeven waren vaak de slimsten, de meest veelbelovenden. Hun ouders dachten dat zij het beste konden profiteren van de zegeningen van het onderwijs. De meeste moeders hadden geen contact meer met hun kind. Vier kinderen waren terug naar huis gevlucht nadat ze verschrikkelijke dingen hadden meegemaakt. Die kinderen waren zwijgzaam, want ze schaamden zich te zeer om hun ouders te vertellen hoe erg ze waren misbruikt.

'Hoe moet je je vader of moeder vertellen dat je bent verkracht?'

had een organisator van Limyè Lavi eerder uitgelegd.

De dorpelingen waren na afloop weer vertrokken, maar één moeder, Litanne Saint-Louis, was gebleven. Ze had een vermoeid gezicht en haar benen zaten onder de littekens door jarenlange zware arbeid. Ze was geboren in Brésillienne en ze wist niet precies hoe oud ze was; waarschijnlijk in de vijftig, maar ze zag er ouder uit. Op jonge leeftijd had ze gezien dat andere kinderen werden weggestuurd als restavèks, maar niet uit haar familie.

Litanne had acht kinderen. Ze herinnerde zich de geboorte van de eerste twee, Eva en Camsease Exille, als zwaar. 'O, wat ging dat moeilijk!' Maar de meisjes zelf waren absoluut niet moeilijk. Camsease huilde, maar niet meer dan andere kleintjes. 'Kinderen op het platteland zijn sterker dan kinderen in de stad,' zei Litanne. Camsease liep al toen ze zeven maanden was. Ze was de eerste jaren opvallend aanhankelijk. Als ze iets te eten kreeg, van wie dan ook, kwam ze naar haar toegerend en zei: 'Dankjewel, mama, dankjewel!'

Toen Camsease een puber was, kromp de markt voor de gewassen die haar ouders verbouwden. Litanne en haar man waren bang dat ze hun kinderen binnenkort niet meer te eten konden geven. Toch wisten ze nog genoeg bij elkaar te schrapen voor het schoolgeld voor Eva en Camsease. Camsease speelde in de vroege uurtjes van de ochtend voor schooltijd met haar klasgenootjes, maar die verdwenen, de een na de ander. Camsease werd bang.

Begin 2003, toen Camsease elf was en Eva twaalf, kwamen een man en zijn zus uit de stad naar het dorp. Ze waren dik, droegen een spijkerbroek en waren volgens Litanne het toonbeeld van de weldoorvoede moderne mens. En wat ze zeiden klonk als een zegen. De vrouw, Alette, pakte Litannes hand vast en zei: 'Ik zal je kind wel helpen, *mami*. Ik zal zorgen dat ze naar school kan.'

Alette vertelde dat haar man net naar de Dominicaanse Republiek was vertrokken en dat ze iemand zocht om bij haar in huis te komen wonen. Camsease, die pas op de middelbare school zat, was doodsbang. Maar Litanne wuifde de bezwaren van haar dochter weg, want ze zag in Alettes woorden de kans van haar dochters leven.

'Ik wil er graag een voor mijn zus en een voor mij,' zei de vrouw. Litanne liet Eva en Camsease gaan. Met tranen in hun ogen omhelsden Litanne en haar man hun twee kinderen, zonder te weten of ze hen ooit nog zouden terugzien.

Een paar maanden later kwam Eva terug. Ze zag er jaren ouder uit; ze vertelde dat haar bazin haar helemaal niet naar school had laten gaan, maar dat ze thuis moest werken, zestien uur per dag. Zij en haar man sloegen haar met een zweep, en die afranselingen werden erger toen ze erachter kwamen dat ze weg wilde. Als Eva's bazin haar sloeg, zei ze altijd tegen haar dat ze blij moest zijn dat ze meegenomen was naar de stad, dat ze dat eigenlijk niet verdiende en elk moment kon worden vervangen. 'Je bent waardeloos,' zei de vrouw vaak.

Litanne stelde zich vol afschuw voor dat Camsease ook als slavin opgesloten was in een hol ergens in de stad. Ze had geen idee waar haar dochter was, maar begin 2005 kwam een oude kennis bij haar. Hij vertelde dat hij Camsease was tegengekomen in Port-au-Prince op straat; hij was de eerste bekende die ze had gezien sinds het begin van haar slavernij en ze had hem gevraagd haar moeder te laten weten dat ze naar huis wilde. Verder wist Litanne niets, alleen dat haar dochter werd mishandeld en dat ze niet naar school ging.

Terwijl Litanne en ik met elkaar zaten te praten, dreigde het weer te gaan stortregenen. De avond viel en Serge en ik liepen tastend over de rotsen naar het huis van Trajean, ongeveer 200 meter verderop. Zijn schoonzuster zat op de grond naast een schuurtje en kookte eten boven een open vuur. Er scharrelden wat varkens en kippen rond: Trajean voorzag, zoals de meeste mensen in het dorp, als keuterboertje in zijn levensonderhoud.

Zijn huis was klein, eenvoudig, maar brandschoon. Er was een cementvloer, maar zoals overal in Brésillienne geen verwarming, gas, licht of stromend water. Trajean stak een paar petroleumlampen aan en schonk slappe thee; daarna praatten we. Hij zei dat als er betaalbaar onderwijs was, ouders hun kinderen niet meer zouden wegsturen. Op de enige school in de buurt verdienden de vijf leerkrachten 72 dollar per persoon per maand. Het schoolgeld was

5 dollar per kind. Er waren honderd leerlingen, dus als iedereen betaalde, hielden ze 140 dollar over voor administratiekosten en leermiddelen. Maar er waren slechts weinig gezinnen die het schoolgeld konden betalen en veel mensen probeerden te betalen met cassave of andere goederen. De leerkrachten kregen nooit een volledig salaris.

In de Haïtiaanse grondwet van 1987 stond dat iedereen recht op kosteloos onderwijs had. Als dat er echt kwam, zou het percentage gezinnen dat een kind de slavernij in liet gaan volgens Trajean dalen van 95 tot 60 procent; de rest bestond uit mensen die niet over genoeg voedsel beschikten en de slavernij als enige manier zagen om hun kind genoeg te eten te geven. Een echtpaar uit Brésillienne was op de hoogte van de gruwelen die hun dochter in Port-au-Prince te wachten kon staan, maar had haar een maand geleden toch door courtiers laten meenemen.

Tijdens dit gesprek aten we ontzagwekkend grote borden kort gekookte yams met stukken varkensvlees met kraakbeen. Bij minder dan een derde van de gezinnen in Brésillienne werd wekelijks vlees gegeten, niemand at het dagelijks, dus dit was een traktatie, maar ik had geen trek doordat ik was uitgedroogd. We maakten ons klaar voor de nacht. Serge lag op de cementvloer naast de tafel waaraan we hadden gegeten en Trajean drong er herhaaldelijk op aan dat ik het schuimrubberen matras in de slaapkamer zou nemen. Zijn vrouw lag op de grond tegen haar drie kinderen aan zodat ze elkaar warm hielden. Trajean ging bij ze liggen. Na een tijdje blies hij de kaars uit. Het was aardedonker en ik viel als een blok in slaap.

Om vijf uur 's ochtends werd ik wakker en ontdekte dat Litanne al een uur buiten bij het uitgedoofde vuur zat te wachten. Ze wilde wanhopig graag haar dochter terug en ze meende te weten waar ze was. 'Ik heb gehoord dat ze ergens in de buurt van de Delmas is,' zei ze, 'maar ik weet niet precies waar, ik weet geen nummer.'

De Delmas is een lange straat, zei ik bezorgd, en sommige delen zijn gevaarlijk. Camsease had aan de boodschapper doorgegeven waar ze ongeveer woonde. Ik bood aan de reis naar de stad voor

Litanne te betalen, over een week. Hoewel ik betwijfelde of we dat ene kleine meisje in die krioelende mensenmassa konden vinden, was Litanne vol vertrouwen.

Ondanks het voorteken van de tarantula ging ik uit Brésillienne weg met het gevoel dat het misschien toch niet zo'n verkeerd idee was geweest de tocht hiernaartoe te maken.

De malariasymptomen zouden pas na een week komen, maar in Port-au-Prince was het bloedheet en ik voelde me koortsig. Mijn gesprek met Benavil had me in een lastig parket gebracht. Ik had tegen hem gezegd dat hij niet zonder mij met een familie mocht gaan praten. Toch had ik het gevoel dat iemand mij het kwetsbare leven van een kind had toevertrouwd. Ik moest besluiten of ik dat leven aan het lot zou overlaten of een kind zou redden dat ik nog nooit had ontmoet.

Terwijl ik achter in een tap-tap zat te zweten, keek ik naar de jonge meisjes op straat en stelde me voor dat een van hen boven aan de lijst van Benavil stond. Ze was ergens in de bergen van La Selle, maar binnenkort zou ze van iemand in de stad zijn. Misschien was haar baas een zachtaardige ziel, arm maar toch in staat genoeg geld bij elkaar te schrapen om haar naar school te sturen.

De kans daarop was wel erg klein. Nergens anders worden zoveel lijfstraffen aan kinderen gegeven als in Haïti, en vooral de slaven moeten het ontgelden.[44] Uit onderzoek blijkt dat bijna elke restavèk elke dag geslagen wordt. De meeste meisjes worden seksueel misbruikt door hun eigenaar. Veel prostituees in de stad zijn voormalige kindslavinnen die door hun baas uit huis werden gezet omdat ze zwanger waren, of gewoon omdat ze vijftien waren geworden en de wet voorschreef dat ze dan moesten worden betaald. Het meisje, wie ze dan ook was, zou het eigendom van iemand anders worden, iemand die haar kon verkrachten, vermoorden, in stukken hakken en aan de varkens voeren. Of die haar kon vrijlaten.

Ik dacht aan alle argumenten voor en tegen het kopen van de vrijheid van een kind. Er waren praktische consequenties. Ik wist dat Benavil ondanks zijn lach heel gevaarlijk kon zijn. Na de coup van februari 2004, de dertigste in de geschiedenis van het land, vonden in Haïti per dag zes tot twaalf ontvoeringen plaats voor losgeld.[45] Gangsters ontvoerden toeristen en vroegen soms wel een half miljoen dollar losgeld. De familie van de Haïtiaanse journalist Jacques Roche, die over kindslavernij had gerapporteerd, kon het losgeld van 250.000 Amerikaanse dollars niet op tijd bij elkaar krijgen. De ontvoerders sneden zijn tong af, martelden en vermoordden hem en gooiden zijn lijk op straat met alleen een onderbroek aan.

Daarvan was ik op de hoogte voordat ik naar Haïti ging en daarom had ik een losgeldverzekering bij Lloyd's afgesloten. Maar toch: er waren hier veel wapens en ik wist uit persoonlijke ervaring in Afrika dat slavenhandelaars beestachtig wreed zijn, misschien omdat hun handelswaar zo vluchtgevaarlijk is. Met zulke mannen valt niet te spotten. Ik dacht dit probleem op te lossen door Benavil het kind dat ik ging kopen te laten overdragen in de Montana, een veilig hotel waar VN-vertegenwoordigers zaten en waar ik kennissen had in de particuliere militaire sector, die meer hulp zouden kunnen inschakelen mocht dat nodig zijn. Maar ik vroeg me af wat er met het meisje zou gebeuren als ik haar vrijliet. Toen Nicholas Kristof, columnist van de *New York Times*, terugkeerde om een gedwongen prostituee op te zoeken die hij een jaar eerder voor 203 dollar had vrijgekocht, ontdekte hij dat ze was teruggegaan naar het bordeel, omdat ze nog steeds verslaafd was aan methamfetamine.[46] Maar drugsverslaving komt op het Haïtiaanse platteland niet voor en ik had geld om het meisje minstens een jaar in een goed weeshuis onder te brengen.

De mogelijkheid tot frauderen was enorm groot. Stel dat Benavil mijn humanitaire bluf zou ruiken, wie kon dan garanderen dat hij me een meisje zou leveren dat werkelijk het gevaar liep in de slavernij te belanden? Misschien gaf hij me wel de dochter van bevriende ouders, een meisje dat arm was maar niet in gevaar verkeerde, als truc om een *blanc* voor haar schoolopleiding te laten betalen. Ik dacht aan twee journalisten van de *Baltimore Sun* die in 1996 slaven hadden gekocht van wie later werd beweerd dat het geen echte slaven waren, een lucratieve zwendel van Soedanese rebellen. Een van die journalisten, Gregory Kane, deed vrij opgewekt over die mogelijkheid: 'Of het me spijt dat ik in de val gelokt ben en duizend dollar van *The Sun* heb betaald aan het Soedanese Volksbevrijdingsleger, de zuidelijke groep die al negentien jaar tegen het Soedanese leger vecht? Ja, dat spijt me in meerdere opzichten. Het spijt me dat we niet nog meer geld konden geven aan een groep die met adequate middelen misschien "O'Slimy bin Laden" en het "islamitische fundamentalistische regime" in Khartoum buiten gevecht had kunnen stellen.'47

Als Benavil mij zou belazeren, zou ik mijn actie niet kunnen rechtvaardigen, behalve door aan te voeren dat ik een achtergesteld kind had proberen te helpen, ook al was ze beter af dan een restavèk. Daarmee stond ik erg zwak.

De avond viel, de lucht koelde af, en daarmee ook mijn hoofd. Een journalist hoort geen activist te zijn; een journalist dient objectief te zijn en zich op afstand te houden. Mijn grootvader, die drie decennia lang in een kleine stad in Connecticut hoofdredacteur van de plaatselijke krant was, zou geschokt zijn geweest door het idee dat een verslaggever zo nauw bij zijn onderwerp betrokken raakte. Maar ik dacht ook aan Eddie Adams, die in 1968 de Pulitzerprijs won met zijn foto van de standrechtelijke executie van een vastgebonden Vietcong-gevangene. Zou hij fout hebben gezeten als hij de Zuid-Vietnamese generaal had gewezen op het Verdrag van Genève?

Toen de stroom weer eens uitviel, had ik mijn besluit genomen. Ik kon me niet over mijn instinct heen zetten dat je nooit een mensenleven mocht kopen, hoe rechtvaardig de reden daarvoor ook was, zelfs niet als het betekende dat iemand anders dat vervolgens wel zou doen. Ik stelde een principe vast voor mijn verdere werk: ik zou geen geld geven aan slavenhandelaars; ik zou geen geld geven aan slavenhouders. Maar ik kon niet voorkomen dat ik betrokken raakte bij het leven van de slaven die ik ontmoette.

In het geval van de dochter van Litanne was ik zelfs al betrokken bij het leven van een slavin die ik nooit had ontmoet.

Een week na mijn tocht naar Brésillienne stond ik met Serge op de hoek van Delmas 91 op Litanne te wachten. Het was zondag en de grote kerk aan de overkant, naast het met kogelgaten doorzeefde gebouw van Radio Haïti, trilde van het gezang van een extatisch gospelkoor, begeleid door trommels en een orgel. Litanne arriveerde, geëscorteerd door Trajean. Ze had haar haren met een zwart lint naar achteren gebonden en een gele jurk aangetrokken. Snel gingen we op zoek naar Camsease. Nerveus en vastberaden liep ze over de Delmas, tot we in een langzaam rijdende tap-tap stapten.

Vijftig huizenblokken verder gingen we er weer uit. Litanne vroeg verscheidene malen waar we waren en ik begon me al zorgen te maken dat ze haar dochter nooit zou vinden. Maar toen rook ze een spoor en we sloegen doelgericht Delmas 34 in. Jonge criminele types verdrongen zich om ons heen en eentje vroeg op agressieve toon om geld. Zoals de meeste zijstraten van de Delmas was het hier een maanlandschap van stenen, puin, vuilnis en uitwerpselen. Langs de kant van de weg stonden roestige autowrakken.

Aan het eind van de straat liep Litanne naar een betonnen eenkamerwoning met een plat dak en roestige stukken ijzer die hier en daar uit het beton staken. Ze klopte aan. Om de hoek kwam Alette aanlopen, een berin van een vrouw op blote voeten en met een verschoten groene tuniek aan; volgens Litanne zag ze er heel anders uit dan destijds in Brésillienne. Haar ongekamde haar stond alle kanten op. Er verscheen een geschrokken, geïrriteerde uitdrukking op haar gezicht toen ze ons zag, en het was duidelijk dat ze een beetje bang werd. Ze begreep dat drie volwassen mannen een overmacht waren, en omdat ze niets voor Camsease had betaald, kon ze niet beweren dat het meisje haar eigendom was. Ze wist een nerveuze glimlach op haar gezicht te toveren.

In het huis leek het een gevangenis, met betonnen muren vol watervlekken, ramen zonder ruiten en een kale betonnen vloer. Alette bood mij de enige stoel aan, maar ik wilde per se dat Litanne die nam. Ik ging op het bed zitten, samen met Trajean en Serge. Alette wees naar een hoek van de kamer waar Camseases slaapplaats was, op de betonnen vloer, en daarna ging ze haar roepen.

Camsease kwam aan de achterkant van het huis van achter een laken tevoorschijn. Ze zag er jonger uit dan haar dertien jaar. Ze schuifelde uitdrukkingsloos naar haar moeder. 'Kom je me halen?' vroeg ze zacht. Haar moeder knikte, lachte met betraande ogen, en omhelsde haar dochter voor het eerst in bijna drie jaar.

'Wat is ze mooi,' fluisterde Serge tegen me.

'Ik wist niet dat jullie zouden komen,' zei Alette nerveus.

'Ga je opfrissen,' zei Litanne tegen Camsease. 'We gaan.'

Camsease verdween achter het gordijn om zich te verkleden en Alette kwam met een hele lijst smoezen voor de dag. 'Ik heb het de laatste paar jaar erg zwaar gehad,' zei ze. 'Mijn man is naar de Dominicaanse Republiek gegaan om werk te zoeken en daar is hij omgekomen.'

Alette, die vijfenveertig jaar was, kwam oorspronkelijk uit Jacmel, maar woonde al minstens twintig jaar in de hoofdstad. Tijdens het regime van Aristide was ze verzekeringsagent geweest, maar sinds de staatsgreep zat ze zonder werk. Litanne zweeg, maar Alette praatte verder.

'Ik kan niet eens het schoolgeld voor mijn eigen kinderen betalen,' zei ze. 'Toen ik Camsease kwam halen, verkeerde ik in veel betere omstandigheden.'

Litanne zat er zwijgend bij, met gebalde vuisten, maar een onbewogen gezicht.

'Ik heb kleren voor haar gekocht,' zei Alette. 'Ik heb haar te eten gegeven.'

Camsease kwam weer terug, met andere kleren aan, maar zonder spullen. Slaven bezitten natuurlijk niets. We vertrokken snel. Aan het eind van Delmas 34 kocht Trajean wat crackers voor Camsease, die ze verslond. Litanne hield de hand van haar dochter krampachtig vast.

Alette en haar drie kinderen hadden Camsease voortdurend in de gaten gehouden. Ze was als eerste van het huishouden op, nog voor het ochtendgloren, en ze was nooit naar school geweest. Alette had gelogen toen ze zei dat haar eigen kinderen niet naar school konden: ze gingen elke dag, in hun schooluniform. Camsease deed al het huishoudelijk werk. 's Ochtends moest ze *jete pipi*, de po van haar meesteres leeggooien. Soms moest ze Alettes voeten boenen. Ze mocht maar eens per week het huis uit, op woensdag, om boodschappen te doen op de markt. Hoewel Alettes kinderen jonger waren, sloegen ze haar soms en noemden haar *timoun bond*, slavenkind.

Camsease schrokte haar lunch naar binnen terwijl ik details over haar slavernij uit haar probeerde te trekken. Litanne hield haar ogen voortdurend op haar dochter gericht, alsof ze haar anders zo weer drie jaar kwijt zou zijn. Na de lunch vroeg ik aan Camsease wat ze later wilde worden.

'Ik wil leren lezen,' zei ze alleen. Ik wilde weten of ze geen hogere aspiraties had.

'Ik wil dokter worden,' zei ze, en voor het eerst verscheen een glimlach op haar gezicht.

'Zij gaat vanavond een hele hoop cassave eten,' zei Serge.

De tiende verjaardag van Bill Nathan kwam en ging weer voorbij zonder dat Bill daar zelf iets van merkte. In 1994 begon hij aan het elfde jaar van zijn leven en zijn derde jaar van wat slavernijdeskundige Orlando Patterson de 'sociale dood' noemt. Haïtianen hebben nog een ander woord voor restavèks die hun slavenstatus hebben geïnternaliseerd: *zombifié*, gezombificeerd. Net zoals de ondoden in de voodootraditie zouden restavèks geen eigen wil hebben en volledig in de macht verkeren van degenen die hun een tweede leven hebben gegund.

Teanna, die haar kinderen geen spaargeld had nagelaten, had ze wel veel moed meegegeven. Maar naarmate Bills herinnering aan de vrijheid vervaagde, verbleekte ook zijn verlangen om te ontsnappen.

Op een dag hoorde Bill dat bij de familie Gil werd aangeklopt. Toen hij opendeed, werd hij door twee mannen vastgegrepen. De oude moeder van Célan zag de ontvoering maar kon er niets tegen beginnen. Toen de twee mannen de jongen meenamen, stelden ze hem gerust met de mededeling dat ze waren gestuurd door zuster Caroline. Zij brachten Bill naar het klooster van Caroline, waar zij hem eten voorzette, hem in bad stopte en sandalen gaf. Caroline vertelde dat ze van de buren had gehoord dat hij werd geslagen. 'Als je moeder nog leefde, zou ze dat nooit hebben geaccepteerd,' zei ze.

Die middag stuurde ze Bill met een auto naar het Jongenstehuis St. Joseph, een bijzonder weeshuis in Port-au-Prince dat geleid werd door Michael Geilenfeld, een Amerikaan uit Iowa. Het was de eerste nacht die Bill in de grote stad doorbracht, maar hij was niet bang. 'Ik was blij,' zei hij. 'Ik had het gevoel dat mijn moeder in dat huis bij me was.'

Geilenfeld ontdekte al snel dat Bill aanleg had voor trommelen. Hij kreeg het geld bij elkaar om de jongen naar Gambia te sturen, waar hij zich verder in die kunst kon bekwamen. Maar daar had Bill wel een paspoort voor nodig. En om een paspoort te krijgen, moest hij zijn geboorteakte hebben. En daarvoor moest hij Célan nog één keer onder ogen komen. Vier jaar na zijn redding keerde Bill terug naar de plaats waar hij als slaaf had geleefd. Hinche zag er anders uit dan toen en Bill verdwaalde. Maar een van de kinderen van Célan zag hem en nam Bill en zijn begeleiders mee naar Gils huis.

'O, wat ben jij groot geworden!' riep Célan uit met mierzoete onoprechtheid. Bill zag dat een nieuwe jongen zijn plaats had ingenomen en dat Célan de jongen tot dezelfde karaktervernielende onderdanigheid dwong als ze met hem had gedaan. Bill riep de jongen bij zich.

'Ik heb hier net zo geleefd als jij nu,' zei hij. 'Verlies de moed niet: God is goed.'

Célan behandelde haar bezoekers als geëerde gasten, bood hun de bedden van haar kinderen aan en droeg de restavèk op water te halen. Ze vroeg Bill om geld, en Bill gaf haar alles wat hij had. 'Als iemand mij iets slechts heeft aangedaan, koester ik geen wrok,' legde hij later uit. 'Ik vergeld geen kwaad met kwaad. Als jij mij slecht behandelt, behandel ik jou goed.'

Bij het weggaan wilde Célan Bill omhelzen, maar hij deed een stap naar achteren. 'Ik ben geen dief geworden,' zei hij alleen maar, voordat hij zich omdraaide en terugging naar zijn nieuwe leven.

Tijdens mijn laatste week in Port-au-Prince kreeg de nationale politie van Haïti een zending nieuwe uniformen. De petten waren te groot. De rand viel over hun oren en je kon hun ogen haast niet zien. Sommige agenten vonden dat vervelend en zetten ze af; anderen hielden hun uniform aan, maar probeerden niet te veel te bewegen.

Haïti maakte muizenstapjes op weg naar een stabiele situatie. Maar de presidentsverkiezingen die voor de volgende week op het programma stonden, waren wegens aanhoudend geweld afgelast. De regering bestond in feite niet meer.

Ik ontmoette Benavil weer. Hij nam me mee naar het kantoor van zijn bedrijf, een paar straten verwijderd van de plaats waar ik hem op straat had ontmoet, voorbij kleuterschool Donald Duck, in het hoofdkwartier van de campagne van presidentskandidaat Dr. Emmanuel Justima. Benavil, die bijkluste als hoofd beveiliging van Justima, stelde me vol trots voor aan de keurig geklede kandidaat, die zichzelf 'een van de best opgeleide Haïtianen ter wereld' noemde en zei dat hij in zijn verkiezingsprogramma 'meer rechten voor restavèks' beloofde.

Het probleem van de kindslavernij in Haïti is diepgeworteld in de maatschappij. En het probleem heeft zich ver buiten de Haïtiaanse grenzen verspreid. De dag na mijn tocht naar Brésillienne ging ik met een Belgische hulpverlener op de motor de grens over naar de Dominicaanse Republiek, waar ik vier van de meer dan driehonderd suikerplantages bezocht. Hoewel de Haïtiaanse autoriteiten hun burgers niet meer met kwantumkorting aanbieden aan de suikerbedrijven, zoals dictator Baby Doc, worden nog steeds duizenden kinderen gesmokkeld naar de Dominicaanse Republiek om op de plantages, in de prostitutie en natuurlijk als slaaf in de huishouding te werken.

In tegenstelling tot de Soedanese slaven of de Europese slachtoffers van mensenhandel die in de prostitutie terechtkomen, kennen de Haïtiaanse restavèks geen pleitbezorgers die toegang hebben tot Washington. De Amerikaanse reactie op de Haïtiaanse slavernij was in het verleden in het ergste geval aanmoedigend en in het gunstigste geval opportunistisch veroordelend. Meestal wendt Amerika zijn blik af. En bij gebrek aan een verbod op het restavèksysteem, vervolging van slavenhandelaars en gerichte hulp aan de gezinnen waaruit de kindslaven afkomstig zijn, doen de Haïtiaanse slaven wat ze al vierhonderd jaar doen: ze overleven, passen zich aan en worstelen.

En komen alleen zo nu en dan boven.

In 2002 gaf Bill Nathan een concert in Toronto voor vijfduizend mensen, onder wie paus Johannes Paulus II. Daarna trad hij op voor de Braziliaanse president Lula en voor een enthousiast publiek in de Brooklyn Academy of Music, het Apollo Theatre in Harlem en het Underground Railroad Freedom Centre in Cincinnati. Hij heeft zijn zusje na zijn redding niet meer teruggezien. Hij heeft gehoord dat ze uiteindelijk is vertrokken bij 'haar' familie en nu in de Dominicaanse Republiek woont. Hij wordt verdrietig als hij aan haar denkt.

Toen ik Bill voor het eerst ontmoette, werd ik getroffen door zijn rust te midden van de afschuwelijke chaos van Port-au-Prince. Waar hij de kracht vandaan haalde om door te gaan ging mijn verstand te boven. Hij zou zeggen dat het Gods wil was. Misschien beschikte hij over dezelfde bijzondere eigenschappen die Frederick Douglass of Harriet Tubman in staat stelden zware tegenslagen te overwinnen, zich te bevrijden en daarna anderen te helpen. Bill was stoer en gehard genoeg om me in de Cité Soleil langs een stel vijftienjarigen met M-1 geweren te loodsen, maar ook zorgzaam genoeg om me te verplegen toen ik door de malaria een week van de wereld was. Hij moedigde me aan te eten en te rusten. En hij bad voor me.

'Je moet je krachten sparen, beste vriend,' zei hij. 'Je reis is nog maar net begonnen.'

2

Genesis: een treurspel in drie bedrijven

Wachtend op mijn eerste ontmoeting met de antislavernijpaus van Amerika hoorde ik zijn stem al voordat ik de man zag. 'Benjamin Skinner!' riep John Miller vanuit een of andere nis in de nauwe en kleurloze gang van het Bureau Toezicht en Bestrijding Mensenhandel in Washington. Miller was bijna twee meter lang. Hij bewoog zich alsof hij onder geheel eigen natuurwetten viel, alsof de zwaartekracht hem horizontaal in plaats van verticaal naar de aarde trok. Zijn lange armen en benen maakten maaiende bewegingen terwijl hij op me af kwam. Zijn warmbruine ogen glansden en een brede grijns groef diepe vouwen in zijn gezicht. Hij was ofwel bezeten, ofwel een politicus. Of een bezeten politicus.

'Benjamin Skinner!' herhaalde hij op luide toon terwijl hij een enorme hand op mijn schouder legde. 'Jij schrijft over het grootste mensenrechtenprobleem van onze generatie!' Met zijn zevenenzestig jaar was Miller meer dan een generatie van mij verwijderd. En het probleem waarover hij sprak was een stuk ouder dan wij samen.

Hij was niet onbeleefd, maar ook niet eerbiedig. In de drie jaar dat hij aan het hoofd stond van het Amerikaanse abolitionisme, had hij behoorlijk wat lofbetuigingen gekregen. Hij had prijzen ontvangen van diverse hoogwaardigheidsbekleders. Hij had ergens een stapel kiekjes met beroemdheden, net als elke diplomaat. Maar er hing er niet één in zijn rommelige kantoor. Daar prijkten alleen een ingelijst citaat van president Bush, een Amerikaanse vlag en een poster van de Poolse vakbond Solidariteit aan de muur, en naast zijn bureau stonden een paar goedkope stalen kastjes. Het kantoor was gevestigd in enkele lelijke vertrekken op de eerste verdieping, aan het eind van een lange, lege, onbeveiligde gang, en werd alleen aangeduid met een print waar de letters G/TIP op stonden, de naam waaronder het bureau in het Amerikaanse diplomatenjargon bekendstaat. Het gebouw is zeven lange straten verwijderd van het ministerie van Buitenlandse Zaken, maar die afstand vond Miller geen probleem. G/TIP ligt maar drie huizenblokken van het Witte Huis.

Als je vecht tegen de slavernij op de hele wereld, dan doet het er weinig toe wie in Washington aan jouw kant staat. Het belangrijkste is hoe hoog de kwestie wordt opgenomen door de mensen die ertoe doen. En Miller wist dat de meeste mensen die ertoe doen niet op het ministerie van Buitenlandse Zaken in Foggy Bottom zitten.

Toen ik na mijn terugkeer uit Haïti een interview regelde met Miller, drong hij er op aan dat we samen gingen eten. Dat verbaasde me. Ik had gehoord dat de man die de opdracht kreeg een einde te maken aan de slavernij – nu er meer slaven waren dan ooit eerder in de geschiedenis – zich geen tijd gunde voor de geneugten die pasten bij zijn functie van ambassadeur. Maar als hij er de goede zaak mee kon bevorderen, wilde Miller best met opgeheven pink een kopje thee drinken met de koningin van Zweden (die hij graag mocht) of *khubz* breken met de kroonprins van Saudi-Arabië (minder graag).

Toen we uit zijn kantoor kwamen, regende het pijpenstelen. Miller had geen auto, maar hij wilde wel zijn paraplu met mij delen. Hij vroeg honderduit over Haïti, vooral over Benavil Lebhom. Hij had wel duizend slaven en overlevenden van de slavernij gesproken, maar hij had nog nooit een slavenhandelaar ontmoet.

Mijn enige goeie pak was drijfnat aan het worden, waardoor ik niet goed oplette. Ik dacht even dat Miller, die een kop groter was dan ik, de paraplu gewoon scheef hield. Totdat ik zag dat hij zelf ook kletsnat regende en ik ontdekte wat het probleem was: hij hield de paraplu wel keurig omhoog, maar was vergeten die open te klappen, zózeer werd hij in beslag genomen door ons gesprek.

We vonden een lege, met tl-buizen verlichte pizzeria, en daar zaten we twee uur te praten. Ik probeerde zijn eigen verhaal uit hem te krijgen, maar hij wilde het hebben over de slaven die hij had ontmoet. Hij vertelde dat ze hem inspireerden. Hij had een slecht geheugen voor de details van zijn eigen leven, maar de verhalen van de overlevenden herinnerde hij zich haarscherp.

Onder het praten boog hij zich wat al te dicht naar me toe, de zogeheten 'Lyndon Johnson-treatment'. Bij hem hoorde daar zelfs handoplegging bij, misschien nog een echo van de praktijken van degenen die hij zijn 'electoraat' noemde, de fanatieke middenmoot van de abolitionisten, vooral vrome evangelische christenen. Wat de oorsprong van zijn manoeuvre ook was, hij schoof mijn bord bijna op mijn schoot. Een van zijn senior medewerkers vertelde dat Miller eens met een zwiep de gehele plank vol met haar 'Ik hou van mij-foto's' met beroemdheden had weggemaaid. Ze zei voor de grap dat Miller, die in tegenstelling tot zijn staf republikein was, expres de foto's met Madeleine Albright had vernield.

Hij droeg zijn standaardoutfit: een keurig overhemd, een fris krijtstreeppak, maar versleten sokken. Onder het praten schoot een van zijn blauwe bretels steeds los, die hij dan verstrooid weer vastmaakte, waarop het ding telkens opnieuw losschoot. Tijdens een bilaterale vergadering met buitenlandse vertegenwoordigers was hij zo geanimeerd dat hij al betogend uit zijn broek scheurde. Hij merkte het niet, maar een van zijn medewerkers probeerde het te verdoezelen.

'Slavernij bestaat al sinds de dageraad der mensheid. Het is bijna een probleem van alle tijden. Maar tegelijkertijd staan we aan het begin van de moderne slavernij,' zegt Miller nu. 'We naderen het einde van het begin, omdat we vooruitgang beginnen te boeken.'

In de loop van een aantal jaren heb ik tijdens een tiental vergaderingen en gesprekken maar twee keer een zweem van verslagenheid op zijn gezicht gezien, ondanks de moeilijke strijd die hij moest voeren om mensen binnen zijn regering ervan te doordringen dat er werkelijk sprake was van slavernij. De eerste keer was toen een serveerster, die behoorlijk geïrriteerd was dat wij tot ver na sluitingstijd nog aan tafel zaten, de tafel afruimde voordat hij klaar was met eten.

'O,' zei hij schaapachtig tegen niemand in het bijzonder. 'Ik geloof dat ik mijn bier kwijt ben.'

Nadat de serveerster ons eruit had gegooid, gingen we door de regen op zoek naar een Starbucks die nog open was, voorwaar geen eenvoudige opgave. 'In Seattle heb je een Starbucks op elke straathoek,' zei Miller. 'Dat is geweldig.' Eindelijk vonden we er een, en hij vroeg verder door over Haïti. Toen hoorde ik ook allerlei verhalen van hem. Hij wilde alles weten over de restavèks en hij maakte aantekeningen terwijl ik sprak. Daarna vertelde hij dat het onmogelijk was de niet-bestaande Haïtiaanse regering onder druk te zetten. Toen Starbucks dichtging, praatten we verder op een metrostation. Hij noemde plekken waarvan hij graag wilde dat ik er een onderzoek zou instellen. Tegen middernacht nam hij de Blue Line terug naar zijn appartement in Virginia.

Door zijn ontwapenende openhartigheid was Miller verrassend anders dan de meeste mensen die door de regering Bush waren aangesteld. Hij was dol op de media. Hij zag die als een essentieel wapen van het nieuwe abolitionisme en hij sprak doorgaans zonder de minste terughoudendheid. Hij ergerde zich enorm aan de vele toestemmingsprocedures en omzeilde die vaak, tot grote consternatie van de bureaucraten van de Binnenlandse Veiligheiddienst.

In de herfst van 2004 vertoonde een filmploeg van een HBO-documentaire een undercoverreportage over kameeljockeys in Dubai, die hij omschreef als 'schokkend'. De ernstig ondervoede slavenjongens werden geslagen; een zevenjarig jongetje toonde zijn achterste dat gekneusd was omdat zijn trainer hem daar had verkracht.[48] Een jaar eerder had Millers kantoor in het jaarlijkse *Rapport Mensenhandel* de Verenigde Arabische Emiraten bevorderd van Categorie Drie, waarbij sancties mogelijk waren, naar Categorie Een, een promotie waarmee Colin Powell hen complimenteerde.[49]

Miller ontplofte toen hij die video zag, herinnert een staflid zich. Maar in plaats van Bernard Goldberg van HBO aan te klagen wegens 'riooljournalistiek', maakte Miller zichzelf verwijten over zijn onnozelheid. 'De VAE hebben het ministerie van Buitenlandse Zaken een rad voor ogen gedraaid,' zei hij. 'Ik heb natuurlijk een fout gemaakt.' Het jaar daarna overtuigde Miller Condoleezza Rice ervan dat de VAE, een belangrijke bondgenoot in de Golf, weer moesten worden ingedeeld in Categorie Drie. In veel van soortgelijke kwesties trok hij aan het kortste eind. 'Wij worden beschouwd als boemannen,' zei hij. 'Iedereen snapt dat wij de luis in de pels van het ministerie zijn.'

Staatssecretaris van Buitenlandse Zaken Richard Armitage zei een keer tegen Miller dat een assistent-secretaris zich lovend had uitgelaten over alles wat hij deed om buitenlandse regeringen over te halen antislavernijwetten aan te nemen en te handhaven. 'Als alle bureauchefs gaan zeggen dat ik zulk geweldig werk doe, moet je me ontslaan,' was de reactie van Miller.

Miller nam als kind al geen blad voor de mond. Als schooljongen in Manhattan zag hij eens in een aardrijkskundeboek een afbeelding van de Puget Sound. In de tekst stond dat het gebied 'gematigd' was, wat volgens de meester van de vierde klas 'niet warm en niet koud' betekende. Die avond verklaarde de jongen thuis aan tafel dat hij naar de Puget Sound wilde verhuizen.

Zijn ouders waren niet onder de indruk. Hun wereld begon en eindigde aan de rand van de Upper East Side. Hoewel ze liberale Joden waren – zijn vader was maar één generatie verwijderd van uit Letland gevluchte immigranten – vonden ze het Amerika voorbij de Hudson maar niks en beschouwden ze de Sovjet-Unie als 'een prima land'. Ze trokken zelfs van leer tegen 'kwaadaardige' communistenjagers als Nixon. 'Wat zij van Stalin wisten, paste in een notendop,' zei Miller later.[50]

'Belachelijk,' was de reactie van Millers vader op het verlangen van zijn zoon naar het westen te gaan. 'Over een paar weken ben je dat wel weer vergeten,' voegde zijn moeder daaraan toe.

Zesendertig jaar later was Miller een anticommunistisch republikeins congreslid voor Seattle. 'Als mijn ouders gewoon hadden gezegd "goh, leuk", en het daarbij hadden gelaten, zou ik die hele Puget Sound allang vergeten zijn,' zegt hij nu.

Sinds Miller op zijn achttiende uit huis trok, was hij een buitenbeentje. Hij ging rechten studeren, en meteen na zijn afstuderen in 1964 verhuisde hij naar Olympia en later naar Seattle, ondanks de smeekbeden van zijn moeder, die wilde dat hij advocaat werd in New York. Aan de universiteit van Yale was hij niet opgevallen door goede cijfers, maar met zijn zware New Yorkse accent viel hij wel op in de staat Washington, al was het niet om de goede redenen. Hij verstuurde meer dan honderd sollicitatiebrieven. 'Ik kreeg maar anderhalve reactie, één kantoor bood me een baan aan, maar trok dat aanbod later weer in,' vertelt hij.

Toen hij vijf jaar had gewerkt als milieujurist en tien jaar bij de gemeente van Seattle, werd Miller rusteloos. Aan het begin van de jaren tachtig probeerde hij aan de bak te komen als honkbalverslaggever en schreef hij een jaar over de Mariners. Zijn kwaliteiten als schrijver waren niet overeenkomstig zijn passie voor het spel. Door zijn werk voor de lokale politiek kreeg hij een baan als commentator bij een lokaal televisiestation. Maar hij was niet voor betweter in de wieg gelegd. Miller was een geboren politicus, maar wel van een zeldzame soort. Hij maakte zich drukker over alles wat hij niet wist dan over de vraag hoe hij zijn kiezers ervan moest overtuigen dat hij alwetend was.

In zijn beroepsleven was hij nog op drift, maar zijn persoonlijke leven was inmiddels op koers komen te liggen. In Seattle had hij op straat een jonge vrouw zien lopen van wie hij zijn ogen niet kon afhouden, zodat hij bijna een botsing veroorzaakte. Hij volgde haar op een afstandje tot hij haar een kantoorgebouw in zag gaan. Miller was niet zo sterk in de kunst van het versieren; hij verzon een suffe, maar aannemelijke smoes om haar kantoor binnen te komen, want hij wilde weten hoe ze heette. Daar bleef het niet bij en al snel kregen ze een relatie. 'Ik had veel onhebbelijkheden, maar die tolereerde ze,' herinnert Miller zich later enigszins verbaasd.

In 1984 ging het republikeinse congreslid van zijn staat met pensioen, en Miller, die sinds kort wist wat hij wilde, nam twee besluiten: hij vroeg of zijn vriendin, June Hamula, met hem wilde trouwen en hij besloot zich kandidaat te stellen voor de zetel. Hoewel veel republikeinen campagne voerden op basis van de overweldigende populariteit van Reagan, deed Miller daar niet aan mee. In de reclamespotjes voor zijn campagne en in zijn verkiezingstoespraken had hij het maar zelden over de president.

Op de avond van zijn overwinning riep hij zichzelf uit tot 'John Miller-republikein, geen Ronald Reagan-republikein.'[51] Hij hield zich aan die belofte; hij stemde tegen de door Reagan voorgestelde MX-raketten en deed zijn best het buitensporige begrotingstekort tegen te gaan. Door zich in het liberale Seattle te distantiëren van Reagan, bewees hij zich natuurlijk nog niet als een moedig politicus, maar zijn strijd tegen Boeing, de grootste werkgever in de streek, had hem zijn baan kunnen kosten. Toen hij verhalen hoorde over Chinese en Russische kampen waar de gevangenen dwangarbeid moesten verrichten, stelde hij de 'Miller Principles' op, een aantal voorwaarden waaraan de Chinezen moesten voldoen om geen sancties te riskeren. Miller trok van leer tegen de managers bij Boeing die al meer dan tien jaar vliegtuigen verkochten aan de Chinezen en stemde tegen het voorstel China de status van Most Favored Nation te geven.

Door die actie en door zijn steun aan de contra's in Nicaragua joeg Miller veel mensen in Seattle tegen zich in het harnas, maar zijn stellingname wekte de bewondering van twee rijzende sterren aan het republikeinse firmament, de congresleden Chris Smith van New Jersey en Frank Wolf van Virginia, beiden gelovig en felle koudeoorlogstrijders, kleine mannen met een groot hart en een buitenproportionele persoonlijkheid.

Ze hadden met elkaar en met Miller gemeen dat ze erop gebrand waren het terughoudende buitenlandse beleid van de regering-Reagan onderuit te halen. In de aanloop naar de top in Reykjavik van 1986 liet Wolf de toenmalige minister van Financiën, James A. Baker III, verschijnen voor een hoorzitting over slavenarbeid in de Sovjet-Unie. Toen Baker zich verzette tegen zijn eis de Tariefwet van 1930 toe te passen en de invoer van door slaven geproduceerde producten te verbieden, liep Wolf paars aan van woede. 'U bent verplicht hier werk van te maken!' riep Wolf. 'Die mensen zitten al jaren in werkkampen...' 'Ik bepaal zelf wel wat mijn plicht is, u niet!' snauwde de anders zo onverstoorbare Baker terug. 'Ik ben hier niet gekomen om me door u te laten uitfoeteren!'[52]

Wolf en Smith zagen in Miller een collega-herrieschopper. In de herfst van 1991, kort nadat Wolf en Smith een bezoek brachten aan de Chinese dwangarbeiderskampen, bracht Miller drie dagen in Peking door met Nancy Pelosi en oefende hij kritiek uit op het mensenrechtenbeleid van Deng Xiaoping; ze bezochten het Plein van de Hemelse Vrede en legden witte bloemen voor de slachtoffers die daar gevallen waren.

Maar terwijl Miller steeds meer contacten kreeg, raakte June geïsoleerd. Na zijn eerste overwinning leek het in Washington zo slecht nog niet. June had haar bedrijf in Seattle verkocht, en ze kochten een stadsvilla op Capitol Hill met een tuin die zo groen was dat ze zich er thuisvoelden. Ze overwogen zelfs er een fontein te laten aanleggen, als herinnering aan de Puget Sound.

Toch hadden de vier opeenvolgende verkiezingen het leven van June als echtgenote van een congreslid er niet vrolijker op gemaakt. Tijdens de felle campagne van 1988 sprak Millers tegenstander Reese Lindquist zijn afkeuring uit over de steun aan de contra's, die het jaar daarvoor een achtentwintigjarige Californische ingenieur hadden gedood. Het campagneteam van Miller kreeg een telefoontje waarin hem een explosieve, zij het niet erg relevante reactie aan de hand werd gedaan. De beller beweerde dat hij bewijzen had dat Lindquist vijf jaar eerder, toen hij voorzitter was van de docentenbond, seks had gehad met een jonge jongen in de universiteitsbibliotheek.

'Kun je je voorstellen wat dat voor zijn vrouw betekent als het uitkomt?' vroeg June aan haar man. Ze hadden net een jongetje uit de buurt van Seattle geadopteerd. Nu ze juist zelf aan een gezin waren begonnen, kon June het idee niet verdragen dat ze een ander gezin te gronde zouden richten. Op haar aandringen besloot Miller dat hij de aantijgingen niet bekend zou maken. Op 5 januari 1993 werd Lindquist veroordeeld tot een jaar voorwaardelijk wegens het uitlokken van seks met een minderjarige in een park. Nog dezelfde dag trok Miller zich terug uit het Congres, en hij beloofde June dat zijn tijd in Washington DC voorbij was.[53]

De ontstaansgeschiedenis van de verborgen oorlog die Amerika tegen de moderne slavernij voert, is een treurspel in drie bedrijven. Maar nu John Miller tijdens de regeerperiode van Clinton uit het openbare leven was verdwenen, werd de hoofdrolspeler een keiharde neo-conservatieve insider, Michael Horowitz. In vijf jaar drukten Horowitz en een groep evangelische activisten er een paar wetten door die de wereldwijde afschaffing van de slavernij tot nationaal buitenlands beleid maakte.

Net als Miller was Horowitz een New Yorkse Jood, maar de Bronx van Horowitz was wel een totaal andere wereld dan het Manhattan van Miller. 'John kwam uit een progressief, seculier, liberaal Joods nest,' zei Horowitz. 'Bij ons thuis was het heel anders. Daar ging het vooral om de synagoge en de synagogepolitiek.'

Horowitz, een kleine, intellectuele man, had de lange, atletische Miller nooit ontmoet, al waren ze allebei in 1964 afgestudeerd aan Yale. Miller was toen voorzitter van de Jonge Democraten, maar beide mannen werden later republikein. Horowitz, die zijn overstap beschreef als 'een verwrongen proces dat lijkt op dat van een homo die uit de kast komt,' maakte een grotere zwaai naar rechts dan Miller. Terwijl Miller overwoog zich als centrist kandidaat te stellen voor het Congres, was Horowitz al de messen aan het slijpen voor zijn werk als ambtenaar op het Office of Management and Budget (OMB, bureau voor financieel en overheidsmanagement) van Reagan. Hij was een fel ideoloog, die voorop ging bij de poging om links financieel te ondermijnen door staatssubsidies aan pressiegroepen te verbieden.

In 1985 ontdekte Horowitz door schade en schande hoe je een politieke carrière in een paar weken naar de bliksem kunt helpen. President Reagan had hem voorgedragen als kandidaat-federale rechter, en een paar linkse groeperingen, die klaarblijkelijk nog niet voldoende financieel ondermijnd waren, dienden een memo van twintig pagina's in om die nominatie te torpederen. De Amerikaanse Orde van Advocaten voegde daaraan toe dat Horowitz 'oordeelkundig temperament' miste.[54] Horowitz trok zich terug. Zijn loopbaan in de politiek was voorbij en hij zocht zijn toevlucht bij het Hudson Institute, een conservatieve denktank in Washington.

Daar, op het Hudson Institute, voerde Horowitz het eerste bedrijf op van het gevecht tegen de moderne slavernij. Maar de openingsscènes hadden weinig met slavernij te maken. Zijn trouwste verdedigers in de regering-Reagan waren evangelische christenen. Nu kon Horowitz hen in zekere zin bedanken door een probleem aan te snijden dat de meesten niet eens als probleem zagen: de wereldwijde vervolging van christenen. In 1996 stelde hij een overwegend evangelische groep samen om de wet op de internationale vrijheid van godsdienst (International Religious Freedom Act, IRFA) aangenomen te krijgen, een wet die het uitbannen van godsdienstvervolgingen in de hele wereld tot een belangrijk doel van het Amerikaanse buitenlandse beleid maakte.

Op het eerste gezicht leken Horowitz en de evangelische christenen een onwaarschijnlijke combinatie. De Southern Baptist Convention (SBC), die met zijn 16,4 miljoen leden het grootste evangelische kerkgenootschap van Amerika was, probeerde in die tijd joden te redden door ze te bekeren. In 1997 nam de SBC daar alvast een voorschot op door Horowitz in hun Top Tien van christenen te zetten in hun tijdschrift *Home Life*. Hoewel Horowitz orthodox-joods was, vatte hij de nominatie op als een compliment.

Horowitz vond een bondgenoot in een andere ex-republikeinse medewerker van het Witte Huis, Chuck Colson, de veroordeelde Watergate-samenzweerder die een nieuw leven als activist was begonnen; hij was niet moeilijk te overtuigen van wat Horowitz de 'Wilberforce-kwesties' noemde. Voor Colson en veel evangelische leiders stond de Britse parlementariër en abolitionist William Wilberforce in hun pantheon van helden vlak onder Christus zelf. Colson trommelde die leiders snel op, en zij begonnen via tienduizenden kerken in het hele land verhalen over buitenlandse christelijke martelaren te verspreiden.

Terwijl de groep vorm kreeg, ontmoette Horowitz Colsons congreslid, Frank Wolf. De jood uit de Bronx herkende in de evangelist uit Virginia zijn eigen energieke aanpak, en hij spoorde hem aan de wet op de godsdienstvervolging te steunen. Wolf, die eraan gewend was in de strijd voor de Goede Zaak immer aan de verliezende kant te staan, wist zeker dat de seculiere elite van het ministerie van Buitenlandse Zaken dat voorstel zou wegstemmen door het als eenzijdig te bestempelen. Maar Horowitz deed zijn uiterste best het alleen bij de christenvervolgingen te houden; hij geloofde dat als de vs andere landen verantwoordelijk hield voor 'de joden van de eenentwintigste eeuw', anderen daar alleen maar bij gebaat konden zijn.

Ondanks Horowitz' bezwaren tegen een breder kader, breidde het Congres het wetsvoorstel uit zodat het gold voor de vervolging van alle religies, en de Senaat nam het uitgebreidere wetsvoorstel unaniem aan. Ondanks de bezwaren van Madeleine Albright tegen bepaalde passages die het ministerie de handen zouden binden, zette president Clinton in 1998 er zijn handtekening onder.

De IRFA was de eerste uitgesproken politieke overwinning op het gebied van het buitenlandse beleid van christelijk rechts. President Clinton was een zuidelijke baptist, maar desondanks zag het er in de jaren negentig voor evangelische kwesties als het schoolgebed en abortus niet gunstig uit. Door de snelle victorie van de IRFA kreeg Horowitz echter het gevoel dat hij de wind mee had. De evangelische christenen vormden de grootste religieuze groep in Amerika. Hun invloed op het buitenlandse beleid zou al snel in overeenstemming komen met die omvang.

Tweede bedrijf, scène 1: Op 11 januari 1998 las Horowitz op de voorpagina van de *New York Times* een artikel over Irina, een mooie Oekraïense van eenentwintig.[55] Zij maakte deel uit van de exodus naar Israël van 800.000 mensen in de post-Sovjetperiode. Alleen bereikte zij het Beloofde Land niet. Een mensensmokkelaar verkocht haar aan een bordeel in de buurt van Haifa, waar ze werd geslagen, verkracht en uiteindelijk gered, alleen om vervolgens in een gevangenis in de woestijn te worden gesmeten wegens het bezit van vervalste documenten.

Terwijl Horowitz dat verhaal las, dacht hij terug aan een regenachtige avond in 1965, toen hij in een bar aan de Upper West Side in Manhattan een pooier een prostituee zag slaan. Hij herinnerde zich vooral zijn reactie: geen. 'Als ik me bezighoud met mensenhandel, is dat voor mij in zekere zin een wraakactie,' zei hij. 'Op het persoonlijke vlak is het voor mij een genoegdoening.'

Met zijn adresboekje vol evangelische leiders die een grote afschuw voelden voor de zondige prostitutie had Horowitz zijn troepen klaarstaan, en de IRFA was een modelwet. In de regering-Clinton vond hij een voorspelbare tegenstander. De regering was namelijk begonnen met de aanpak van de steeds toenemende mensenhandel. President Clinton sprak op verscheidene internationale fora tegen mensenhandel, en minister van Buitenlandse Zaken Madeleine Albright besprak het probleem met haar vrouwelijke collega's in de Algemene Vergadering van de VN. First Lady Hillary Clinton, die zeer ontdaan was door de ontmoeting met een hiv-positieve seksslavin tijdens een reis naar Thailand in 1994, stelde zich in haar toespraken krachtiger op en drong er bij haar echtgenoot op aan dat hij iets moest doen. Horowitz beschouwde dat allemaal als een schijnvertoning.

Hoewel Horowitz beweerde dat hij er nooit op uit was geweest, trok hij de strijd tegen de mensenhandel in het republikeinse kamp. Hij rekruteerde afgevaardigde Chris Smith, Colsons oude vriend en Millers ex-collega, om de wetgeving tegen de vrouwenhandel te steunen. Zijn steun en toeverlaat in de Senaat was Sam Brownback, een diepreligieuze man uit Kansas wiens grootmoeder land bezat waarop de radicale abolitionist John Brown ooit tegen de voorstanders van de slavernij had gevochten.

Ondanks zijn republikeinse stempel wist Horowitz ook een paar van de meest betrouwbare democratische activisten voor zich te winnen: feministische groepen als Equality Now en de National Organization for Women. In de jaren tachtig waren evangelisten en feministen gezamenlijk tevergeefs ten strijde getrokken tegen porno. Nu bracht Horowitz de twee groepen weer samen door mensenhandel te bestempelen als 'de grootste hedendaagse vrouwenkwestie'.

De democraten gaven een bredere definitie aan deze kwestie. Wijlen senator Paul Wellstone van Minnesota steunde een wetsvoorstel waardoor de vs voorop zou lopen bij de afschaffing van alle vormen van slavernij, inclusief de handel in arbeidskrachten, de huishoudelijke slavernij en de schuldslavernij. De staf van Wellstone onderwierp de moderne slavernij aan een nauwkeurig onderzoek. Ze ontdekten dat er meer nodig was dan een strenge handhaving van de wet en dat armoede een belangrijke factor was.

Horowitz was het daar niet mee eens. Absoluut niet. Toen ik over de algemene aanpak van Wellstone begon, riep hij een krachtterm.

'Dat is de leugen! Dat is de leugen!' schreeuwde hij, sloeg met zijn vuist op tafel en wees naar mij. 'Het idee dat je rustig achterover kunt leunen terwijl de maffia bezig is om vrouwen te kopen en te verkopen onder het mom van: "Ik kan er toch niks aan doen, want er is nu eenmaal armoede op de wereld," dat is een morele smoes en een leugen.'

Ik heb nooit de kans gekregen Wellstone om een reactie te vragen, want hij kwam om bij een vliegtuigongeluk in het jaar waarin ik aan mijn research voor dit boek begon. Maar zijn naaste medewerker op dit gebied vertelde me dat de senator net als Horowitz grote weerzin had tegen vrouwenhandel en dat hij elke vrouwenhandelaar graag voor lange tijd achter de tralies zou zien. De meest aangrijpende ervaring die hij als senator had gehad, was een ontmoeting met slachtoffers van vrouwenhandel uit Rusland, het geboorteland van zijn vader. Alleen was Wellstone er ook achter gekomen dat vrouwen die in de gedwongen prostitutie belanden helaas niet de enige slaven zijn die in erbarmelijke omstandigheden verkeren.

Op 2 november 1999 stelde Wellstone een wet voor waarin geen prioriteit werd gegeven aan de ene vorm van slavernij boven de andere. Horowitz wilde het onderwerp terugbrengen op alleen maar vrouwenhandel. 'In onze strijd over de TVPA [*Trafficking Vic-*

tim Protection Act] staat het adagium "minder is meer" met koei-
enletters bovenaan. En als je je kunt concentreren op een probleem
dat iedereen tot actie aanspoort, dan heeft dat zeer positieve ne-
veneffecten op allerlei andere kwesties.

Als je een einde wilt maken aan de slavernij van mensen in de
steenfabrieken in India die door een financiële schuld aan hun
baas gebonden zijn, dan kun je het best alle vrouwenhandelaars
in de gevangenis opsluiten, dan drijf je een spies door het hart van
dat systeem,' ging hij verder. 'Dan gooi je een steen in een vijver
en wordt de kring steeds wijder, want als je een paar van die mensen te pakken neemt, geef je iedereen de boodschap: "Jij kunt de
volgende zijn."'

Horowitz was voorstander van een krappe definitie van slavernij,
maar op een conferentie in Wenen in januari 2000 definieerden
vertegenwoordigers van de Interagency Council on Women onder
voorzitterschap van Hillary Clinton de kwestie weer een beetje té
krap. In de discussie over internationale protocollen tegen vrouwenhandel ter bestrijding van 'gedwongen prostitutie' suggereer-
den de ambtenaren volgens Horowitz dat er ook 'vrijwillige prostitutie' bestond. Voor veel conservatieve christenen en rechtlijnige
feministen waren alle prostituees slavinnen.

De groep rond Horowitz rook een kans om (de overigens niet op
de conferentie aanwezige) Hillary Clinton – die vrouwenhandel
veroordeelde als 'de duistere keerzijde van de globalisering' – aan
te pakken en sloeg toe.[56] Chuck Colson schreef als coauteur een
opiniestuk in de *Wall Street Journal* van 10 januari, met als kop:
'Clintons halen schouders op over vrouwenhandel', waarin hij beweerde: 'De gebeurtenissen in Wenen zullen de geschiedenis ingaan
als de zoveelste beschamende daad van deze uiterst corrupte regering.'[57] Richard Land, hoofd van de politieke tak van de Southern
Baptist Convention, volgde dit voorbeeld met een vernietigend
commentaar in de *Washington Times*. Clinton, die al twee maanden
campagne voerde voor de Senaat, ging er niet op in.

Het was Horowitz gelukt Hillary Clinton op een zijspoor te zetten, maar hij verloor zijn eenzame strijd om de niet aan prostitutie

gerelateerde slavernij uit de Trafficking Victims Protection Act van 2000 te houden. Wellstone en Brownback, die het verder bijna nergens over eens konden worden, wisten een moeizaam en opmerkelijk uitvoerig compromis te sluiten over de uiteindelijke definitie van mensenhandel, waar naast prostitutie ook huishoudelijke, agrarische en andere arbeid onder viel.

President Clinton ondertekende op 28 oktober 2000 het volledige wetsvoorstel, wat een zeldzaam politiek verlies was voor de belangrijke handelsexperts in de regering, die zich tegen een sanctiebepaling hadden verzet. Volgens deze nieuwe wet moest Buitenlandse Zaken programma's tegen slavernij organiseren en steunen. Ze moesten ook de inspanningen op dit gebied van elk land met meer dan honderd slaven evalueren, kortom, van bijna alle landen ter wereld. Landen die hard werkten aan de afschaffing van de slavernij en daarin slaagden, werden in Categorie Een geplaatst; landen die er hard aan werkten maar geen succes boekten in Categorie Twee, en landen die er helemaal niets aan deden in Categorie Drie. Als de president landen van de derde categorie niet binnen negentig dagen na het rapport een ontheffing gaf, zou de vs sancties opleggen die niet op het terrein van de handelsbetrekkingen lagen.

Waar het natuurlijk vooral om ging was de implementatie. En de implementatie hing af van wie bij Buitenlandse Zaken het rapport schreef en wie er in het Witte Huis zat. Het Hooggerechtshof velde al snel een oordeel over de rechtmatige bewoner van Pennsylvania Avenue 1600. En het duurde niet lang voordat Horowitz zijn tanden liet zien en duidelijk maakte wie de rechtmatige bewoner van het antislavernijbureau was.

Eén voorbeeld van moderne slavernij was al het onderwerp van de gebeden van de evangelische Amerikanen, al was de terugkeer van de slavernij in de bloedige zesendertigjarige burgeroorlog in Soedan niet bepaald 'modern'. En toen in de biblebelt bekend werd dat moslims christenen tot slavernij dwongen, ging het doek op voor het derde bedrijf onder regie van Michael Horowitz.

De Soedanese oorlog tussen noord en zuid, niet te verwarren met de daaropvolgende genocide in Darfur, kostte aan meer dan 2 miljoen mensen het leven en was de langste en bloedigste burgeroorlog in de Afrikaanse geschiedenis tot dan toe. De belangrijkste partij kwam uit het zuiden en bestond voornamelijk uit etnische Dinka, die zich verzetten tegen de noordelijke islamitische regering, voornamelijk Arabisch, en vervolgens de agressors werden.

Hoewel de strijdende partijen geen van beide tot de kudde van de Heiland behoorden, waren de Amerikaanse evangelische christenen laaiend toen ze de verhalen hoorden over de vervolging van geloofsgenoten; ze voerden actie voor hulp aan de zuidelijke rebellen, het Soedanese Volksbevrijdingsleger (*Sudan People's Liberation Movement*, SPLM). In feite was maar 5 procent van de Soedanezen christelijk, maar de leiders in het zuiden overdreven dat percentage graag in de hoop op meer westerse hulp.[58] De opstand in het zuiden had zeker een religieuze aanleiding kunnen hebben, vooral vanweg de islamitische wet die door Khartoum werd opgelegd. Maar er waren wel meer oorzaken, waaronder een gewelddadige Arabische zuidelijke expansiedrift en conflicten over olie en water, die zich vooral in het onderontwikkelde zuiden bevonden.

De evangelische kerken werden niet opgestookt met water of olie maar met bloed, en wel het bloed van christelijke martelaren. De islamitische regering bewapende Arabische rovers om in het zuiden mannen te vermoorden en hun vrouwen en kinderen tot slavernij te dwingen; daarmee hoopte de regering de bolwerken van de rebellen te ontvolken. Frank Wolf hoorde voor het eerst over zulke moordpartijen in 1989 tijdens zijn reis naar Kapoeta, een klein Soedanees dorpje vlak over de grens met Kenia. Vier jaar later confronteerde hij de Soedanese ambassadeur in de VS met informatie uit een vertrouwelijk telegram van Buitenlandse Zaken. 'De treinen van de regering van Soedan komen aan met paarden erin, de dieren worden uitgeladen, de rovers trekken het land in, plunderen, verkrachten, branden dorpen plat, zetten mensen op vrachtwagens en exporteren ze als slaven,' zei hij.[59] 'Ik heb het over slavernij zoals William Wilberforce er in de negentiende eeuw in Afrika over zou hebben gesproken.'

In 1995 ontmoette Wolf een christelijke activist uit de frontlinies, John Eibner, die niet alleen een verslag uit de eerste hand kon uitbrengen over het lot van de slaven in Soedan, maar al snel tussenpersonen begon te betalen om ze vrij te kopen. Op 22 maart van dat jaar getuigde Eibner voor de Commissie voor Internationale Betrekkingen. Bij het verhaal van Eibner sloegen de vonken er misschien minder af dan bij Wolf, maar de inhoud van zijn verhaal was sterk geladen. 'De jihad van de regering van Soedan tegen de mensen uit die zuidelijke gebieden grenst aan poging tot genocide,' zei Eibner.[60] Hij vertelde over bombardementen, manipulatie van humanitaire hulp, godsdienstvervolging en slavenrazzia's. Hij citeerde uit verklaringen van kindslaven en pleitte voor een no-flyzone boven Zuid-Soedan.

'De crisis in Soedan is zo ernstig dat een politiek van neutraliteit en appeasement geen optie is voor de vs,' zei Eibner. 'Als we niet ingrijpen, zal dat bovendien een aanmoediging zijn voor Iran en andere subversieve islamitische krachten in de hele wereld, en dat zal de veiligheid van Oost-Afrika en het Midden-Oosten in groot gevaar brengen.'

'We moeten dit regime in alle internationale fora isoleren totdat het gedwongen wordt veranderingen door te voeren,' concludeerde Wolf.[61]

De regering-Clinton vertroetelde Khartoum bepaald niet. Tegenwoordig is dat nog steeds te zien aan de puinhoop die ooit de medicijnfabriek al-Shifa in Omdurman was waarop Clinton op 20 augustus 1998 zes Tomahawkraketten liet afvuren. De regering stelde stevige sancties in tegen Khartoum en werd de grootste hulpleverancier in het thuisland van de Dinka in Zuid-Soedan.

Maar waar Clinton zich wat Soedan betreft vooral zorgen over maakte, was het terrorisme. Frank Wolf had al sinds 1993 bij hem gelobbyd over de slavernij, maar het was pas een jaar na de aanval op al-Shifa dat de president reageerde door het voormalige congreslid Harry Johnston te benoemen als zijn gezant in Soedan.

Clinton heeft hem na die benoeming nooit meer ontmoet. Op 6 december 2000, een week voordat het Hooggerechtshof klaar was met de hertellingen in Florida, veroordeelde Clinton eindelijk openlijk 'de gesel van de slavernij in Soedan'.[62]

De Horowitzcoalitie, met Eibner als adviseur, zorgde ervoor dat George W. Bush niet zou wachten tot de laatste maand van zijn presidentschap om de slavernij in Soedan te veroordelen. Sommigen, zoals Eibner, vonden dat er maatregelen genomen moesten worden om Khartoum te destabiliseren. De meesten, zoals Horowitz, vonden dat de slavernij een nevenproduct was van de oorlog en dat alleen een alomvattend vredesakkoord een einde kon maken aan de slavenrazzia's.

De christelijke conservatieven zetten het nieuwe Witte Huis sterk onder druk om een steviger beleid te voeren ten aanzien van Soedan. In een verkiezingsdebat in oktober 2000 had gouverneur Bush gesuggereerd dat Afrika tijdens zijn presidentschap geen prioriteit zou krijgen. Nog geen maand later drong dominee Franklin Graham, geestelijk adviseur van Bush, er tijdens een ontbijtbijeenkomst op aan dat de president Zuid-Soedan, waar hij een ziekenhuis had opgericht, te hulp kwam.

Chuck Colson, die in Texas nauw met Bush had samengewerkt, bepleitte meteen na de inauguratie tijdens een bijeenkomst de zaak van de christelijke Soedanezen. Twee maanden later, in maart 2001, sprak Colson een uur met Karl Rove, politiek topadviseur van de president, en hij legde uit dat de evangelische kerken graag zouden zien dat Soedan boven aan de Afrikaanse prioriteitenlijst van Bush kwam te staan.

Rove was niet uitgesproken religieus, maar hij was ook niet gek, en hij stemde meteen in. Niet alleen de evangelische kerken wilden graag dat er een einde zou komen aan de oorlog in Soedan, maar dat gold ook zeker voor de oliemaatschappijen, die watertandden bij de gedachte aan de 262 miljoen vaten ruwe olie die naar schatting in Soedan in de bodem zaten. Er kwam zelfs bijval van sommige neoconservatieven: het islamistische regime in Khartoum had onderdak geboden aan Osama bin Laden en had de kant van

Saddam Hussein gekozen in de eerste Golfoorlog. Met andere woorden, Soedan had alles in huis: kruisigingen, olie en terrorisme. Horowitz was opnieuw de redder in nood die de juiste richting aangaf. Deze keer werd hij, behalve door Wolf, nog bijgestaan door twee congresleden die Soedan samen met Brownback in 1999 hadden bezocht: de republikein Tom Tancredo uit Colorado, en de democraat Donald Payne uit New Jersey. Payne, lid van de Congressional Black Caucus, een organisatie van Afro-Amerikaanse Congresleden, hielp Horowitz de groep te verbreden met Afro-Amerikaanse activisten. Opnieuw toonde Horowitz zich een meester in het samenbrengen van twee groeperingen die maar zelden voor een gemeenschappelijke zaak streden.

In 2001 stelden Tancredo en Payne het Vredesverdrag voor Soedan op, waarin Khartoum werd opgeroepen om in goed vertrouwen onderhandelingen te starten met de SPLM, en de Amerikaanse president werd gevraagd de beschuldigingen van slavernij te onderzoeken. Het Congres nam het wetsvoorstel in juni van dat jaar aan, maar door de antiterreursamenwerking met Khartoum na de aanslagen van 11 september en geruzie over een voorwaarde in de wet op de economische sancties liep het wetsvoorstel in de Senaat meer dan een jaar vertraging op. Intussen legde president Bush op een zonnige septemberochtend in de Rose Garden het fundament voor de implementatie ervan door John C. Danforth, een anglicaanse priester en voormalig senator, aan te stellen als vertegenwoordiger bij de Soedanese vredesonderhandelingen.

Horowitz en Colson hadden aangedrongen op een afgezant, maar ze hadden geen rol gespeeld bij de keuze van 'St. Jack' Danforth, die zichzelf ooit bij de verdediging van Clarence Thomas omschreef als 'een strijder in dienst van de Heer'.[63] Danforth had zeer uitgesproken ideeën over Soedan. Hij bezocht het land voor het eerst in 1984 en was geschokt door wat hij aantrof; hij sprak zich duidelijk uit tegen de daaropvolgende islamistische regimes. De Horowitzcoalitie was het er al snel over eens dat de aanstelling van deze rondborstige man uit Missouri een geïnspireerde keuze was.

Op 21 oktober 2002, in de schaduw van een twee meter lange

ontsnapte Dinkaslaaf, ondertekende president Bush het vredesverdrag voor Soedan in de Rooseveltzaal van het Witte Huis. De president zou zich tijdens zijn ambtsperiode een aantal keren met bevrijde slaven laten fotograferen. Het bevrijden van de anderen liet hij over aan zijn mensen, zoals Danforth en later John Miller. Hun inspanningen leverden weinig fotogenieke momenten op.

Hoewel zijn studiegenoot van Yale nu druk bezig was met het bestoken van de top van het ministerie van Buitenlandse Zaken met een duidelijk evangelische agenda, kon John Miller in Seattle de slaap niet vatten. De afgelopen tien jaar hadden zijn vrouw en hij een rustig leventje geleid. Hij was voorzitter van een denktank. Verder gaf hij Engels op de plaatselijke joodse middelbare school en ging hij soms in het weekend met zijn zoon, Rip, naar een wedstrijd van de Mariners. Hij probeerde zelfs een beginnersteam te kopen. Maar dat was niet voldoende. Miller wilde vechten.

Na de aanslagen van 11 september kreeg Miller het gevoel dat de tijd rijp was. Een president die het Witte Huis was binnengestrompeld, wilde zich nu een mandaat aanmeten om de wereld te verbeteren. Miller had de indruk dat er wel een plaats voor hem was weggelegd, en toen zijn zoon Rip besloot naar een kostschool op Vancouver Island te gaan, belde hij zijn ex-collega en mede-neoconservatief Paula Dobriansky. Dobriansky en Miller kenden elkaar van tien jaar geleden en hadden bewondering voor elkaars werk. Zij werkte indertijd op de mensenrechtenafdeling van het ministerie van Buitenlandse Zaken, en had in die hoedanigheid een getuigenis afgelegd voor zijn Commissie voor Internationale Betrekkingen.

Miller vroeg aan Dobriansky, toen staatssecretaris voor Mondiale Aangelegenheden, of hij de Amerikaanse afgevaardigde kon worden in de Mensenrechtencommissie van de vn. Er was echter een probleem: de vs was zijn zetel in die commissie in mei 2001 kwijtgeraakt, deels doordat het zich had teruggetrokken uit het Internationale Gerechtshof. Het leek er dus op dat Miller pech had. Intussen maakte een ander project op het kantoor van Dobriansky, het prille bureau dat zich bezighield met de mensenhandel, een moeilijke startfase door. Ambassadeur Nancy Ely-Raphel, een vroegere collega van het Bureau Mensenrechten, die door Dobriansky was gekozen voor de functie van hoofd van dat bureau, had gediend onder alle presidenten sinds Ford. Maar nog nooit in haar lange loopbaan had ze de blotehandenpolitiek van Michael Horowitz meegemaakt.

Ely-Raphel nam de wet heel letterlijk en zag het als haar taak alle vormen van slavernij te onderzoeken en bestrijden, niet alleen de vrouwenhandel. Het was haar methode verandering van binnenuit te bewerkstelligen door haar oude contacten met regionale bureauchefs in te schakelen en op het ministerie van Buitenlandse Zaken een cultuur te scheppen met aandacht voor de mensenhandel. Dat, plus het feit dat ze onder Clinton had gediend, maakte haar in de ogen van Horowitz tot een 'apparatsjik', een 'hopeloos rampzalige keuze'. In een gesprek op 11 maart 2002 vertelde haar dat hij van plan was haar carrière de nek om te draaien.

'Ik wil van je af,' zei Horowitz volgens Ely-Raphel. 'En dat gaat me lukken ook.'

Drie maanden na dat gesprek moest Ely-Raphel het belangrijkste product van haar kantoor presenteren: het jaarlijkse rapport over de mensenhandel. Met haar driekoppige staf vroeg ze bij 186 Amerikaanse ambassades en consulaten gegevens over mensenhandel op. Er waren niet veel ambtenaren in de diplomatieke dienst die enig benul hadden van wat 'mensenhandel' precies inhoudt, en slechts een paar van de gastlanden voerden beleid om dat tegen te gaan. Het was dan ook geen verrassing dat de informatie die Ely-Raphel verzamelde heel oppervlakkig was: van maar zeven van de negenentachtig onderzochte landen had ze harde cijfers.[64]

De Horowitzcoalitie veegde in 2002 de vloer aan met het eerste rapport van Ely-Raphel. De kritiek betrof vooral het feit dat zij landen als Nederland en Duitsland, waar de prostitutie was gelegaliseerd, niet scherp genoeg veroordeelde. Colsons organisatie noemde dat 'een belediging voor vrouwen en kinderen'. Gary Haugen, een advocaat die aan het hoofd stond van de International

Justice Mission, een grote evangelische beweging tegen mensen-handel, vroeg in een opiniestuk in de *Washington Post* om een onderzoek van het General Accounting Office naar de 'witwas-praktijken' van Ely-Raphel.[65]

Horowitz had in de buurt van de ambassadeur iemand die haar messen al aan het slijpen was. Op zijn aandringen had Dobri-ansky onder Ely-Raphel een voormalige anti-pornoactiviste aan-gesteld, Laura Lederer. Lederer, die de naaste feministische me-dewerker van Horowitz was geweest tijdens de opstelling van het wetsvoorstel voor de bescherming van slachtoffers van mensen-handel, was het van harte met Horowitz eens dat vrouwenhandel, dat wil zeggen handel ten behoeve van de prostitutie, niet op één hoop gegooid moest worden met de handel in mensen voor an-dere arbeidsdoeleinden, en dat de Amerikaanse abolitionistische inspanningen zich moesten concentreren op het beëindigen van de prostitutie.

Twee weken na de publicatie van het rapport verscheen Ely-Rap-hel voor de Commissie voor Internationale Betrekkingen om het te verdedigen. Aangemoedigd door Horowitz diende Lederer vra-gen in bij Chris Smith die waren bedoeld om Ely-Raphel in verle-genheid te brengen. Smith stelde de vragen uit principe niet. Maar de ambassadeur wist dat haar laatste uur geslagen had. Daar zou Horowitz via Dobriansky wel voor zorgen.

'Wat weet jij nou van het onderhouden van een wagenpark?' vroeg een vriend aan John Miller toen deze hem vertelde dat Dobriansky hem de leiding van het bureau voor de mensenhandel had aange-boden. Miller, die bijna niets van moderne slavernij wist, was een bizarre en perfecte keus. In een gesprek met Michael Horowitz eind oktober 2002 liet Dobriansky Millers naam vallen omdat hij op zoek was naar een functie in het bestuur.

Ze weet nog dat ze zei dat Miller zo'n dynamische man was. 'Hij zou zeer vasthoudend zijn.' Horowitz herinnerde zich Miller niet en lobbyde in zijn plaats voor Mark Lagon, een voormalig assistent van Jesse Helms. Bij die gelegenheid was ook Frank Wolf aanwezig, die zich Miller herinnerde omdat hij zich tegen Boeing had verzet over de kwestie China. 'Ik dacht altijd dat dat politieke zelfmoord was,' zei Wolf tegen Horowitz en Dobriansky. 'En nu vind ik dat het heel erg moedig was.'

Toen Millers naam viel in het Witte Huis, maakte Karl Rove bezwaar. Hij mailde aan Chuck Colson dat Miller John McCain had gesteund in de verkiezingscampagne van 2000. 'Karl bekijkt de persoonlijke geschiedenis van mensen altijd heel nauwkeurig,' zei Richard Land, die al sinds de jaren tachtig met Rove bevriend was. 'En Karl en de Bushes zijn erg gesteld op loyaliteit. Dat staat bij hen zeer hoog in het vaandel.' Maar de mening van Wolf, die in de Subcommissie Toewijzing van het ministerie zat, legde veel gewicht in de schaal. Gesteund door de Horowitzcoalitie, legde hij Roves bezwaren naast zich neer.

Nadat Dobriansky Miller thuis had opgebeld om hem de functie aan te bieden, kwam Horowitz vervolgens met duizenden pagina's leesvoer, voornamelijk over vrouwenhandel. Miller voelde zich bij het onderwerp betrokken, ook omdat de politie van Seattle nog maar twee maanden daarvoor meer dan tien Aziatische meisjes uit de seksslavernij had bevrijd. Hij nam Dobriansky's aanbod met goedkeuring van June aan.

Toen Miller terug was in Washington kreeg hij het meteen op zijn eerste avond met Horowitz aan de stok. Voordat hij ging slapen, dacht hij aan de onaangename manier waarop de carrière van zijn voorgangster was beëindigd. Miller wist dat hij een steile leer-curve moest hebben en dat hij zich een agressieve manier van doen moest aanmeten om dat lot te ontlopen. Wolf gaf hem steun in de rug, dus Miller kon nu flink druk uitoefenen op de topambtenaren van Buitenlandse Zaken en indien noodzakelijk bij het Congres aan de bel trekken. Buiten de regering konden de evangelische christenen hem maken of breken. Hij kwam binnen doordat hij op voorhand hun steun had gekregen, deels doordat hij in Seattle voorzitter was geweest van het Discovery Institute, een plaatselijke denktank die de theorie van 'intelligent design' benadrukte. Toch was de slavernij een nieuwe, immense uitdaging in het nieuwe

Washington in oorlogstijd. Miller voelde zich geïntimideerd.

In maart 2003 ging Miller naar de geboortestad van Bush. Daar zat een kleine evangelische groep, de Midland Ministerial Alliance, die veel invloed had op het buitenlandse beleid. De nadruk lag op Soedan en de groep organiseerde lezingen door een voormalige slaaf, Francis Bok, en John Eibner, de slavenbevrijder. In dezelfde week dat Miller hier was, stuurde de Alliance een brief aan de Soedanese regering met de waarschuwing dat ze moest stoppen met het tot slavernij dwingen van christenen, omdat ze anders wel erg beroerd de geschiedenis in zou gaan. Verder beweerde de Alliantie dat de islamistische regering het Soedanese vredesverdrag overtrad, en waarschuwde ze dat de Soedanese regering een 'strategische fout van historische omvang' zou maken als ze niet ophield met de slavenrazzia's.

Op de eerste avond dat Miller in Midland was, hield de Alliance een gebedsdienst voor hem in de kelder van de Petroleum Club. Terwijl de leden hem hun handen oplegden, hun ogen sloten en Jezus aanriepen, voelde Miller zich gesterkt, maar ook ongemakkelijk. Hij had eerder geciteerd uit *Exodus*, en nu was hij bang dat ze dachten dat hij bij de Geredden hoorde in plaats van bij het Uitverkoren Volk.

'Wat geweldig!' riep hij uit. 'Nooit eerder heb ik meegemaakt dat een hele groep christenen bad voor één joodse jongen uit New York!'

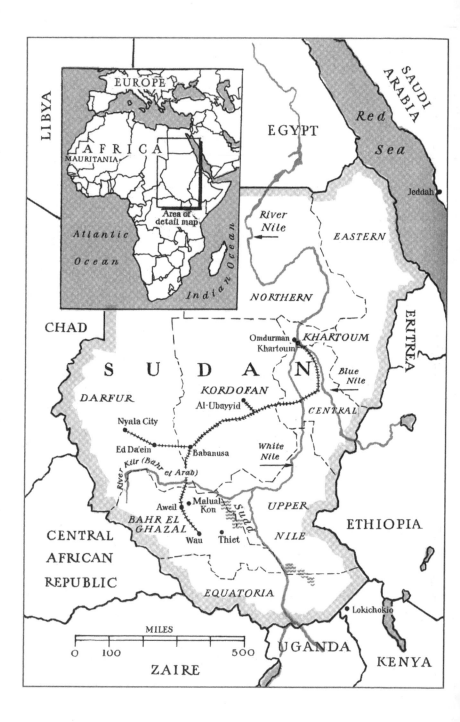

3

Degenen die hun rechterhand bezit

Muong Nyong Muong werd onder een goed gesternte geboren in 1976, een zeldzame periode van vrede. Zijn thuisstaat Bahr el Ghazal lag in de frontlinie tijdens de burgeroorlog tussen het Arabische noorden van Soedan en het zuiden van het land, waar overwegend Dinka woonden. Sommige Dinkaouders gebruikten het schrikbeeld van de Arabieren ('Daar komen de kamelen!') zoals westerse ouders de boeman inroepen om rumoerige kinderen stil te krijgen als het bedtijd is.[66]

Muongs vader, de oorlog moe, bracht in de luwte van een wapenstilstand die tien jaar zou duren een sterke jongen groot die een vreedzaam leven zou leiden, al was het in een gebroken land. Muongs jonge jaren waren gevuld met hard werken, hij hielp zijn moeder en zorgde voor de paar stuks vee van het gezin. Toch had hij ook tijd voor wat zorgeloos vertier, zoals een spelletje *atet*, een soort hockey dat de Dinka spelen op de verharde zandgrond van de oostelijke Sahel. Muongs lievelingsspel was *alweth*, de plaatselijke variant van verstoppertje. Daarbij moest hij geblinddoekt zijn broer Garang zoeken, die zich altijd verraadde door zijn gesmoord gegiechel.

De zeldzame vrede verleende Muongs kinderjaren een al even schaarse zegening: hoop. Hij verheugde zich op een ritueel waarvan westerse pubers ineen zouden krimpen, maar dat voor de Dinka de inwijding in het man-zijn betekende. Ouderen kerfden parallelle lijnen in het voorhoofd van jonge mannen, gewoonlijk op hun vijftiende, van het midden van hun voorhoofd naar het ene oor en vervolgens naar het andere. Het waren diepe insnijdingen die blijvende karakteristieke littekens achterlieten; ze zaten zelfs in hun schedels geëtst en zouden nog lang na hun dood zichtbaar blijven. De jongens schreeuwden niet; ze waren trots, en met dat zwijgen deden ze hun familie eer aan.

Muong kreeg die kans niet. Midden jaren tachtig laaide de oorlog weer op en een zandstorm van geweld raasde over Bahr el Ghazal, verzwolg zijn familie en ontnam hem in 1987 zijn vader.

Ofschoon ze niet de uiterlijke tekenen van mannelijkheid bezaten, waren Muong en zijn broertje Garang de mannelijke oudsten van hun gezin toen in 1988 een hongersnood uitbrak waarbij tweehonderdvijftigduizend van hun landgenoten zouden omkomen. Met hun moeder, Aluat, trokken de jongens te voet weg uit hun uiteenvallende dorp om werk te zoeken in het noorden, aan de overkant van de rivier de Kiir. Op de tweede dag van hun reis werden ze gevonden door één enkele *murahile*, een Arabisch militielid in djellaba. [67] De man kwam op zijn paard terug van een plundertocht in nabijgelegen dorpen; hij reed rondjes om het gezin heen, riep '*Abeed!*' en richtte zijn geweer op Aluat. Muong had dat woord nooit eerder gehoord. Al snel zou hij het heel goed kennen.

De gedrongen, lichtgetinte Arabier steeg af en greep Aluat vast. Ze vocht terug. Muong stond onthutst en machteloos toe te kijken terwijl de man zijn moeder op de grond gooide en haar met de kolf van zijn geweer op haar rug sloeg. Muong hoorde meer paarden aankomen, zag een stofwolk opstijgen en pakte zijn broertje om te vluchten. Voor ze bij de bosjes waren, kwamen andere *murahileen* aangegaloppeerd, die een paar vastgebonden Dinka met zich mee sleepten. Ze schreeuwden naar hen in het Arabisch. Verlamd van schrik zagen de broers hoe hun moeder overeind krabbelde en probeerde in het tumult te ontkomen. De man die haar had overmeesterd gaf haar met zijn geweer een klap op haar hoofd en ze viel op de grond. Muong barstte in hysterisch gehuil uit, want hij dacht dat zijn bewegingloze moeder dood was.

'Ben je gek?' gilde een gevangene naar Aluat. 'Waarom verzet je je? Er zijn er al heel wat doodgeschoten die zich verweerden – zo wil je toch niet aan je eind komen?' Terwijl tranen en bloed over haar gezicht stroomden, stond Aluat weer op en liet zich, om haar zonen te kalmeren, zwijgend met haar handen aan de karavaan vastbinden. Muong en Garang wilden hun moeder niet verlaten en volgden de stoet van een afstandje, terwijl de Dinka door de ruiters de Kiir over werden gevoerd. Die rivier was in 1924 door de Britten, de voormalige kolonisatoren van Soedan, vastgesteld als politieke grens tussen noord en zuid, tussen Bahr el Ghazal en Darfur. In datzelfde jaar werd de slavernij in Soedan formeel afgeschaft.

Muongs leven zoals hij het kende was voorbij. Hij en de rest van het gezin waren nu *abeed*, slaven. Ze waren eigendom van Adamoussa, de man die zijn moeder had geslagen. Adamoussa nam hem mee om als bediende bij hem thuis in Zuid-Darfur te werken, en Muong leerde al snel overleven in zijn nieuwe wereld. In die wereld verbouwde hij gewassen die hij niet te eten kreeg en sjouwde hij met grote hoeveelheden water, waardoor zijn ruggengraat kromtrok.

Zijn nieuwe wereld was er een waarin hij minder waard was dan de geiten en het vee waarvoor hij zorgde. Adamoussa gaf hem gedurende zijn werkdag, die duurde van zonsopgang tot zonsondergang, op gezette tijden een afranseling. De drie leden van het gezin werkten op het land, maar alle drie afzonderlijk. Hun enige loon bestond uit kliekjes en afval. 'We hadden geen rechten,' legde Muong me uit toen ik hem ontmoette, 'maar we moesten heel veel werken.' Adamoussa's vrouw liet Aluat brandhout sprokkelen en huishoudelijk werk doen. Aan het einde van elke werkdag zag Muong zijn broer en moeder. Dat bood hem enig soelaas.

Na een jaar in Darfur verhuisde Adamoussa met zijn gezin en slaven naar de omgeving van al-Ubayyid, een spoorstadje in het noordwesten van de aangrenzende provincie Kordofan. Na de verhuizing droeg Adamoussa Muong en zijn broer op hem *abuya*, vader, te noemen.

In de eerste vijf jaar van hun slavernij werd Aluat herhaaldelijk door Adamoussa verkracht, ofwel, in haar pijnlijke woorden, 'hij gebruikte me op een seksuele manier.' Al snel voelde zijn vrouw zich in haar status bedreigd. Om de vrede in zijn huis te bewaren overwoog Adamoussa openlijk Muong, Garang en Aluat daaruit weg te werken.

Op zekere avond vluchtten de drie slaven, die het voorgevoel hadden dat hun einde nabij was. Rennend en daarna lopend legden ze een aantal kilometer af, de dorre Sahel in, totdat Aluat uitgeput instortte. Garang wist dat Adamoussa hen al snel achterna zou komen en spoorde de andere twee aan verder te gaan. Maar toen ze overeind kwamen, voelde Muong een scherpe pijn in zijn enkel. Eerst dacht hij dat het een schorpioen of een spin was. Toen zag hij twee gaatjes, en de huid eromheen werd blauw en vlekkerig. In het donker trapte Garang bijna op de zwarthalscobra die zijn broer had gebeten. In de twee martelende uren die volgden zwol Muongs voet op tot viermaal de normale omvang. Zijn hoofd schokte op en neer en stuipen joegen door zijn lichaam.

Muong was doodsbang, maar hij bedacht dat Adamoussa hen alle drie zou doden als hij hen daar vond. Hij zei tegen zijn moeder en broer dat zij moesten vluchten. Ze weigerden hem achter te laten. Intussen was Adamoussa te paard weggestormd uit het kamp. De militieleden hadden geen honden, maar Muong beweerde dat Adamoussa gebruikmaakte van toverkracht, met name van witte schelpen uit de Nijl, die hij op de grond wierp om hem de weg te wijzen.

Bij dageraad vond Adamoussa hen. Hij bond hen alle drie aan zijn paard en sleepte hen mee terug naar het kamp. Daar sloeg hij Garang met de kolf van zijn geweer tot diens ogen dicht zaten van de zwellingen en hij bloed opgaf. Adamoussa richtte zijn geweer op Muong en Aluat. Hij zei dat hij hen zou doodschieten als ze opnieuw probeerden te vluchten.

Twee maanden nadat John Miller gebeden had met de geestelijken van Midland, stond ik om zes uur in de ochtend te wachten op het vliegtuig dat me vanaf het piepkleine Wilsonvliegveld in Nairobi naar de frontlijn van Zuid-Soedan zou brengen. Tijdens dit eerste bezoek aan het land zou ik samenreizen met een ander icoon van evangelisch Amerika.

John Eibner, een christelijke slavenbevrijder, stond in een hoek van de hangar zachtjes te praten met een Dinka van meer dan twee meter lang. In Zuid-Soedan zijn de Dinka talrijker dan alle andere etnische groepen, en zij vormden de harde kern van het rebellenleger, al was deze man een burger. Het stamlid moest zich voorover buigen om de nietige kruisvaarder, slechts een tikkeltje langer gemaakt door zijn opbollende haar, te kunnen verstaan. Eibners blik dwaalde rond terwijl hij met gedempte stem stond te praten. Hij had blauwe ogen en grijs haar en was ongeschoren, wat zijn overigens verfijnde trekken iets ruigs gaf.

Hij nam me mee op dezelfde hermetisch afgesloten rondleiding die hij al aan veel verbijsterde Amerikanen had gegeven. Pas bij mijn twee soloreizen nadien zou ik de slavernij in Soedan in ongecensureerde vorm te zien krijgen. Tijdens een van die tochten kwam me het verhaal van Muong ter ore.

Maar ons tweede verhaal begint met Eibner. Ik vertel Eibners verhaal omdat het ons inzicht geeft in de achtergronden van het besluit van de Verenigde Staten een einde te maken aan de Soedanese burgeroorlog. Ik vertel het ook omdat het verduidelijkt welke verleidingen en gevaren er kleven aan simpele remedies voor complexe humanitaire problemen.

Huishoudelijke slavernij bestaat in Soedan al meer dan vijfduizend jaar en dateert zelfs van voor de islam, het geloof dat de volgelingen ervan in zijn heiligste teksten leert hoe ze moeten omgaan met 'degenen die hun rechterhand bezit'. Vóór Eibner werd de slavernij die opnieuw de kop opstak in de oorlog tussen Noord- en Zuid-Soedan door de Amerikanen genegeerd.[68] Eibner maakte Amerika erop attent door te beweren dat hij 85.000 slaven had vrijgekocht of 'verlost'. Ik zou erachter komen dat achter deze verlossingen een verwarrende werkelijkheid schuilging.

Net als Muong hebben duizenden Soedanese slaven de afgelopen twee decennia de grootste gruwelen doorstaan. Na tijdens gewelddadige rooftochten te zijn gevangengenomen, werden ze ruw behandelde bezittingen; ze werden verkracht en vaak verminkt door meesters die hun culturele identiteit wilden uitwissen door hun menselijkheid te vernietigen. De noordelijke regering van Soedan gedoogde hun knechting als een oorlogswapen tegen de felle opstand van het zuiden. De internationale gemeenschap liet ze schandelijk in de steek. Uiteindelijk greep president Bush in, nadat door Eibner geïnspireerde evangelisten erop aandrongen verdere uitbreiding van de slavernij te voorkomen door te bemiddelen in een overeenkomst die een einde zou maken aan de oorlog, die al zesendertig jaar woedde. Dat was een opmerkelijk wapenfeit voor een regering die maar weinig diplomatieke successen had behaald.

De vredesovereenkomst kreeg echter de nodige kritiek, ook van Eibner. En Eibner zelf had in de tijd waarin ik met hem op reis ging meer critici dan aanhangers.

Nu vertrokken we uit de groene hooglanden van westelijk Kenia naar de verschroeide aarde van Bahr el Ghazal, de streek in Zuid-Soedan die het ergst was getroffen door burgeroorlog, hongersnood en slavenrooftochten. Daar zou Eibner in acht dagen meer dan drieduizend slaven kopen, in de hoop dat ze konden worden verlost door geld, en wellicht door Christus.

Dat klinkt misschien onrealistisch en zelfs tegenstrijdig, maar voor John Eibner was het zinvol. Het grootste deel van zijn leven had hij naar zijn gevoel deel uitgemaakt van religieuze instellingen die hun tijd niet konden bijbenen. Hij was in 1952 geboren als kleinzoon van Hongaarse immigranten en groeide op in een doopsgezind milieu in Valhalla, een kleine, welvarende, voornamelijk anglicaanse gemeenschap in Westchester County in de staat New York. In 1974 studeerde hij af aan Barrington College, een niet meer bestaand christelijk instituut dat indertijd meer bekendstond vanwege zijn radiokerkdiensten dan om zijn academische prestaties.

Na zijn afstuderen kreeg Eibner een baan als Hongarijespecialist aan het London Centre for the Study of Religion and Communism, een organisatie die vervolgde christenen opspoorde en ondergrondse kerken achter het IJzeren Gordijn steunde. Met het einde van de Koude Oorlog werd die organisatie overbodig. Eibner, een karig gesubsidieerde kruisvaarder zonder kruistocht, verhuisde naar Zwitserland, waar hij ging werken voor een gereformeerde predikant, Hans Jürg Stückelberger. In 1977 had deze geestelijke de organisatie Christian Solidarity International (csi) opgericht om bijbels de grens over te smokkelen en een evangelisch radioprogramma uit te zenden ten behoeve van Oostbloklanden. Eibner werd Stückelbergers assistent en verdiende al snel zelf zijn sporen als een avontuurlijk verdediger van het geloof, die onopgemerkt door de vijand Azerbeidzjan in wist te komen om christenen bij te staan in het afgesloten en door oorlog verscheurde Nagorno-Karabach.[69]

Het csi – en Eibner – werden op de kaart gezet door Soedan. In augustus 1992, juist toen het conflict rond Karabach begon te luwen, werd Eibner door een Soedanese christelijke organisatie uitgenodigd voor een bezoek aan Khartoum. In de drie volgende jaren bezocht hij Soedan nog zesmaal, en hij publiceerde dringende oproepen in de Amerikaanse evangelische media om in actie te komen tegen de christenvervolging door het heersende islamistische regime. In de biblebelt verspreidde zich het nieuws dat een eenzame held het kruis droeg op vijandelijk terrein. Khartoum verbande hem uit Soedan.

In de zomer van 1995 charterde Eibner een vliegtuigje naar een streek in het zuiden die Khartoum tot verboden gebied voor buitenlandse bezoekers had verklaard, omdat op die plek een derde van de bevolking was verjaagd of gedood door milities die door Khartoum werden gefinancierd. Rebellen ter plaatse vertelden Eibner dat sommige Dinka hun familieleden terugkochten – een transactie die 'verlossing' werd genoemd – van de Arabische *Baggara*, nomadische veehoeders die een centrale rol speelden in de slavenrooftochten. Volgens Stückelberger was het zijn 'christenplicht' om de tot slaaf gemaakte Dinka te bevrijden. Het csi begon functionarissen van de splm, op dat moment de voornaamste rebellenorganisatie, te betalen om via Arabische tussenpersonen verlossingen te organiseren.

Eibner vond een bondgenoot in een man die Charles Jacobs heette en die in 1994 de American Anti-Slavery Group had opgericht om de slavernij in Soedan en Mauritanië aan de kaak te stellen.

Jacobs, die Eibner betitelde als een van de 'nog niet ontdekte heilige mannen op wie de wereld steunt', werkte koortsachtig om de verlossingen in het nieuws te brengen.[70] Over heel Amerika zamelden abolitionistische schoolkinderen geld in om slaven vrij te kopen – wat een onweerstaanbare human interest-invalshoek opleverde voor nieuwsorganisaties.

'Het leek me goed om mijn lunchgeld te besteden aan het vrijkopen van slaven,' zei de twaalfjarige Laquisha Gerald uit New Jersey tijdens de 'Walk for Freedom' die haar school in mei 2001 organiseerde.[71] Het verhaal ging erin als gesneden koek. *The Village Voice, Boston Globe, National Review, New York Times,* CBS *Evening News,* zelfs de kinderzender Nickelodeon kwam met lofzangen op Eibner. CBS wijdde een aflevering van de razend populaire tv-serie *Touched By An Angel* aan de verlossingen. Maar de vrijkopingen kregen ook kritiek, onder andere van VN-ambtenaren, die in maart 1999 stelden dat ze de slavenhandel in feite juist bevorderden doordat ze de slaven verkoopbaar maakten. Vervolgens verwierpen VN-functionarissen, doof voor de bezwaren van Washington, het woord 'slavernij' ter omschrijving van de praktijk in Soedan. Geïntimideerd door Khartoum spraken VN-organen en -agentschappen voortaan alleen nog over 'ontvoering'.

Twee weken later kwam Eibner met SPLM-commandant John Garang naar Genève, waar deze laatste de VN-Mensenrechtencommissie zou toespreken. Garang veroordeelde 'het genocidale karakter van deze oorlog, dat tot uiting komt in jihad, slavernij en andere grove schendingen van de mensenrechten door de Soedanese regering.'[72] Toen de voorzitter van de commissie inzag dat Garang namens de SPLM wilde spreken en zodoende de zo gekoesterde neutraliteit van de VN zou schenden, verzocht hij hem het podium te verlaten.

Gedurende de rest van de oorlog hield Garang zijn mond over de slavernij. De verhouding tussen de geschoffeerde rebellenleider en Eibner bekoelde, en later in 1999 verbood Garang verscheidene Soedanese expats het CSI te vergezellen tijdens vrijkopingsacties. Intussen werd Eibner aan de kant gezet door de VN, die door hun onwil om de onafhankelijkheid van het zuiden te erkennen de agressie van het noorden in de kaart speelden. Onder protest van de Amerikanen, maar met steun van humanitaire hoogvliegers zoals Algerije, China, Cuba, Ethiopië, Pakistan en Turkije verloor het csi zijn status als vn-adviseur.

Eibner had nergens spijt van: 'In de wetenschap dat tienduizenden mensen nog steeds in slavernij leven en dat wij hen eruit kunnen halen, kon ik mezelf niet recht aankijken en zeggen: "Sorry, ik stop ermee vanwege wat kritiek uit een ivoren toren in Londen of New York."'[73]

Mede dankzij de vn-veroordeling werd het csi een enorm fondsenwervingskanon onder conservatieve Amerikanen. Vijf dagen na Garangs afgebroken toespraak in Genève gaf de Nationale Vereniging van Basketbalcoaches het csi halverwege de finale van de ncaa-kampioenschappen een cheque van honderdduizend dollar voor het vrijkopen van slaven. Een bedrijf in Texas doneerde vijfduizend dollar. Een dakloze in Alaska schraapte honderd dollar bij elkaar. Een in armoe levende bejaarde vrouw stuurde één dollar, met een begeleidend briefje waarin stond dat dat alles was wat ze kon missen.[74]

Via Charles Jacobs en zijn American Anti-Slavery Group wierf Eibner miljoenen. En via Michael Horowitz wierf hij vrienden in het Congres.

Een paar weken nadat Eibner voor het eerst voet zette in hun gebied, lanceerden gevechtseenheden van de splm, die sinds 1990 steeds verder door Khartoum waren teruggedrongen, hun versie van het Tet-offensief. Ze doodden zevenduizend regeringssoldaten en vernietigden een gemechaniseerde divisie. Die ommekeer werd mede veroorzaakt doordat het wapenarsenaal van de rebellen was uitgebreid met tanks.

De voornaamste oorzaak van deze nieuwe aanval, zei Eibner tegen een verslaggever, was 'dat ze niet langer geïsoleerd zijn'.[75] Op dat moment was de wens misschien de vader van de gedachte. Maar in de loop van de jaren daarna zou Eibner er keihard aan werken om dit waar te maken.

Voor ik de parallelle verhalen van Eibner en Muong vervolg, moet ik een korte uitleg geven over de oorlog die hun leven veranderde en de rol die slavernij daarin speelde. Het bloedvergieten is diep geworteld in de veelbewogen geschiedenis van het land. Onderdeel van die geschiedenis zijn de pogingen van de Britten, de voormalige koloniale heersers, een einde te maken aan de slavenhandel, maar niet aan de slavernij. In 1956 laaiden na de Soedanese onafhankelijkheid allang sluimerende spanningen op tussen noorderlingen, die één land onder Arabische heerschappij wilden, en zuiderlingen, voor wie die heerschappij neerkwam op slavernij.

De slavenrazzia's waren meer dan een perverse explosie van een eeuwenoude haat. Ze waren een middel om een ras te vernietigen. Het was niet de eerste keer in de moderne geschiedenis dat genocideplegers voor dat doel naast massamoord ook slavernij gebruikten. De Turken maakten Armenen tot slaaf in de genocide van 1915. De nazi's maakten twaalf miljoen mensen tot slaaf. Twee miljoen mensen kwamen om als slaaf tijdens het bewind van de Rode Khmer. Maar de activiteiten van Khartoum betekenden de langdurigste slavenrazzia van de twintigste eeuw.

Sadiq al-Mahdi, de Soedanese premier onder wie de razzia's midden jaren tachtig waren begonnen, erfde een blauwdruk van zijn grootvader, de legendarische Muhammad Ahmed, beter bekend als de Mahdi. Deze man, een grimmige negentiende-eeuwse mysticus die beweerde af te stammen van de Profeet, leidde de Baggara – die indertijd naast vee ook in slaven handelden – in een brute aanval met als doel de koloniale regering omver te werpen, waarbij duizenden zuiderlingen tot slaaf werden gemaakt. Zijn volgelingen ontwikkelden een systeem waarin Arabische ruiters razzia's hielden onder zuiderlingen en hen samendreven in met doornhagen omgeven kampen, bekend als *zariba's*. Nadat de Mahdisten in 1898 tijdens de herovering van Lord Kitchener door de Britten waren verdreven, werden in sommige zariba's nog slaven vastgehouden, maar de term bleef vooral in gebruik voor veekampen.[76]

Zoals ooit de volgelingen van zijn grootvader, vulden die van al-Mahdi de zariba's opnieuw met menselijk vee. Zijn directe voorganger Gaafar Nimeiri had de basis gelegd door de milities te bewapenen om zo de opstand de kop in te drukken die in 1983 door John Garang was ingezet. Deze Garang, een achtendertigjarige Soedanese legerofficier, bracht een rebellenmacht op de been om in te gaan tegen Khartoums aanspraken op pas ontdekte olievelden en tegen het uitroepen van de sharia (de islamitische wet) door Nimeiri. Hiermee kwam een einde aan een elfjarige wapenstilstand in de oorlog die vlak na de onafhankelijkheid van Soedan was begonnen. Voor Nimeiri was Garangs rebellie een aantasting van de nationale eenheid. Voor al-Mahdi was het ook een aantasting van de Arabische culturele overmacht.

Al-Mahdi's visioen was een hersenschim, aangezien er in Soedan geen 'pure' Arabieren zijn. Onder de Baggara vallen stammen zoals de Rizeigat, de Zaghawa en de Misseriya. Deze mensen zijn islamitisch en Arabisch, maar hun donkere huid getuigt van eeuwen van gemengde huwelijken met de oorspronkelijke Afrikaanse inwoners van Kordofan en Darfur. Beide groepen zijn nomadische veehoeders; beide groepen zijn even arm als hun zuiderburen. Geen van de groeperingen omschrijft zichzelf als 'zwart', wat in het Soedanees Arabisch 'slaaf' betekent. Liever noemen ze zichzelf *zurga*, ofwel 'blauw'.

Niettemin wierp al-Mahdi zich met veel verve op als verdediger van de Arabische cultuur tegen de mythische dreiging uit het zuiden. John Garang verleende zijn beweringen geloofwaardigheid door de 'bevrijding' van het hele land te eisen.[77] Als reactie hierop begonnen officieren van al-Mahdi's Popular Defence Force (PDF) milities te indoctrineren in de glorie van het martelaarschap. Typerend genoeg waren de martelaren niet hun pupillen; Dinkaburgers met schilden van nijlpaardleer en speren konden immers niet veel beginnen tegen de kalasjnikovs van de murahileen-milities.

Terwijl al-Mahdi doorstootte naar het zuiden, begonnen via internationale hulporganisaties geruchten uit te lekken over een oud kwaad dat de kop opstak. De meeste hulpverleners hoorden er voor het eerst iets over toen ze zuiderlingen van voedsel kwamen voorzien tijdens de gigantische hongersnood van 1988. De plaatselijke bevolking was al een tijdje op de hoogte van de razzia's. In 1984 werkte een jonge Dinka-arts, Priscilla Joseph, onder vluchtelingen in Khartoum. 'Bij aankomst vertelden ze ons dat er mensen werden vermist,' zei Joseph. 'Tegen '86 was het duidelijk dat er ontvoeringen plaatsvonden.'

Geleidelijk aan vormde zich een beeld van de razzia's. Tijdens het droge seizoen, tussen november en april, werden de rooftochten gepland door Baggara-gemeenschappen.[78] Vóór de aanval maakten ze afspraken over de verdeling van de buit en zetten ze op een afstand van vijf tot zeven uur lopen van de te plunderen dorpen zariba's op. De overvallers vertrokken voor dag en dauw. Ze werden door regeringstrucks naar de Kiir-rivier gebracht, vanwaar ze te paard vergingen.

Voor de Dinka bestond de enige waarschuwing uit hoefgeklepper en een opstijgende stofwolk. Wie kon, zocht een goed heenkomen. Een Dinkamedewerker van Save the Children UK, een ngo die sinds de hongersnood van 1950 actief is in Soedan, sprak uit eigen ervaring toen hij me voorbereidde op een tweede reis naar Zuid-Soedan. 'Als je een team in het veld hebt tijdens een razzia, dan kun je maar één ding doen,' zei hij. 'Rennen. De bosjes in rennen en je verstoppen.'

De plunderende bendes, die soms bestonden uit wel duizend mannen te paard, schoten vluchtende dorpelingen in de rug. Bejaarde mannen die niet konden rennen maar evenmin bruikbaar waren als slaaf, werden voor de ogen van hun nakomelingen in elkaar geslagen.[79] Voor ze weggingen, staken de plunderaars gewassen en hutten in brand. Ze roofden het vee, dat voor Dinka het middelpunt van hun bestaan is. En ze roofden vrouwen en kinderen, die ze dwongen in noordelijke richting te lopen, waarbij gewonden onderweg aan hun lot werden overgelaten. Tijdens de tocht door de verschroeide savanne gaven ze de slaven geen water. In het eerste nieuwsartikel over dit onderwerp citeerde de *New York Times* uit verslagen waarin werd beweerd dat 'de handen van de gevangenen werden doorboord en dat ze aan elkaar werden vastgeketend om ontsnappen vrijwel onmogelijk te maken.'[80]

Eenmaal honderden kilometers van huis, werden de gevangenen door hun eigenaars volkomen murw geslagen. De Baggara dwongen jongens geiten of vee te hoeden en zo de plaats in te nemen van hun eigen zonen, die voor de PDF waren geronseld. Andere Dinkakinderen werden door de milities gedwongen tegen hun eigen verwanten te vechten. Af en toe werden jonge jongens door een groep murahileen verkracht, met als doel de geslachtelijke identiteit van de jongens uit te wissen. De slavenhouders in de kampen sloegen de kinderen en dwongen hen bij het vee te slapen. Soms gaven de bazen ze etensresten, soms scharrelden de slaven rond de kampen wat maïs bij elkaar. Een slavenhouder amputeerde de neus van een elfjarige jongen die zijn koe kwijtraakte. Een ander hakte de armen van zijn slaaf af toen de jongen een vluchtpoging deed. Een veehouder spijkerde de knieën van een slaaf aan elkaar vast zodat de jongen niet opnieuw zou proberen te vluchten.[81] Dr. Joseph behandelde verscheidene jonge mannen wier pezen waren doorgesneden. Als het hun al lukte terug te komen naar Zuid-Soedan, dan waren ze hulpeloos, want prothesen waren er niet. Sommige slaven werden door hun meester gebrandmerkt om hen te identificeren als ze vluchtten.

De meeste slaven waren vrouwen. En zoals tijdens het hoogtepunt van het Ottomaanse Rijk in de zestiende eeuw waren de meesten van hen werkzaam in het huis van hun meester.[82] De slavinnen moesten onder andere sorghum, okra en sesam malen of water uit putten halen. Maar vooral werden de vrouwen gebruikt voor een veel primitiever doel. Tijdens en na de razzia's kwam verkrachting veelvuldig voor.

Tijdens de heerschappij van al-Mahdi's grootvader kon een jonge concubine zevenmaal zoveel opbrengen als een koe.[83] Al was hun marktwaarde gekelderd door een te groot aanbod, ze bleven gewaardeerde handelswaar. Het geboortecijfer van de Baggara was lager dan dat van de Dinka, en seksuele onderwerping was vaak een bewuste poging hun baarmoeders te stelen. Sommige slavenhouders besneden vrouwen om hen 'rein' te maken. Na deze beproeving moesten de vrouwen de ochtend erna weer aan het werk.

Het kwam zelfs voor dat slavenhouders de jonge slavinnen dwongen infibulatie te ondergaan. Veel mannelijke en vrouwelijke slavenhouders sloegen vrouwen die in het Dinka met elkaar spraken. Veel gevangenen bekeerden zich tot de islam; sommigen van hen onder dwang.

Met andere woorden: de Baggaraslavenhouders maakten onder hun slaven korte metten met alles wat op een Dinkacultuur leek.

Vóór John Eibner, die er terecht prat op ging dat hij de slavernij in Soedan onder de aandacht van de wereld had gebracht, deed het verhaal internationaal nauwelijks stof opwaaien. Na een artikel in de *New York Times* in mei 1986, dat ondergesneeuwd door de kernramp van Tsjernobyl op pagina 17 belandde, werd een jaarlang in geen enkele krant over de heropleving van de slavernij gerept. De *New York Times* zelf zweeg negen jaar lang over het onderwerp. Tot het csi erbij betrokken raakte, werd het verhaal slechts in een handvol westerse publicaties aangeroerd.

In 1987 deed een Kordofiaanse linguïst met een vriendelijke, zachte stem op ontnuchterende wijze verslag van een slavenrazzia, wat de in Londen gebaseerde organisatie Anti-Slavery Society ertoe bracht onderzoekers naar Soedan te sturen. Deze onderzoekers kregen Dinkakinderen aangeboden voor veertig Soedanese ponden, minder dan je in die tijd aan postzegels op een brief naar het buitenland moest plakken.[84] Aanvankelijk verklaarde al-Mahdi zich bereid mee te werken aan het onderzoek van de organisatie, maar kort daarna was diens rol uitgespeeld.

Op 30 juni 1989 werd al-Mahdi afgezet door het onbuigzame National Islamic Front (nif), dat hem te zwak vond voor een president in oorlogstijd. De nieuwe leider, luitenant-generaal Omar al-Bashir, verhield zich tot al-Mahdi zoals Hitler tot Hindenburg: een meedogenloos bestuurder met een extremistische beweging die het idee van een nationale eenheid onder het arabisme verving door dat van een jihad.[85]

Na deze Revolutie voor de Nationale Redding verhardde het razziabeleid en breidde het zich uit. In de National Popular Defense

Act van 1989 werd de relatie tussen de Baggara en de regering wettelijk vastgelegd, en de murahileen begonnen ook andere Afrikaanse Soedanezen tot slaaf te maken, met name de Nuba en de Shilluk. Er reed een militaire vrachttrein op een traject van tachtig kilometer, van Babanusa in Kordofan tot de garnizoensstad Wau in Bahr el Ghazal. In 1992 begonnen de Baggara deze trein te escorteren. Ze reden er demonstratief naast om aanvallen door rebellen te voorkomen. Maar de soms wel vijfduizend murahileen tegelijk, die een brede corridor baanden aan weerszijden van wat bekend raakte als 'de slaventrein', inden hun loon in de vorm van mensenvlees.

Het nieuwe regime, niet langer bereid onderzoek door ongelovigen naar vermeende slavernij toe te staan, zette de onderzoekers van de Anti-Slavery Society het land uit. Toch maakte Khartoum zich niet druk toen de VN-Mensenrechtencommissie een speciale rapporteur aanstelde voor Soedan: de VN had al sinds 1986 rapporten ontvangen over slavenrazzia's, maar de commissie had die praktijken nooit publiekelijk veroordeeld.

De rapporteur, Gáspár Bíró, was geen doorsnee VN-diplomaat-met-oogkleppen. Als kind van Hongaarse ouders die het anti-Hongaarse bewind van Nicolae Ceauşescu in Roemenië had overleefd, liet Gáspár Bíró zich niet zo gemakkelijk intimideren door brute totalitaire regimes. Vanuit zijn standplaats in Soedan diende Bíró vijf rapporten in, waarin hij niemand ontzag, het NIF bekritiseerde wegens het propageren van de razzia's, en waarin hij het misbruik van de sharia als instrument in de meedogenloze oorlog aan de kaak stelde.

Als reactie viel Khartoum de boodschapper aan. De Soedanese ambassadeur in de Verenigde Staten veegde in de *New York Times* de vloer aan met Bíró's eerste rapport, dat volgens hem was 'gebaseerd op informatie uit de tweede hand en anekdotisch bewijs'.[86] Hij verzekerde de Amerikanen dat 'slavernij in strijd is met de fundamentele leer van de islam.'

Omdat het niet lukte Bíró onderuit te halen, probeerde Khartoum hem bang te maken. De door de staat gecontroleerde media vergeleken hem met Salman Rushdie, en de regering publiceerde een circulaire getiteld 'Aanval op de islam'.[87] Daarin stelde het NIF dat Bíró's rapport 'grove, onfatsoenlijke, godslasterlijke en beledigende opmerkingen over het islamitische geloof' bevatte.[88] Godslastering betekent onder de sharia de dood.

Ahmed el-Mufti, jurist bij het Soedanese ministerie van Justitie, mocht dienen als tegenspeler van de Hongaar.[89] El-Mufti, de interne mensenrechtenrapporteur van Soedan, noemde de razzia's 'stammentwisten' waartegen Khartoum optrad. Bij een VN-bijeenkomst in New York uitte el-Mufti een rechtstreekse bedreiging aan het adres van Bíró. 'We willen niet speculeren over zijn lot als hij doorgaat de gevoelens van moslims over de hele wereld te kwetsen,' zei el-Mufti.[90]

Intussen bezegelde de lauwe belangstelling van de VN het lot van de slaven. Terwijl de Algemene Vergadering resoluties aannam waarin 'diepe bezorgdheid' werd geuit over Bíró's conclusies, werden de VN-collega's van de Hongaar instrumenten van een genocide. Het World Food Programme had sinds 1991 jaar in, jaar uit een half miljoen Dinka van voedsel voorzien. In 1998 eiste al-Bashirs minister van Informatie, brigadecommandant el-Tayeb Ibrahim Mohammed Kheir – bekend als 'Tayeb van de ijzeren staaf' – dat het WFP zijn vluchten naar de frontlinieplaats Bahr el Ghazal staakte. Bij de hongersnood die volgde kwamen meer dan honderdduizend Dinka om het leven. Velen kropen naar het noorden, waar ze door mensenrovers gevangen werden genomen.

Tayeb voerde ook de steun aan de murahileen op. Onder zijn leiding groeide de gemiddelde overvallersbende van 400 tot meer dan 2500 man.[91] Hun opdracht was duidelijk. De ruiters moesten de rebellen 'wegvagen', aldus Tayeb, en Dinkakinderen ontvoeren, bekeren en 'vreedzame predikers' van hen maken.[92] In 1998 diende Bíró zijn eindrapport in. Het jaar erop, het vruchtbaarste jaar voor slavenrazzia's van de twintigste eeuw, hielden VN-organisaties op van 'slavernij' in Soedan te spreken.

In 2001 werden de VS in de VN-mensenrechtencommissie vervangen door Soedan.

Toen president Bush op 6 september 2001 senator Jack Danforth aanstelde als speciaal gezant voor Soedan, reageerde Khartoum uitdagend. Tot dan toe hadden de vs geen animo getoond voor stevige diplomatie tegenover Soedan. Ervan uitgaand dat Danforth, zoals de door Clinton benoemde Harry Johnston, de zoveelste excuusgezant was om christelijk rechts tevreden te stellen, zag al-Bashir geen reden zich in te tomen. Tegen eind 2001 bereikten de slavenrazzia's een hoogtepunt, door al-Bashir gezegend met zijn *Dar al Harb* versus *Dar al Islam*-onzin.

Jack Danforth bleek er de man niet naar om misdaden tegen de menselijkheid met zijden handschoenen aan te pakken, maar hij wist dat het een niet te winnen oorlog was en kwam er al snel achter dat die oorlog veel minder scherpomlijnd was dan het zwart-witte verhaal dat hem door Eibner en de zijnen werd voorgespiegeld. Hij zag zijn rol als die van een 'katalysator' in de onderhandelingen, en wilde dat alle partijen eraan deelnamen. Hij had zelfs een ontmoeting met Sadiq al-Mahdi, de afgezette Soedanese leider die de slavenrazzia's had aangestookt. 'Toen ik in de beginfase, of zelfs vóór mijn eerste reis, congresleden bezocht,' zei Danforth, 'stelden ze zich allemaal op het standpunt dat er geen morele gelijkwaardigheid tussen de twee partijen bestond. Zij zagen dit als het onder druk zetten van de regering. Maar ik zag het gewoon als een manier om iets voor elkaar te krijgen.'

Op zekere avond tijdens het eerste van zijn zeven bezoeken aan Khartoum zat Danforth in de vervallen Amerikaanse ambassade met vijftien christelijke en islamitische leiders rond de tafel. Het leek een rampzalige bijeenkomst te worden. Terwijl moslimgeestelijken in wit gewaad de gezant onmiddellijk verzekerden dat 'alles in orde is in ons land,' barstten de christenen uit in een litanie van grieven. Maar naderhand kwamen leiders van beide zijden naar hem toe om hem de hand te drukken en hem te bedanken voor de 'fantastische bijeenkomst'.[93] De twee groepen hadden elkaar nooit eerder ontmoet.

Danforth probeerde eenzelfde onopgesmukte dialoog te bewerkstelligen tijdens de vredesbesprekingen in Kenia. Ofschoon de

SPLM en Khartoum al snel tot een akkoord kwamen voor een wapenstilstand, zei een vertegenwoordiger van het noorden in Saint Louis tegen Danforth dat hij het gevoel had dat het altijd fout was, wat men daar ook deed. De regering van Bush antwoordde dat goed gedrag zou worden beloond met genormaliseerde betrekkingen.[94] De toewijzing van honderd miljoen dollar per jaar aan gebieden onder SPLM-controle, die deel uitmaakte van de Soedan Peace Act, voorspelde weinig goeds in reactie op slecht gedrag.

Al-Bashir geloofde dat er een totaal ander Amerikaans beleid zou kunnen komen als hij niet meewerkte. Bush' geestelijk raadsman Franklin Graham had tijdens de onderhandelingen een ontmoeting met Danforth en probeerde privé al-Bashir tot Christus te bekeren, maar hij riep ook publiekelijk op tot militaire actie tegen Khartoum. Eibner, die had aangedrongen op het totstandkomen van de Soedan Peace Act, had nu het gevoel dat die niet voldoende was. Onderhandelingen waren niet de oplossing, schreef hij kort voor onze reis in mei 2003. Een verandering van regime was dat wel. 'De regering-Bush zou er goed aan doen naar alternatieven voor de radicaal-extremisten in Khartoum uit te kijken,' schreef hij.[95] 'De Verenigde Staten zullen de dag berouwen waarop ze Soedan een papieren vredesovereenkomst opleggen met als hoeksteen een terroristisch, genocidaal regime.'

Dwars door alle grootspraak heen zag Danforth dat één misdaad voor de evangelisten zwaarder woog dan alle andere. 'Er is, behalve het bombarderen van burgers, waarschijnlijk geen kwestie die de Amerikanen meer dwarszit dan het feit dat er nog steeds slavernij bestaat,' zei Danforth tegen de president.[96] 'De feiten zijn duidelijk: de Soedanese regering bewapent en stuurt plunderende bendes die in het zuiden opereren, waar ze dorpen verwoesten en vrouwen en kinderen ontvoeren om hen als huisslaaf, veehoeder of landarbeider te werk te stellen.'

Door zijn extreme vasthoudendheid kreeg Danforth Khartoum zover dat het feitelijk toegaf geen verweer te hebben tegen de aantijgingen. Publiekelijk bleef al-Bashir verhalen over slavernij betitelen als 'pure mediapropaganda'. Privé sloten de onderhandelaars van Khartoum een compromis door akkoord te gaan met een internationaal onderzoek, op voorwaarde dat de islamistische regering in het openbaar alles mocht blijven ontkennen.

Onze Cessna daalde en de slavenbevrijders en ik landden in Lokichokio, nabij de zuidgrens van Soedan. Loki, zoals de hulpverleners het noemden, was de commandopost voor de grootste hulpoperatie ter wereld, die meer dan een miljard dollar per jaar kostte. Het was ook het op één na drukste vliegveld van Kenia, met bulderende C-130 Hercules-vrachttoestellen die elk uur af- en aanvlogen.

Daar gingen we aan boord van een ander vliegtuig, een rammelende Antonov-28 uit het Sovjettijdperk. De zitplaatsen, opvouwbare strandstoelen, waren aan de triplex vloerdelen vastgespijkerd. In de smoorhete cabine stonk het naar oud zweet en gonsde het van de vliegen. De stank maakte me nog banger. Uit angst dat de Soedanese regering woord zou houden en ons zou neerschieten, had Eibner me eerder gevraagd vertrouwelijk om te gaan met het feit dat we samen reisden.

Gezien die waarschuwing was ik verbaasd diverse onaangekondigde reisgenoten te treffen, onder wie vijf gigantische huursoldaten in militair tenue. Deze mannen, die zichzelf omschreven als 'anti-terreurconsultants', gaven tactische adviezen aan politiemachten, militairen, bedrijven en regeringen in oorden zoals Tsjetsjenië en het Midden-Oosten. Ze noemden zich de Archangel Group. Ik vroeg de oudste 'aartsengel' wat hij op een slavenbevrijdingstrip deed. 'Gods werk,' blafte John Andersen ofwel Andy, en hij spuugde een straal tabakssap uit.

De aanwezigheid van een andere onverwachte groep, Dinkavluchtelingen, was begrijpelijker. Gemotoriseerd vervoer was in Zuid-Soedan onbetaalbaar, vooral vanwege het gevaar van mijnen en luchtafweergeschut. Onze chartervlucht kostte 16.000 dollar. De enige manier waarop berooide vluchtelingen snel grote afstanden konden afleggen, was door zich naar binnen te kletsen in een van deze 'cowboyvliegtuigen', die buiten het vn-mandaat om opereerden.

Het vliegtuig was al zwaar overladen, en de kettingrokende Russische piloot haalde een stoel weg om plaats te maken voor meer bagage. Een jonge vluchteling maakte zich klein in een hoekje. De piloot, die geen Engels sprak, gebaarde tegen een ongewoon lijvige Dinka die Angelo heette dat hij tegen de cabinedeur aan moest leunen om het gewicht in balans te brengen. Hij nam het laatste stukje vloeroppervlak in beslag. Het vliegtuig startte ronkend en sputterend, en terwijl we snelheid maakten leek het alsof de startbaan te kort zou zijn.

'Angelo, dit gaat niet goed!' zei Eibner paniekerig.

Angelo vouwde zijn handen en bad. Een oude vluchteling met drie gele tanden barstte in tranen uit. Met minder dan vijf meter tussenruimte scheerden we over de boomtoppen heen. De oude man haalde een kalebasflesje met tabak tevoorschijn, snoof eraan en kalmeerde. Naderhand, terwijl het speeksel over zijn kin en borst sijpelde, kauwde hij op een sprietje *neem*, een plant die door de plaatselijke bevolking wordt gebruikt voor het schoonmaken van hun tanden. De piloot sloeg een onrustbarend simpele topografische kaart open.

Ik had informatie ingewonnen over Eibner, maar wist niet zoveel over de Archangel Group. Met zijn mond vol tabakspruim brulde Andersen me een paar gegevens over zichzelf toe. Hij was een beer van een vent die eruitzag als een eenentwintigste-eeuwse Teddy Roosevelt, compleet met een hoekig stekeltjeskapsel, een rood aangelopen gezicht, een enorme hangsnor en een nekloze, gespierde torso. Hij was geboren in een dorp van 250 inwoners in Noord-Californië en had de Amerikaanse soldatencultuur met de paplepel ingegoten gekregen. 'Als peuter schoot ik al op sprinkhanen,' zei hij. Nu, op zijn tweeënvijftigste, had hij meer dan zijn halve leven gediend als 'groene baret', lid van de Special Forces van het Amerikaanse leger. In die elitetroepen had hij alles meegemaakt, van vechten tegen de Vietcong tot het begeleiden van de bevalling van een doodgeboren kind. 'Ik heb dat kind in tweeën gebroken,' zei hij. 'Het voelde alsof je een kip uit elkaar trok. Maar ik heb de moeder het leven gered.'

Hij had het leger uiteindelijk met de rang sergeant-majoor verlaten en was een winkel in vuurwapens begonnen in Colorado. Ondanks zijn ruwe manier van doen had hij naar eigen zeggen een warme relatie met een vrouw die van hem hield. 'Zolang je nog een punt kan zetten, kun je je huwelijk goed houden,' verklaarde hij.

Dit was niet Andersens eerste reis naar Soedan. Twintig jaar eerder had hij het land tijdens een trainingsmissie bezocht. In zijn carrière had Andersen legers getraind in meer dan vijftig landen. De Special Forces waren 'veredelde schoolmeesters,' zei hij met een lach. Maar in 1982, in de nadagen van de Soedanese dictator kolonel Gaafar Nimeiri, viel Andersen iets vreemds op. Na de energiecrisis van 1973 had Chevron olie ontdekt in het zuiden, en Washington knoopte een niet zo fraaie vriendschap aan met Nimeiri, die fungeerde als barrière tegen het rode gevaar in het naburige Ethiopië. In 1980 ontvingen slechts vijf landen ter wereld meer militaire steun van de vs dan Soedan. Tijdens de eerste ambtstermijn van Ronald Reagan bewapende de regering, ondanks steeds duidelijker tekenen van genocide in zowel Soedan als Ethiopië, de niet-communistische massamoordenaar tegen de communistische.

'Het moest een training voorstellen,' zei Andersen over zijn trip naar Khartoum in 1982, 'maar het was een bevoorradingsmissie. We vlogen erheen met volgeladen C-130s, een commandobataljon. Er ging aardig wat munitie doorheen, maar een groot deel bleef achter toen we weer vertrokken.'

Het jaar daarop gebruikte Nimeiri die munitie om een brute verzetsbestrijdingsactie in te zetten. In 1985 zette zijn opvolger Sadiq al-Mahdi Nimeiri's razzia's voort en begon hij de murahileen-ruiters onder de ruim een miljoen Baggara-Arabieren aan de noordgrens van het Dinkagebied te bewapenen. Al-Mahdi's minister van Defensie, zelf een Baggara, organiseerde zijn broeders om zuidelijke grensdorpen te overvallen en zichzelf ter plekke van betaling te voorzien. Voor sommigen nam die betaling een menselijke vorm aan.

Nu keerde Andersen terug om een kwaad te bestrijden dat hij

onbedoeld had helpen ontketenen. 'Ik ben bij de Special Forces gegaan om de onderdrukten te helpen bevrijden – *de oppresso liber*,' citeerde hij het motto van de groene baretten – 'en dat doe ik hier.'

Rechts van Andersen zat de voorzitter van Archangel, John Giduck. Ook hij was een voormalig lid van de Special Forces, en dat kon hij staven met verhalen uit acht conflicten en zijn tatoeages van de 82ste Airborne-divisie. De vierenveertigjarige Amerikaan van Russische afkomst zag er helemaal uit als de protégé van de oudgediende naast hem, tot en met diens hangsnor en gespierde borstkas. Ook Giducks sociale opvattingen waren een getrouwe kopie van die van Andersen. Hij verwoordde ze met een Rush Limbaugh-achtige intonatie, waarbij hij verachtelijke woorden als 'mozzlims' uitspuugde en het laatste woord van elke zin beklemtoonde. 'Aids,' zei hij tijdens de vlucht, 'had wél als positief neveneffect dat het goed was tegen de overbevolking.'

De huursoldaten waren bij de christelijke slavenbevrijders gekomen via het julinummer van de *Penthouse* uit 2001. Daarin las Giduck een gedetailleerd verslag van het werk van John Eibner. Het raakte hem, en hij legde het tijdschrift voor aan zijn broeders van Archangel, die ook vonden dat het inzetten van hun vaardigheden om slavernij te bestrijden beter klonk dan veredeld schoolmeesterschap. Giduck spoorde Eibner op, en in februari 2003 woonde hij een bevrijdingsactie bij.

De rest van Archangel zat achter ons. Een van hen was Darron, een met tatoeages overdekte veteraan van 's werelds elitairste militaire eenheid, de Britse SAS, en dan was er nog Yuri, een hulk van een Oekraïner die zijn bloedgroep in cyrillisch schrift op zijn rug had laten tatoeëren, een teken dat hij commando was geweest in de exclusieve Spetsnaz, de speciale krijgsmacht van de Sovjet-Unie. Hoewel hij er op een paar uitingen in gebroken Engels na het zwijgen toe deed, sprak Yuri's door de strijd geharde, dreigende blik van onder zijn cowboyhoed boekdelen.

In sterk contrast met de huursoldaten straalde Eibners handlanger Gunnar Wiebalck de zonnige ongedwongenheid van een tevreden ziel uit. Gunnar, met zijn beleefde, respectvolle manier van doen een typische naoorlogse Duitser, gaf door zijn gelukzalige glimlach blijk van zijn vreugde zich te bevinden in wat hij zag als een christelijk paradijs. 'Dit is een maagdelijk land,' zei hij terwijl hij opkeek van zijn verhandeling over de Bijbel en een blik uit het raampje wierp.

'Het ware Soedan, bekend bij de staatsman en de ontdekkings-reiziger,' schreef Winston Churchill in 1902, 'ligt ver in het zuiden: vochtig, heuvelachtig en weelderig.'[97] Bezien vanaf een hoogte van driehonderd meter had de Witte Nijl, omzoomd door kartelig groen, een dofbruine kleur. De rivier mondde uit in het grootste moeras ter wereld, de *Sudd*, Arabisch voor 'barrière'. Eeuwenlang werd Zuid-Soedan beschermd door dit moeras. In 1840 wist een scheeps-expeditie in opdracht van de Egyptische onderkoning erdoorheen te breken.[98] Al snel volgden de slavenjagers.

De Dinka noemen die periode 'de tijd waarin de wereld werd verpest'.[99]

Nadat drie van de vier vlieguren tussen Loki en Bahr el Ghazal waren verstreken, maakten we een harde tussenlanding op een airstrip van zand in een dorp dat Thiet heette. Eibner legde uit dat daar een SPLM-top plaatsvond waarbij de rebellenleider John Garang aanwezig was.

Toen we uitstapten viel de hitte van meer dan 50° Celsius als een kogelwerende deken over ons heen. Honderden Dinka stonden langs de airstrip. Vrouwen in kleurige kleding. Mannen met ver-sleten SPLM-uniformen en plastic teenslippers. Kinderen liepen in te grote legerkleding en hielden AK-47- en PKM-geweren vast.[100] Voor Dinka in de frontlinie wordt de moderne wereld slechts ver-tegenwoordigd door het aanvalsgeweer. Een jongen van tien die misschien nooit een afstandsbediening in handen zal krijgen, is al een expert in het demonteren en afvuren van een kalasjnikov.

De marktprijs voor de geweren lag hoger dan de prijs voor de kinderen zelf. In 1986 kostte een AK-47 tien koeien ofwel ongeveer duizend dollar. Tegen 2001 was de prijs aan de grens tussen Soedan en Uganda door een gewerenoverschot (en koeienschaarste) gekelderd tot twee koeien of ongeveer zesentachtig dollar.[101] De kindermarkt was wisselvalliger. In het begin van 1987, nadat al-Mahdi begonnen was met zijn verzetsbestrijdingsactie, kostte een Dinkajongen negentig dollar.[102] Tegen 1990 was die prijs bij een toenemend aanbod gedaald tot vijftien dollar.[103] Ten tijde van mijn bezoek had het csi ingestemd met een prijs van drieëndertig dollar per slaaf.

Garang was al vertrokken, maar zijn tweede man Salva Kiir Mayardit omhelsde Eibner op de airstrip. Kiir, misschien wel twee meter lang, had een baard en droeg een tropenhelm, soldatenkledij en hoge Nikes. Hij had een wandelstok bij zich en werd gevolgd door een stoet gewapende bewakers. Kiir, een legende onder de Dinka van Bahr el Ghazal, had in 1984 met zijn gewaagde en onverwachte overwinning op de regeringstroepen tijdens een gevecht bij de Ethiopische grens een grote toevloed van rekruten naar de splm op gang gebracht. Ondanks zijn titel stond hij kritisch tegenover Garang, en waarnemers vreesden dat die kritiek de voorbode was van een hernieuwde interne machtsstrijd à la 'Emma's Oorlog', die in 1991 tienduizenden levens kostte.[104]

Ook commandant Paul Malong Awan, stafhoofd van het derde front van de splm, begroette Eibner met een omhelzing. De kalende Malong had een elegant sikje, hij droeg opzichtige gouden sieraden en had een kruisje om. In de schaduw zette hij zijn vliegenierszonnebril af en onthulde een ijzig starende blik. Nadat hij in 1984 twee schotwonden in zijn been had opgelopen bij gevechten in het Upper Nile-district, werd hij ten tijde van de eerste slavenrazzia's in 1985 opnieuw neergeschoten bij gevechten in de deelstaat Blue Nile. In totaal had hij acht oorlogsverwondingen. Hij voerde nu het bevel over vijf brigades van elk twaalfhonderd soldaten en hield er veertig vrouwen op na. Aangezien Malong de warlord (Eibner zei liever 'peacelord') was die het gebied beheerste waarin onze bestemming lag, nam Eibner hem mee naar onze eindbestemming.

Na weer een uurtje vliegen daalden we af naar Malual Kon, de *ground zero* van de slavenrazzia's. Dorpelingen stoven uiteen voor het vliegtuig, dat van hetzelfde soort was als de Soedanese regering regelmatig gebruikte en pas nog had ingezet voor bombardementen. Nadat we laag boven de vierhonderdvijftig meter lange landingsstrip waren gevlogen om het vee te verjagen, landden we. Hier spanden de endemische guineaworm, mazelen, kinkhoest, polio, rivierblindheid, lepra, kala azar en tuberculose met Khartoum samen om de dorpsbewoners te teisteren. Malual Kon lag op drieenhalf uur lopen van de dichtstbijzijnde kliniek. Er waren zes functionerende waterputten, en bij afwezigheid van medicijnen was diarree dodelijk. Voeg daarbij nog de verzengende hitte, en een geval van buikloop kon je binnen een week de das om doen. De dorpelingen overleefden slechts dankzij Gods genade en het World Food Programme (WFP), en de meesten stierven voor hun tweeënveertigste.

Na onze landing verzamelde zich een menigte mensen die breed lachten bij het zien van vreemde witte *khawaja's*. In de bedwelmende hitte rook je soms de geur van een mestvuurtje. Van oudsher bezat elk gezin een veeplaats, gelegen rondom hutten van modder, takken en gras die *tukuls* genoemd worden. Aangezien water schaars was, wasten Dinka zich soms met koeienurine. Volgens de Duitse ontdekkingsreiziger Georg Schweinfurth was dat een effectieve gewoonte; de Dinka hadden in de negentiende eeuw 'zelden last van ongedierte of vlooien, die overal elders in het spoor van de islam lijken te zijn gevolgd, evenals verwoesting en slavernij.'[105]

De meeste mensen in de menigte waren halfnaakt; niet onverstandig, gezien de hitte. Sommigen droegen gratis uitgedeelde T-shirts met daarop een leus als JUST TWO DROPS, van een poliovaccinatiecampagne, of van het WFP. Anderen droegen felbegeerde T-shirts met afbeeldingen van Amerikaanse rappers zoals Tupac. Dinka zijn de langste mensen ter wereld, en hun rijzige gestalte en diepzwarte huidskleur verleende de meute een bijna spookachtig, majesteitelijk uiterlijk. Velen van hen hadden bloeddoorlopen ogen. Bij anderen liep de iris door in hun oogwit, wat duidde op bloedarmoede of malaria, hier even gewoon als griep. De meesten waren blootsvoets, al droegen de soldaten slippers.

Een paar van Malongs mannen escorteerden ons langs een bewaker in burgerkleding met een AKS-74 aanvalsgeweer een met een rieten schutting omheinde *baay* in, een compound die cirkelvormig rondom de grootste boom van het dorp wordt gebouwd. Bomen zijn hier zeldzaam, bijzonder, gezegend. Hun wortels spreiden zich alle kanten op; van boven zijn ze plat en weelderig. Hun schaduw is van essentieel belang voor de gemeenschap. Terwijl we naar binnen gingen, daagde een jonge man Andersen uit voor een van de passies van de Dinka: worstelen. Zijn vrienden lachten nerveus om Andersens lijvige gestalte en hitsten de dappere ziel op. Andersen negeerde hem.

In de compound dronk ik water uit een benzinevat. Ondanks de koolstoffilter op mijn waterfles smaakte het naar vliegtuigbrandstof. Uitdroging zou tijdens mijn eerste maand in Zuid-Soedan voortdurend op de loer liggen. In deze eerste week viel ik negen kilo af, en uiteindelijk keerde ik brakend en koortsig van de dengue terug naar Kenia.

In de centrale boom woonden een paar cobra's. Schweinfurth merkte op dat de Dinka slangen vereerden, ze als huisdieren behandelden en het als een misdaad beschouwden ze te doden. Hij vertelde over slapeloze nachten waarin hij lag te luisteren naar de beesten die door het dak van zijn tukul gleden.[106] Mijn buren waren minder dol op de slangen, maar toch waren ze alom aanwezig. Later raakte ik gewend aan de slangen en hagedissen in mijn tukul. Maar schorpioenen die op het muskietennet enkele centimeters boven mijn gezicht zaten, bezorgden me altijd hartkloppingen. Net als de Dinka leerde ik termieten waarderen, al at ik ze liever geroosterd, zonder vleugeltjes.

Tijdens deze eerste nacht in Soedan werd ik verpletterd door de duisternis. Aangezien er kilometers in de omtrek geen elektriciteit was, kwam het enige omgevingslicht van de maan en de sterren. Nu was het bewolkt, want we waren aan het eind van het droge seizoen gearriveerd, en al snel zouden de zandstormen van de *habub* komen.[107] Ik tastte naar mijn zaklamp.

'Wou je een kogel in je bast?' vroeg een onzichtbare Giduck. 'Doe dat licht uit. Laat je ogen aan het donker wennen.'

Ik gehoorzaamde en volgde het geluid van Amerikaanse stemmen in de richting van de boom. Eibner was altijd heel uitgesproken in zijn bewoordingen. Hij zei dat een islamitische staat nooit vreedzaam zou kunnen zijn, aangezien de jihad essentieel was voor de islam. Op dit moment was Zuid-Soedan 'puur', zoals bleek uit een laag aidscijfer. Zodra de verwachte vredesovereenkomst zou stuklopen, wat naar zijn gevoel onvermijdelijk was, zou Zuid-Soedan veranderen in een Gomorra, zo niet een hel.

Eibner wendde zich tot Andersen: 'Zou je zware machinegeweren kunnen opstellen op een Honda?'

'Zeker,' antwoordde Andersen. 'Als je ze overdwars zet.'

'Communicatie is essentieel,' zei Giduck. 'Er zijn radio's nodig.'

'Dat is geen probleem,' stelde Andersen vast.

Later stelde ik Eibner de vraag of hij oorlogsbesprekingen in een tijd waarin vredesonderhandelingen vruchten leken af te werpen, niet pervers vond. Eibner antwoordde dat zowel de regering als de rebellen door de vn gesponsorde humanitaire organisaties als politiek instrument gebruikten. De neutraliteit ging sowieso overboord. Hij zag liever dat het csi aan de kant van de 'goeden' stond. Ik vroeg of het massaal vrijkopen van slaven zoals we dat de volgende ochtend gingen doen, de beste manier was om de slavenhandel aan te pakken. Critici hadden beweerd dat de verlossingen slechts een dekmantel waren voor fondsenwerving door de splm en dat de in theorie 'bevrijde' mensen naderhand aan hun lot werden overgelaten.

'Soms is de manier waarop we iets doen niet de ideale manier in een ideale wereld,' antwoordde Eibner.

In de jaren negentig schommelde het aantal slaven in Soedan sterk. Vooraanstaande mensenrechtenorganisaties zoals Anti-Slavery International schatten het aantal op veertienduizend.[108] splm-functionarissen in Bahr el Ghazal begonnen de gevallen in 1988 te registreren, maar ze hadden geen concrete cijfers. Eén functionaris, het civiele hoofd van het meest geplunderde district Aweil West, noemde een aantal van tweehonderdduizend.[109] Hoewel hij dat cijfer niet kon onderbouwen, nam het CSI het over en publiceerde het in de oproepen voor hulp. Tot het moment waarop Danforth met zijn initiatief kwam, zei de regering dat het aantal nul was.

John Ryle, een Britse onderzoeker die door het ministerie van Buitenlandse Zaken van de VS in de arm was genomen, vond een oplossing: een lijst opstellen van de ontvoerden. Dat plan, dat hij bedacht samen met Jok Madut Jok, een wetenschappelijk medewerker van de Loyola Marymount-universiteit, was weliswaar van een elegante eenvoud, maar buitengewoon moeilijk uit te voeren.

Je mocht gerust stellen dat Ryle de enige niet-Soedanees was die dit voor elkaar kon krijgen. De levendige, in Oxford opgeleide journalist annex academicus had altijd al een avontuurlijke inslag gehad, te beginnen bij de bergexpedities die hij als jochie van twee in zijn vaders rugzak maakte. In de Pakistaanse wild-westprovincie Baluchistan, waar volgens de geruchten Bin Laden zich schuilhield, was Ryle een wedstrijdje armdrukken aangegaan met de plaatselijke kampioen, een eenogige reus genaamd Tariq. De strijd eindigde onbeslist.

Naast zijn onverschrokken inborst bezat Ryle een paar vaardigheden die hem tot de ideale persoon maakten om de lijst op te stellen. Allereerst was hij, zoals een lokale hulpverlener zei, 'meer Dinka dan de Dinka'. Ryle had jarenlang in het zuiden gewoond, al vanaf de jaren zeventig, toen een groot deel van het gebied nog niet in kaart was gebracht. Hij leerde de taal en de plaatselijke bevolking gaf hem een Dinkanaam, Mawurnyin, vanwege zijn uiterlijke gelijkenis met een bepaald soort stier. Voor de Dinka, die het rund vereren, was dat een blijk van groot respect.

Ook Ryles passie voor fietsen was onmisbaar voor het opstellen van de lijst. In het regenseizoen waren de Zuid-Soedanese wegen onbegaanbaar voor auto's. Dat kwam gedeeltelijk doordat de drassige paden, normaal gesproken al onbetrouwbaar, dan vaak helemaal in modderbanen waren veranderd. Een andere reden was dat door de regens landmijnen bloot kwamen te liggen. In Zuid-Soedan lagen twee miljoen van die mijnen, en in het noordelijke deel van Bahr el Ghazal waren ze het dichtst gezaaid. Tijdens mijn tweede bezoek, een dag voordat ik een tocht per suv zou maken, raakten bij de ontploffing van een landmijn een autobestuurder en twee passagiers zwaargewond.

Onder leiding van Ryle en Madut gingen vijftig opsporingsmedewerkers op pad om de achtergeblevenen te ondervragen, die wellicht iets wisten over mensen die bij razzia's waren meegenomen. In achttien maanden bestreken ze een gebied ter grootte van de staat New Mexico te voet en per fiets. Het was een moeizaam karwei, zoals ik aan den lijve zou ondervinden. Nadat ik Ryle in New York en Nairobi had ontmoet, regelde ik tijdens mijn tweede bezoek aan Bahr el Ghazal via een van zijn opsporingsmedewerkers een interview met een onlangs teruggekeerde slavin. We vertrokken op Chinese Phoenix-fietsen, die vaak vast kwamen te zitten in de modder. We kwamen langs een in het Arabisch bekladde, afgetakelde Twin Turret T-55-tank uit het Sovjettijdperk, langs koeien en mensen die baadden in dezelfde pas ontstane plassen. Blaffende honden renden achter ons aan, evenals uitgelaten schreeuwende kinderen ('Khawaja's op fietsen!'), en hier en daar een breed lachende rebel met een aan zijn fietsstang gebonden kalasjnikov. Ik raakte door mijn water heen (de opsporingsmedewerker had niets nodig), maar kokendhete, mierzoete rode thee – het enige levensmiddel dat op verschillende markten te koop was – hield me op de been tijdens de terugweg. Het was 45° Celsius en we legden meer dan veertig kilometer af.

Als het interviewen van één vrouw al zoveel inspanning kostte, dan was de uiteindelijke lijst van meer dan elfduizend namen ontzagwekkend. De lijst was niet zomaar een monotone opsomming, maar bevatte duizenden details over de vermisten. Ryle sprak over 'een feitenbasis'. De opsporingsmedewerkers vonden lang niet iedereen. Kinderen waren in gevangenschap geboren. Sommige mensen waren ontvoerd terwijl ze zich in het noorden bevonden, of waren na twintig jaar vergeten door hun familieleden. Vaak lieten de murahileen geen overlevenden achter die het konden navertellen. 'Maar Khartoum kan niet meer beweren dat het een afgedane zaak is,' aldus Ryle.

Terwijl Ryles medewerkers zich stilletjes over de savanne verspreidden, liet John Eibner mij en Archangel vijfhonderd haveloze slaven zien tijdens de eerste 'verlossing' van onze reis. De vrouwen zaten roerloos onder een reusachtige boom en bewogen zich alleen zo nu en dan in een lome poging de steekvliegen rond de ogen van hun naakte, stoffige kinderen weg te jagen. Eibner sprak noch Dinka noch Arabisch, dus een splm-medewerker tolkte. Desondanks leek zijn introductie bij de merendeels animistische vrouwen niet aan te komen. 'Als u terugdenkt aan deze dag,' zei hij, 'besef dan dat wij hier zijn gekomen om u te bezoeken omdat op de hele wereld veel mensen zijn die zich uw lot aantrekken, die voor u hebben gebeden, en weet dat God uw hulproep heeft gehoord en uw tranen heeft gezien.'

De huursoldaten, die er in de hitte van bijna 50° lusteloos uitzagen, stonden op een afstandje. Aan de voet van een vlakbij gelegen heuvel, die in de loop der jaren was ontstaan uit een indrukwekkende hoeveelheid koeienmest, zaten drie Arabische 'djellaba's', zo genoemd vanwege hun witkatoenen enkellange gewaden. De Arabieren kregen die bijnaam in de negentiende eeuw, toen ze slaven naar de markt brachten. Deze handelaars, vertelde Eibner ons, waren hier om het tegenovergestelde te doen.

De opzet van Eibners vrijkopingsacties was net als de lijst van Ryle van een elegante eenvoud. De djellaba's gingen naar veekampen in het noorden waar slaven werden vastgehouden en zorgden dat deze werden vrijgelaten. Vervolgens brachten ze hun naar het zuiden, waar het csi hun vrijkocht.

Een vleierige journalist van de Boston Globe noemde Eibners werk 'de Soedanese versie van de Underground Railroad'.[110] Hij begon met kleine aantallen. Tijdens de eerste expedities van het csi bevrijdde Eibner zo'n honderd mensen per keer. Naarmate de fondsen de pan uit rezen, gebeurde hetzelfde met de aantallen verlossingen. Tussen 1998 en 1999 bevrijdden ze meer dan 15.000 slaven. In de twee jaar daarna betaalde de organisatie het losgeld voor bijna 44.000 slaven. Alleen al tijdens ons bezoek kocht het CSI 3.782 mensen vrij. Na acht jaar stond het totaal op 84.792. De cijfers waren verbijsterend, en volgens sommigen te mooi om waar te zijn. In juli 1999 schreef Richard Miniter in de *Atlantic Monthly* dat corrupte SPLM-functionarissen nepslaven gebruikten om harde dollars af te troggelen van bedrogen verlossers, en zodoende van hun uitdijende basis van donoren. Diezelfde maand werden de bevrijdingen bekritiseerd door de Soedanese christelijke groep die Eibner oorspronkelijk had uitgenodigd. Het jaar erna schreef Aleu Ayieny Aleu, een gewonde SPLM-commandant, in een open brief dat andere officieren een familielid van hem, die kapitein was in de SPLM, hadden opgedragen zich als slavenhaler voor te doen. Twee jaar later schreef Karl Vick, correspondent van de *Washington Post* in Nairobi, een onthullend voorpagina-artikel over de 'gangbare fraude' waarmee de vrijkopingen waren omgeven. Maar de nekslag kwam toen de televisiezender CBS, die eerder een gloedvol profiel van Eibner had uitgezonden, een afvallig kaderlid van het CSI interviewde.

'Het is een schijnvertoning. Het is een circus. Het is allemaal geënsceneerd,' zei Jim Jacobsen, een fondsenwerver die het CSI vanaf het begin van de vrijkopingen had vertegenwoordigd in Washington.[111]

'We hebben in CBS *Evening News* twee items uitgezonden over zogenaamde "slavenbevrijdingen",' zei Dan Rather op dramatische toon. 'Zijn we beetgenomen?'

'Ja,' zei Jacobsen.

'Zijn we belazerd?'

'Ja.'

Eibner zag de kritiek als het zoveelste voorbeeld van het systematisch afkraken van internationale christelijke initiatieven door de links georiënteerde media. Toch maakten de verhalen hem furieus. 'Zo'n broodschrijver zit op zijn luie reet in Nairobi en doet alsof hij benul heeft van ons werk,' aldus een ongewoon verontruste Eibner over Vick. Geen van de sceptische journalisten was met hem op pad geweest, zei Eibner, en de 'onafhankelijke' journalisten en onderzoekers die dat wel hadden gedaan, waren positief over de verlossingen. Hij beweerde dat het verhaal in de *Washington Post* bestond uit nageprate internetgeruchten afkomstig van de Dinkafactie in Bor onder leiding van Garang, die in de clinch lag met de factie van Malong en Kiir in Bahr el Ghazal.

Charles Jacobs, die de American Anti-Slavery Group groot had gemaakt rondom de bevrijdingen, zoals hij Eibner groot had gemaakt met pr-campagnes, had zijn antwoord klaar: 'Je ziet het verschil tussen de vrije dorpsbewoners en de kindslaven,' zei Jacobs kort na zijn eerste bezoek aan Soedan in 2001. 'Ik bedoel, de kindslaven zijn bang en ziekelijk, je zíet het gewoon.'[112] Jacobs had al eerder kritiek omgezet in klinkende munt voor de fondsenwerving, en opnieuw veroordeelde hij de 'dikbetaalde vn-bureaucraten die Perrier dronken in luxueuze conferentiezalen,' terwijl Eibner zich in het hol van de leeuw begaf om de slaven te bevrijden. 'UNICEF betaalt de plunderaars,' schreef Jacobs. 'Het csi betaalt de bevrijders.'[113]

Maar ditmaal kwam de zwaarste kritiek niet van de Verenigde Naties. Twee van Eibners meest vooraanstaande medewerkers, de Britse barones Caroline Cox en de Canadese televisie-evangelist Cal Bombay, distantieerden zich van het csi. De voornaamste opsteller van de Soedanese vredesovereenkomst, Tom Tancredo uit Colorado, was de meest onomwonden verdediger van Eibner in het Congres geweest. Nu aarzelde zelfs hij. 'Ook al klopt het dat sommige van de mensen die worden vrijgekocht niet echt slaven zijn, en je bij jezelf zegt "Nou oké, stel dat de helft het niet is," dan betekent dit alleen maar dat je de dubbele prijs betaalt voor degenen die wel slaaf zijn, en ergens zeg ik toch dat dat aanvaardbaar is,' aldus Tancredo. 'En nu weet ik niet of dit alleen rationalisaties zijn omdat je tegen beter weten in hoopt dat wat je doet werkelijk het werk van de Heer is.'

Maar voor Tancredo, die aspiraties voor het presidentschap had, was Eibner intussen aangeschoten wild. 'Je weet niet of hij mogelijk wordt gemotiveerd door iets nog duisterders dan egotripperij,' aldus Tancredo. 'Als er iets is wat hem ervan weerhoudt dit op de juiste manier te doen, dan is dat het feit dat zijn ego erbij betrokken is.'

'Het is overduidelijk dat het csi wordt gemarginaliseerd,' gaf Eibner toe. 'Waarom is het csi nu de gebeten hond?' Eibner sprak met name honend over John Ryle, wiens voortgaande onderzoek hij zag als een poging hem in diskrediet te brengen. 'Tja, híj spreekt Dinka,' zei Eibner, die Ryle nooit had ontmoet, zuur. 'Híj heeft aan Oxford gestudeerd.'

Terwijl Khartoum beweerde dat de splm de lijst manipuleerde, zei Eibner dat Khartoum daar zelf de hand in had. Door de cijfers van Ryle kwam Khartoum in een kwaad daglicht te staan. Ze wekten de indruk dat Eibner sjoemelde, aangezien volgens zijn beweringen bijna acht keer meer slaven werden bevrijd dan er door Ryle überhaupt als vermist waren geregistreerd.

Dit waren niet de enige verwarrende cijfers. De geldstroom van het csi in het afgelopen decennium was op zijn zachtst gezegd troebel. Eibners collega Gunnar zei dat de boeken van de organisatie, die vrijgesteld was van belasting, elk jaar werden gecontroleerd door kpmg International. De summiere jaarbalans waarop hij doelde, was een simpele opsomming van de doelen van het csi (zonder enige vermelding van vrijkoping), waaruit bleek dat ze ongeveer 20 werknemers en een jaarlijks inkomen van 6,5 miljoen Zwitserse franc (ongeveer 5 miljoen dollar) hadden.[114]

Onafhankelijk onderzoek liet zien waar een groot deel van dat inkomen vandaan kwam – 90 procent was afkomstig van particulieren – en, onthullender, waar het naartoe ging. Het venijn zat hem in de valutawisseling. Eibner zweeg 'om veiligheidsredenen' over zijn wisselpraktijken, al vertelde hij dat hij een keer een tas vol Soedanese dinars uit Londen had meegesjouwd. 'Je moet wel bedenken dat Zuid-Soedan geen deel uitmaakt van Soedan,' lichtte hij toe. 'Ze hebben er hun eigen muntsoort en valuta, ze hebben geen bank, geen plaatselijke douane. Je kunt niet met een officiele bank werken, met een bankkoers zoals je die in Khartoum zou krijgen.'

In plaats daarvan wisselde Eibner de losgelden bij SPLM-verte-genwoordigers die bekendstonden als corrupt. Zo stelde een Canadese journalist in 1997 vast dat Eibner in totaal 25.000 dollar had gewisseld tegen 14.700.000 Soedanese pond. Volgens de wisselkoersen van dat jaar had Eibner 39.393.500 Soedanese pond moeten ontvangen, maar in plaats daarvan boekte de SPLM-func-tionaris een winst van 24.693.500 Soedanese pond (ofwel 15.671,05 dollar).[115] Het is een schimmige kwestie, omdat Eibner Amerikaanse dollars inruilde tegen Soedanese ponden, een niet-gewaarborgde, niet-verhandelde muntsoort. (Eibner beweerde dat hij 'nooit een Soedanese pond in handen had gehad', hoewel hij op verschillende foto's staat afgebeeld met een plunjezak vol met dit geld.) Met andere woorden, hij kocht voor 25.000 dollar een stapel papier. In totaal gaf Eibner 3 tot 4 miljoen dollar aan SPLM-functionarissen. Tot het moment van ons bezoek was dat voor de rebellenbeweging een van de grootste bronnen van harde valuta.

In het verlengde daarvan lag de vraag waar de rebellen die meevallers aan uitgaven. Het bruto inkomen per inwoner lag voor heel Soedan op 412 dollar. Voor Zuid-Soedan was het waarschijnlijk minder dan de helft daarvan. 4 Miljoen dollar konden voor een generatie Dinka welvaart zaaien – of storm oogsten.

Karl Vick zei dat een van Eibners SPLM-penningmeesters, Justin Yaac, had beweerd dat het geld was besteed aan de aankoop van '26 Toyota Land Cruisers, meer dan 7.000 uniformen plus brandstof – allemaal bedoeld voor de oorlogvoering.'[116] Hij rapporteerde verder dat een groot deel van het geld naar Malong ging, 'wiens rijkdom wordt uitgedrukt in echtgenotes'. Later vertelde Yaac me dat 'de dollars die ze krijgen heel, heel nuttig zijn voor de plaatselijke bevolking die geen toegang heeft tot harde valuta'.

Anderen dicht bij Malong, die vanaf het begin een essentiële rol speelde in de verlossingen, zeiden dat Eibner de krijgsheer geavanceerde communicatieapparatuur gaf, waaronder diens eerste satelliettelefoon (Eibner gaf toe dat het CSI 'in het veld' zo'n telefoon gebruikte, maar hij verschafte geen details). In 2000 werden in een rapport in opdracht van de Canadese regering zegslieden geciteerd die beweerden dat het geld voor de vrijkopingen was besteed aan 'de aanschaf van wapens en munitie, en zelfs voor het opbouwen van een machtsbasis gericht tegen John Garang.'[117]

Toen ik vroeg hoe het geld was gespendeerd, wees een van de SPLM-functionarissen die op de loonlijst van Eibner stonden simpelweg op zijn nieuwe spijkerbroek. 'Ik heb liever dat het geld naar een spijkerbroek voor een SPLM-functionaris gaat dan naar een Arabische slavenhouder!' zei Eibner toen ik hem vertelde over dit gebaar van de functionaris.

De aanschaf van nieuwe spijkerbroeken voor rebellen of het financieren van de polygamie van krijgsheren was misschien niet wat kinderen van de evangelische zondagsschool voor ogen hadden toen ze hun spaarvarkens omkeerden. Maar als de vrijkopingen verder bonafide waren, stond Eibner misschien toch in zijn recht.

'Zelfs als, in het slechtste geval, 75 procent van de mensen geen slaaf zou zijn,' zei Eibner, 'zou ik me toch goed voelen over de 25 procent die is bevrijd.'

Afgaand op wat ik bij de vrijkopingen zag, leek zelfs 25 procent optimistisch.

Eibner sloot zijn openingstoespraakje af door de menigte te vertellen dat hij een paar vragen ging stellen om hun identiteit te verifiëren. 'Niemand hoeft bang of verlegen te zijn, u hoeft zich niet te schamen. Als iemand zich moet schamen, dan wel de mensen die u vreselijke dingen hebben aangedaan.'

Vervolgens hielden Gunnar en hij via SPLM-tolken vraaggesprekken met ongeveer tien van de vijfhonderd vrouwen, waarbij hun antwoorden werden vergeleken met formulieren die al namens hen waren ingevuld. Verschillende malen noemden jongens zichzelf bediende (*khadim*), en niet slaaf (*abd*). De tolken gebruikten steeds het woord 'slaaf'. Eerder had Vick gerapporteerd dat een Italiaanse priester die de taal van de Dinka sprak, bij een vrijkoping had gezien dat de tolken tegenover de bevrijders gewoon verhalen opdisten over slavernij, ongeacht wat de 'slaven' zeiden.[118]

Mij vielen verschillende inconsistenties op, met name ten aanzien van religie, tussen de formulieren en de antwoorden van de vrouwen. Ik vroeg aan Eibner hoeveel discrepantie te veel zou zijn en hem ertoe zou brengen een evidente nepslaaf af te wijzen. 'Ik heb daar geen bepaald percentage voor, en ik denk niet dat je het zo kunt bekijken,' zei hij. 'Er zijn bepaalde inconsistenties, die gemakkelijk te verklaren zijn door de ongeletterdheid van de geïnterviewden.'

Eibner toonde geen interesse in het daadwerkelijk verifiëren of de slaven echt slaven waren, al verzamelde hij zoveel horrorverhalen als hij kon. Op zeker moment vroeg hij aan de groep of iemand littekens had waaruit het grove misbruik tijdens hun gevangenschap bleek. Er kwamen vier vrouwen naar voren, en een van hen tilde plichtmatig haar shirt op zodat Gunnar haar gehavende huid kon zien. De ondervraging leek vooral gericht op gedwongen bekering tot de islam en verkrachting – 'Bent u verkracht? Was u het slachtoffer van een groepsverkrachting? Door hoeveel mannen?'

Ondanks Eibners aansporing zich niet te schamen, moest dit soort vragen, gesteld door een groep mannen die zowel onbekenden als leeftijdsgenoten waren, voor vrouwen die naar verluidt jarenlang in een conservatieve moslimomgeving gevangen hadden gezeten, een cru welkom in de vrijheid zijn. Áls dit al een slavenbevrijding was. Veel van de vrouwen waren waarschijnlijk ooit tot slaaf gemaakt. Maar los van de woorden van de SPLM-tolken zag ik geen bewijs dat ze waren bevrijd. Geen van hen bevond zich ten tijde van deze gebeurtenissen korter dan drie maanden in het zuiden, waardoor ik me afvroeg welke autoriteit hen motiveerde te komen opdraven en ons te ontmoeten. Een deel van het antwoord kwam in de vorm van grote WFP-voedselzakken, die volgens een SPLM-functionaris voor de samengekomen vrouwen waren, maar alleen als ze meededen aan de verlossingsbijeenkomst.

Het aantal mensen bij de eerste vrijkoping was voorstelbaar; maar bij de tweede bijeenkomst was het onmogelijk groot. Er heerste chaos, maar Eibner leek meer gericht op wat ik zag dan op het scheppen van orde. Bij weer een andere verlossing zeiden verschillende slavenbevrijders dat ze nooit betaalden voor de door hen teruggebrachte Dinka. Later sprak ik hulpverleners die werkzaam waren in de gebieden waar de slaven doorheen werden gevoerd. Geen van hen had omvangrijke groepen Dinka onder begeleiding van Arabieren voorbij zien komen.

De vrijkopingen vormden een macabere show. Als fondsenwervingsvehikel voor de SPLM waren ze in elk geval een enorm succes.

Na plichtmatig gejuich en de gloedvolle zegening door een priester met een lief gezicht die Santino heette, overhandigde Eibner de redders van de slaven groezelige Soedanese ponden – of misschien dinars – in vijftien stapeltjes, elk met een elastiekje eromheen en bovenop een briefje waarop '1.000.000' geschreven stond. Al waren het biljetten van verschillende coupures, de bevrijders telden het geld niet na. Terwijl de menigte in het Dinka een ode op commandant Malong, en in nagebootst Engels een lofzang op een hogere macht zong ('wij zijn voor de Heer!'), stapten de verlossers en ik in een SPLM-truck. Onze chauffeur, een bebaarde en doorgaans gedrogeerde soldaat in een groen gewaad, zat voor een ondersteboven hangende snelheidsmeter, waaronder CROSS OF JESUS stond gekrabbeld.

Op weg terug naar Malual Kon, met zijn dertigen op elkaar gepropt achter in de truck. Kalasjnikovs stootten met een kletterend geluid tegen elkaar aan op kapotte vloerplanken terwijl we over de poreuze zandweg hotsten. Ik zat op een enorme autoband in de laadbak tussen de priester, Andersen en een slavenhaler in djellaba. Het was erg krap. Ik zat met mijn gezicht naar achteren. Een lid van de irreguliere SPLM-troepen met een AK-S in handen zat ongeveer anderhalve decimeter van me af, met zijn gezicht naar me toe, zodat ik bij grote hobbels een riekende oksel in mijn gezicht kreeg, of een knie gevaarlijk dicht bij mijn kruis. De rebel had kort afrohaar, een pilotenbril met spiegelende glazen en hij droeg een smerig blauw onderhemd, korte broek en slippers. Af en toe duwde hij Santino tegen me aan, vlak voordat takken met doorns van vijf centimeter langs diens gezicht schoten. 'Mijn redder,' zei de priester en hij glimlachte breed om de ironie van zijn uitspraak.

Twee apen en een chimpansee sprongen langs de auto. Sprinkhanen zo groot als mussen kwamen in ons voorbijgaan gonzend uit bomen tevoorschijn.

We stopten bij een plaatselijke markt, waar Baggara op kamelen naartoe kwamen om van alles te verkopen, van vettige geitenkoppen tot plastic sandalen en Osama bin Laden-T-shirts. Niet veel Dinka konden zich iets daarvan veroorloven, maar ruilen was mogelijk. Sinds in 1990 de plaatselijke wapenstilstand werd verbroken, was deze markt drie of vier keer door plunderaars in brand gestoken. Maar nadat Malong in januari 2001 zijn operationele basis verplaatste naar het nabijgelegen Malual Kon, bleven de plunderaars weg. Nu was deze locatie als het ware een hoopvol visioen voor Soedan geworden: ondanks culturele en economische verschillen spraken Dinka en Arabieren de gemeenschappelijke taal van de handel.

Terwijl we stationair draaiden, dromde een grote menigte om de truck heen. Een man met bloeddoorlopen ogen en een adem die stonk naar de bijzonder straffe lokale drank *sika*, klauterde omhoog en greep me vast. In het Dinka zei hij dat er drie soorten mensen waren: zwarte, rode en witte. 'Zwarte mensen zijn goed,' zei hij, 'rode mensen zijn slecht, en witte kunnen helpen.'

Een kleine, kromme, gehandicapte man perste zich tussen ons op de laadbak. 'De dorpsgek,' zei Andersen. Terwijl we wegreden begon hij als een hond te blaffen, tot vermaak van alle Dinka, met uitzondering van de priester. Het geblaf ging over in een ezelachtig gebalk en ten slotte in een gebed als van een *muezzin*. Toen hij zijn oproep tot het gebed aanhief in pidgin-Arabisch, draaide de slavenhaler – waarschijnlijk de enige moslim in de truck – zich naar hem en wierp hem een strenge, dreigende blik toe, terwijl de anderen hun gegiechel onderdrukten. De *adhan* veranderde in gelach, de Arabier keerde zich weer om en de inzittenden van de truck barstten uit in geschater.

Die avond brachten we een 'beleefdheidsbezoekje' aan commandant Malong in diens door bommen beschadigde en nauwlettend bewaakte compound, het enige bakstenen gebouw in de wijde om-

geving. Hij onthaalde ons op een feestmaal compleet met geitenvlees, ongedesemd brood, gekoelde frisdrank en dampende melk.
Malong was zwijgzaam, maar charismatisch. Hij had een rol gespeeld in het overreden van de Amerikaanse burgerrechtenleider
Al Sharpton, die in 2001 een verlossing had bijgewoond, zich uit
te spreken tegen Khartoum. Om het ijs te breken tegenover de
huursoldaten nam Malong zijn toevlucht tot de universele taal van
vuurwapens: hij kwam uit zijn huis met iets wat ik ten onrechte
aanzag voor een afgezaagd geweer.

'Een blooper!' riepen Andersen en Giduck in eendrachtige nos-
talgie uit toen ze een M-79, een enkelschots granaatwerper uit het
Vietnamtijdperk herkenden.

Archangel en Malong trokken hun stoelen naar elkaar toe. Later
lichtte Giduck toe dat ze twee uur lang tactische adviezen hadden
uitgewisseld, zoals het op elkaar afstemmen van routes naar Khartoum. 'Ik zal honderd jaar doorvechten,' zei Malong, meer bemoedigd door de rebellie in Darfur die drie maanden bezig was, dan
door Danforths nakende vredesovereenkomst in Kenia. 'Wij blijven
doorvechten zolang nodig is om onze doelen te bereiken, of tot we
verslagen worden.'

Over Malongs doelen was Eibner duidelijk: 'Het volk bevrijden,
en wat de regering van Soedan betreft: die afzetten. De bureaucraten' – bij dat woord trok hij een smalende grijns – 'schijnen te
denken dat constructieve betrokkenheid het aangewezen beleid'
is voor de omgang met islamisten. 'Zo zien deze mensen het niet.'

Op de ochtend van 26 mei 2004 werd de Soedanese hoofdstad in
stof gehuld door een zandstorm, die door bewoners van Kartoum
habub, ofwel 'fenomeen' wordt genoemd, waardoor de stad in spook-
achtige sepiakleuren werd gehuld. Die dag werd de mistroostigheid
van Khartoum echter doorkliefd door de gebeurtenissen in Kenia.
Onderhandelaars uit het zuiden en het noorden tekenden een protocol dat een einde maakte aan hetgeen Afrika's langste en bloedigste oorlog was geweest. 'Het Soedanese volk kan nu hoop koes-
teren op een nieuwe toekomst van vrede en welvaart,' sprak Colin

Powell na de ondertekening.[120] Die avond zwaaiden feestvierders voor het eerst met de rebellenvlag in Khartoum. De mensen waren opgetogen, met name de Dinka. Maar ik hoorde geen uitbundige ululaties.

De gemiddelde zuiderling in het noorden was zo verstandig niet te luidruchtig feest te vieren. De gemiddelde inwoner van Khartoum, niet minder opgelucht vanwege het eind van de oorlog, was zich niet bewust van de Arabische verantwoordelijkheid voor het bloedvergieten. Hij was er zich, vaak moedwillig, niet van bewust dat in zijn land nog steeds slavernij bestond. Een Soedanese vriend gaf toe dat hij geruchten 'van buiten' had gehoord over het bestaan van slavernij in Darfur en Kordofan.

Onder druk van de ophanden zijnde publicatie van Danforths rapport kondigde al-Bashir ten slotte aan dat 'we vastbesloten zijn voorgoed een einde te maken aan intertribale ontvoeringen.'[121] De door het regime ingehuurde pr-man Ahmed el-Mufti breidde een programma uit dat Committee for the Eradication of the Abduction of Women and Children (CEAWC) heette en gericht was op het uitbannen van de ontvoeringen. Pas in 1999, toen de slavenrazzia's op hun hoogtepunt waren, had al-Bashir ingestemd met de oprichting van het CEAWC, als compromis tegenover VN-organen die bereid waren het niet meer over 'slavernij' in Soedan te hebben. Sindsdien werd, terwijl de milities van Khartoum duizenden mensen tot slaaf maakten, door al-Bashir en el-Mufti een handvol slaven naar huis gestuurd. Het was een humanitaire schijnvertoning.

Ryles lijst bracht de tekortkomingen van het CEAWC duidelijk aan het licht en stelde el-Mufti voor de uitdaging elfduizend namen te laten verdwijnen. Toen ik el-Mufti in Khartoum bezocht, gaf hij een schot voor de boeg wat betreft het antwoord van de regering. Kettingrokend, gekleed in een sharkskin pak dat bijna evenzeer glom als zijn kantoor, had hij zijn woordje al klaar. Vanachter een decoratieve koran die op zijn bureau stond, erkende hij alleen 'ontvoering als onderdeel van "tribale conflicten",' en hij zei dat het ondoenlijk was de slavenhouders te vervolgen. 'Dit is een zeer groot land en de ontvoerders zouden weerstand kunnen bieden.' Hij weet het stagneren van de bevrijdingen aan een gebrek aan fondsen, maar stelde dat het CEAWC in vier jaar 700 slaven had teruggebracht.

El-Mufti vertelde dat de regering op het punt stond het probleem te reduceren door het terugbrengen van 5.000 Dinka. In mijn aantekeningen schreef ik '500', in de veronderstelling dat hij over de vertaling was gestruikeld. Tot mijn grote verbazing bedoelde hij echt 5.000. 'Dit kan niet in de lucht blijven hangen,' had de minister van Financiën eerder tegen hem gezegd. 'Geef ons een jaar,' had hij geantwoord, en het CEAWC zou de schande uitwissen door per maand 800 ontvoerden terug te brengen.

In Washington stond John Miller perplex van de vrijlatingen door Khartoum. 'Soedan is zo paradoxaal,' zei hij. 'Er worden de afschuwelijkste mensenrechtenschendingen gepleegd, en tegelijkertijd heeft het CEAWC zevenduizend slaven met hun familie herenigd.' In het rapport uit 2005 van zijn Bureau Mensenhandel werd Soedan tot Categorie Twee bevorderd. Eibner bekritiseerde deze bevordering, vroeg om een onafhankelijke onderzoekscommissie en bestempelde de activiteiten van het CEAWC als 'een fiasco'. Honderdnegen congresleden ondertekenden een brief aan Condoleezza Rice waarin de bevordering werd afgedaan als een staaltje van verzoeningspolitiek.[122] Vervolgens eiste Eibner vreemd genoeg de eer op voor de resultaten van het CEAWC. Weer later noemde hij deze onvoldoende.

De regering bracht veel Dinka onder dwang terug. Het CEAWC had massaal en zonder waarschuwing vooraf Dinkavrouwen en -kinderen weggeplukt uit straten of kampen in het noorden. Sommigen waren vrijwillig vertrokken, zij het aarzelend. Veel vrouwen hadden actief verzet geboden.

Het verzet door de vrouwen onderstreepte een van de verwarrendste aspecten van de slavernij in Soedan: zoals vaak voorkwam bij slaven in de hele islamitische geschiedenis, hadden velen van hen effectief weten te onderhandelen over de voorwaarden van hun gevangenschap. Sommigen waren in de loop van tientallen jaren het geweld van hun oorspronkelijke ontvoering ontstegen. Sommigen waren getrouwd, hadden bezit vergaard of waren verliefd geworden – of zagen dat althans zelf zo. De meesten waren bang om terug te keren naar het verwoeste zuiden, waar velen geen familie meer hadden. Een jongen die in het noorden was geboren, werd 'teruggehaald' in afwezigheid van zijn moeder. Veel onder dwang opgehaalde vrouwen smeekten terug te mogen naar het noorden. Sommigen ondernamen de gevaarlijke reis op eigen houtje.

'Als ik de kans krijg,' zei een jongen die in het noorden uit de armen van zijn grootmoeder was gerukt tegen een hulpverlener, 'ga ik terug naar mijn oma.'

Voor sommige Dinkaleiders bood het CEAWC de mogelijkheid vrouwen terug te halen naar het ontvolkte zuiden. Voor Khartoum was het een snelle en zeer smerige manier om Ryles lijst in de doofpot te kunnen stoppen. Die lijst werd door het CEAWC nooit gebruikt om te controleren wie er werden teruggebracht. Geen van beide kampen leek er werkelijk in geïnteresseerd echte slaven op te sporen.

Kort nadat de uiteindelijke vredesovereenkomst een einde maakte aan de oorlog, maakte het CEAWC een einde aan het terugbrengen van mensen. In zijn rapport over mensenhandel van 2006 degradeerde het Amerikaanse ministerie van Buitenlandse Zaken de nieuwe regering van nationale eenheid weer naar Categorie Drie vanwege haar laksheid. Maar nu had Millers bureau geen politiek drukmiddel voor deze kwestie. Intussen bleven duizenden mensen in duizenden zeer geïsoleerde Baggaravestingen, zoals die waar Muong en de zijnen door Adamoussa werden vastgehouden, onder bedreiging met geweld zwoegen in gevangenschap.

Tijdens mijn bezoeken aan Soedan zonder Eibner toonde het duistere kristal van de slavernij meerdere kanten en gezichtspunten. Terwijl ik te voet en per fiets het gebied doorkruiste en aantoonbare overlevenden van slavernij aantrof, vertelden ze me altijd wat ze werkelijk nodig hadden: voedsel, waterputten, kleding, en in tweede instantie geplaveide wegen en gezondheidsvoorzieningen.

Maar het csi deed, althans toen ik met hen op reis was, niet aan ontwikkelingshulp. Zij deden aan 'redding'. Bevrijding uit de slavernij kwam echter vaak neer op de vrijheid van honger om te komen.

Toen ik op zekere ochtend in mijn tukul lag te rusten, hoorde ik via de radio dat regeringstroepen in het oosten van het district Upper Nile tien dorpen hadden aangevallen en meer dan tien mensen als slaaf hadden meegenomen. Diezelfde ochtend stond voor een andere overheidsinstelling, het ceawc, het terugbrengen naar het zuiden van grofweg hetzelfde aantal mensen op het programma: vier vrouwen, vier meisjes en een jongen.[123] Die dag zou ik getuige zijn van hun dramatische terugkeer.

Toen de bevrijde slaven tevoorschijn kwamen uit een Cessna van de vn waarin ze vanuit Khartoum waren overgevlogen, droegen ze kleurrijke *tobes* die hun hele lichaam bedekten, een moslimtraditie in een Dinkaland. In sterk contrast met de halfnaakte en met stof overdekte 'verlosten' van het csi waren ze bescheiden en ingetogen en ze roken lekker. Nadat ze hun verlegenheid hadden overwonnen, dolden de kleintjes rond als de kinderen die ze nu eenmaal waren. De meisjes droegen roze en gele jurkjes met veel ruches, die niet schoon bleven toen ze in het stof begonnen te rollen.

We stapten in een truck en reden twee uur lang terwijl de vrouwen, Achok, Awein, Aman en Arek, hun nieuwe wereld in zich opnamen. Soms huilden ze zachtjes, soms klapten ze in hun handen en lachten. Achok, met haar 45 jaar de oudste, lachte veel. De dikste vrouw zat onaangedaan als een koningin haar baby te voeden. Ze vertelden hoe lang de reis had geduurd en hoe lang ze in het noorden waren geweest. Voor Achok was dat twintig jaar. Voor hen allen was het een pijnlijke odyssee geweest, met op het laatst echter ook wel enige gewenning. Verschillenden van hen hadden kinderen van hun meesters. Ze waren gespannen bij het vooruitzicht van hun terugkeer naar huis.

'In het noorden wordt gezegd dat het hier heel slecht gaat, dat er geen voedsel is en dat zelfs de vossen mensen eten,' zei Achok.

Awein, 42 jaar, begon haar omgeving te herkennen. 'O, die boom herinner ik me,' zei ze terwijl we langs een bijzonder grote en schaduwrijke boom reden en doorntakken over onze truck schraapten. 'Ik herinner me die doorns!'

Achok keek verward toen we langs een open plek kwamen. 'Was daar niet een school?' vroeg ze.

Een minuut later passeerden we het skelet van een platgebombardeerd gebouw, waar een school had gestaan. Minder dan 25 procent van de kinderen uit het zuiden volgde onderwijs; hier lag dat cijfer dichter bij de nul.[124]

Onze eerste stopplaats zou bij de familie van Achok zijn. We arriveerden een dag eerder dan gepland en er was niemand op haar oude woonerf, op een paar kinderen na. Geen van hen was oud genoeg om zich haar te kunnen herinneren uit de tijd dat ze werd ontvoerd door murahileen te paard. Een meisje wees naar Achok.

'Hoe heet jij?'

'Ngong,' zei het meisje stralend. 'Dat is mijn achternaam,' en ze voegde eraan toe dat iedereen op de markt was. We reden verder.

Toen we aankwamen bij de markt van Mangar Angwei, waar het rook naar marihuana en pinda's, verzamelde zich een grote menigte. Er was enige verwarring, bezorgdheid. De eerste die naar de truck kwam, was een schreeuwende oude gek, en ik realiseerde me dat veel mensen op de markt ofwel dronken, ofwel stoned waren.

Toen klom een man die de vrouwen herkende overmand door vreugde op de truck. Een van de voormalige slaven, het jongetje in djellaba, kroop bang weg en probeerde uit de auto te klimmen. Meer mensen herkenden de vrouwen en kwamen huilend en weeklagend op hen af.

De plaatselijke bevolking omhelsde Aman en Achok met kracht, ze lieten hen rondgaan langs hun familieleden en de dorpsoudsten. De golvende zijden *abaya*-gewaden van de teruggekeerden staken af tegen de lompen van de anderen, maar in een paar emotionele seconden smolten alle aangeleerde of afgedwongen culturele verschillen weg. Dorpelingen hielden hun schreeuwende pasgeboren baby's omhoog. Familieleden gaven elkaar een kom water door en iedereen spuugde erin, waarna de inhoud over Achoks hoofd werd uitgegoten in een traditioneel welkomstgebaar van de Dinka. Velen dansten en ululeerden van vreugde.

Amans broer kwam aangelopen en stak huilend zijn hand omhoog naar de truck. Hij pakte mijn hand en leek me in het Dinka te bedanken. Trillend wees hij naar zijn hart. Ik wees naar Chol Changath, een plaatselijke hulpverlener die de terugkeer had gecoördineerd voor Save the Children. Het jongetje in de djellaba begon met de anderen te dansen.

Terwijl de truck van de markt wegreed, vormde de penibele stilte van de twee overgebleven vrouwen, Awein en Arek, een scherp contrast met het tumult achter ons. We vonden wat er van hun dorp was overgebleven. Het was door oorlog en droogte onherkenbaar verminkt. Ooit was het een brandpunt van activiteit geweest, tot de regeringstroepen het plaatselijke dorpshoofd vermoordden. Nu was hier geen enkele voorziening meer.

De teruggekeerde vrouwen werden niet herkend en sloegen hun ogen neer. Mensen uit het dorp liepen rond, meer geïnteresseerd in de zak sorghum die Chol had meegebracht dan in de nieuwkomers. Awein slikte haar tranen weg. Volgens mij waren het geen tranen van vreugde.

Voor Muong en zijn familie kwam geen verlossing. Er kwam geen bemiddelaar à la Batman om ervoor te zorgen dat híj werd vrijgelaten. Geen vn-Cessna om hém veilig thuis te brengen. Van Eibner had hij nooit gehoord; van Bush trouwens evenmin. In elk geval bleef zijn familie bij elkaar gedurende zijn jaren van gevangenschap. Maar om te kunnen overleven, zou hij zijn odyssee al snel alleen moeten voortzetten.

Na hun eerste ontsnappingspoging was het leven voor zijn familie zwaarder geworden. 'Voortdurend slaag,' herinnerde Muong zich. Adamoussa bleef zijn moeder verkrachten, en al snel had Muong een halfzusje.

In 1998 werd Aluat, nadat ze een tweede kind van Adamoussa

had gekregen, bevangen door de vrees dat de veranderende familiestructuur haar zonen noodlottig zou kunnen worden. Het was niet ongebruikelijk dat de Baggara zich ontdeden van hun mannelijke slaven wanneer die volwassen werden en een fysieke bedreiging begonnen te vormen. Soms zetten ze de jongemannen op straat; in andere gevallen werden slaven wakker en zagen ze dat hun meester hun mannelijke lotgenoten de keel had doorgesneden. Aluat zei tegen haar zonen dat ze zichzelf in veiligheid moesten brengen en moesten vluchten. Muong wist dat het menens was.

Enkele maanden later zag Muong tijdens het hoeden van het vee kans om in het hoge gras weg te rennen. Toen hij in de hitte een brandend gevoel in zijn longen kreeg, vertraagde hij zijn pas, maar hij bleef doorlopen tot het nacht werd. Hij had geen afscheid genomen van zijn moeder.

Muong dwaalde over de dorre, golvende vlakte. Hij overleefde door kameelkampen te vermijden en alleen om eten en drinken te bedelen bij degenen die niet gekleed waren in djellaba. Na twee weken kwam hij bij een Dinkanederzetting in het naburige Darfur. Een stamoudste aldaar vertelde hem over het CEAWC, dat zojuist door de regering was opgezet als zoethoudertje voor de internationale gemeenschap. Hij deed een beroep op de commissie, in de hoop dat deze hem zou helpen zijn familie uit gevangenschap te bevrijden. Maar hij was bang dat hij te laat was, dat zijn vlucht Adamoussa ertoe had aangezet zijn moeder en broer dood te schieten. 'Ik had geen vrede in mijn hart nadat ik was weggegaan,' vertelde hij.

Drie jaar lang probeerde Muong via de stamoudsten van de Dinka in Darfur van het CEAWC gedaan te krijgen dat ze zijn familie zouden helpen zich te ontworstelen aan Adamoussa's greep. Drie jaar lang kwam er geen reactie van plaatselijke functionarissen in Kordofan. In 2002 werd het leven van Muong en zijn familie opnieuw overhoop gegooid door oorlogspolitiek – ditmaal ten goede. Danforths initiatief was in een versnelling geraakt doordat Khartoum blijk wilde geven van goede wil inzake de vredesonderhandelingen. Het CEAWC zorgde dat Muong een gewapende politietruck ter beschikking kreeg. Na een gespannen impasse in januari 2003, toen Adamoussa dreigde de hand te slaan aan zichzelf en de meisjes – die hij als zijn eigendom zag – wist Muong zijn hele familie vrij te krijgen.

Als ze in Kordofan zouden blijven, zou Adamoussa hen vinden, dus de familie maakte de gevaarlijke tocht naar het zuiden. Het was een zware reis van achttien dagen, maar ten slotte kwamen Muong, zijn drie jongere zusjes, zijn moeder en Garang terug in Bahr el Ghazal. Daar ontdekten ze dat hun vroegere thuis, een tukul van modder, takken en gras, en hun hele dorp in 1992 bij een razzia door murahileen was weggevaagd. Ze moesten in een door droogte en oorlog verwoest land vechten voor de meest elementaire bestaansmiddelen. Maar er waren een paar overlevenden die hen hielpen hun huis weer op te bouwen. En voor het eerst in vijftien jaar waren ze vrij.

'Het was een lánge tocht,' aldus Muong. 'Maar ik ben thuis.'

De slavernij die nog steeds in Soedan bestaat, is grotendeels een mysterie. Veel gevallen lijken op de horrorverhalen die tijdens vrijkopingsacties van het csi plichtmatig worden opgedist. Iemand gedwongen zonder loon laten werken onder bedreiging met geweld is een barbaarse misdaad tegen de menselijkheid. Maar het beslissingsmodel voor slaven in Soedan is niet zo simpel, en ontsnappen is vaak een afschrikwekkende optie.

Soedan en Mauritanië zijn de enige twee landen waar raciaal bepaalde huishoudelijke slavernij nog bestaat. Het zijn tevens de twee armste landen van de Arabische wereld. Dat is geen toeval.

Net zoals zoals in Haïti het geval was, werden sommige gezinnen, waaronder zelfs mensen die aan de razzia's waren ontsnapt, door extreme onderontwikkeling ertoe gebracht hun zwakste gezinsleden op te geven in ruil voor een zekerder toekomst, zelfs als de prijs voor die zekerheid bestond uit gedwongen werk onder dreiging van geweld. Dinkageschiedschrijvers vertelden me over een prekoloniaal systeem waarin ouders hun kinderen konden gebruiken als onderpand voor leningen. Dit kwam erop neer dat de kinderen werden uitgeleend tot zij de schuld konden terugbetalen. Ten tijde van de hongersnood van 1988 verpandden de Dinka hun kinderen aan de Baggara voor honderd dollar per kind. Het alternatief was je nageslacht langzaam zien omkomen van de honger. In het zeldzame geval dat ze hun kinderen weer probeerden op te eisen, moesten ze het dubbele van de oorspronkelijke prijs betalen.[125]

Volwassen Dinka vluchtten ook voor het geweld en de honger naar het noorden, waar ze hun diensten aanboden in ruil voor voedsel. Vaak kwamen ze te werken voor mensen die hun niet wilden laten gaan nadat ze hun te eten hadden gegeven.

Tragisch genoeg kwam een groot aantal mensen in die val terecht. In Soedan waren meer vluchtelingen werkzaam in andermans huishouden dan in welk ander land ter wereld ook: 4,5 miljoen. In een van hun kenmerkende klinische omschrijvingen noemden de Verenigde Naties deze mensen '*internally displaced persons*' ofwel IDP's, intern ontheemden. Deze term schoot mijlenver tekort als omschrijving van het trauma van een jongeman die, nadat hij had gezien hoe zijn moeder werd verkracht, zijn vader doodgeschoten en zijn grootvader in elkaar geslagen werd, uit zijn dorp wegrende, anderen tegenkwam die hun dorp waren ontvlucht, en probeerde te overleven waar en hoe hij en de anderen maar konden in dat uitgestrekte land.

De vredesovereenkomst van 2005 tussen de SPLM en Khartoum bracht onder de zuiderlingen in het noorden een golf van optimisme teweeg. Misschien zouden de Dinka nooit terugkeren naar een tijd waarin iemands invloed werd afgemeten aan diens aantal koeien, maar een paar prachtige momenten lang leek het erop dat ze zouden kunnen terugkeren naar een plaats waar die invloed niet langer werd gemeten in geweren. Men verwachtte dat wel 1,4 miljoen vluchtelingen naar het zuiden zouden terugkeren.[126] En in de eerste twee maanden na de vredesovereenkomst kwamen er dagelijks ongeveer 400 Dinka terug naar het gebied rond Malual Kon.[127] Zoals de vrijgelaten slaven die tijdens de Britse koloniale periode terugkeerden naar het zuiden, werden velen geconfronteerd met een harde realiteit.

Toen ik Muong ontmoette in het stoffige huis van een vriend, droeg hij een plastic kruisje rond zijn nek ten teken van zijn recente bekering tot het christendom. In de tijd dat hij Adamoussa's slaaf was, had hij de islam afgewezen, al zouden vele anderen in zijn positie hebben verklaard dat er geen god was behalve Allah. In weerwil van wat het csi beweerde, waren de meeste bekeringen van Dinka tot de islam op zijn minst gedeeltelijk vrijwillig: aanpassing was de enige manier om te overleven en vooruit te komen in het intolerante noorden.[128] Muong daarentegen was juist christen geworden, omdat hij zijn tijd in het noorden zoveel mogelijk wilde uitvagen. Maar Jezus had Muong en zijn familie nog steeds geen eigen huis gegeven, en het was een dagelijks gevecht om aan voedsel te komen.

Muong, die nooit de littekens van een Dinkaman had kunnen verwerven, droeg de littekens van Adamoussa's woede op zijn armen en rug – en in zijn hoofd. Toen Muong erachter kwam dat ik even oud was als hij, beklaagde hij zich over zijn analfabetisme. 'Het is te laat: in plaats van boeken kreeg ik slaag,' zei hij met een stem die brak, iets ongebruikelijks voor een Dinkaman, vooral wanneer hij in gesprek is met een vreemde. 'Ik neem aan dat jij ergens vandaan komt waar het idee leeft dat mensen rechten hebben,' voegde hij eraan toe terwijl hij zich hernam en tegen een met as gevulde haard schopte. 'Waarom maalt niemand om onze slavernij hier?'

Dat was een terechte vraag, en des te schrijnender na de vredesovereenkomst. Ondanks zijn ontberingen mocht Muong van geluk spreken – duizenden verkommerden nog steeds in slavernij. Maar Khartoums overwegende reactie bleef bestaan uit de ontkenning dat in Soedan slavernij bestond, en de arrestatie van onderzoekers die iets anders beweerden.

Intussen was er tijdens mijn eerste bezoek aan Soedan een andere gruwel ontstaan. De genocide in Darfur, die gepaard ging met het bewapenen van verschillende regionale milities, de ontheemding van miljoenen mensen, slavenrazzia's van beperkte omvang, kortdurende seksuele slavernij en dwangarbeid en het inzetten van gedwongen kindsoldaten op gigantische schaal, maakte duidelijk hoezeer de nationale leiders nog steeds door haat werden vergiftigd.

Toch sloot Danforths initiatief een einde te maken aan de burgeroorlog aan bij een gevoel dat racistische politiek oversteeg. Voor de gemiddelde Soedanees, uit het noorden of uit het zuiden, was het minder belangrijk wat voor bloed zijn buurman had, zwart of bruin, 'rood' of 'blauw', dan dat een slopend, uitzichtloos conflict hen allen liet leegbloeden.

Meer dan twee miljoen Soedanezen waren in de oorlog tussen noord en zuid omgekomen. Sinds 1983 had Khartoum een miljoen dollar per dag uitgegeven aan defensie. Vele tientallen jonge inwoners van Khartoum pleegden liever zelfmoord dan in dienst te treden en ingezet te worden in het barbaarse conflict in het zuiden. Ondanks een decennialange oorlog hield de regering van Soedan er op het moment van de wapenstilstand geen krijgsgevangenen op na. Dinkamannen en -jongens die zich overgaven, werden door de milities standrechtelijk geëxecuteerd of tot slaaf gemaakt. Een hele generatie Dinka, Nuba en Nuer was er nauwelijks in geslaagd het eigen volk in stand te houden.

Zes maanden na het tekenen van de totale vredesovereenkomst die hem tot vicepresident van Soedan maakte, kwam John Garang om het leven toen zijn Russische M1-172-helikopter neerstortte in Zuid-Soedan. Zoals in de vredesovereenkomst was voorzien, werd hij als vicepresident vervangen door Salva Kiir. Deze zei in zijn toespraak van 10 april 2006 voor het nieuwe parlement in Juba dat de regering 'zich blijvend zal inzetten voor het terughalen van ontvoerde en in Noord-Soedan als slaaf levende Zuid-Soedanese vrouwen en kinderen.'

John Eibner haakte ter gelegenheid van Pasen in op Kiirs toespraak met een beroep op president Bush te controleren of Khartoum slaven bevrijdde. Het CSI, waarvan de geloofwaardigheid in twijfel werd getrokken door iedereen behalve degenen die de verlossing als een hogere waarheid zagen, spande zich in de Soedanese slavernij weer onder de aandacht te brengen.[129]

Maar opnieuw voerde Eibner een eenzame strijd. Internationaal werd nooit serieus gesproken over het aanklagen van de organisatoren van de slavenrazzia's wegens oorlogsmisdaden.[130] Binnen Soedan werd op geen enkel niveau ooit iemand vervolgd die anderen tot slaaf had gemaakt of had vastgehouden. De slavenrazzia's waren een oorlogswapen. Nu is een verwoest land achtergebleven waar duizenden mensen nog steeds gedwongen zonder loon werken onder bedreiging met geweld. Slavernij, ooit het zwaard van de genocide, is veranderd in de botte ploegschaar van de economie. Niet bepaald het visioen dat verkondigd wordt in het boek van Jesaja.

Eibners humanitarisme als burgerbeweging kwijnde weg. De internationale gemeenschap heeft geen krachtig antwoord gegeven op Soedanese misdaden tegen de menselijkheid. En Soedan bleef Jesaja's latere, duisterder voorspelling vervullen (18:1-2):

Wee het land van de sjirpende krekels,
voorbij de rivieren van Nubië,
dat boden over de zee zendt,
papyrusschepen over de wateren.

Ga, snelle gezanten,
naar het rijzige volk met glanzende huid,
naar het alom gevreesde volk,
een volk van tirannen en geweldenaars...

4

Een morele wet die boven mensen en naties staat

Het leek een ongelijke strijd. In 2003, zijn eerste jaar aan het hoofd van het Bureau Mensenhandel, had John Miller een budget van 10 miljoen dollar. Zijn tegenstanders – pooiers, mensenhandelaars en slavenhouders – persten per jaar wel 32 miljard uit het vlees van slaven. Maar de geboren guerrillastrijder Miller hield wel van asymmetrische oorlogsvoering.

Millers eerste taak was het leren kennen van zijn onderwerp. Hij begon aan de baan met een wat vaag idee van slavernij, in de veronderstelling dat het gewoon een extreme vorm van armoede was. De Michael Horowitzcoalitie scherpte zijn blik door hem beeldende verslagen te geven over jonge Aziatische en Europese meisjes die grof werden misbruikt door mensenhandelaars. Velen kwamen pas vrij uit de slavernij nadat ze een hiv-besmetting hadden opgelopen.

Zijn tweede taak was de wereld te laten zien wat slavernij werkelijk betekende. De meeste mensen zagen het als een metafoor voor onderbetaalde en overwerkte loonarbeiders. De eerste omschrijving van het woord in het Merriam-Websterwoordenboek is: geestdodend werk; geploeter. (The Artist Formerly Known As) Prince kalkte het woord 'slaaf' op zijn gezicht om te protesteren tegen een contract dat hem een voorschot van 10 miljoen dollar per album opleverde. Activisten claimden dat een arbeider in een Indonesische schoenfabriek een 'slavenloon' ontving van 1,25 dollar per uur. Weinigen kenden de gruwelen waar het woord in eigenlijke zin voor stond.

In 1785 moest de Britse abolitionist Thomas Clarkson een vergelijkbare uitdaging het hoofd bieden: iets bijbrengen aan een bevolking die niet wilde leren. In het kader van een onderzoek naar slavernij voor een Latijnse opstelwedstrijd interviewde hij ooggetuigen van de slavenhandel. Hij was kapot van de gruwelijkheden die ze beschreven, maar wist dat een vijfentwintigjarige student in Cambridge in zijn eentje niet veel kon uitrichten. Twee jaar later ontmoette hij William Wilberforce, een rijzende ster in het parlement die niet lang daarvoor een evangelische metamorfose had ondergaan. De toespraken van Wilberforce, onderbouwd door Clarksons onderzoek, brachten de campagne op gang die een eind maakte aan de slavenhandel.

Miller had een Wilberforce nodig. In feite had Miller een super-Wilberforce nodig. Clarkson moest ongeveer zeshonderd parlementsleden ervan overtuigen dat slavernij verkeerd was. Miller moest de wereld ervan overtuigen dat slavernij überhaupt bestónd.

In het congres had hij de toegewijde steun van Frank Wolf, Sam Brownback, Chris Smith en Donald Payne, die gloedvolle toespraken hielden. Maar Miller wist dat die slechts een handvol collega's en een enkele trouwe c-span-kijker bereikten. De Horowitzcoalitie hielp, maar bij gebrek aan een strijd voor een nieuwe wet waarvoor ze mensen konden mobiliseren, begonnen de evangelisten weer af te drijven naar de sociale kwesties die kenmerkend voor hen waren, zoals abortus en homoseksualiteit.

Als senior adviseur van de minister van Buitenlandse Zaken, Colin Powell, had Miller officieel toegang tot dit belangrijkste kabinetslid. Maar het was al een hele toer van de bazen gedaan te krijgen dat ze het beest bij zijn naam noemden. Toen Powell in 2001 het eerste rapport over mensenhandel uitbracht, gebruikte hij nergens het woord 'slavernij', en Millers directe chef Paula Dobriansky deed dat evenmin. Bij de publicatie van het volgende rapport, samengesteld door Millers voorganger, gebruikte Powell éénmaal voorzichtig de term 'moderne vorm van slavernij'.

De eerste keer dat Miller een toespraak voorbereidde voor Powell, reserveerde hij een prominente plaats voor het woord 'slavernij'. Dobriansky streepte het door. 'Die term gebruiken we niet,' zei ze.

Het probleem waar Miller voor stond was niet nieuw. 'Slavernij

heeft zichzelf met een overvloed aan namen bedacht. Het is beti-
teld als "de bijzondere instelling", "het sociale systeem" en "het
beletsel",' aldus Frederick Douglass in een toespraak in 1865, nadat
het congres het dertiende amendement had aangenomen. 'Het
heeft allerlei namen gekregen en zal zichzelf weer andere namen
geven; u en ik en wij allen moeten nog maar afwachten welke
nieuwe vorm het oude monster zal aannemen, in welke nieuwe
huid deze oude slang nog de kop zal opsteken."[31]

Voor het toenmalige ministerie van Buitenlandse Zaken was
slavernij *trafficking*, ofwel handel in mensen. Maar voor Miller was
'trafficking' een eufemisme. Ironisch genoeg meenden sommige
bureaucraten dat het gebruik van de term 'slavernij' het lijden van
Amerikanen van Afrikaanse oorsprong zoals Douglass zou trivi-
aliseren. Anderen deinsden terug voor het gebruik van deze beladen term tegenover landen die nooit een formele Amerikaanse
verontschuldiging hadden ontvangen voor de trans-Atlantische
slavenhandel. Mensenhandel, zoals door de Verenigde Naties gedefinieerd, was geen misdaad tegen de menselijkheid. Slavernij,
net als genocide, wel. Als zodanig zou daar een krachtige reactie
op moeten volgen. Miller wist al heel lang dat bij de term 'krachtige reactie' de krijtstreepjes op het ministerie in een krul schoten.

Als compromis ging Dobriansky akkoord met 'moderne slavernij'.
Maar de trammelant daarover maakte Miller duidelijk dat hij zijn
super-Wilberforce niet op het ministerie hoefde te zoeken.

Op de avond van 5 februari 2003 maakte Miller kennis met Michael Gerson. Ze waren beiden aanwezig bij een diner dat in het
Hilton in Washington werd gegeven door Chuck Colson, de veroordeelde Watergate-samenzweerder die een evangelische machts-
makelaar was geworden. Colson reikte namens zijn organisatie de
William Wilberforceprijs uit aan Sam Brownback, een van de in-
dieners van de wet ter bescherming van slachtoffers van mensenhandel in de Senaat. Gerson was een apart type. Hij was een
korte man met slap neerhangend haar en kleine handen; wat het
meest aan hem opviel was zijn hoornen Armanibril. Hij zag er

niet uit als een kruisvaarder. Maar als hij de geest kreeg, kon Gerson de megafoon leveren die Miller nodig had.

Gerson was de machtigste persoon die niemand kende, aangezien hij het publieke script schreef voor de man die iederéén kende. Hij was Bush' zorgvuldig uitgekozen speechschrijver en een van diens naaste assistenten. Op zijn gele notitieblokjes met ezelsoren krabbelde hij veel van de States of the Unions, de inaugurele redes, de oproep voor de strijd na 9/11. Hij was verdomd goed. Zelfs critici van Bush – in elk geval de oplettenden onder hen – vergeleken hem met Ted Sorenson, de legendarische taalvirtuoos van president Kennedy. 'Michael Gerson is zo begaafd,' schreef Robert Kuttner, redacteur van *The American Prospect* en democraat, 'dat hij een afgerichte aap kan laten klinken als Thomas Jefferson.'[32]

Binnen het Witte Huis had hij een andere reputatie: de man die tegen de stroom in bleef vechten om te voorkomen dat het mededogen in het 'meedogend conservatisme' van de president in de oorlogsmolen werd verbrijzeld. Net als Miller en Horowitz was Gerson een bekeerde democraat: zijn moeder was een aanhangster van Kennedy en hij was gecharmeerd geweest van Jimmy Carter, vooral vanwege het openlijk beleden geloof van de negenendertigste president en diens toewijding aan de mensenrechten. Gerson lobbyde flink voor degenen die geen lobbyist hadden, en hij omschreef zijn vriend Bono een keer in dezelfde trant. Op zekere ochtend, toen hij pleitte voor vijftien miljard dollar om aids te bestrijden, snoerde hij andere belangrijke adviseurs de mond door tegen Bush te zeggen dat 'de geschiedenis niet licht over ons zal oordelen als we dit niet doen.'[33]

De State of the Union van dat jaar lag achter hem, maar Gerson, die deel uitmaakte van de Irakgroep van het Witte Huis, had massa's onderwerpen die om zijn aandacht schreeuwden. Miller zette hem onder druk zoals alleen hij dat kon, en ten slotte wist hij een afspraak te regelen.

Gerson was evenals Miller verslaafd aan Starbucks-koffie, maar hij had niet veel tijd, dus ze ontmoetten elkaar bij het ontbijt in het cafetarium van het Witte Huis. Miller was van tevoren door Horowitz geïnformeerd over Gersons diepe en bezielende evangelische geloof. Gerson zag zichzelf als erfgenaam van de missie van zijn 'goddelijke helden' zoals Wilberforce, die hij 'het toonbeeld van evangelische sociale betrokkenheid' noemde. Twintig jaar eerder had Gerson de strijd van Wilberforce nauwgezet bestudeerd toen hij als ghostwriter een hoofdstuk over hem schreef voor Colsons boek *Kingdoms in Conflict*.

De bleke achtendertigjarige man tegenover Miller zag er niet uit als zijn super-Wilberforce. Maar in Gersons woorden, zelfs in dagelijkse conversatie vloeiend en galmend als de beste presidentiele toespraak, hoorde Miller iemand die het woord kon doen voor de slaven.

Na dat ontbijt met Miller begon Gerson een stille lobby voor de abolitionistische agenda onder twijfelaars binnen het Witte Huis. Het begin van de oorlog in Irak was niet het enige wat hem in het voorjaar van 2003 bezighield. Nadat Gersons baas in 2000 een flinterdunne overwinning had behaald, bereidde hij zich al voor op de spannendste herverkiezingscampagne ooit van een president in oorlogstijd.

In zijn raamloze kantoor, slechts twee kamers verwijderd van de president, sprak Gerson tegen me over zijn diepe overtuiging inzake de strijd tegen hedendaagse slavernij, zowel vanwege de nationale veiligheid als omdat hij zich geroepen voelde door zijn geloof. Maar hij gaf toe dat hij, terwijl 11 september het onmogelijk maakte de onschuld van een duif te bewaren, vaak zo sluw als een slang moest zijn om mensenhandel in de toespraak van zijn baas te krijgen. 'Michael is degene die zich altijd afvraagt hoe we met conservatieve middelen progressieve doelstellingen kunnen bereiken,' zei Karl Rove een keer in een indirecte loftuiting aan het adres van Gerson.[134]

Miller hoefde Gerson er niet van te overtuigen dat slavernij in de agenda van de president paste – maar Rove, die veel pragmatischer georiënteerd was en een stokje had proberen te steken voor Gersons afspraak met Miller, was buiten zijn bereik. Na hun eerste ontbijt sprak de grootmeester van de strijd tegen de slavernij Gerson regelmatig, maar Rove ontmoette Miller slechts éénmaal, gedurende tien seconden, tijdens een picknick op het Witte Huis. Later beweerde Gerson dat hij en Rove op één lijn stonden inzake Wilberforce-kwesties. Insiders zeiden echter dat Rove misschien wel sympathie koesterde voor Gersons zaak, maar dat het bij hem om politiek ging, en slaven stemden niet.

Zonder Rove, naast vicepresident Dick Cheney de invloedrijkste van het tiental mensen door wie elke speech werd beoordeeld, zou slavernij niet meer zijn dan wat Bush een 'stopper' noemde, en wel een korte, hoezeer het onderwerp de president persoonlijk ook ter harte ging.[135]

Chuck Colson en beleidschef Richard Land van de Southern Baptist Convention, aan wie gouverneur Bush in 1999 had toevertrouwd dat 'God wil dat ik president word', bepraatten Rove om hem ervan te overtuigen dat als Bush nogmaals president wilde worden, God en de congregatie mensenhandel hoog op zijn agenda wilden zien staan.[136] In 2000 was 40 procent van de stemmen op Bush afkomstig van blanke evangelische christenen, maar miljoenen kwamen niet eens naar de stembus. Slavernij was dan misschien geen onderwerp dat stemmers uit het politieke midden in het kamp van de republikeinen bracht, maar het kon de gelovigen wel motiveren en het stemhokje in drijven. Rove zag dat daar iets in zat.

Gerson wist dat evangelischen niet de enige groep binnen de kiezers waren die geraakt werden door het onderwerp slavernij. Op 8 juli 2003 stond Bush in de winderige haven van het beruchte Senegalese slaveneiland Gorée. Het was zijn eerste bezoek aan Afrika, en hoewel hij niet zover ging de eerste presidentiële verontschuldiging te uiten voor 'een van de grootste misdaden in de geschiedenis', hield hij in de brandende middagzon een korte, maar van gewetensonderzoek getuigende toespraak.[137] Het was Gerson op zijn best.[138]

'Christelijke mannen en vrouwen werden blind voor de duidelijkste geboden van hun geloof en stapelden hypocrisie op onrechtvaardigheid,' zei de president. 'Een republiek gebaseerd op gelijkheid voor allen werd een gevangenis voor miljoenen.'

Direct daarna werd de Goréespeech door de mailinglijst voor de verkiezing van Bush-Cheney naar alle aanhangers verzonden met als kop: 'President bevestigt gedeelde waarden van Amerikanen en Afrikanen, belooft samenwerking.'[139] Boven aan het bericht stond een weinig subtiele 'Doneer Nu'-link. Desondanks reageerde Colin Powell afwijzend op vragen van een journalist in Zuid-Afrika over de motieven achter de speech: 'Die was bedoeld om echte problemen aan te kaarten waarmee mensen in nood in Afrika worden geconfronteerd.'

Ik vroeg aan Gerson, die ooit een bevrijde Soedanese slaaf aan de president had voorgesteld, waarom hij en zijn medespeechschrijvers de toespraak niet hadden gebruikt om hedendaagse slavernij ter sprake te brengen. Senegal grensde aan Mauritanië, waar naar schatting van antislavernijorganisaties wel honderdduizend Afro-Mauritaniërs door blanke Moren als huishoudelijke slaven gevangen werden gehouden. Gerson gaf toe dat Afrika niet het doelpubliek was; dat waren de Afrikaans-Amerikaanse kiezers. 'Ik zal je de werkelijke reden geven,' zei hij, Powells woorden tegensprekend. 'De werkelijke reden is dat een groot deel van de speech veeleer gericht was op een Amerikaans publiek en betrekking had op rassenverhoudingen in ons land.'

Naarmate de dag van de verkiezingen naderde, begon de president in onomwonden termen over hedendaagse slavernij te spreken. Tijdens een toespraak op een mensenhandelconferentie in Tampa, Florida haakte Bush snel in op de situatie in Cuba, dat met zijn aantrekkingskracht op sekstoeristen een van de vijf landen was die regelmatig door sancties werden getroffen onder de wet ter bescherming van mensenhandelslachtoffers. De president was van mening dat door die sancties 'de dag sneller dichterbij komt waarop geen enkel Cubaans kind wordt uitgebuit ter financiering van een mislukte revolutie.'[140] Hoewel het al veertig jaar bestaande embargo die sancties overbodig maakte, kon Castro voor de Cubanen in Miami nooit genoeg gestraft worden.

De toespraken in Gorée en Tampa waren elk op specifieke etnische groepen kiezers gericht, maar Gerson stemde alle uitingen tegen de mensenhandel eerst en vooral af op de evangelischen. Hij was heel voorzichtig in het gebruiken van religieuze taal, maar gezien het diepe geloof dat hij deelde met zijn baas, was zijn beschrijving van de extreme gruwelen van de slavernij begrijpelijkerwijze wat meer doordrenkt van christelijke apologetiek. Het idee dat hij 'gecodeerde berichten' voor de gelovigen schreef, vond Gerson bespottelijk. Maar als de zinspelingen het vuur aanjoegen in de christelijke basis, was hij daar niet rouwig om.

Die herfst, in de Royal Banqueting Hall in het Whitehall Palace in Londen, verwees Bush naar het gedicht 'Choruses from The Rock' van T.S. Eliot, en hij prees William Wilberforce. Ook loofde de president de inspanningen van de Britse marine, die in de negentiende eeuw 2.000 zeelieden had verloren bij de bevrijding van 160.000 slaven. Die geschiedenis herinnerde eraan dat Gersons enthousiasmerende toespraken nergens toe zouden leiden tenzij ze werden gevolgd door, in de minst favoriete woorden van het State Departement, een 'krachtige reactie'.

De Britse antislavernijvloot bestond in zijn hoogtijdagen uit 36 schepen; John Miller had een staf van 13 personen. Sympathiserende kiezers aanvuren was slechts een muizenstapje. Hierna had Miller de president nodig om het geweten van de wereld wakker te schudden.

In de eerste week van september 2003 had Gerson in het Oval Office een ontmoeting met de president, stafhoofd Andrew Card, nationale veiligheidsadviseur Condoleezza Rice en haar adjunct Stephen Hadley. Sinds zijn ontmoeting met Miller was Gerson aan het hengelen naar een grotere toespraak over mensenhandel, en de komende algemene vergadering van de vn in New York zou daarvoor een uitstekende gelegenheid zijn.

Gerson had steun gewonnen voor het aankaarten van de slavernij door Rove ervan te overtuigen dat dit de binnenlandse basis zou versterken in de lopende verkiezingscampagne. Nu betoogde hij dat het behandelen van deze kwestie het stijgende internationale ongenoegen over Irak zou temperen doordat het liet zien, zoals hij het later stelde, 'dat onze betrokkenheid verder gaat dan alleen maar achter terroristische groeperingen aan zitten.'

Twee weken daarvoor waren bij een bomaanslag in het Canal Hotel in Bagdad 22 VN-medewerkers en hulpverleners om het leven gekomen, onder wie Kofi Annans speciale gezant Sérgio Vieira de Mello. De aanslag, die door Al Qaida-lid Abu Musab al-Zarqawi als zijn werk werd opgeëist, werd een dag voordat Bush de algemene vergadering zou toespreken door een tweede aanslag gevolgd. De aanslagen leidden tot de terugtrekking van de internationale VN-staf uit Irak en versterkte het gevoel dat de Verenigde Staten overhaast aan de oorlog waren begonnen, zonder voldoende instemming van de VN.

Gerson opperde nu dat, hoewel het grootste deel van de toespraak een verkooppraatje voor Irak moest worden, dit een kans was om wereldleiders aan te spreken over de kwestie van de mensenhandel. Maar zijn motivatie was zowel strategisch als altruïstisch. 'Ik geloof dat er een werkelijke wil was, en een bereidheid om naar een passende zachte machtsstrategie te zoeken,' aldus Gerson.

De president wilde, deels omdat deze kwestie een beroep deed op zijn geloof, mensenhandel onmiddellijk opnemen in de toespraak, en niet alleen maar als een 'stopper'. Ook stelde hij veel vragen. Hoeveel slaven zijn er? Waar zijn ze? Wie zijn ze?

Gerson belde John Miller op zijn mobiele telefoon terwijl hij over G Street liep en vertelde hem dat de baas cijfers en ideeën wilde, zo snel mogelijk. Terwijl de speechschrijver en zijn zes medewerkers zich over de woorden van de toespraak bogen, werden ze door Miller en zijn staf gevoed met suggesties. Gerson gebruikte een deel van de gegevens, met name de hoogste schattingen van het totale aantal slachtoffers van mensenhandel wereldwijd. Maar van Millers woordenvloed gebruikte hij niets. 'Wat wij indienden was zo prozaïsch,' gaf Miller later toe. 'Het was gewoon gênant in het licht van de toespraak die eruit ontstond, die zo ontroerend was.'

Op 23 september werd Bush de eerste wereldleider die de algemene vergadering opriep iets te doen aan de hedendaagse slavernij. In theorie was de uitroeiing van slavernij een prioriteit voor iedereen in de zaal. Sinds de Eerste Wereldoorlog had de internationale gemeenschap een tiental conventies en resoluties aangenomen, waaronder de Universele Verklaring van de Rechten van de Mens uit 1948, waarin slavernij en slavenhandel werden uitgebannen. In de praktijk kon de verkalkte vn niet meer opbrengen dan de afkeuring van 'feitelijke slavernij', 'mensenhandel' of 'ontvoering', uit angst lidstaten te beledigen door het beestje bij zijn ware naam te noemen. Dat resulteerde uiteindelijk in het grootste aantal slaven in de menselijke geschiedenis.

Voor het merendeel van het publiek, onder wie miljoenen televisiekijkers, was dit de eerste keer dat ze iets hoorden over Amerikaanse inspanningen om mensenhandel te bestrijden. De toespraak van de president ging grotendeels over terrorisme, aids en natuurlijk Irak. Maar het laatste deel had Gerson gereserveerd voor de slavernij. Hoofdzakelijk pleitte Bush voor een extra 50 miljoen dollar om mensenhandel te bestrijden. Hoewel het Amerikaanse budget voor de bestrijding van mensenhandel nog geen 0,3 procent bedroeg van het budget dat werd gereserveerd voor de uitbanning van drugshandel, betekende de nieuwe fondsentoekenning de grootste uitgave voor bestrijding van de slavernij sinds de periode vlak na de Amerikaanse burgeroorlog.

'We moeten een nieuw elan tonen bij het terugdringen van een oud kwaad,' zei de president. 'Bijna twee eeuwen na de afschaffing van de trans-Atlantische slavenhandel en meer dan een eeuw nadat de slavernij in zijn laatste bolwerken officieel werd beëindigd, kunnen we niet toelaten dat de handel in mensen voor welk doel dan ook in onze tijd welig tiert.'[41]

Bush uitte echter alleen zijn bezorgdheid over mensenhandel met één doel: seks. Nu Jack Danforth in Soedan een oplossing in het vizier had, was de aandacht van de evangelischen verschoven naar prostitutie, en datzelfde gold voor de president. Hij sprak wervend over een onlangs door hem ondertekende wet die internationaal kindersekstoerisme aanmerkte als een misdaad, en moedigde andere staten aan soortgelijke wetgeving aan te nemen.

'De slachtoffers van sekshandel komen nog maar net kijken als ze het allerergste in het leven ervaren: een onderwereld van grof geweld en angst,' zei hij terwijl wereldleiders ongemakkelijk in hun stoel schoven. 'Degenen die deze industrie in stand houden, verlagen zichzelf en verergeren de ellende van anderen.'

Bush trok terecht een grens toen hij 'vrijwillige' kinderprostitutie verwierp, die door sommige landen schokkend genoeg nog steeds als weliswaar smakeloos, maar wettig werd beschouwd. Hij maakte echter geen melding van de kindslaven in andere bedrijfstakken, zoals de Haïtiaanse restavèks. Werd een meisje dat door haar meester werd verkracht minder geweld aangedaan als haar lichaam aanvankelijk was verkocht voor huishoudelijk werk? Hij noemde niet de mensen die tijdens een oorlog tot slaaf werden gemaakt. Werd Muongs moeder minder door haar meester verkracht omdat ze nooit ten behoeve van de seksindustrie was verkocht? En de Amerikaanse president noemde ook niet de miljoenen slaven die in Zuidoost-Azië zwoegen in een schuldslavernij die van generatie op generatie wordt doorgegeven. En toch, hoewel hij zweeg over deze mensen, in aantal de overgrote meerderheid van de slaven wereldwijd, beweerde Bush te spreken voor allen die in slavernij leefden.

'De oprichtingsakte van de Verenigde Naties en die van de Verenigde Staten maken deel uit van dezelfde traditie,' besloot de president. 'In beide documenten staat dat mensen nooit tot voorwerp van macht of handel mogen worden gereduceerd, omdat ze een inherente waardigheid bezitten. Beide erkennen een morele wet die boven mensen en naties staat.'

Dit raakte een gevoelige snaar, en Bush maakte geschiedenis toen hij het uitsprak. Maar zijn beperkte focus riep bij velen de vraag op of hij vond dat de ene soort slaaf meer inherente waardigheid bezat dan de andere.

Met zeshonderd woorden had de president een steen in een vijver gegooid. Die steen maakte geen kringen. Voor velen in het buitenland, en met name in Europa, was de toespraak niet meer dan de zoveelste bizarre zedenpreek van een man met een messiascomplex. Vier dagen na de toespraak drong Bush er tijdens een bilaterale top in Camp David bij de Russische president Vladimir Poetin op aan op te treden tegen mensenhandel. De meeste andere wereldleiders gaven geen krimp.

'We moeten de landen die dit nog steeds toelaten ongenadig afstraffen,' fulmineerde Dan Burton, een ervaren republikein uit de Commissie Internationale Betrekkingen van het Huis van Afgevaardigden.[142] Maar het liep anders: 'Toen de president dit onderwerp in de Verenigde Naties ter sprake bracht, werd het bijna als een tussendoortje beschouwd.' De Amerikaanse media maakten nauwelijks melding van de uitspraken over slavernij, en sommige televisiezenders kapten de berichtgeving over zijn toespraak af na het gedeelte over Irak.

In 2004 stemde 78 procent van de evangelisten op Bush. De 43.000 Southern Baptist-kerkgenootschappen vormden de basis van deze meerderheid, en één van die kerkgenootschappen royeerde zelfs leden die ervoor uitkwamen te stemmen op de tegenkandidaat van de president, senator John Kerry. Hun stem werd echter niet gemotiveerd door de mensenhandel. Zij steunden Bush omdat hij pleitte voor een grondwetswijziging waardoor het homohuwelijk zou worden uitgebannen en vanwege zijn oppositie tegen embryonaal stamcellenonderzoek en andere kernstandpunten van christelijk rechts. Als politiek instrument was het ter sprake brengen van slavernij gewogen en te licht bevonden.

Op de ochtend van 16 december 2004 kreeg Gerson een hartaanval. Twee coronaire stents later ging hij weer aan het werk, maar in een andere rol. Hij hielp de president nog steeds zijn boodschap vorm te geven, maar was niet langer diens voornaamste speechschrijver. Vanaf dat moment was mensenhandel, hoewel Bush erover repte in een stuk of vijf minder belangrijke toespraken, in de onsterfelijke bewoordingen van de president een 'stopper'. In zijn toespraak tot de Algemene Vergadering van 2004 wijdde Bush slechts drie zinnen aan hedendaagse slavernij. In 2005 en 2006 noemde hij deze misdaad helemaal niet. Ondanks al Gersons inspanningen was het moment van de president als super-Wilber-force niets meer dan dat: een moment.

Na 2003 verflauwde het licht van de schijnwerpers. Vanaf die tijd zou John Miller een verborgen gevecht strijden. Maar op de achtergrond betekende nog niet op een zacht pitje. En er waren weinig middelen, maar de kwaliteit van het bureau was er niet minder om. Op persoonlijk niveau zou Millers strijd voor de slaven hem in elk geval duur komen te staan.

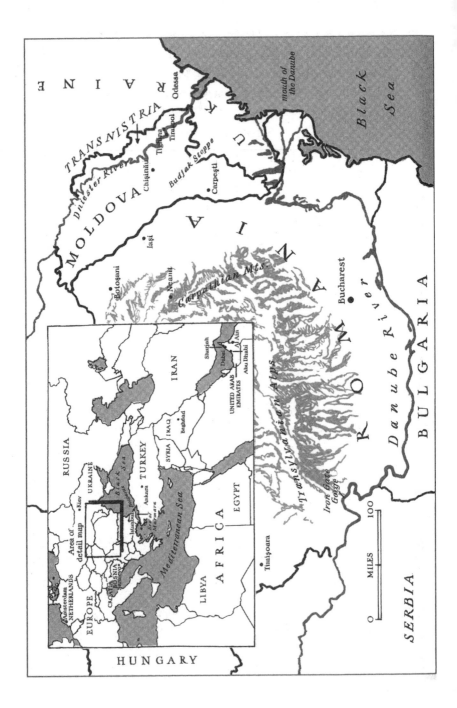

5

Een staatje in de staat

Tijdens de eerste drie weken die we samen doorbrachten, was de sfeer gespannen. Op dit moment was Tatjana, zoals onze hospita het noemde, *volcanica*.

Ik had haar op een winderige februaridag in Amsterdam ontmoet, hele werelden verwijderd van de smoorhete dag in juni in het vervallen appartement in Boekarest waar we nu zaten. Tatjana zag eruit als een droom in het roze, maar haar woorden hadden een intensiteit die haar elfjesachtige uiterlijk tegenspraken.[143] Ik had haar mee gevraagd omdat ze iets bijzonders kon. In veel bordelen werkten niet alleen slavinnen, maar ook vrije prostituees. Voor de klanten, de politie en zelfs voor de meeste hulpverleners waren die categorieën niet van elkaar te onderscheiden, maar Tatjana herkende de slavinnen meteen.

Dat kwam doordat ze zelf zo'n slavin was geweest. Ze had het overleefd en had zich weten te bevrijden, maar in plaats van zich stil terug te trekken, zoals anderen, klaagde ze de mensenhandelaars aan en getuigde tegen hen. Vervolgens richtte ze Atalantas op, een organisatie die slachtoffers van vrouwenhandel probeert te bereiken door in bordelen stickers op de spiegel in de wc te plakken, de meisjes in een lipstickhuls contactinformatie toe te spelen en ze te laten weten dat ze niet alleen staan. Net als Bill Nathan in Port-au-Prince bezat Tatjana een buitengewone moed, die haar in staat had gesteld zich te bevrijden en daarna haar leven op het spel te zetten om anderen te helpen. Maar Bill was de vleesgeworden kalme vastberadenheid en Tatjana was fel en uitdagend.

Nu was ze des duivels. Ik had bij een interview iets te veel over haar familie doorgevraagd. Trillend van woede, kettingrokend, beschuldigde ze me ervan dat ik haar onder valse voorwendselen naar Roemenië had meegetroond en haar gebruikte om het beleid van de regering-Bush inzake vrouwenhandel te rechtvaardigen – een beleid dat ze na haar jarenlange ervaring in het veld als door en door fout beschouwde.

'Je snapt het niet!' schreeuwde ze. 'En je zult het ook nooit snappen. Dat kún je niet eens! En John Miller zal er ook nooit iets van snappen! Hij komt met statistieken. Hij brengt rapporten uit. Weet hij veel?'

Ze had gelijk. Ik kon onmogelijk bevatten hoe het was om slaaf te zijn. Ik zei dat ik hoopte een beetje in de buurt te komen door undercover naar de slavinnen en handelaars te luisteren. Zij zei dat ik haar naam, haar familie en haar nationaliteit aan de openbaarheid wilde prijsgeven. Ik bezwoer haar dat ik dat niet zou doen. Zij dreigde de volgende dag weer op het vliegtuig naar Amsterdam te stappen. Ik bood aan haar ticket te betalen. Zij weigerde en riep dat ze helemaal niet meer met me wilde samenwerken. 'Stom van me dat ik je ooit vertrouwd heb,' zei ze.

Ik stond op het punt in een plaatselijke slavenmarkt in een van de meest gewelddadige buurten van Boekarest te infiltreren en had afgesproken met mensen aan wie ik mijn leven moest toevertrouwen. Ik was al laat. En ik was gespannen. Ik verloor mijn zelfbeheersing en sloeg op de tafel in de hoop haar lang genoeg de mond te snoeren om mezelf te kunnen verdedigen.

Dat geluid, die beweging – of misschien de woede die onwillekeurig op mijn gezicht verscheen – troffen Tatjana als een mokerslag. Ze zoog haar longen vol lucht en rolde zich op tot een bal, snikkend en hyperventilerend.

'Niet slaan!' gilde ze. 'O god, ik stik!'

Nog nooit was iemand zo bang voor me geweest. Deze vrouw, die bij onze kennismaking een één meter vijftig hoge rots in de branding had geleken, lag nu trillend in doodsangst naar adem te happen. In dat ene ogenblik van onbeheerstheid had Tatjana in mij haar duivelse ex-eigenaar gezien.

Ik schaamde me kapot en bood haar mijn excuses aan. Maar ik

begreep al snel dat niets wat ik zei de bedreiging van mijn aanwezigheid kon wegnemen. Ik verontschuldigde me nogmaals en rende de straat op.

In één maand ontmoette ik in Roemenië een man die meer dan een miljoen dollar had verdiend in de mensenhandel en een man die een tweedehands auto met me wilde ruilen voor een jonge vrouw. Maar op die ene dag zag ik de ware prijs van de slavernij.

Door de ruzie met Tatjana was ik hevig aan mezelf gaan twijfelen en ik maakte me ernstige zorgen over haar. Maar ik moest in mijn rol blijven. Ik zette koers naar hotel Intercontinental, waar ik had afgesproken met de mannen die me zouden begeleiden bij mijn afdaling in de hel, een bordeel waar Romameisjes als seksslavin werkten. Tussen ons appartement en het Intercontinental lag de moderne, schone, zwaar beveiligde ambassade van de vs. Daarvoor stonden wel honderd mensen, zoals op elke doordeweekse ochtend. De buren lieten weten dat men bij hen pasfoto's voor VIZA USA kon laten maken. *Vis* is 'droom' in het Roemeens.

Roken wordt in Roemenië niet als een ondeugd beschouwd en er hing dan ook een ijle blauwe wolk boven de rij. Uit de fotowinkel kwam een man die koortsachtig het cellofaan van een pakje Pall Mall scheurde. Maar prostitutie wordt in Roemenië wél als een ondeugd beschouwd en het is bij wet verboden. Niettemin vestigden rood-zwarte neonreclames de aandacht op de ondergrondse nachtclubs Diva en Pussycat, een paar huizen verderop. Daar konden buitenlanders 's avonds voor dertig dollar in een cabine met systeemwandjes een lapdance van een naakt meisje krijgen op een ronde roodleren divan. De prijs van seks was onderhandelbaar, de vrijheid van de vrouwen was discutabel.

Het 22 verdiepingen hoge Intercontinental was aan de overkant. Toen de communistische dictator Nicolae Ceauşescu het liet bouwen, was het hotel het hoogste gebouw van Boekarest. Zoals het hotel hing de geest van Ceauşescu nog steeds boven de stad. Toen de gewezen schoenmaker in 1967 de macht had gegrepen, verving hij eenvijfde van de prachtige klassieke herenhuizen van de hoofdstad door grauwe huurkazernes in het kader van een bizarre, brute transformatie van het land in een 'gesystematiseerd' utopia. Het Intercontinental was een uitzondering in Ceauşescu's grote bouwplan; het was bedoeld om buitenlands geld aan te trekken, niet om de geest van de bevolking te breken. In de weken na de executie van Ceauşescu, in 1989, stroomden de westerse investeerders, artsen, journalisten en hulpverleners toe en het hotel werd het eerste contactpunt van de westerse kapitalisten met een nieuw, typisch Roemeens soort kapitalisme.

Indertijd bezwendelden zwarthandelaars de gasten bij het geldwisselen, of ze verkochten suspecte Donaukaviaar voor een fractie van de marktprijs. Een stroom halfnaakte prostituees betaalde entree aan de bewakers die met een kalasjnikov bij de ingang stonden, belde willekeurige westerlingen op hun kamer of klopte op alle uren van de dag of de nacht op hun deur. In theorie bestond prostitutie in Ceauşescu's utopia niet, dus hoefde er ook niet tegen te worden opgetreden. In de praktijk slaagde de geheime politie, de Securitate, erin de activiteiten te beperken door ze aan bepaalde gebieden te binden en de prostituees inlichtingen te laten verzamelen om de bezoekers te chanteren.[144] Toen de geheime politie werd ontbonden, begonnen de vrouwen voor zichzelf. Sommigen althans.

Op onze eerste avond in Roemenië waren Tatjana en ik naar de McDonald's aan de Nicolae Bălcescu Boulevard geweest. Dat was de hoofdstraat van het centrum van Boekarest, vanaf het Intercontinental vijf huizenblokken lang het *ground zero* voor de internationale sekstoeristen. We gingen in de goed verlichte serre aan de voorkant zitten. Gezinnen en stelletjes kwamen van de Amerikaanse keuken genieten. Ondertussen reden toeristen, onder wie velen uit het westen, in buitenlandse auto's langs om van de Roemeense vrouwen te genieten.

Een mollige Roma met teenslippers en een korte broek die te krap zat in het kruis, gaf de meisjes aanwijzingen. *'Politia!'* riep hij op een gegeven moment, waarop de meisjes op hun naaldhakken in het donker wegstoven als pasgeboren veulentjes die vluchten voor een brand. Toen de politiewagen voorbij was, kwamen ze weer tevoorschijn, met de pooier in hun kielzog. 'Hij wil iedereen duidelijk maken dat het zíjn meisjes zijn, en als je iets met ze wilt, moet je met hém onderhandelen,' zei Tatjana.

Een paar avonden later volgde ik een inval van de zedenpolitie in dezelfde buurt. Vier agenten sprongen uit twee auto's. De pooiers hielden zich schuil, de meisjes renden de zijstraatjes in. De agenten dreven drie prostituees bijeen en gaven ze een bekeuring. De pooiers zouden de boete betalen, zodat de meisjes nog dieper bij hen in de schuld kwamen te staan. Als ze voor de derde keer werden gepakt, kregen ze gevangenisstraf. De politie wist dat de pooiers in de buurt waren, maar ging niet naar ze op zoek. Ik vroeg aan een agent of er geen beleid inzake mensenhandel bestond. 'Jawel, daar weten we van,' zei hij, 'maar dit gaat gewoon om prostitutie.'

Om de hoek, in het donker, hield een eenzame vrouw van een jaar of twintig met zwart haar en een zandloperfiguurtje zich schuil achter een auto. Aan de overkant van de straat maakte een man een gebaar in mijn richting. Ze kwam tevoorschijn.

'Seks? Vijftig euro,' zei ze in moeizaam Engels.

Ik legde uit dat ik schrijver was en vroeg of ik de pooier aan de overkant kon spreken.

'Seks? Vijftig euro,' herhaalde ze met een blik op mijn McDonald's-tasje.

Ik gaf haar mijn Franse frietjes en ze propte ze meteen allemaal in haar mond. Ze was uitgehongerd. Toen ze het op had, vroeg ik weer of ik haar pooier kon spreken.

'Seks? Vijftig euro.'

De volgende ochtend vertelde ik het aan Tatjana. Die zei meteen dat dat meisje een slavin was. Hoe wist ze dat? 'Dat wéét je gewoon,' zei Tatjana ongeduldig.

Maar het ging er niet om wat ik wíst, zei ik. Het ging erom of ik het ook kon bewíjzen.

Terwijl ik in het Intercontinental zat te wachten, bewonderde ik de renovaties in de lobby van na het stalinistische tijdperk. De ruimte was getransformeerd tot een klassiek zakelijk ontmoetingspunt

– zwartleren stoelen, groenmarmeren zuilen, plafondhoge spiegels, goed geoliede draaideuren. De Roemenen rookten gulzig hun laatste sigaret voordat hun niet-rokende Amerikaanse collega's kwamen. Ogen zochten naar nieuwe zakelijke of diplomatieke contacten. 'Ik heb een zwart pak aan, met een rode das,' moeten sommigen hebben gezegd.

De voertaal was Engels. De valuta was de euro. Onder Ceauşescu was het Roemenen verboden meer dan zeven dollar aan buitenlandse valuta in bezit te hebben.[145] Maar dat zou niet lang meer duren, al nam de winkel in het hotel nog wel leis aan. Kort voor mijn aankomst had de centrale bank van Roemenië vier nullen van de lei afgehaald en er was besloten de munt in vier jaar helemaal af te bouwen. En dat was niet het enige teken dat de economie hevig in beweging was.

Beleefde, keurig geklede portiers hadden de plaats van de bewapende zware jongens ingenomen en de in lurex gehulde prostituees waren vervangen door meisjes in fluorescerende haltertops die reclamemateriaal met het logo van de World Cup uitdeelden. Maar het oudste beroep werd nog volop uitgeoefend. Om klokke negen uur kwam een gezette Zuid-Aziatische man van middelbare leeftijd uit de lift, die twee jonge meisjes met ravenzwart haar naar een taxi bracht. De meisjes waren zwaar opgemaakt, met getekende wenkbrauwboogjes, ze liepen op naaldhakken en droegen een strakke spijkerbroek en een naveltruitje zonder beha eronder. Dat was weliswaar de standaard zomeroutfit voor jonge vrouwen in Boekarest, maar over de aard van hun bezoek kon weinig twijfel bestaan.

Petrică Rătsjită en Alexandru kwamen binnen. Petrică was dertig, een geharde, no-nonsensejournalist met veel contacten in de diepere lagen van de onderwereld en de politie. Hij was geen prater, maar in de maand dat we samen reisden, zag ik dat hij een geboren democraat was, een dappere vertegenwoordiger van een nieuw, jong Roemenië. Hij had weliswaar als kind noodgedwongen in optochten met Ceauşescu's vlag lopen zwaaien, maar hij had een diepe afkeer van het verleden. Toch straalden hij en een klein groepje actieve landgenoten de hoop uit dat het mogelijk was een verandering teweeg te brengen.

Zijn neef Alexandru was een eenentwintigjarige jongen met een fris gezicht. Hij studeerde landbouwwetenschappen en sprak uitstekend Engels; hij zou tolken. Al rokend bracht hij mijn microfoon en oortje aan terwijl Petrică een glas whisky naar binnen goot en uitlegde dat hij niet mee kon naar de slavinnenverkoping. Dat verbaasde me, al wist ik wel dat collega's van hem bedreigd en in elkaar geslagen waren omdat ze over de corruptie bij de politie hadden geschreven. Nog niet zo lang geleden had Petrică onderzoek gedaan naar de nieuwe speciale politie van Roemenië, de *mascati*. Die gemaskerde anti-oproereenheid had gruwelijke gewelddaden op zijn geweten, waaronder ook standrechtelijke executies.

Terwijl Petrică vertelde, deed ik twee schepjes suiker in mijn koffie. 'Daar moet je mee uitkijken,' zei Alexandru, die even zijn sigaret uit zijn mond nam. 'Daar krijg je diabetes van.'

We reden in oostelijke richting, langs een Russisch-orthodoxe kerk met een uivormig torentje en een byzantijns kruis, en Petrică, die tot priester was gewijd, bekruiste zich. Ondanks de pijnlijke geschiedenis van Boekarest, of misschien juist daardoor, ademde de stad een sfeer van vergane glorie. De afbladderende gebouwen uit de belle époque met hun rijkbewerkte balkons met siersmeedwerk, roestig staal en groenglazen afdakjes deden aan een film van Jeunet en Caro denken.

Midden op de eerste rotonde stond een gigantische grijze klok met de woorden ROMANIA en EUROPA erin gegraveerd. Hij was omringd door een eilandje van paarse en witte klaprozen. De klok telde vol zelfvertrouwen de 186 dagen af die restten totdat Roemenië tot de Europese Unie zou toetreden, op 1 januari 2007. Maar dat stond nog niet helemaal vast; de Europarlementariërs waarschuwden voor problemen zoals de mensenhandel, die het proces zouden kunnen vertragen.

Miljoenen Roemenen waren vast op de stemming vooruitgelopen door met hun voeten te stemmen. 'Fuck Romania,' zei een jonge vrouw tegen me, wat trouwens ongeveer 10 procent van haar Engelse vocabulaire was. Ze was in West-Europa verkocht, als prostituee gruwelijk misbruikt en uiteindelijk terechtgekomen in een opvanghuis in Roemenië, waar ik haar ontmoette. Ondanks alles wat ze had meegemaakt, stond ze te trappelen om weer te vertrekken, ditmaal naar Cyprus.

Het 'Fuck Romania'-fenomeen was de duistere tegenkracht van het optimisme van Petrică. Het was niet nieuw. Veertien dagen na de executie van Ceaușescu door zijn eigen leger trok het nieuwe ministerie van Buitenlandse Zaken alle uitreisbeperkingen voor de Roemenen in. Voor velen in het op één na armste land van Europa was emigratie de enige mogelijkheid.

Degenen die niet vertrokken, werden beloond met een van buitenaf gesteunde economie. De hulpgelden stroomden binnen, maar in 1993 bedroeg de inflatie 300 procent. Ceaușescu was destijds geobsedeerd door de nationale schuld en rantsoeneerde zelfs 's winters, wanneer zijn onderdanen zowat bevroren, de huisbrandolie. Solvent blijven was ingewikkeld in een niet-geleide economie met zoveel corruptie. Vanwege het uitblijven van voldoende economische hervormingen schortte het IMF alle leningen op. Ook veel investeerders en hulporganisaties trokken zich terug.[146] In 2000 leefde meer dan een derde van de Roemeense bevolking – en van heel Oost-Europa – onder de armoedegrens. Alcoholisme, dat altijd al een probleem was in dit land waar de alcoholconsumptie de op één na hoogste ter wereld is, werd nu een ware epidemie. De zuigelingen- en kraamvrouwensterftecijfers schoten omhoog. De levensverwachting kelderde. Gezinnen vielen uiteen.

Degenen die ver van de Donau op zoek gingen naar een beter leven, waren in de regel niet de allerarmsten. Ze zeiden dan misschien wel 'Fuck Romania', maar het geld dat ze naar huis stuurden, ter waarde van 3,5 miljard dollar per jaar, hielp het land in 2000 uit de recessie, samen met de vergrote vraag van de Europese exportmarkt.[147]

Sommigen vonden geen welvaart in het buitenland. Tienduizenden Roemenen werden slaaf. Al toen het ministerie van Buitenlandse Zaken in januari 1990 officieel de uitreisbeperkingen introk, ontstonden de eerste vrouwenhandelnetwerken, ten behoeve van de prostitutie in Istanbul.[148] Mensensmokkelaars verkochten jongemannen voor landarbeid aan Spaanse boerderijen. Bedelaarsnetwerken verhandelden Romakinderen aan Italië.

De Roma vormen in Europa de grootste minderheid en in Roemenië de armste etnische groep. Hun geschiedenis sinds hun migratie uit India, ongeveer 1200 jaar geleden, is er een van slavernij en verzet. Heel vroeger kozen de mannen uit de Roemeense elite bij voorkeur Romameisjes als concubine. In 1836 probeerde de Duitser Eremiten von Gauting, die op weg was naar Constantinopel, de verkoop voor twee goudstukken van een beeldschoon vijftienjarig Romameisje te verhinderen.

'Ik sprak de barbaarse man aan en zei dat ik haar terug wilde kopen, maar hij was erg rijk en lachte me uit toen ik vijftig goudstukken bood. Hij snoefde dat hij haar voor zijn genoegen had gekocht,' schrijft Von Gauting.[149] De koper bood de Duitser een van zijn vijfhonderd andere zigeunermeisjes aan, maar Von Gauting ging naar de politie.

'De zigeuners zijn ons eigendom en daar kunnen we mee doen wat we willen,' liet de politie de bezoeker weten.

In de twintigste eeuw had Ceaușescu's sociale beleid, dat erop gericht was de Roma te integreren, juist het tegenovergestelde effect. De dictator verbood anticonceptie en abortus voor alle Roemenen, en vrouwen waren verplicht ten minste vier kinderen te krijgen. Vrouwen die twaalf kinderen hadden, kregen de titel 'Heldin van de Republiek' en een gouden medaille, gratis treinvervoer en geheel betaalde vakanties. De Roma hadden het hoogste geboortecijfer van heel Europa, al gaven ze hun pasgeborenen doorgaans niet aan.

De enige beloning voor hun vaderlandslievende kinderrijkdom was armoede. In de jaren zestig woonden velen met vijf personen in één kamer, sommigen zelfs met hun tienen. Een derde van alle Romamoeders verloren een of meer kinderen en twee derde was straatarm.[150] De meeste ouders waren werkloos en hun levensverwachting was aanmerkelijk lager dan die van hun niet-Romaland-genoten.[151] Toen het inkomen per hoofd van de bevolking na 2000 geleidelijk toenam, profiteerden zij daar niet van mee.

In de negentiende eeuw noemde een Engelse reiziger de Roma 'een staatje in de staat'.[152] Dat was in 2000 nog steeds zo. Vier van de vijf kinderen in de beruchte weeshuizen van Roemenië waren Roma. Onder druk van de EU sloot de regering de weeshuizen en verbood ze internationale adoptie. De mogelijkheden voor ongewenste kinderen waren uiterst beperkt. De weeshuizen dumpten duizenden kinderen in ziekenhuizen, die daar niet op voorbereid waren. De baby's in de lange rijen bedkooien waren voor het leven getekend door de verwaarlozing. Soms bonden de verpleegkundigen de handen van verstandelijk gehandicapte kinderen aan elkaar om te voorkomen dat ze zichzelf verwondden. Andere kinderen wachtte een nog gruwelijker lot.

Petrică reed door de avondspits naar het oosten, langs glimmende gloednieuwe BMW's en Oost-Duitse Trabanten. De meeste Roemenen hadden een gezonde afkeer voor producten uit de communistische tijd en geloofden dat Trabanten van geperst karton waren gemaakt. Het rechterachterraampje van Petrică's gebutste Opel stationcar bestond werkelijk uit karton, en achterin rolde een waterfles met motorolie over de vloer heen en weer.

We reden langs een aantal sekswinkels, waarvan er een 'Amsterdam XXX' heette en verkondigde 'We make sex fun'. Er hingen nog posters van een concert van 50 Cent van twee weken geleden, gesponsord door MTV, dat tegelijkertijd campagne voerde tegen mensenhandel. De 'P.I.M.P.', zoals 50 Cent zichzelf noemt, droeg blingblingsieraden op zijn kogelvrije vest. Petrică reed de brug over de Dâmbovița op, waar juist drie straatkinderen hand in hand in het water sprongen.

Verderop rende een jongen in lompen heen en weer tussen de auto's om de voorruit te wassen. Hij gaf alles wat hij verdiende meteen aan een forse zigeunervrouw die op de straathoek stond te wachten. Langs de grote verkeerswegen naar het centrum bedelden eenzame gehandicapte kinderen op drukke kruispunten.

Petrică reed om het parlementsgebouw heen, dat onder Ceauşescu bekendstond als de *Casa Poporolui*, het Volksgebouw. Die naam was grotesk, net als het gebouw zelf, een symbool van het roofregime. In opdracht van het zelfbenoemde 'Genie van de Karpaten', dat zijn idool Kim Il Sung wilde navolgen, verrees dit op drie na grootste gebouw ter wereld met zijn duizend vertrekken, zijn miljoen kubieke meter Transsylvaans marmer en bijna een miljoen ton staal, brons en glas. Intussen kon het volk niet eens vers vlees kopen. Nu stond daar dat paleis, als een metafoor voor Roemenië zelf: prachtig uit de verte, maar verre van prachtig. Bijna de helft van het interieur was nog steeds niet voltooid.

Voor de deur van een zwarte stripclub vlak bij het J.W. Marriott Hotel stopte Petrică. Hij zei dat hij niet verder mee kon, want de mascati waren hem bij een eerder onderzoek op het spoor gekomen. Nu zouden de aanblik van zijn auto en zijn gezicht bij de bordeelhouders weleens een gewelddadige reactie kunnen uitlokken. Ion (niet zijn echte naam), een van zijn contactpersonen in de onderwereld, zou Alexandru en mij overnemen.

Ion kwam meteen aanrijden, onderuitgezakt achter het stuur van het nieuwste model Opel, speciaal voorzien van leren banken en knetterende boomboxen. Hij glimlachte zonder iets te zeggen en parkeerde op de stoep, zoals iedereen in Boekarest doet. Ion was een *haiduk*, wat zoveel als 'bandiet' betekent, maar eigenlijk wordt er een soort Robin Hood mee bedoeld, een boef met een hart van goud. Roemenië staat vanouds tolerant tegenover de kleine misdaad. Doordat er na de val van het communisme zo onvoorstelbaar veel IT'ers werkloos zijn geraakt, is creditcardfraude, waar Ion zich mee bezighoudt, een bijzonder populaire bedrijfstak.

Petrică gaf me nog een laatste advies voordat hij wegreed. 'Praat zacht, maar niet té zacht,' zei hij. 'Sommige Roma spreken Engels, maar ook als ze dat niet doen, vinden ze het verdacht als je fluistert. Bel me als je in de problemen komt. Dan bel ik de politie.'

We stonden op het punt een gebied in Boekarest binnen te gaan dat nooit had kennisgemaakt met de westerse maatregelen tegen mensenhandel. Ik wist niet wie ik hier kwam kopen, maar ik nam aan dat ze een niet-geregistreerd slachtoffer was van de jongste binnenlandse migratie-explosie die Boekarest tot de dichtstbevolkte stad van Europa had gemaakt. Sommigen maakten hier hun fortuin. Anderen, onzichtbaren, leefden in slavernij.

Ion reed naar het eindstation Gara de Nord. In de jaren negentig, toen de weeshuizen werden gesloten, waren duizenden kinderen in kartonnen dozen bij de verwarmingsroosters in dat station komen wonen.[153] In 1998 greep het stadsbestuur van Boekarest in, maar toen was de buurt al door de pedofielen ontdekt. Oudere kinderen, die het geld van de bezoekers zelf hielden, traden op als pooier voor de jongere kinderen, die snoep en lijm als beloning kregen. De kids leefden in de riolen en bedienden hun klanten in duistere appartementjes of in het dichtbij gelegen hotel Ibis, welbekend bij Roemenen uit de middenklasse en sekstoeristen met een kleine beurs.[154]

We staken de straat over naar het park waar dakloze mannen en vrouwen op de bankjes sliepen. Twee vuile jongens met een glazige blik in de ogen kwamen naar ons toe om te bedelen. Ze keken boven de plastic zakken uit die ze onder hun neus hielden om Aurolac te snuiven, een verfverdunner die de honger verdooft en de hersen- en levercellen geleidelijk afbreekt. Een van de jongens had brandwonden op zijn voorhoofd, waarschijnlijk doordat het zure spul in aanraking met zijn huid was gekomen.

Voor twee sigaretten wilde een van de jongens wel kijken waar je een meisje kon kopen. Wij gingen weer in de auto zitten en reden de hoek om, naar Şoseaua Orhideelor in het *quartier* Basarab, een van de gruwelijkste getto's van Boekarest. Hier had Ceauşescu de mensen op de laagste sociale tree van de samenleving, de Roma, in de huizen van de hoogstgeplaatsten, de rijke buitenlanders, gehuisvest.[155] Die laatsten gingen daarop weer terug naar hun vaderland. De regering bezat nog steeds 90 procent van de gebouwen in deze wijk, maar was van plan een groot deel daarvan te slopen om een viaduct aan te leggen.[156]

We stapten uit voor een bouwvallig negentiende-eeuws herenhuis tussen een schoenenwinkel en een bandenreparatiewerkplaats. Alexandru leek niet erg op zijn gemak; dit was nieuw voor hem.

Een Romavrouw met een scherp gezicht sprong overeind uit een klapstoel die voor het gebouw stond. Aan haar haarkleur te zien zal ze halverwege de dertig zijn geweest, maar te oordelen naar haar paniekerige gelaatsuitdrukking, haar uitgeteerde gestalte en haar rotte tanden had ze ook halverwege de tachtig kunnen zijn.

'Florin!' riep ze.

Er kwam een Roma de hoek om, een kleine man die net als zijn partner wilde ogen had en een agressieve indruk maakte. Zijn neus was platgeslagen en zijn armen waren lenig en gespierd, maar zijn handen waren kort en breed, zodat zijn vuisten ronde balletjes werden. Zijn haargrens begon zich al terug te trekken en hij had een stoppelige, vooruitstekende kin. Hij droeg een geel horloge, een korte broek en een openhangend marineblauw overhemd. Op zijn armen en zijn linkerdij had hij donkergroene gevangenistatoeages. Zijn hele torso ging schuil onder een verbleekte veelkleurige draak, maar hij stond bekend als een *peste*, een vis – het Roemeense woord voor pooier.

Er werden geen beleefdheden uitgewisseld, geen 'Hoe gaat het?' of '*Cu plaçere*', zelfs geen hallo.

'Ik wil een meisje kopen,' deelde ik via Alexandru mee.

'Voor hoeveel?' vroeg Florin zonder een spier te vertrekken.

'Dat hangt ervan af hoe ze eruitziet,' zei ik. 'Mogen we binnenkomen?'

Door een gebutst plaatstalen hek kwamen we op een bouwvallige, schimmelig ruikende binnenplaats van kale bakstenen. In de modder op de grond speelden kraaiende peuters. Een forse vrouw met een baby aan de borst zat breeduit op een wrakke divan voor een laag bijgebouwtje.

'Gagicute!' riep Florin.

Uit het bijgebouwtje kwam een angstig kijkend jong Romameisje in hotpants en tanktop.

'Je kunt haar voor een week krijgen, op zijn langst,' zei Florin.

'Ik dacht meer aan de langere termijn,' zei ik.

'Twee weken?'

'Ik wil een meisje kópen,' legde ik uit. 'Wat kost dat, en op welke basis? Hoeveel zou je anders aan haar verdienen?'

Florin schudde zijn hoofd.

'Kan dat niet?' vroeg ik.

'Hoogstens een maand. En een maand is heel duur – duizend euro.'

'Ik wil haar voorgoed kopen,' zei ik.

'Nee. Alleen huren. Een week, oké. Een week, twee weken op zijn langst. In heel Boekarest kun je geen meisje kopen. Dit meisje hoogstens anderhalve maand.'

'Hoe oud is ze?'

'Twintig,' zei Florin, wat zo te zien minstens vier jaar overdreven was.

'Ik zoek iets jongers,' zei ik.

'We hebben ook een blondje,' kwam de vrouw met het scherpe gezicht tussenbeide.

'In een kamer boven. Maar alleen voor een uurtje – of twee, drie, vier, vijf uur. En alleen hier, boven op de kamer. Ze weet wat ze moet doen. Ze is goed,' zei Florin.

'Ze lijken haar niet echt graag te willen verkopen,' legde Alexandru zacht uit. 'Ze zeggen dat ze er dan bij inschieten.'

'Ik wil graag weten hoeveel,' antwoordde ik.

De vrouw met het scherpe gezicht ging ons voor, tot achterin de schoenenwinkel, een betonnen trap op naar een overloop, waar we moesten wachten. De pleegroene muren zetten alles in een ziekelijke gloed. Ook de geur deed aan een plee denken: het rook naar uitwerpselen en dode muizen.

Via een doorzichtige kunststof buis langs de zijkant van het trappenhuis werd het rioolwater naar de betonnen binnenplaats afgevoerd. Misschien was de verstikkende geur normaal voor een gemiddelde vochtige bouwval in Boekarest, maar hier leek een giftige damp te hangen, zompig en prikkerig. Als slavernij inderdaad gelijkstaat aan de dood, zoals Cicero beweert, dan waren we nu in een knekelhuis.

Opeens klonk boven een schreeuw. Een dikke vrouw met oranje haar dat met een gouden bandje naar achteren was gebonden, kwam snel pratend naar buiten.

'Ze wil niet,' zei ze. 'Ze is bang, ze denkt dat je haar gaat slaan of dat je haar wilt doorverkopen.'

De dikke vrouw ging weer naar boven. 'Laat haar naar buiten komen!' riep ze.

We liepen door naar de eerste verdieping, waar twee vrouwen bij de deur van een verduisterde kamer stonden te schreeuwen. Een derde vrouw kwam naar buiten; zij hield het meisje vast.

Het meisje had gebleekt, roestkleurig haar. Haar hoofd leek gekrompen, haar neus was plat. Door de tranen die uit haar diepliggende ogen stroomden liep haar mascara uit en ze keek naar haar blote voeten met wijd uitgespreide tenen. De haastig opgebrachte make-up kon de overduidelijke tekenen van het downsyndroom niet verhullen.[157] De lippenstift zat slordig rond de openhangende mond. De strakke gele tanktop en short waren duidelijk te klein. De bewaakster hield de linkerarm van het meisje zo stevig vast dat haar schouder hoog werd opgetrokken. Aan de binnenkant van haar rechterelleboog zaten tien diepe, vuurrode krassen, opgezwollen en met verse korstjes erop.

Ik was inmiddels in heel wat louche bordelen op drie continenten geweest, maar zoiets ergs had ik nog nooit gezien. Ik bedacht dat ik een microfoontje op had, dat ik niet uit mijn rol mocht vallen. Maar wat zou mijn 'personage' doen als hij tegenover zo'n wezentje kwam te staan? Hoorde ik me nu te amuseren? Ik deed mijn best te glimlachen. Ik keek naar Alexandru en Ion. Op hun gezicht stond onverholen afgrijzen te lezen.

'Wat vindt u van haar?' vroeg een van de vrouwen.

'Kan ik haar even spreken?' vroeg ik. 'Hoe oud is ze?'

'Achtentwintig,' antwoordde de vrouw voor het meisje.

'Over wat voor bedrag hebben we het nu?'

Haar bewaakster vroeg of ze met me mee wilde. Het meisje mompelde iets over slaan, maar Alexandru kon haar niet goed verstaan.

'Ze zegt ja,' zei de vrouw.

'Ik geloof dat ze heel bang is,' zei Alexandru. 'Ze wil niet mee.'

'Oké, laten we met die kerel over de prijs onderhandelen,' zei ik, en we draaiden ons om.

Beneden was Florin in een meningsverschil met zijn partner verzeild geraakt. Ik verstond lang niet alles, maar ik ving het woord *cascaval* op – dat kon 'kaas' of 'geld' betekenen.

'U krijgt nergens een meisje zo lang mee als bij mij,' zei hij. 'Twee maanden, tweeduizend euro.'

'Wat zijn de regels?' vroeg ik.

'Die zijn er niet. U mag doen wat u wilt. Twee maanden.'

'Voor tweeduizend euro? Dat snap ik niet, want u verdient anders ook in twee maanden geen tweeduizend euro aan haar. Het lijkt me veel te veel.'

'Zo veel is dat niet. Normaal levert ze me per nacht tweehonderd euro op.'

Liegen tegen *gadje*, buitenstaanders, is een oude Romatraditie. Zoals de politie het later reconstrueerde, betaalden al Florins klanten, waarschijnlijk mannen uit de buurt, de *peste* per keer zo'n 10 euro. Ze gingen er ook van uit dat het meisje per avond tussen de vijf en de twintig keer verkracht werd. Florins schatting klopte dus wel ongeveer, al was die aan de hoge kant.

'Vertel me eens wat meer over dit meisje. Ik koop liever geen kat in de zak,' zei ik.

'Ze is heel schoon. Een heel lief meisje – met haar krijgt u geen moeilijkheden. Ze doet alles wat u zegt. Alles wat u wilt.'

'Tweeduizend is wel veel,' zei ik.

'Nee, voor twee maanden is dat heel voordelig!' Het vooruitzicht van een grote transactie maakte de zakenman in hem wakker. 'Het is een heel lief meisje, ze is niet aan de drugs. En ze is erg goed in haar werk.'

'Iets anders dan?' stelde ik voor. 'Ruilen. Een motor – die is ongeveer evenveel waard.'

'Een auto misschien. Geen motor. Een goeie auto.'

'Een Dacia?' opperde ik – het nationale merk.

Florins ogen begonnen te stralen.

'Maar alleen als ik haar voor drie maanden kan kopen,' voegde ik eraan toe. 'Vijftigduizend kilometer op de teller.' De auto die ik beschreef, zou bij de juiste omkatgarage zo'n 1500 euro kosten.

'Oké,' zei Florin. Voor het eerst grijnsde hij zijn smerige tanden bloot.

'Even een paar belletjes plegen,' zei ik. 'Mag ze mee naar het buitenland?'

'En als je me dan met mijn ogen in de zon laat staan?' zei hij – een Roma-uitdrukking voor 'iemand laten zitten'. 'Hoe weet ik dat je haar weer terugbrengt? Je moet een borg storten. Maar ik kan wel een Roemeens paspoort voor haar regelen.'

Ik gaf hem een hand en we liepen terug naar de auto. Toen we wegreden, zette Ion de muziek uit. We zakten allemaal in. Eindelijk verbrak Alexandru de stilte.

'Wat was dat daar in godsnaam?'

Ik was nog helemaal verdoofd en gaf geen antwoord.

'Blond,' zei hij. 'Ja hoor. Britney Spears.'

Helemaal fout. Schokkend. Maar ik moest lachen. Om niet te huilen.

In het begin van de jaren negentig verbreidde de mensenhandel zich sneller dan welke vorm van slavenhandel in de geschiedenis ook. Ieder jaar werden 2 miljoen mensen ontworteld en tot slaaf gemaakt. Sommigen staken landsgrenzen over, maar velen ook niet. De mensenhandel liet de wapenhandel achter zich als de op één na winstgevendste bezigheid voor de grote en kleinere misdaadsyndicaten; per jaar ging er ongeveer 10 miljard dollar in om.

Vanwege die explosieve groei concentreerden de Amerikaanse, Britse en andere abolitionisten zich op de mensenhandel. Ondertussen kreeg de hedendaagse slavernij als geheel maar een fractie van de aandacht die ze verdiende. Dankzij de Horowitzcoalitie richtte de antislavernijbeweging van Washington zich voornamelijk op seksslavinnen, hoewel minder dan de helft van alle slaven en slavinnen tot commerciële seks werd gedwongen.[158]

Toen Florin zich bereid verklaarde een zwaar gehandicapte jonge vrouw – die herhaaldelijk had geprobeerd zelfmoord te plegen om aan de eindeloze verkrachtingen en martelingen te ontkomen – te ruilen voor een tweedehands auto, begreep ik de eenzijdige gerichtheid van de regering-Bush beter. Een inzicht dat met een vlaag misselijkheid gepaard ging.

Daarvóór dacht ik, net als veel van mijn collega's in de journalistiek, dat de verhalen over seksslavinnenhandel die de regering verspreidde, vooral sappige schandaaltjes voor kwijlende christelijke conservatieven waren. De slordige prognoses die de regering-Bush erbij leverde, maakten het er niet beter op. Na de tsunami van 2004 waarschuwde John Miller voor een hausse in kinderhandel. Tijdens de aanloop van de World Cup in 2006 meldden Chris Smith en de Southern Baptist Convention dat handelaars in Duitsland, waar prostitutie legaal is, op het punt stonden 40.000 vrouwen aan bordelen en mobiele verkrachtingseenheden te verkopen.

Aanvankelijk herhaalden de hijgerige verslaggevers dat allemaal kritiekloos. Toen bleken de voorspellingen niet te kloppen. Een vertegenwoordiger van het Bureau Mensenhandel voerde – verdedigbaar – aan dat 'onze publiciteitscampagnes hebben geholpen dit te voorkomen', maar Miller schaamde zich en de grote kranten en nieuwsprogramma's voelden zich voor gek gezet.

Niet uit het veld geslagen door sceptische eindredacteuren bleven een paar journalisten de gruwelberichten herhalen. In Groot-Brittannië hielden slavenhandelaars tweehonderd jaar na de afschaffing van de slavernij weer veilingen in openbare gelegenheden, waaronder een koffiebar in de aankomsthal van de luchthaven Gatwick, waar een Servische pooier het winnende bod uitbracht op twee huilende Litouwse tieners.[159] De meisjes dachten dat ze op hun eerste buitenlandse vakantie bij de vader van een vriendin gingen logeren, maar ze werden voor 3.000 pond per persoon aan de pooier verkocht. Terwijl de barista's de melk voor de cappuccino opschuimden, nam de winnende bieder de meisjes van achttien en negentien mee naar Sheffield. Daar verkocht hij er een meteen met winst door en verkrachtte hij de andere met veel geweld alvorens haar in de prostitutie te werk te stellen.

In Turkije schoten handelaars vier Roemeense meisjes dood omdat ze weigerden het met paarden te doen.[160] In Rome werd een Roemeense slavin door haar pooier elke avond het ijskoude water in gejaagd als ze niet genoeg had verdiend.[161] Vrouwen uit het zusterland van Roemenië, Moldavië, verging het al net zo slecht, en in nog grotere getale. In 2001 stond in *Time* dat 'toen Marina, een vijfentwintigjarige vrouw uit Chişinău, in Budapest door een zekere Ivo, een potige Bosniër, werd afgehaald, zei hij tegen haar dat ze te lelijk was voor de prostitutie en misschien bij een verkoop per kilo voor haar organen nog iets opbracht.'[162] Anderen werden in ondergrondse kooien opgesloten en kregen soms maandenlang geen daglicht te zien.

Leden van Albanese netwerken die vrouwen via voormalig Joegoslavië naar het Westen exporteerden, stelden hun handelswaar bij de veilingen naakt ten toon terwijl potentiële kopers hen opporden als vee.[163] Sommige slavinnen uit Oekraïne werden onthoofd, levend begraven of onherkenbaar verminkt. De slachtoffers in de verslagen waren soms ontvoerd, soms gechanteerd met pornografische amateurbeelden en soms misleid, maar altijd met geweld tot prostitutie gedwongen. Ze mochten nooit een klant weigeren. Velen ondergingen massaverkrachtingen en gedwongen abortussen en werden besmet met hiv.

De sceptici wezen de verhalen nog steeds van de hand: ze zouden overdreven zijn en verdacht veel op elkaar lijken, maar de christelijke media behandelden ze als onthullingen. Horowitz wakkerde het vuurtje aan en president Bush had zijn mandaat om tegen de nieuwe slavenhandelaars op te treden.

Tatjana's weg naar de slavernij was niet ongebruikelijk, maar haar familie was ongewoon hecht. Ze zei dat ze 'fantastische ouders' had en haar leven was zo traditioneel, rustig en orthodox als in haar Oost-Europese vaderland (waarvan ik de naam in het belang van haar veiligheid niet zal noemen) in die roerige tijd maar mogelijk was. Als kind hoorde ze weinig over het Westen, maar de regeringspropaganda tegen het kapitalisme remde haar belangstelling niet af. Ze was een ambitieuze leerling, concurreerde op voet van gelijkheid met de jongens in haar klas en wilde journaliste worden.

Toen, zei ze, 'begonnen de moeilijkheden'. Haar familie had, net als de meesten van hun landgenoten, zwaar te lijden onder de economische chaos na de val van het communisme. Van het ene moment op het andere verdwenen twee nullen van alle bankrekeningen. In 1989 leefden in Oost-Europa 14 miljoen mensen onder de armoedegrens; tien jaar later waren dat er 147 miljoen.[164] Overheidsdiensten zoals de politie functioneerden niet meer. Plaatselijke maffia's vulden het vacuüm op. 'Als je een bedrijf wilt opzetten, komt er op een gegeven moment iemand langs om protectiegeld te eisen,' zei ze.

Toch bleef Tatjana hard studeren, en op haar eenentwintigste werd ze op de universiteit toegelaten voor geschiedenis en archeologie. Alles zag er hoopvol uit, en bovendien ontmoette ze tijdens een avondje stappen met vrienden een jongeman, Luben, met wie ze een relatie kreeg. Ze was op dat moment niet geïnteresseerd in een huwelijk en liet zich niet gauw het hoofd op hol brengen, maar van hem was ze onder de indruk. Hij was galant tegen haar ouders en bracht zelfs bloemen voor haar moeder mee.

'Hij was aardig, charmant, een gentleman – de ideale schoonzoon,' zei ze, 'maar dat was dan ook zijn werk.'

Destijds was het echter niet helemaal duidelijk wat Luben voor werk deed. Ze wist alleen dat hij er vaak voor naar Duitsland en Nederland moest en dat hij genoeg verdiende voor een dure auto en luxueuze etentjes in de hoofdstad. Maar Tatjana was opgevoed als een zelfstandig meisje en glamour interesseerde haar weinig, haar belangstelling ging uit naar intellectuele prestaties.

Haar bijbaantje bij een winkel in mobiele telefoons viel weg toen de vestiging moest sluiten, en nu kon ze haar studie niet meer betalen. Luben, met wie ze toen al een halfjaar ging, zei dat hij wel een baan als au pair in Amsterdam wist. Als ze een jaar lang voor de kinderen van een Nederlands gezin zorgde, zei hij, verdiende ze genoeg om haar hele verdere studie te kunnen bekostigen.

Tatjana's moeder vond het een alarmerend voorstel. Zij had de met Amerikaans geld gesponsorde posters en billboards gezien waarop werd gewaarschuwd voor mensenhandel. Maar Tatjana had een sterke persoonlijkheid en ze deed haar eigen zin, dus in het voorjaar van 2002 trof ze voorbereidingen om met Luben naar het Westen te gaan.

Er waren meteen al twee complicaties. Ten eerste was Lubens auto kapot. Tatjana vroeg aan haar vriend Sasja of ze met hem mee konden rijden, want hij moest toch naar Duitsland. Dat wilde hij wel doen, maar hij kon hen maar tot Frankfurt brengen.

De tweede complicatie was dat Tatjana, zoals velen in Oost-Europese landen waar de uitreismogelijkheden vóór de val van het communisme streng beperkt waren, geen paspoort had. Maar voor Luben was dat geen probleem. Er raakten ieder jaar twintig miljoen paspoorten zoek, en daarvan werd maar van een kwart aangifte gedaan bij de politie.[165] Hij regelde dus een paspoort van een ander land voor haar en verving de pasfoto van de oorspronkelijke eigenares door die van Tatjana.

Terwijl Tatjana de laatste bagage in Sasja's auto zette, gaf haar moeder haar een brochure van La Strada, een ngo die zich inzette tegen mensenhandel en waarschuwde tegen loverboys, jongemannen die hun vriendin onder valse voorwendselen het land uit smokkelden en haar dan als prostituee verkochten.

'Als er iets is,' zei ze tegen haar dochter, 'bel me dan.'

Tatjana was kwaad omdat haar ouders haar als een klein kind behandelden. Ze verfrommelde de brochure tot een prop en gooide hem uit het raampje toen ze wegreden.

De volgende avond zette Sasja hen af bij het station van Frankfurt. Toen Luben even naar de wc was, zei Sasja tegen Tatjana dat hij Luben niet helemaal vertrouwde. Maar Tatjana wuifde zijn bezorgdheid weg en bedankte hem voor de lift.

In de trein naar Amsterdam was Luben gespannen en afstandelijk. Toen ze het Centraal Station binnenreden, had hij al een hele tijd niets meer gezegd. Op het perron werden ze afgehaald door een gespierde kerel die zich voorstelde als Anton. Luben en Anton liepen voorop, dicht naast elkaar en druk discussiërend. Toen zei Luben tegen Tatjana dat ze even in de grote hal bij de loketten moest wachten. Hij vroeg of hij haar mobiel even mocht gebruiken, want de zijne had geen bereik. Terwijl ze stond te wachten, werd ze gebiologeerd door de nieuwe geuren, het uitzicht op het schone stationsplein, de modieus geklede mensen en de borden in het Engels en het Nederlands, twee talen die ze niet kende. Toen kwam Anton eraan, zonder Luben, en gaf haar haar telefoon weer terug.

'Ik heb heel wat kosten moeten maken om je hierheen te laten komen,' zei hij.

Tatjana schrok verschrikkelijk. Hij legde uit dat hij drieduizend dollar had moeten neertellen voor al die etentjes in restaurants, vervoer, het paspoort – zelfs voor de bloemen die Luben aan haar moeder had gegeven.

'Waar is Luben?' vroeg ze.

'O, maak je geen zorgen,' zei Anton. 'Die is vast vooruit gegaan, we zien hem wel in de flat.'

Ze dacht koortsachtig na en wilde haar vriend in Frankfurt bellen. Ze pakte haar telefoon en zag dat al haar opgeslagen nummers gewist waren.

Anton bracht haar naar zijn etage in het centrum van Amsterdam. Het was mei en bij alle bloemenstalletjes waren tulpen te krijgen. De Amsterdammers keken naar buiten door de ramen van hun lage woonboten in de grachten of uit de oude grachtenhuizen. Tatjana was wit weggetrokken van angst en zag ze niet. Anton ging haar voor naar binnen, waar nog twee andere Oost-Europese meisjes waren. Inmiddels hoefde ze er niet meer aan te twijfelen wat haar was overkomen.

'Je moet dat geld terugbetalen,' legde Anton uit. 'Zo zijn de regels. En dat kan alleen als prostituee. Je bent nu van mij. Ik ben de baas.'

'Ik was gewoon verkocht, als een stuk vlees,' zei ze later.

Ze greep weer naar haar telefoon, ditmaal om haar ouders te bellen, want hun nummer kende ze natuurlijk uit haar hoofd.

'Als je je ouders belt of probeert weg te lopen,' zei Anton, 'zal je familie daaronder lijden.'

Hij gaf haar een fles wodka, sloot haar op bij de andere meisjes en ging weer weg. Doodsbang ging Tatjana naar de badkamer, deed de deur op slot. In het douchehokje dronk ze huilend de fles leeg.

Lubens werk zat erop. Tatjana's droom was in één uur omgeslagen in een symfonie van ellende. En dit was pas het eerste deel van die symfonie.

Over de hele wereld worden de meeste seksslavinnen, ook de meisjes in het bordeel van Florin in Boekarest, onder de radar van de overheid gehouden. Soms zijn het illegale buitenlandse meisjes die bang zijn dat ze het land uit worden gezet en leven in een subcultuur binnen een subcultuur. Zo verging het ook de Nigeriaanse slachtoffers van mensenhandel die ik sprak in de Amsterdamse Bijlmer, waar veel West-Afrikanen wonen. Soms leven slachtoffers al generaties lang in hetzelfde land, maar vormen ze een staatje in de staat.

'In Romagemeenschappen is het moeilijk de wet te handhaven,' zei Alina Albu, een van de meest succesvolle officieren van justitie die in Roemenië tegen mensenhandel optreden. Net als Petrică Rătsjită was ze jong, zeer vaderlandslievend en toegewijd aan het recht, ongeacht de risico's die ze daarbij liep. Maar ze nam ook geen blad voor de mond over de tekortkomingen van de wetshandhaving in haar land. Hoewel het aantal Romamensenhandelaars explosief was gestegen, waren er geen Romapolitiemensen die een speciale opleiding hadden gehad om in hun eigen gemeenschap te werken. Romaslavenhandelaars waren bijzonder gewelddadig en ongrijpbaar, zoals Albu uitlegde na mijn verhaal over Florin. 'Ze hebben hun eigen wetten. De slachtoffers werken ook niet mee. De handelaars zijn gewelddadiger dan andere Roemeense mensenhandelaars. Dat zit in hun cultuur, in hun bloed.'

Stel dat de politie een inval deed in Florins bordeel en de meisjes meenam naar een opvanghuis. Dan zou hij ze binnen een dag terug kunnen hebben als hij volhield dat hij de voogd was van het verstandelijk gehandicapte meisje en zijzelf zo getraumatiseerd was dat ze niet kon getuigen. Onder de Roemeense wet heeft de overheid geen zaak als het slachtoffer geen aangifte doet, zelfs niet met het bewijs dat ik met mijn opnameapparatuur had verzameld. 'Als ik de rechtbank geen aangifte van het slachtoffer kan laten zien,' zei Albu, 'kan ik niets beginnen.'

Het overhalen van het slachtoffer om te getuigen was het moeilijkste obstakel bij de vervolging van slavenhandelaars. De ellende begon al bij het contact met de politie, die prostituees niet als slachtoffers, maar als uitschot behandelde. Vervolgens moesten vrouwen die waren verkracht en tot slavin gemaakt door een man die ze aanvankelijk vertrouwden, zich overgeven aan een rechercheur die ze nog nooit hadden ontmoet. Daar kwam nog bij dat de Roemeense politie tientallen jarenlang het rotste element in een door en door verrotte staat was geweest. En dat in Roemenië de officier van justitie zich opstelt als 'objectief' onderzoeker en niet, zoals in Amerika, als jurist die het staatsbelang behartigt inzake de criminele activiteiten van de verdachte. En dat pooiers tegen hun slachtoffers zeggen dat zijzelf of hun familie worden afgemaakt als ze met de politie praten. En dat de beschaamde klanten, die voor hun rol in het geheel nooit worden bestraft, zelden een verklaring afleggen, zelfs niet als getuigen.

Dit alles in aanmerking genomen was het een wonder dat Albu ooit een zaak won. Het feit dat de politieke leiders zich gedwongen zagen het probleem te erkennen, schreef ze toe aan de druk die vanuit Amerika werd uitgeoefend: mensenhandel werd pas strafbaar gesteld nadat het Bureau Mensenhandel Roemenië in Categorie Drie had geplaatst. Sindsdien zorgden Amerikaanse coaches – FBI-agenten en attachés van het ministerie van Justitie – voor begeleiding. Maar de vasthoudendheid van Albu zelf kwam door een persoonlijke roeping.

'Ik heb een dochter,' zei ze.

De dag na het onderzoek naar het bordeel van Florin reden Alexandru, Petrică Rătsjită en ik naar een extra beveiligde gevangenis tien kilometer ten zuiden van Boekarest om met Florian Costache te praten, een grote mensenhandelaar die voor Nutu Cămătaru werkte, de grootste vis die Alina Albu's collega's hadden binnengehaald. Vrouwenhandel in het klein had ik van dichtbij gezien. Nu wilde ik iemand interviewen die er miljoenen aan had verdiend. Maar Cămătaru, die in dezelfde gevangenis zat, wilde niet praten: twaalf dagen geleden was zijn advocaat tot dertien jaar veroordeeld omdat hij een half miljoen dollar van het stadsbestuur van Boekarest had verduisterd.

Te midden van een kale vlakte die bezaaid was met keien en zwerfvuil lag de extra beveiligde gevangenis Jilava. De inrichting was oorspronkelijk gebouwd als kazerne voor 500 soldaten, maar was nu een krioelende mierenhoop met 3.000 gedetineerden, zowel kleine criminelen als seriemoordenaars. Boven op de kale betonnen muren waren glasscherven en roestig prikkeldraad aangebracht en er waren wachttorens met gewapende bewakers. De bewakers waren berucht om hun sadisme en hadden onlangs nog een Romatienerjongen doodgeslagen.[166] De mascati hadden hardhandig een eind gemaakt aan een aantal hongerstakingen, bedoeld om een betere behandeling af te dwingen.

Het Roemeense woord *jilava* betekent 'nat gebied', en iedereen die in de zomer de gevangenis rook, begreep meteen waarom die zo heette. De inrichting was op een stinkend moeras gebouwd en de muren en vloeren van de cellen waren beschimmeld en slijmerig.[167] De gedetineerden deelden hun kooien met ratten, muizen en kakkerlakken. Daardoor kregen ze luis en schurft. Door het schrijnende cellentekort moesten de gevangenen, die in veel gevallen nog in afwachting waren van hun proces, vaak met anderen in één bed slapen. Zo besmetten ze elkaar met verschillende ziekten.

We werden ontvangen door een bezwete bewaker die tot halverwege zijn borst gebruind was, in een V-vorm; kennelijk knoopte hij zijn overhemd nooit helemaal dicht. Hij ging ons voor, langs de eerste bewakingspost, naar een met keien bezaaide binnenplaats waar twee kreupele, uitgeteerde honden naar eten liepen te zoeken. De bewaker was spraakzaam en zei heimwee te hebben naar de tijd van Ceauşescu, toen de gevangenis voor het laatst gemoderniseerd was. Ik vroeg hem naar de sociale pikorde. Het was geen verrassing dat de pedofielen – onder wie ook een aantal buitenlandse sekstoeristen – helemaal onderaan stonden.

'Het is hier een orthodox land, dus ze hebben het zwaar,' zei hij grijnzend. 'Ze worden meisjes.'

'En wie staat er bovenaan?'

'Cămătaru.'

Nutu en Sile Cămătaru waren de *noms de guerre* van Ion en Vasile Balint, de grootste Roemeense slavenhandelaars sinds de Ottomaanse tijd. Zoals alle belangrijke maffiabazen kwamen ze niet uit een machtige familie, maar hadden ze zelf de macht gegrepen. De broers waren Roma, dus ze behoorden in Roemenië tot een minderheid, maar niet in hun eigen buurt, de wijk Ferentari, die plaatselijk bekendstond als *Ghetoulanda* – Gettoland. Ferentari stond vol met Ceauşescu's monolithische flatgebouwen. De meeste flats waren onverwarmd en vele waren uitgebrand doordat de bewoners hadden geprobeerd zich op de oude Romamanier warm te houden. Er was nauwelijks openbaar vervoer en taxichauffeurs weigerden ritjes naar deze buurt. Stelen was een populaire manier om te overleven. De verkoop van drugs en vrouwen was een vanzelfsprekendheid om aan dat leven te ontkomen.

De Cămătarii waren allebei gezegend met het postuur van een beer en wonnen als puber moeiteloos bij gevechten met hun leeftijdgenoten. In hun puberteit waren ze toegewijd gaan bodybuilden en hadden ze van hun moeder, Smaranda Stoica, in de buurt liefkozend 'Mimi de Woekeraarster' genoemd, geleerd hoe je knieschijven kapottrapt. Maar in hun tijd bij het Franse Vreemdelingenlegioen kregen de broers te zien hoeveel geld ze konden verdienen met de verkoop van Roemeense vrouwen, van wie werd gezegd dat ze de mooiste van het hele continent waren. Als legionnairs bestudeerden zij en andere grote mensenhandelaars zoals de Serviër Milorad Lukovic van dichtbij de samenhang tussen seks, geld en geweld. Na hun terugkeer in Roemenië beschikten ze over de kennis en de vaardigheden die ze nodig hadden om een imperium op te bouwen. En misschien het belangrijkste: ze waren ook gewelddadig.

De broers maakten gebruik van 30 miljoen met woeker verdiende dollars en een solide crimineel netwerk om de drugsbende van een rivaal over te nemen en diens betrekkelijk bescheiden sekshandel uit te bouwen tot een organisatie die elk jaar honderden slavinnen naar West-Europa exporteerde. Op straat stonden de broers, die vrouwen naar Frankrijk, Italië, Spanje en andere landen stuurden, bekend als de godfathers van de Roemeense mensenhandel, en dat imago cultiveerden ze. Maar ze waren niet de enigen.

De Roemeense slavenhandel was een zeer succesvolle onderneming en had wel duizend vaders. En daarvan ging ik er nu een ontmoeten.

'Ze zijn bliksemsnel,' zei de bewaker toen hij mijn tas nogmaals doorzocht. 'Geef ze geen pennen of scherpe voorwerpen. Pas op met batterijen. Raak ze niet aan als ze naar je toe komen. Als ze je iets willen geven, neem het dan niet aan. Succes.' Van achter het kogelvrije glas zond hij ons een snelle grijns toe en toen deed hij de deur open. We liepen langs de laatste bewakers met kalasjnikovs naar een groot, roestig metalen hek. Aan de andere kant daarvan schreeuwden de gedetineerden in hun cellen.

Ceauşescu had van Jilava de meest angstaanjagende plek van heel Roemenië gemaakt. Hij propte wel 80 gevangenen in één cel en sommige cellen lagen zes meter onder de grond.[168] Veel gedetineerden kregen nooit daglicht te zien. Van zijn 400.000 politieke gevangenen werden de meest vooraanstaanden hier vastgehouden. Er waren een paar uitzonderingen, maar tegenwoordig waren de meeste gedetineerden van de gewelddadige soort.

Het hek knarste open en we liepen de vuile centrale binnenplaats op. Een gedetineerde gooide een homp brood naar ons. Een andere liet een dichtgebonden zak omlaag zakken naar zijn onderbuurman. Een bewaker bracht ons naar een vertrek dat was ingericht als de kamer van een mentor, maar dan met gecapitonneerde deuren.

Florian Costache kwam binnen. Een donkere man met lang zwart haar dat aan de zijkanten was weggeschoren en in een paardenstaart op zijn rug hing. Hij had een verzorgd sikje en zijn onderkaak stak arrogant naar voren. Zijn bouw en zijn houding waren die van een bantamgewichtbokser en de mouwen van zijn strakke zwarte T-shirt waren opgerold, zodat je zijn met een scheermes gemaakte tatoeages zag. Ondanks zijn bluf, of misschien juist daardoor, was het niet moeilijk hem aan het praten te krijgen. Hij was handig in het rekruteren van jonge vrouwen, hij brak hun wil en verkocht ze dan bóven de marktwaarde. Zo was hij een van de grootste geld-verdieners van de Cămătaru-clan geworden. 'Ik ken Nutu Cămătaru,' pochte hij. 'Dat is een vriend van me.'

Costache was in 1975 geboren en in Bulgarije, Hongarije en Roe-menië opgegroeid. Zoals veel Roma trok ook zijn familie zich wei-nig van landsgrenzen aan. Zijn ouders verkochten bloemen, van-daar ook zijn voornaam. 'Mijn ouders waren geen dieven,' zei hij uit zichzelf. Hij ging er blijkbaar vanuit dat ik het wijdverbreide vooroordeel over zijn volk deelde.

Het familiebedrijf was uiteraard niet erg solide, vooral niet na de economische kaalslag door de revolutie. Hij had een afkeer van drugshandel, zei hij, dus in 1993 had hij zichzelf de op één na lu-cratiefste broodwinning aangeleerd. 'Met vrouwenhandel kon je makkelijk veel geld verdienen en de pakkans was niet groot,' zei hij. 'Ik had wel kunnen gaan stelen, maar dat heb ik niet gedaan.'

Aanvankelijk was hij alleen pooier, hij verkocht zijn meisjes nog niet. Hij had een goede neus voor dit werk en praatte met buren en familie om erachter te komen welke meisjes thuis problemen hadden of wees waren. De meeste meisjes waren vijftien, zestien jaar. Eentje was al vierentwintig, maar die was er niet zo makkelijk onder te krijgen. De jongste was veertienenhalf. 'Maar ze was groot voor haar leeftijd,' zei hij.

De meisjes kwamen uit Botosani, een economisch achtergestel-de provincie in het noordoosten, bij de Moldavische grens. In een streek waar jonge mensen voor drieduizend dollar hun nieren verkochten en bijna alle gezinnen gebukt gingen onder alcoholisme en huiselijk geweld was het niet moeilijk wanhopige jonge meisjes te vinden.

Costache plaatste zijn meisjes meestal in clubs of op straat in het centrum van Boekarest. Sommige vrouwenhandelaars namen hun toevlucht tot botte ontvoering, maar Costache gebruikte, zoals de meesten, de zachte aanpak om daarna met de harde realiteit op de proppen te komen.

'We lokten de meisjes uit Botosani mee naar Boekarest door ze een baan te beloven als serveerster of zoiets. We hadden ook echt een bistro in Boekarest en de meisjes bedienden daar aan tafel. Maar ze moesten ook met de klanten naar bed.'

In het begin verzetten de meisjes zich. Sommigen wisten waarschijnlijk al dat ze in de prostitutie terecht zouden komen, maar daar ging Costache nooit expliciet op in. 'Als ik ze vertelde dat ze hoer werden, zei ik erbij dat ze anders weer naar huis konden gaan. Maar dat wilde niemand. Ik zei dat ze over een paar weken een beter leven zouden hebben dan ze ooit hadden kunnen dromen. Mooie kleren, oorbellen. Je moet het een beetje slim aanpakken, snap je, dan wíllen ze uiteindelijk niet eens meer weg. Dan zijn ze gewoon van jou.'

Ze gingen er nooit uitdrukkelijk mee akkoord dat ze zich in slavernij begaven, maar toch gebeurde dat. En niemand liep ooit weg. In Botosani en het nabijgelegen Neamt ging hij te werk volgens het Soedanese gezegde 'slaven gebruiken om slaven te vangen'. Hij stuurde ervaren meisjes naar die streken om nieuwe meisjes te rekruteren die op school een paar klassen lager hadden gezeten dan zij.

Was hij een vaderfiguur voor de meisjes? 'Nee,' zei hij, 'eerder een vriendje.' Hij trainde de meisjes zelf, zei hij. Hij verkrachtte ze en had er zelfs een zwanger gemaakt. 'Soms zijn ze bang. Er waren meisjes bij die niet wilden pijpen,' zei hij. 'Dus dat leerde ik ze dan.'

Hoeveel van het verdiende geld mochten de meisjes zelf houden? 'Niets. Ze wilden trouwens helemaal geen geld,' beweerde hij. 'Ik gaf ze wel wat als ze het nodig hadden. Maar ik zorgde voor onderdak, kleren, eten, condooms en bescherming.'

Waren er weleens meisjes die moeilijkheden maakten? 'Soms.'

Hoe loste hij dat op? Hij grijnsde breed en hief zijn vuist.

In 1995 liep hij in een politiefuik. Dat was de eerste en meteen ook de laatste keer dat hij een meisje zelf naar een klant bracht. 'Opeens waren er overal mascati.'

Omdat mensenhandel toen nog niet als misdrijf werd aangemerkt en Costache nog in het klein opereerde, kreeg hij zeven maanden wegens souteneurschap. Hij was toen twintig en beschouwde de gevangenisstraf als een overgangsritueel, hij was nu een man die het respect van zijn gelijken had verdiend.

Terwijl Costache in de gevangenis zat, vonden grote veranderingen plaats in de Roemeense onderwereld. De Cămătarii consolideerden hun greep op illegale ondernemingen. Kleinere bendes waren niet bereid hun lucratieve markt op te geven, en terwijl in andere delen van Boekarest hevig werd gevochten, werd de wijk Ferentari een oorlogsgebied.

Toen Costache vrijkwam, was hij zo slim zich bij de broers aan te sluiten. Hij verkocht zijn mooiste meisjes aan Angela Stoica, de zuster van Nutu en Sile, die de handelsoperaties regelde. Costache maakte snel carrière in de clan en werd uiteindelijk, zoals hij zei, 'de tweede, derde of misschien vierde man'.

Met volledige instemming van de Cămătarii begon Costache nu ook internationaal uit te breiden. Indertijd werden drie van de vier Roemeense seksslavinnen via Timisoara naar het westen gebracht, over de Transsylvaanse Alpen en dan door de IJzeren Poort de Donau over naar Servië, waar de verhandelde vrouwen werden 'getemd', zoals de Canadese journalist Victor Malarek het noemt.[169] Costache ontsloot een eigen noordwestelijke route. Hij had nooit moeite gehad met het regelen van valse paspoorten en visa voor de vrouwen, en de grenspolitie was voor een vergoeding bereid een oogje dicht te knijpen. 'Het begon eind 1996,' zei hij. 'We breidden uit naar Hongarije, waar ik familie heb. In Boedapest kocht een grotere Russische organisatie (ROC, *Russian Organised Crime*) de

vrouwen op. De prijs werd bepaald op grond van uiterlijk en ervaring. Vervolgens verkochten de Russen de vrouwen aan een van
de honderden ROC-vestigingen in bijna zestig landen.[170] Vaak werden de meisjes vijf, zes keer doorverkocht. Slavernij is de duistere
kant van de commerciële seks – een wereldwijde bedrijfstak waarin meer dan 100 miljard dollar omgaat – en de meisjes van Costache kwamen uiteindelijk in verre uithoeken terecht. Sommigen
gingen naar Amsterdam, anderen naar Israël. ROC-vestigingen in
Vladivostok sluisden vrouwen door naar Japan en naar de mega-
seksmarkten in Zuid-Korea.

In 1997 verdiende Costache opeens voor het eerst van zijn leven
geld als water. Toch had hij plannen om zijn activiteiten nog verder
uit te breiden, tot aan de uiteindelijke verkooppunten, waar de
winsten gigantisch waren. Een pooier aan het eind van de lijn kon
twintig keer zoveel verdienen als hij voor een meisje had betaald,
door haar de straat op te sturen en haar te dwingen meer dan
vijftien klanten per avond af te werken.[171] Daarna, als het meisje
tenminste fysiek niet zo erg was mishandeld dat haar schoonheid
eronder leed, kon hij haar voor een nog hogere prijs doorverkopen,
omdat hij haar had afgericht en haar wil had gebroken, zodat toe-
komstige kopers die moeite niet meer hoefden te doen. Uit een
Nederlands onderzoek uit 2003 bleek dat een gemiddelde seksslavin haar pooier per jaar 250.000 dollar opbracht.[172]

Costache stak zijn gigantische winsten in een piratenradiozender
en vervolgens in een website waarop mannen over de hele wereld
zijn meisjes konden boeken. Zijn eerste internationale klanten
zaten in Azië. Al snel bestond het grootste deel van de clientèle uit
Duitsers en Italianen. In Boekarest bracht een goed meisje op een
gemiddelde avond 200 dollar in. Costache was trots op zijn goede
service en zag erop toe dat de vrouwen die voor hem werkten precies deden wat de klant verlangde. Een enkele keer had een meisje de dure telefoon van een klant gestolen. Costache had er altijd
voor gezorgd dat de klant zijn telefoon terugkreeg en dat het meisje werd bestraft.

Costache verkocht zijn meisjes niet alleen op de internationale veilingen, maar ook in Boekarest. In de buurt van het Intercontinental verkocht hij verschillende meisjes voor 2.000 dollar per stuk aan plaatselijke pooiers. Soms wilde een klant een meisje kopen. Vooral een Duitser was bijzonder vasthoudend. Maar Costache verkocht alleen aan de beroeps.

Waarom wilden die klanten een bepaald meisje kopen? 'Omdat ze goed beviel,' antwoordde hij met een glimlach, 'maar zeker weten doe je het nooit.'

Intussen legden de broers de Roemeense onderwereld vanuit hun hoofdkwartier in Ferentari een *pax Cămătaru* op. Kleinere criminelen leerden al snel wie de baas was. Wie een vrachtwagen met dertig laptops had gestolen, gaf er vijf aan de Cămătarii. Als Costache de hand had weten te leggen op een echt beeldschone *dime bitch*, dan wist hij dat hij haar aan de Cămătarii moest verkopen en niet aan zijn Russische kopers. Een andere bedrijfstak waarmee de Cămătarii zich bezighielden, was witwassen. Het geld van Costache was niet moeilijk wit te wassen, want alles wat zijn meisjes voor hem verdienden, werd ondershands betaald. Anders dan in de drugshandel, waarin een grote transactie een half miljoen kon opleveren dat vervolgens netjes weggewerkt moest worden, waren de inkomsten van Costache goed verspreid en moeilijk te traceren.

Het witwassen gebeurde uitsluitend uit voorzorg. In die vredige tijd maakte Costache zich niet erg druk over de mogelijkheid dat hij gepakt werd. 'Er was toen nog niet zoveel politie,' legde hij uit. 'En ik was er trouwens ook niet bang voor. Ik kon mijn bitches vertrouwen. Om mij te pakken, moesten ze heel wat bewijs verzamelen. Ze hadden me echt op heterdaad moeten betrappen.'

De Cămătarii staken Costaches winsten uit de sekshandel in drugs, wapens of wat hun Russische collega's 'matroesjka-bedrijven' noemden: reguliere ondernemingen waarin, net als bij de Russische poppen waarnaar ze waren vernoemd, laag na laag talloze bedrijfjes verstopt zaten.[173] Maar de Cămătarii zelf, die in 2003 meer dan 50 miljoen dollar bezaten, verstopten zich bepaald niet. Ze reden in speciaal gebouwde Humvees door Boekarest. Op het terrein rond hun gigantische witte villa hadden ze een complete illegale dierentuin, weelderige tuinen en een renbaan.

Ze leverden voortdurend kopij op voor de Roemeense media, die dol zijn op alles wat met misdaad te maken heeft. De roddelpers vermeldde de ene charmante verovering na de andere, totdat Nutu uiteindelijk een rondborstige blonde actrice ten huwelijk vroeg. Voor de andere Roemeense criminelen waren zij het grote voorbeeld. En het grote doelwit. In 1998 barstte weer een onderwereldburgeroorlog uit tussen de Cămătarii – die nu over een vijfhonderd man sterk leger beschikten – en rivaliserende benden. Costache legde uit dat de Roemeense mensenhandel een soort schaakspel was geworden. Soms bevochten de hogere stukken elkaar met messen en honkbalknuppels, maar meestal speelde de strijd zich op het pionnenniveau af. Een paar van zijn vrouwen werden op straat ontvoerd door rivaliserende benden. Als een meisje veel geld opbracht, betaalde hij losgeld voor haar of ontvoerde hij bij wijze van vergelding een meisje van de ontvoerders. Soms arresteerde de politie meisjes namens Costache of zijn vijanden. Als de hermandad zijn activiteiten op de pooiers had gericht, zou dat tot escalatie hebben geleid, dus de politie en de rivalen namen alleen vrouwen mee, wat een boodschap aan de tegenpartij inhield, maar in feite vooral beslaglegging op bezittingen was.

Rond die tijd braken overal in Europa vergelijkbare conflicten uit, vooral op de Balkan, waar de aanwezigheid van de vredestroepen van de vn garant stond voor gigantische winsten. Een Albanees syndicaat kwam met een revolutionaire oplossing: de vrouwen kregen hun logo getatoeëerd om diefstal te ontmoedigen.[74]

In 2001 drong Costache dieper in de Japanse miljardenmarkt door en stuurde bedrijfsleiders naar het land om ter plaatse de prostitutienetwerken te organiseren. Weer bleek hij de juiste man op de juiste plaats en op het juiste moment te zijn. Na intensieve onderhandelingen met de botte John Miller had de Japanse regering het aantal visa voor arme Filippijnse 'entertainers' – volgens Miller een 'zieke grap' – bijna gehalveerd. De *yakuza* – de Japanse maffia – deed zijn uiterste best om de bordelen in eigen hand te houden, maar Costache en de ROC-syndicaten, die meisjes leverden die in Japan exotisch werden gevonden, vulden al snel het gat in de markt.

Voor de Cămătaruclan waren het mooie tijden. 'Ik had altijd geld,' zei Costache. 'Ik had altijd meisjes. Ik verdiende een vermogen en had mooie auto's. Ik had een prachtig huis en schitterende boten.'

Maar de Cămătarii hadden ook een vijand die al jarenlang plannen uitbroedde om hen te vernietigen.

Westerse diplomaten schreven de val van de Cămătarii toe aan een Amerikaans initiatief. Op de tiende verdieping van het enorme parlementsgebouw ging het South-East European Cooperation Initiative (SECI) met een Amerikaanse subsidie van een half miljoen dollar van start. John Miller verwachtte er zeer veel van. Tweemaal per jaar kwamen Interpol en Amerikaanse en West-Europese waarnemers bijeen met politiebeambten van tien landen in de regio om het optreden tegen mensenhandelaars te coördineren.

In september 2002 zette het SECI de 'Operatie Mirage' op, een poging om de regionale mensenhandelsnetwerken op te rollen. De operatie werd beschouwd als het moderne equivalent van de negentiende-eeuwse Britse acties op zee waarbij tienduizenden slaven werden bevrijd. In plaats van slavenschepen overviel de politie discotheken, motels, sauna's, straathoeken, zwakke grensovergangen en natuurlijk ook bordelen, massagesalons en nachtclubs. Operatie Mirage was het kroonjuweel van de Amerikaanse slavernijbestrijding. In juni 2003 kondigde de baas van John Miller, Paula Dobriansky, aan dat de Verenigde Staten in Albanië 'een reeks rigoureuze maatregelen zouden steunen, waaronder de Delta Force, een snelle overvaleenheid om mensenhandelaars te onderscheppen.'[75]

Op papier zag het er prachtig uit, maar in werkelijkheid werden door Operatie Mirage maar weinig slaven bevrijd. Onderzoekers spraken 13.000 vrouwen en kinderen en identificeerden 831 mensenhandelaars in de seksbranche, maar omdat niet duidelijk was aangegeven wanneer iemand precies slaaf of slavin was, konden ze maar 63 slachtoffers bijstaan.[176] De Roemeense staatsopvanghuizen waren doorgaans leeg. Veel van de bevrijde slavinnen werden gewoon naar huis gestuurd. Hoewel de USAID een paar campagnes financierde om dorpsbewoners tegen mensenhandel te waarschuwen, en de Britse regering logistieke steun aan plaatselijke overheden verleende, was er geen organisatie of overheidsinstantie die het soort praktijkgerichte economische en psychologische ondersteuning verleende dat nodig was om te voorkomen dat bevrijde vrouwen opnieuw werden verkocht.

Operatie Mirage slaagde er wel in een aantal slavenroutes af te sluiten, en onder druk van de VS vonden er misschien subtiele, bijna onmerkbare veranderingen plaats in de manier waarop de handelaars hun eigendomsrechten uitoefenden. Costache beweerde zelfs dat hij zijn meisjes door de nieuwe wet tegen de mensenhandel uit 2001 humaner was gaan behandelen. 'Het was niet meer echt slavernij of gedwongen tewerkstelling,' zei hij met een raadselachtige glimlach. 'Het werd eerder een soort partnerschap, zou je kunnen zeggen.' Maar Costache schreef de ondergang van Nutu en Sile Cămătaru toe aan heel iemand anders dan John Miller, van wie hij nog nooit had gehoord.

Die ander was Fane Spoitoru, een vroegere godfather die een politieman zwaar had verminkt, wat tot zijn eigen ondergang en de opkomst van de gebroeders Cămătaru had geleid. Spoitoru was na de aanval naar het buitenland gevlucht en in 1997 door een Roemeense rechtbank bij verstek veroordeeld. Nadat hij op 22 juli 2000 eindelijk uit zijn schuilplaats in Canada was verdreven, werd hij bij zijn terugkeer in Boedapest gearresteerd.

Na een korte gevangenisstraf ging Spoitoru weer door met zijn activiteiten, geholpen door hooggeplaatste functionarissen die hem geld en gunsten verschuldigd waren. Hij wilde weer de baas worden in Boekarest, en dat hield in dat de Cămătarii geliquideerd moesten worden.

Op 7 januari 2002 hadden de gebroeders een aantal grote spelers thuis uitgenodigd om te pokeren, onder wie de voormalige presidentskandidaat Gigi Becali, die meer dan 2 miljoen dollar in de activiteiten van de Cămătarii had gestoken.[177] De drank vloeide rijkelijk, maar zaken zijn zaken, dus Nutu bleef nuchter genoeg om te merken dat op zijn beveiligingscamera's twee Moldaviërs te zien waren die bommen onder zijn auto plaatsten. Hij beschuldigde een handlanger van Spoitoru. Ion Pitulescu, de politiecommissaris die zijn functie had neergelegd toen Spoitoru werd vrijgelaten,[178] noemde het gewelddadige conflict dat toen losbarstte 'de Derde Wereldoorlog'.

Het leger van de Cămătarii sloeg keihard terug, beukte het voetvolk van Spoitoru op straat in elkaar en ontvoerde zijn vrouwen. In februari 2003 gaf de overheid in Boekarest de politie opdracht bewijs tegen de Cămătarii te verzamelen, als reactie op het voortdurend escalerende geweld en volgens sommigen ook om Spoitoru te hulp te schieten, want die had betere hooggeplaatste contacten dan de gebroeders. Marian Sintion, een collega van Alina Albu, leidde het onderzoek. Hij tapte de lijnen van de Cămătarii af en zette rivaliserende bendes onder druk om voor bewijs te zorgen. Maar uiteindelijk werd het imperium door een opstandige slavin te gronde gericht. Sintion wist een dappere jonge vrouw over te halen een verklaring af te leggen over de tien jaar die ze in slavernij had doorgebracht nadat ze op haar zestiende op straat was ontvoerd.

In 2005 deden de mascati een inval bij Costache en de Cămătarii. Alles bij elkaar werden 32 mensen gearresteerd, voornamelijk pooiers en vrouwenhandelaars.

Het proces van de gebroeders werd een heel spektakel, want er bleken politiefunctionarissen van alle rangen bij hen op de loonlijst te staan. Nutu Cămătaru kreeg 9 jaar en zijn broer Sile 15. Ze werden veroordeeld voor een groot aantal verschillende misdrijven, waaronder afpersing, verkrachting, mensenhandel, vrijheidsberoving en mishandeling. Hun moeder kreeg 5 jaar. Costache ging 3 jaar de gevangenis in, het gemiddelde vonnis voor de tientallen mensenhandelaars die inmiddels in Roemenië vastzaten. 'Ik heb geen eerlijk vonnis gekregen,' klaagde Costache. 'Natuurlijk ben ik schuldig. Maar ik ben veroordeeld op grond van verklaringen van getuigen die ik niet eens ken.'

Ion Clamparu, de grootste handelspartner van de Cămătarii in West-Europa, is nooit gepakt. Maar het team van Alina Albu heeft in de loop van twee jaar wel zeven van zijn luitenants kunnen arresteren. In 2005 deed de politie in Spanje een inval in het huis van Clamparu, die honderden vrouwen had verkocht. Hij was echter getipt, en terwijl zij wachtten op het bevel naar binnen te gaan, glipte hij op pantoffels en in badjas naar buiten. Bij een kiosk vlak bij zijn huis kocht hij een krant. Toen stapte hij in een auto. En toen was hij weg.

Bij de huiszoeking vond de politie dvd's van alle drie de *Godfather*-films. 'Hij nam zijn werk in elk geval serieus,' zei Albu.

Op een mistige morgen in mei 2002 werd Tatjana in Amsterdam wakker met een ellendige kater. De ellende duurde echter langer dan de kater. Dit was haar eerste dag als slavin.

Die avond om zes uur kwam Anton terug. Hij deed de deur open en bracht haar naar haar nieuwe werkplek. Omdat ze een van de naar schatting 150.000 illegale buitenlanders in Nederland was, kon ze niet in de reguliere clubs of achter de ramen werken. Hij bracht haar dus naar de desolate tippelzone in het havengebied, een van de officiële zones die het Amsterdamse stadsbestuur in 1997 had ingesteld om het tippelen binnen de perken te houden.

Daar trof ze een hele menagerie aan van wel tachtig prostituees, onder wie Nederlandse verslaafden en transseksuelen en tientallen trillende illegale meisjes uit Oost-Europa. Ze stonden bij een rij abri's te wachten op de zakenlieden, studenten en zelfs wethouders die kwamen langsrijden om hun lichaam te huren.

Anton stopte bij een winkeltje, waar ook een douche voor de vrouwen was. Hij kocht condooms en zei haar wat ze moest doen. Als een auto voor haar stopte, moest ze zeggen: 'Vijfentwintig euro,' en dan instappen. Dan zou de klant naar het parkeerterrein rijden waar de afgeschermde afwerkplekken waren. Daar moest ze seks met hem hebben. Niet langer dan een kwartier, zei Anton. En niet met de klanten of met de andere meisjes praten. 'Als iemand je iets persoonlijks vraagt,' zei hij, 'dan herhaal je alleen de prijs.'

Zeven dagen per week, vierentwintig uur per dag, moest Tatjana beschikbaar zijn voor Antons escortservice. Elke avond moest ze in de tippelzone wel vijftien klanten afwerken. 'Je voelt je ellendig, je voelt je smerig,' zei ze. Er waren Nederlanders en buitenlanders bij. Sommigen waren verbonden aan het netwerk dat haar had gekocht. Bij zo iemand werd ze helemaal koud. 'Je weet nooit of het alleen voor je training is of voor iets anders,' zei ze.

Anton intimideerde haar, hij hield haar fysiek in bedwang. Maar haar wil heeft hij nooit gebroken. 'Ik zal hier wegkomen,' hield ze zichzelf voor.

Een keer moest ze op escort naar een hotel voor een klant die haar – hetzij uit ongemakkelijkheid, hetzij uit medelijden – niet verkrachtte. Hij gaf haar wel geld, want hij wist dat haar pooier dat zou eisen. 'Ik vind het vreselijk voor je,' zei hij. 'Laten we maar gewoon wat praten en iets drinken.'

'Er bestaan dus ook nog echte mensen,' dacht ze. 'Vergeleken met het volgende adres was het een verademing.'

Ze zag regelmatig politie in de tippelzone. Agenten van de Amsterdamse zedenpolitie mochten wel gebruik maken van de diensten van prostituees, zolang ze dat maar niet in uniform of in hun eigen district deden. Bij Tatjana knikten ze alleen als ze haar valse paspoort hadden gezien en reden dan weer door. 'Belachelijk,' zei ze.

De andere meisjes vertelden haar wat er zou gebeuren als ze de politie liet weten dat ze in slavernij werd gehouden. Dan werd ze uitgezet en naar haar eigen land teruggebracht. 'En als ik daar dan uit het vliegtuig zou stappen,' zei ze, 'zou ik worden opgewacht door de vrienden van de handelaars.' Een meisje uit Tatjana's vaderland wist met hulp van een klant te ontsnappen. Toen de handelaars haar thuis hadden opgespoord, vermoordden ze haar. De politie stelde geen onderzoek in. 'Zaak gesloten,' zei Tatjana.

Op de avond van 15 mei 2006 verzekerde de Roemeense minister van Binnenlandse Zaken, Vasile Blaga, het Europese Parlement dat zijn land de grenzen intensief bewaakte en al massa's mensenhandelaars had gearresteerd. Acht maanden later werden Blaga en zijn landgenoten beloond: ze mochten toetreden tot de EU. De vs, die druk hadden gelobbyd voor de toelating van Roemenië, konden hun argumenten kracht bijzetten door op Operatie Mirage en de actieve vervolging van slavenhandelaars in Roemenië te wijzen.

Ondertussen bleven de Cămătarii vanuit de gevangenis hun criminele netwerken aansturen. Maar omdat hun geld zo verspreid was, namen nieuwe rivalen de activiteiten een voor een over. 'Tegenwoordig dragen de Romazangers hun protectiegeld aan andere mensen af,' zei Marian Sintion, die met succes vervolging tegen de gebroeders had ingesteld.

Door regionale initiatieven werd de westelijke grens van Roemenië nu streng bewaakt, zodat de gebruikelijke handelsroute minder aantrekkelijk werd. Maar er ontstonden nieuwe doorgangsroutes, zoals altijd.

Vrouwenhandel is een veelkoppig monster. Sluit je één groot bordeel, dan gaan ergens anders twee kleinere open. Als je die twee sluit, beginnen de handelaars een escortservice. Arresteer je de slavenhandelaars langs de ene route of schiet je ze dood, dan vinden ze een nieuwe route waar de ambtenaren gemakkelijker om te kopen zijn. Saneer je de grenspolitie, dan verplaatsen de handelaars hun bezigheden naar de honderden kilometers lange onbewaakte grens in de bergen en de bossen. Rol een maffianetwerk op en er komen dertig kleine buurtnetwerkjes voor in de plaats.

Gedecentraliseerde mensenhandelcellen waren nu de trend in Roemenië, maar een aantal grootschalige netwerken bleef bestaan. Ion Clamparu stond weliswaar boven aan de lijst van de meest gezochte misdadigers, maar toch bleef hij jonge vrouwen als slavin uitbuiten. Hij vond ze onder de talloze Roemenen die nog steeds naar Spanje werden gesmokkeld – alleen al in de eerste vier maanden van 2006 waren dat er 60.000, verborgen te midden van de 30 miljoen buitenlanders in West-Europa.[79]

Costache zou kort na de toetreding van Roemenië voorwaardelijk vrij komen. Ik vroeg hem naar zijn plannen.

'Ik ga weer in de business,' zei hij.

Ik vroeg waar hij zijn vrouwen wilde gaan verkopen.

'Ver weg. In Spanje. Japan. In Roemenië is het momenteel te lastig.' Hij vertelde dat hij in Japan nog steeds twee vrouwen voor zich had werken.

'Maar in de gevangenis kunnen ze je geen geld sturen,' zei ik.

Costache glimlachte en zei niets. De bewaker die bij ons zat, gaf antwoord in zijn plaats. 'Jawel hoor, hij krijgt hier al zijn geld. Niet contant, maar hij heeft een rekening. Er is hier een winkel – ze moeten toch kunnen winkelen,' verklaarde hij, alsof het om een elementair mensenrecht ging.

Costaches vrouw, een gewezen prostituee, dreef zolang zijn zaken. Een paar meisjes werkten onder haar leiding en zij zorgde ervoor dat hij al het geld kreeg dat zij verdienden. Isabel Fonseca schrijft in haar schitterende boek *Begraaf me rechtop* dat het in de Roma-traditie streng verboden is gevangenen te verraden, en in de oude Romaliederen wordt de trouw van de echtgenote aan haar man die in de gevangenis zit lyrisch bezongen.[180] Costache was van plan naar zijn vrouw in Japan te gaan.

'Stuur je me een kaart?' vroeg ik.

Terwijl Costache zijn blik op het verre buitenland richtte, zag de groeiende Roemeense middenklasse in de toetreding tot de EU een aanleiding om eindelijk thuis te blijven. Helaas had de toetreding, net als in Hongarije, Tsjechië en Polen, weinig gevolgen voor de vrouwen in de arme dorpen in het oosten en het noorden van het land, of het moest zijn dat ze nu eerder als slavin in Boekarest terecht zouden komen dan in Londen. De zichtbaarste prostituees, zoals de meisjes in de lobby van het Intercontinental, wekten de meeste morele verontwaardiging bij het internationale publiek. Toch waren zij doorgaans geen slavinnen.

De meisjes in het bordeel van Florin trokken evenwel geen publieke aandacht. Zij hadden niets aan de Amerikaanse initiatieven. Hun vrijheid had geen pr-waarde. Het is mogelijk dat 'Britney Spears' erin geslaagd is zich te bevrijden op de enige manier die voor haar openstond, door een eind aan haar leven te maken.

Anders leeft ze nog steeds in de hel.

6

De nieuwe doorgangsroute

Om drie uur 's nachts werd hard op de deur van onze coupé gebonsd.

'*Politia!*' schreeuwde een douanebeambte.

Ik had Petrică Rătsjită ertoe overgehaald samen met mij de nieuwe doorgangsroute te verkennen: een mensensmokkelroute die in Moldavië begon, een land dat aan het noordoosten van Roemenië grensde, ooit de kleinste republiek van de Sovjet-Unie, maar tegenwoordig de grootste leverancier van seksslavinnen aan Europa.[181]

Van daaruit zouden we via het afgescheiden Trans-Nistrië naar Oekraïne gaan, en daarna over de Zwarte Zee naar Turkije. In Istanbul zouden we ons voordoen als mensenhandelaars die een aantal vrouwen wilden opkopen. We wilden zien in welke gebieden vrouwen werden geronseld om daarna naar de geïndustrialiseerde landen te gaan, waar ze aan vermogende klanten werden doorverkocht.

Voor doorgewinterde mensenhandelaars die contacten met corrupte ambtenaren onderhielden, was de route naar het Westen een peulenschil, maar voor ons zou het nog een hele klus worden. In Boekarest hadden we afscheid van Tatjana genomen en nu zaten we in de trein op weg naar Chişinău, de hoofdstad van Moldavië. De trein stamde nog uit de tijd van de Sovjet-Unie en zag er uitnodigend uit, met gelakte lambrisering, witte gordijnen en versleten oosterse tapijten. Petrică was niet onder de indruk en spoog op de grond toen hij de bordjes met cyrillische belettering zag.

'Communistentrein,' zei hij. Jonge Roemenen met een grondige minachting voor het verleden stelden communistisch gelijk aan achterlijk. Moldavië, het armste land van Europa, stond voor alles wat communistisch was.

Na een reis van acht uur werden we door de Roemeense politie in Iași uit de trein gezet, een flink aantal kilometers voor de grens. Dat was mijn schuld, omdat ik niet over het juiste visum beschikte. Eigenlijk had ik net als de meeste mensenhandelaars met de auto willen gaan, en zou ik bij de grens een visum kopen. Maar een week eerder had de politie mijn rijbewijs ingenomen omdat ik 180 kilometer per uur had gereden om op tijd op een afspraak te komen, nota bene met iemand van de plaatselijke recherche. Ik zei tegen Petrică dat het me speet, maar hij glimlachte, stak een sigaret op en begon nogmaals op het verleden te foeteren.

'Stomme communistentrein.'

We sleepten onze bagage naar de enige taxi die stond te wachten en lieten ons naar de grens brengen. De grenspost baadde als een pompstation in lichtgroen tl-licht. Onze taxichauffeur moest niets van Moldavië hebben en weigerde ons over de grens te zetten. 'Oppassen voor die meiden daar,' zei hij. 'En stap aan de andere kant niet zomaar in een auto. Russische maffia.'

Vijfenzestig jaar geleden lag hier geen grens. Moldaviërs en Roemenen spraken dezelfde taal, hadden dezelfde cultuur en etnische achtergrond, en vielen onder een en dezelfde regering, totdat Hitler en Stalin het niet-aanvalsverdrag van 1939 ondertekenden. Na 1989 klonken aan beide zijden stemmen om weer in één staat op te gaan. Ook de president van Roemenië was hier voorstander van, en hij had Moldavië kort voor onze aankomst opgeroepen zich bij Roemenië te voegen voordat dat land tot de EU toetrad. De dag na onze aankomst verklaarde de president van Moldavië dat daar geen sprake van kon zijn.[82]

Door die stellingname zou deze grens binnenkort niet langer slechts een scheidslijn tussen twee landen zijn, maar de nieuwe politieke grens van Europa worden. Nu al wapperden bij de eerste grenspost naast de Roemeense driekleur vlaggen van de EU en de NAVO. Aan het eind van de jaren negentig was dit de plek waar Moldavische vrouwen werden verkocht aan meedogenloze Albanese bendes, aan de Cămătarii of aan criminele organisaties die op kleinere schaal opereerden. Onder druk van Europa en Amerika voelde Roemenië zich genoodzaakt de grensbewaking te verscherpen om de doorvoer van seksslavinnen een halt toe te roepen.

Nu Petrică en ik hier om halfvier in de nacht stonden, kwam deze verscherpte grensbewaking ons niet zo goed uit. De jonge douanebeambte verbood ons te voet de resterende tweehonderd meter naar Moldavië af te leggen. We moesten wachten tot we een lift kregen. Er kwam een vrachtwagen aan, maar de chauffeur weigerde ons mee te nemen. Twee uur lang was dat het enige voertuig dat vanuit Roemenië de grens overstak.

De grensbewaker vroeg me wat sigaretten in de Verenigde Staten kostten. Toen ik zei dat ik niet rookte, vroeg hij me om wat chocola. Er kwamen twee zwerfhonden langs, en Petrică, die dol was op dieren, gaf ze alles wat we nog aan eten bij ons hadden. Om halfzes kwam een oude man met een rood gezicht op me afgestrompeld. Hij droeg een slappe hoed en had een enorme wodkakegel. 'Je bent een ridder op een wit paard, jongen,' zei hij, waarna hij slingerend zijn weg vervolgde.

Uiteindelijk, toen de oranje zon door de wolken probeerde te prikken, stopte een jongeman in een aftandse stationcar, die bereid was ons een lift naar Moldavië te geven. We werden bij de Moldavische grenspost staande gehouden door een forsgebouwde, autoritaire vrouw, die haar lippen onhandig gestift had om koortsblaasjes te maskeren. Ze bekeek mijn paspoort.

'Amerikaan?' blafte ze. 'Waarom heb je zo'n vieze broek aan?'

Ze wilde weten hoeveel geld ik bij me had en ging ons voor naar een blauw-wit douanegebouwtje, waar we op een visum moesten wachten. Twee uur lang sliepen we op de betonnen vloer in de hal en werden bijna lek geprikt door de muggen.

Om acht uur verscheen een consulaire ambtenaar, en een uur later stonden we opeengepakt in een gedeukt bedrijfsbusje, waar twee keer zoveel mensen in geprept waren als de bedoeling was. Zo gingen we op weg naar Chişinău. Vlak na de grensovergang konden de passagiers geld wisselen bij twee vrouwen, die stapels Moldavische leis bij zich hadden, een drukke vertoning met veel handgebaren. De meesten wisselden niet meer dan het equivalent van 5 dollar.

Tijdens ons ritje werden we bevestigd in ons idee dat het Moldavië economisch niet voor de wind ging. Sommige dorpen deden me denken aan Haïti, wat niet verwonderlijk was, want het bruto binnenlands product per hoofd van de bevolking was net zo laag als dat van Haïti en Soedan. In de dorpen viel het me op dat er meer paard-en-wagens dan auto's te zien waren, en dat er sowieso niet veel verkeer was. Er liepen heel weinig mensen op straat, en al helemaal geen jonge vrouwen. Sommige dorpjes bestonden uit niet meer dan een paar huizen met openstaande deuren, afbladderende verflagen, verroeste daken. Een miljoen Moldaviërs hadden het land verlaten: een kwart van de totale bevolking.[183] Moldavië was een land vol spookstadjes geworden.

Toen we Chişinău uit reden, kwamen we langs een billboard dat door John Miller en de zijnen was bekostigd. Er stond een telefoonnummer van een hulpdienst op, en een indringende foto van een man die 500 dollar betaalde voor een vrouw, die door een andere man tegen haar wil werd vastgehouden. Op het bord stond: JE BENT GEEN GEBRUIKSARTIKEL!

Voor velen kwam het bord te laat. Sinds Moldavië onafhankelijk was geworden, waren 400.000 vrouwen verhandeld.[184] In feite was er sprake van een stilzwijgende, ongeorganiseerde genocide. Zelfs Miller, die ondanks de deprimerende feiten altijd veel optimisme uitstraalde, had me toevertrouwd dat hij het somber inzag. 'Het is droevig gesteld met Moldavië,' zei hij. 'Ze proberen de wonden te helen en pakken zo nu en dan wat mensenhandelaars op. Het is droevig gesteld.'

In het centrum van Chişinău kwamen we langs een tiental geldkantoren van Western Union. Geldcheques waren in Moldavië dé bron van harde valuta. Volgens officiële cijfers vormden ze bijna een vijfde deel van het totale bnp van 2,4 miljard dollar.[185] Onofficieel gingen er cheques van 5 miljard dollar om.

Uiteindelijk naderde een jonge vrouw, heupwiegend en met een dansende paardenstaart. Toen nog een, twee, tientallen. Ze liepen op hooggehakte Romeinse sandalen, droegen een afgeknipte spijkerbroek of een minirok en topjes die nauwelijks tot hun middenrif reikten of een doorkijkbloes. Veel jonge pubermeisjes hadden hun gezicht vol make-up gesmeerd.

Hun uitdagende manier van doen stond in schril contrast met het saaie straatbeeld. Chişinău is qua architectuur veel minder interessant dan Boekarest en heeft zich nog lang niet ontdaan van het communistisch erfgoed. De monumenten ter ere van Lenin zijn nog niet verdwenen en zelfs op putdeksels prijken de communistische hamer en sikkel. De straten worden slecht onderhouden en zijn nauwelijks verlicht. Na de onafhankelijkheid is het met het openbaar vervoer steeds slechter gegaan. Van overheidswege heeft men geprobeerd het straatbeeld op te leuken met fleurige billboards met daarop de tekst: MOLDOVA: PATRIA MEA, en een paar bedrijven hebben grote, sexy reclameposters geplaatst. Maar over het algemeen maakte de stad een trieste indruk.

Petrică en ik kwamen uiteindelijk op onze bestemming aan, een smoezelig hotel dat Turist heette. De receptie werd bemand door een ongeïnteresseerde Rus met een vooruitstekende kaak en een badge met RESPECT erop.[186] De man maakte op geen enkele wijze aanstalten ons met de bagage te helpen, bood Petrică een van de hotelprostituees aan, maar las ons de les toen we later met twee vrouwelijke collega's naar onze hotelkamer wilden gaan. Hij vroeg om hun paspoort en waarschuwde ons dat een buitenlandse gast een week geleden 3.000 dollar afhandig was gemaakt door 'een onbevoegd meisje'.

De houten vloer van onze kamer was kapot, de warmwatervoorziening haperde en de kraan van de wastafel was met een plastic buis met die van het bad verbonden. Petrică controleerde de lampen en de spiegels op de aanwezigheid van afluisterapparatuur en camera's.

'Communistenhotel,' zei hij.

In 1907 verrijkte Pablo Picasso de wereld met *Les Demoiselles d'Avignon*, een verontrustend meesterwerk waarop vijf ongeklede prostituees staan, die de toeschouwer recht in de ogen kijken. Picasso heeft hen elk op een verschillende manier geportretteerd en experimenteert voor het eerst met het kubisme. Elke vrouw is als afzonderlijk individu afgebeeld. Twee figuren staan rechtop, met uitgestrekte armen, zelfverzekerd en uitnodigend. Twee anderen blijven met hun donkere ogen ongemakkelijk in de schaduw van gordijnen verborgen. Eén prostituee zit met haar rug naar het publiek en heeft haar hoofd honderdtachtig graden gedraaid. Haar gezicht, het meest opvallende van het schilderij, is een verwrongen Afrikaans masker, ontheemd en gekweld.

Toen ik de route van de vrouwenhandelaars volgde, van de steppe van Boedzjak naar de Arabische woestijn, van de Bosporus naar de Donau en de Amstel, merkte ik dat de vrouwenhandel vele gezichten had, net als het schilderij van Picasso. Veel van de verhandelde vrouwen met wie ik sprak, leidden een regelrecht slavenbestaan en waren door misleiding en geweld in de prostitutie beland. Maar prostitutie kon niet altijd met slavernij worden gelijkgesteld. Of toch wel? Ik legde de kwestie voor aan Bush' naaste medewerker Michael Gerson, toen ik hem in de westvleugel van het Witte Huis interviewde.

'Tjonge, wat lastig.' Hij lachte, en het was voor het eerst dat hij aarzelde. 'Een fascinerende kwestie. Vrouwen belanden natuurlijk door pure armoede in de prostitutie. Als we uw definitie aanhielden zou je zeggen van niet, wanneer ze de opbrengsten van hun arbeid zelf mochten houden. Dat van die slavernij weet ik nog zo net niet. Maar het is een gevolg van een maatschappij die vrouwen niet op de juiste manier heeft behandeld, een maatschappij die hun niet voldoende kansen en opleidingsmogelijkheden heeft geboden, want het lijkt me niet iets waar ze zelf voor gekozen hebben.'

Gersons twijfel was niet in het regeringsbeleid van Bush terug te vinden: vrijwillige prostitutie bestond eenvoudigweg niet.[187] Toch werd er ten tijde van Bush fel over het onderwerp gediscussieerd.[188] Het debat werd gedomineerd door de strijdlustige Michael Horowitz, die retorisch en politiek de vloer aanveegde met iedereen die maar durfde te suggereren dat het werkelijke probleem in de armoede gelegen was en niet in de prostitutie zelf.

Hoewel beleidsmakers fel discussieerden over de rol die de gelegaliseerde prostitutie en de armoede speelde binnen de seksslavernij, had het item geen hoge prioriteit voor degenen die hulp boden aan slachtoffers van de vrouwenhandel.

Ik heb een aantal uren met Natasja gepraat, een charmante eenentwintigjarige blondine. Haar porseleinen huid droeg de sporen van snijwonden die met scheermessen waren toegebracht, en haar leven was een aaneenschakeling van slavernij en misbruik geweest. Ze was geboren in Chişinău en had haar ouders nooit gekend. Haar moeder, zelf ook prostituee, had haar in een weeshuis achtergelaten, een lot dat ook 40.000 andere Moldavische kinderen ten deel viel.

In 1991 werd ze op zesjarige leeftijd door een Russin uit het weeshuis gehaald en moest ze als onbetaalde kracht in het huishouden en op het land gaan werken. Zoals de meeste vrouwen die uiteindelijk in de prostitutie terechtkwamen, werd Natasja seksueel misbruikt: haar pleegvader pleegde zeven jaar lang ontucht met haar.[189] Om haar te straffen omdat ze haar echtgenoot verleid zou hebben, mishandelde de pleegmoeder van Natasja haar vaak zo ernstig dat haar fijne gezichtje er jaren later nog de sporen van droeg. Toen ze zestien was, schopte de vrouw haar het huis uit. Door wanhoop gedreven, omdat ze nergens werk kon vinden en geen cent op zak had, liet ze zich in met mensenhandelaars en kwam ze in Istanbul in de prostitutie terecht.

Na zeven maanden gedwongen als prostituee te hebben gewerkt zonder er een cent aan over te houden, vluchtte ze, maar ze kwam uiteindelijk bij een man terecht die haar tot betaalde seks dwong zodat hij zijn huur kon betalen. Zo draaide ze in een vicieuze cirkel rond: vluchten, verhandeld worden, in de slavernij terechtkomen, vluchten, verhandeld worden, arrestatie, uitzetting, misbruik, foltering, verkrachting. Ze kwam bijna om van de honger in een Turkse cel en kreeg tegen haar zin drugs toegediend in een gevangenis in de woestijn van Dubai. Pooiers verboden haar condooms te gebruiken en tot twee keer toe werd ze gedwongen een illegale abortus te ondergaan. Nadat ze haar jeugd in slavernij had doorgebracht, werd ze verhandeld en herhaaldelijk doorverkocht voor bedragen tussen de 100 en 8.000 dollar. Over een periode van vijf jaar werd Natasja door een tiental slavenhandelaars en pooiers gedwongen zich te prostitueren zonder dat ze daar een cent aan overhield. Uiteindelijk kwam ze in dit opvanghuis terecht, waar ze voorlopig veilig was. Haar plannen?

'Ik wil terug naar Dubai,' zei ze. 'Want hier heb je toch niks.'

Lidia Gorceag, de psychologe die het opvanghuis runde, keek daar niet van op. 'De meeste meisjes leggen zich bij de situatie neer en hebben alle hoop laten varen,' zei ze.

Maar was Natasja een slavin? Bijna haar hele leven wel. Maar nu ze de kans kreeg een nieuw leven te beginnen, koos ze toch weer voor de slavernij. In bordelen in India, Nederland en de Verenigde Arabische Emiraten ben ik vrouwen in vergelijkbare situaties tegengekomen. Sommigen hadden na een politie-inval hun vrijheid teruggekregen of waren gevlucht na eerst verhandeld te zijn. Velen gingen weer de prostitutie in. Een enkeling koos opnieuw voor de slavernij. Kan een slavin onafhankelijk genoemd worden? Abraham Lincoln zou dat een paradox genoemd hebben. In 1859 noteerde hij het volgende, om zijn gedachten te verduidelijken: 'Vrije arbeid laat zich door hoop inspireren; pure slavernij kent geen hoop.'[190]

Slachtoffers van slavernij praten hun situatie goed om hun eigen bestaan te rechtvaardigen. Dit geldt met name bij seksslavernij, vanwege de diepgewortelde schaamte. Elke vrouw die ooit is verkracht, weet wat voor 'interne krachtbronnen' er nodig zijn – om een term van Gorceag te gebruiken – voor het helen van een verbrijzelde psyche. Bij degenen die herhaaldelijk en met regelmaat worden verkracht, wordt de psychische wilskracht totaal ondermijnd. Natasja had alleen nog haar overlevingsdrang om op door te gaan; mannen gaven nooit blijk van enige genegenheid en buitten haar alleen maar uit.

De vrouwen die Gorceag in haar opvanghuis binnenkreeg, vertoonden vaak dezelfde kenmerken als Afghaanse oorlogsveteranen die ze eerder in haar loopbaan had behandeld: ze toonden geen enkel gevoel in situaties waarin een beroep werd gedaan op hun medeleven, terwijl ze soms woedend werden in situaties waarin een beschouwende reactie meer op zijn plaats was geweest. Een vrouw sliep rustig door het gekrijs van haar tweeling heen, maar een plotselinge beweging in een gespannen situatie – bijvoorbeeld als ik met mijn hand op de tafel sloeg – veroorzaakte een heftige vlucht-of-vechtreactie. Een andere vrouw had een onbekende neergestoken, alleen omdat hij zijn stem verhief tegen een vriendin van haar. Nog een ander at dwangmatig servetjes op.

De vrouwen hadden last van slapeloosheid, nachtmerries, hallucinaties. Een meisje dat door toedoen van haar eigenaar een been had gebroken, dacht steeds dat iemand haar achternazat. Velen hadden last van black-outs en geheugenverlies, waardoor het moeilijk werd een aanklacht in te dienen tegen degenen die hen hadden verhandeld. De meesten waren depressief en sommigen probeerden zelfmoord te plegen.

Onderzoek heeft aangetoond dat vrouwen door prostitutie – los van de vraag of er slavernij in het spel is of niet – gedrag gaan vertonen dat overeenkomt met dat van mensen die gemarteld zijn. Uit een studie daterend uit 2003 blijkt dat een meerderheid van de prostituees last had van een posttraumatische stressstoornis.[191] De meesten waren chronisch depressief. Zoals John Miller vaak benadrukte, wilde 90 procent van de vrouwen uit de prostitutie stappen. Onder de slachtoffers van mensenhandel, van wie 95 procent geestelijk of lichamelijk mishandeld was, liet het zich nog ernstiger aanzien.[192]

Gorceag liet zich door deze cijfers niet uit het veld slaan. Deze charmante vrouw straalde met haar zachte bruine haren en haar warme, begrijpende glimlach een grote helende kracht uit. Ze was een van de weinige mensen die ik in diverse landen ben tegengekomen die zich over vastgelopen seksslavinnen ontfermden en het tegen mensenhandelaars durfden op te nemen. De vrouw die een Roemeens opvanghuis runde, werd regelmatig met de dood bedreigd. In Dubai werd een ander die een opvanghuis bestierde in staat van beschuldiging gesteld door in verlegenheid gebrachte regeringsfunctionarissen, en hetzelfde gebeurde in Varanasi in India.

Gorceag wist zich van Amerikaanse zijde gesteund door de *International Organization for Migration* (IOM). Ze zette zich voor honderd procent in voor haar werk. Urenlang praatte ze met de slachtoffers en ze nam zelfs contact op met hun familie om te vertellen dat de vrouwen geen hoeren waren. Ook was ze pragmatisch en probeerde ze iets te doen aan het wanhopige verwijt van Natasja: 'Hier heb je toch niks.' Gorceag en de IOM hielpen vrouwen terug te keren in de maatschappij door hen te ondersteunen bij het opzetten van kleine bedrijven. Een vrouw verkocht zonnebloemolie; anderen kregen werk in een schoonheidssalon.

Gorceag was het levende antwoord op het beleid dat Horowitz voorstond: bij haar was de strijd tegen vrouwenhandel en armoede één. En dankzij haar inspanningen kregen sommige vrouwen soms weer wat hoop.

Tijdens mijn verblijf in Roemenië was ik in gezelschap van het levende bewijs dat mensen door de vrouwenhandel ernstig getekend zijn. Maar Tatjana bewees ook dat vrouwen weliswaar fysiek geknecht kunnen worden, maar dat hun ziel soms onoverwinnelijk is.

Toen Tatjana in de zomer van 2002 in Amsterdam aankwam, werd ze door vrouwenhandelaars van haar vrijheid beroofd. Omdat ze wist dat haar leven voortdurend op het spel stond, wilde ze vluchten, maar de gedachte dat de mensenhandelaars haar familie dan zouden aanpakken, verlamde haar. Toch beraamde ze stiekem vluchtplannen. Anton gaf haar studieboeken om Engels te leren, zodat ze beter op de verzoeken van klanten kon ingaan. Ze deed erg haar best de Engelse taal onder de knie te krijgen, en omdat ze op school altijd een van de beste leerlingen was geweest, maakte ze goede vorderingen. Maar daar had ze zo haar eigen redenen voor. 'Op een of andere manier zal het me lukken om uit deze situatie te komen,' hield ze zichzelf voor. 'Maar daarvoor moet ik met anderen kunnen communiceren.'

Ze raakte bevriend met Maria, een Moldavische die ook door Anton was ingelijfd. Op zestienjarige leeftijd werd ze door de moeder van een vriend aan een Turkse vrouwenhandelaar verkocht, die haar in een ondergronds bordeel in de buurt van Ankara vasthield. Daar werd ze door een gestage reeks mannen zonder condoom verkracht. In Amsterdam was Maria nog steeds niet vrij, maar ze zag een uitweg: ze vertrouwde Tatjana toe dat een van haar klanten haar misschien vrij zou kopen.

Tatjana had ook graag willen worden vrijgekocht. Maar de 'prijs van de vrijheid' – het bedrag waarvoor Anton haar eventueel wel wilde verkopen – was 20.000 dollar. Dat was een heel bedrag om zomaar neer te tellen en ze was bang dat de klant die haar zou vrijkopen misschien vond dat ze dan van hem was. Tatjana hield haar vluchtplannen voor zich: ze wist dat ze Olga niet kon vertrouwen, de andere vrouw, die van hun drieën het langst bij Anton was. 'De meeste meiden probeerden gewoon te overleven,' verklaarde ze. 'Ze verlinkten andere meiden om bij de pooiers een wit voetje te halen.'

Op een keer gaf een klant Tatjana rechtstreeks 20 dollar, geen groot bedrag, maar toch kreeg ze daardoor zicht op de vrijheid. Ze stopte het geld in haar tasje en gaf het vervolgens aan een taxichauffeur, met de vraag of hij daarvoor beltegoed voor haar mobieltje wilde kopen. Omdat Anton haar geen geld in handen gaf, kon ze op haar toestel alleen gebeld worden. Maar als ze haar beltegoed kon opwaarderen, zou ze contact met haar ouders kunnen opnemen om te zeggen in wat voor afschuwelijke situatie ze zich bevond. Olga hoorde haar met de chauffeur praten en briefde dat aan Anton door.

'Als je me dat nog één keer flikt,' had Anton gezegd, 'tel ik tweeduizend euro bij je schuld op.'

Tatjana glimlachte nooit tegen Anton, omdat hij haar constant bedreigde. Hij was gewapend, gewelddadig en fors gebouwd. Bovendien koesterde ze een diepe minachting voor hem, en ze was er het type niet naar om haar emoties voor zich te houden. Steeds wanneer ze iets nodig had – sigaretten, eten – waren de kosten voor haar eigen rekening. Zelfs de huur van de kamer die ze nodig had om een klus te doen waartoe ze gedwongen werd: alles werd bij haar schuld opgeteld. 'Altijd was er wel weer iets bijzonders wat ik moest betalen,' zei ze. 'Ik kwam nooit van mijn schuld af.' Die zomer verdiende ze 15.000 dollar voor Anton. Zelf zag ze daar geen cent van terug.

Halverwege juli dook Luben weer op, de man die haar aan Anton verkocht had. Hij kwam een nieuw meisje afleveren. Tatjana wilde hem het liefst vermoorden. 'Hoe kon je me dat aandoen?' schreeuwde ze.

'Hou je kop. Als je nog één woord zegt, zul je ervoor boeten. Let op je woorden,' zei hij. 'Het lijkt me wel duidelijk hoe de zaken ervoor staan.'

Na een week in Chişinău wilden Petrică en ik naar een dorp in Moldavië, waar de nieuwe doorgangsroute begon: een van de honderden plaatsjes waar alle vrouwen door slavenhandelaars waren weggevoerd.

Chişinău had niet veel buitenwijken. Toen Petrică vanuit de stad in zuidoostelijke richting reed, kwamen we eerst langs grijze huurflats en belandden toen abrupt tussen akkers met maïs, zonnebloemen, tarwe, druiven en tabaksplanten. Na twee uur te hebben rondgereden, verdwaalden we. In de wijde omtrek waren hier en daar alleen wat herders te zien, die zich een eindje van de weg ophielden. Uiteindelijk zagen we een oud echtpaar op de weg voortsjokken. De bejaarde mensen waren duidelijk overdonderd door ons plotselinge verschijnen en maakten ons duidelijk waar we waren.

'Niet linksaf gaan,' zei de baboesjka, die een kleurige hoofddoek droeg. 'Volgens ons kunnen jullie beter naar rechts gaan.'

We kwamen in Carpeşti, een plaatsje met ongeveer 2.300 inwoners waarvan het inwonertal drastisch terugliep. Drie oude mannen legden grote hoeveelheden gedroogde bonen op de weg en vroegen of we eroverheen wilden rijden om de harde schillen te kraken. Er waren weinig andere tekenen van leven te bespeuren. Soms deed het landschap me aan Tsjernobyl denken. Het onkruid schoot tussen het gebarsten beton op, de enige doorgangsweg zat vol kuilen en scheuren, en de zijwegen waren niet verhard maar wel toegankelijk voor het belangrijkste vervoermiddel van de streek: paard-en-wagen. Het enige teken dat het plaatsje glorieuzer tijden had gekend, stond naast een afbrokkelend cultureel centrum dat nog uit de stalinistische periode stamde: een standbeeld van de vermaarde Moldavische vorst Ştefan cel Mare en een verweerd monument ter nagedachtenis aan de soldaten die aan het oostfront waren gevallen.

Carpeşti is een in 1469 gestichte stad, die de Zwarte Dood en tientallen oorlogen heeft overleefd. Ze is eerst van de Russen geweest, toen van de Roemenen, de Sovjets en nu van de Moldaviërs. Maar het bezorgde gezicht van Ion Bîzu, de vierendertigjarige burgemeester, vormde een afspiegeling van de ernstige problemen waarmee de stad nu kampte. 'We gaan door een diep dal,' zei hij.

Bîzu hield kantoor op de bovenverdieping van een eenvoudige boerderij. Op zijn bureau stonden een telefoon met kiesschijf en een oude computer. Achter hem was de vlag van Moldavië over een bikinikalender gedrapeerd. In het Sovjettijdperk werkten zijn ouders net als de meeste dorpbewoners bij een collectief veeteeltbedrijf. De oudere generatie keek met weemoed terug op die tijd. 'We beseften niet dat we arm waren,' zei Bîzu. 'We waren gelukkig.'

In 1993 werd het platteland geprivatiseerd en opgedeeld in kleinere stukken. Markten voor regionale producten verdwenen al snel. Twee families kochten bijna alle grond op tegen 250 dollar per hectare, waarna de meeste mensen gedwongen werden hun eigen groenten te verbouwen. Het inkomen ging met 70 procent achteruit. Gemiddeld verdiende men 20 dollar in de maand en werd men niet ouder dan zestig. 'Tien procent van de mensen kan hier overleven,' schatte de burgemeester.

Analfabetisme stak de kop op doordat leraren emigreerden en scholen werden gesloten. De meeste achterblijvers hadden geen baan doordat alle bedrijven failliet gingen, op zes kleine na. Niemand las de krant nog; geen enkel huis was op de waterleiding aangesloten.

Er was één wonder der techniek waar bijna niemand van verstoken bleef. In de jaren negentig, toen uit landelijke steekproeven bleek dat negen van de tien jongeren van plan waren te emigreren, liet de televisie beelden zien die indruisten tegen de communistische propaganda: het leven dat zich afspeelde aan gene zijde van de Moldavische grenzen.[193] De televisie werd voor de jonge vrouwen van Carpeşti wat de AK-47 voor de jongemannen in zuidelijk Soedan was: een diplomaat uit de moderne wereld die hoop op een betere toekomst bracht – al moest daar wel een prijs voor worden betaald.

Rond het jaar 2000 verschenen de mensenhandelaars ten tonele. Meestal waren het vrouwen, vermogende dames uit de omliggende dorpen. Ze namen meisjes, soms drie of vier tegelijk, mee naar Portugal, Turkije, Italië, Spanje en Moskou. Daar aangekomen moesten ze werken om een schuld te vereffenen, meestal rond de 6.000 dollar. Hoewel ze 20 tot 25 procent rente moesten betalen, lukte het sommigen om hun schuld na een paar jaar af te lossen en wat geld naar huis te sturen. Velen vielen ten prooi aan de slavernij.

Bîzu liet me een handgeschreven grootboek zien met namen van vrouwen die waren verdwenen. De bladzijden stonden helemaal vol. Vijfentachtig procent van de vrouwen tussen de achttien en de vijfentwintig was uit het dorp verdwenen. De gemiddelde leeftijd van de achtergebleven vrouwen was dertien, en het zou niet lang meer duren voordat ook zij zouden vertrekken. Echtscheiding en kindermishandeling waren aan de orde van de dag.

Er kwam iets droevigs over Bîzu toen hij zijn dorp beschreef. Toch deed hij zijn best zich niet te laten ontmoedigen. 'Het probleem ligt niet op het economische vlak, want de vrouwen sturen geld en daarmee zijn de dorpelingen geholpen,' zei hij. 'Het is vooral een ernstig psychologisch probleem.' Een vriend van hem schoot zichzelf door het hoofd en liet zes kinderen na; hij had gehoord dat zijn vrouw hem in de steek liet toen ze in het buitenland was.

In 2002, toen Bîzu dertien jaar getrouwd was, ging zijn vrouw naar Italië. Ze verdiende helaas niet veel geld, zodat er nog een schuld van 22.000 dollar moest worden terugbetaald. Volgens een onderzoek van de Raad van Europa is de afgelopen tien jaar 1 procent van de Moldavische vrouwen tussen de achttien en de veertig naar Italië gegaan om daar in de prostitutie te belanden.[194] Toch ontkende Bîzu, zoals zovelen, dat zijn vrouw zich met de seksindustrie had ingelaten. Ik vroeg hem waarom hij dacht dat vooral jonge vrouwen en geen jongemannen waren weggetrokken. 'Vrouwen kunnen veel gemakkelijker werk vinden,' zei hij. 'Ze kunnen in Italië in de dienstverlening terecht, voor oude mensen zorgen, dat soort dingen.'

Zijn vrouw was eens voor een kort bezoek teruggekomen. 'Haar manier van doen was veranderd,' zei hij op aarzelende toon. 'Haar hele houding was anders.'

Toen we uit Carpeşti vertrokken, zag ik een vrouw – een van de twee die daar rondliepen – een smerig schuurtje binnengaan. Ik vroeg of ze met ons wilde praten. Na enige aarzeling stemde ze toe. Ze was zevenentwintig en onlangs teruggekomen. Ze had in Roemenië en Turkije gezeten, waar slavenhandelaars haar hadden gedwongen onbetaald agrarisch werk te verrichten, en daarna had ze 'in een restaurant' gewerkt. Later vertelde een buurvrouw dat ze in Istanbul in de prostitutie had gezeten. Eerst was ze daar op vrijwillige basis naartoe gegaan, zei ze, om haar man te ontvluchten, die aan de drank was en haar mishandelde, en om de medische kosten voor een ziek kind te kunnen betalen. Ik vroeg of ze boos was op de mensenhandelaars.

'Ze hebben me bedonderd,' was het antwoord.

We reden terug en staken de steppe over in de richting van Trans-Nistrië, dat grensde aan Oekraïne en de belangrijkste overslagplaats vormde voor Moldavische vrouwen die via Odessa naar bordelen in Istanbul werden verscheept. Onderweg maakten we een korte tussenstop in Chişinău om Petrică's vrouw op te halen, die daar de vorige avond was aangekomen. Met haar als zogenaamd slachtoffer van vrouwenhandel zouden we proberen of we de grens konden passeren.

Trans-Nistrië, waar Amerikaanse functionarissen en de meeste internationale non-gouvernementele organisaties niet welkom waren, heeft zich in 1990 van Moldavië afgescheiden. De bloedige revolutie waarmee dat gepaard ging, werd door Rusland gesteund. Vanaf dat moment vormde mensensmokkel de belangrijkste pijler van de economie van dit niet-erkende land. In Trans-Nistrië was het een publiek geheim dat politiebeambten als slavenhandelaars opereerden. Als ouders het contact met hun dochters hadden verloren, aldus een medewerkster van een opvanghuis in Tiraspol, de hoofdstad van Trans-Nistrië, dan belden ze eerst haar, zonder de autoriteiten op de hoogte te stellen.

Ook in Moldavië was dat de praktijk. Een vrouw die via mensensmokkel in Nederland was terechtgekomen, legde uit wat er gebeurd zou zijn als ze de politie van haar land had gevraagd haar te helpen. 'Als je in Moldavië in zo'n geval naar de politie stapt,' zei ze, 'verkoopt de politie je meteen door aan de Albanezen.'

Onlangs zijn in Moldavië op bescheiden schaal stappen ondernomen om mensenhandel tegen te gaan. Onder druk van John Miller heeft de politie in 2005 een agent gearresteerd die vrouwen aan een Turkse slavenhandelaar had verkocht. Hij kreeg tien jaar cel. Een andere politieman, die vrouwen naar Dubai had doorgesluisd, werd op borgtocht vrijgelaten, toevallig juist toen ik daar was. Over het algemeen worden in Moldavië maar heel weinig mensen voor vrouwenhandel veroordeeld. In 2004 werd 23 keer een inval gedaan om mensensmokkel tegen te gaan, en dat resulteerde in 86 processen-verbaal, 15 arrestaties en 13 veroordelingen.[195]

Dat was nog niets vergeleken bij de situatie in Trans-Nistrië. Toen wij daar waren, werd een politieman verdacht van het verhandelen van vrouwen aan de Cămătaru-clan. De man probeerde uit handen van justitie te blijven door naar Tiraspol te vluchten, de stad waar hij oorspronkelijk vandaan kwam. Toen vijf Moldavische politieagenten achter hem aan gingen, werden ze door hun Trans-Nistrische collega's opgepakt op verdenking van spionage.

Petrică klemde zijn kaken op elkaar toen we door drie soldaten met kalasjnikovs werden aangehouden. 'Doe die camera maar weg,' zei hij tegen me.

De grenswachten droegen een grote, ronde Sovjetmuts, een gestreept Russisch marinehemd en camouflagepakken. We moesten uitstappen, waarna ze de kofferbak en onze bagage doorzochten en ons fouilleerden. In theorie waren ze op zoek naar wapens omdat er een week daarvoor een bus was opgeblazen – volgens de Trans-Nistiërs door een Moldavische agent. Maar Petrică wist wel beter: het was hun om een financiële tegemoetkoming te doen. Ze namen ons paspoort in en gebaarden naar Petrică dat hij met hen mee moest komen naar de commandopost. Terwijl Petrică met hen onderhandelde, kwamen twee jonge vrouwen in lycra jurkjes en op hoge hakken aangelopen, die ongehinderd de grens met Moldavië konden passeren. De regering van Moldavië erkende de grens niet en zag derhalve geen heil in het uitoefenen van enige controle. Petrică kwam weer terug en stapte in.

'Ecotaks,' zei hij met een spottende glimlach.

Net als aan alles in Trans-Nistrië hangt ook aan vervoer een prijskaartje. Moisés Naím, redacteur van *Foreign Policy*, noemde Trans-Nistrië 'het mekka van de clandestiene praktijken', deels vanwege de activiteiten van een van de grootste importbedrijven van dat land, Sheriff.[196] Tussen oktober 2005 en april 2006 importeerde dat bedrijf, dat werd gerund door de zoon van de president, 70 kilo diepgevroren kip voor iedere man, iedere vrouw en ieder kind in Trans-Nistrië.[197] Natuurlijk was het vlees niet voor Trans-Nistriërs bestemd, die gemiddeld 50 procent minder verdienden dan hun straatarme Moldavische buren, maar belandde het op de zwarte markt. Naím haalde Moldavische bronnen aan, die beweerden dat Trans-Nistrië ook enorme hoeveelheden handwapens uit de Sovjetperiode – waaronder Alazan-raketten met radioactieve lading – aan de hoogste bieder verkocht.[198]

In termen van bruto winst leverde de vrouwenhandel in de regio meer op dan de handel in vuile bommen. Een lokale criminele organisatie in Trans-Nistrië zou in een plaats als Carpeşti voor 700 dollar een vrouw kunnen kopen. De Trans-Nistriërs zouden de vrouw vervolgens naar Tiraspol brengen, waar ze haar voor het dubbele aan collega's uit Odessa zouden verkopen. De Oekraïners zouden haar op een vals paspoort over de grens smokkelen en na een kort ritje met haar in Odessa belanden. Hier zouden de vrouwenhandelaars eten en nieuwe kleren kopen voor de vrouw, die misschien nog niet eens in de gaten had dat ze verkocht was. Daarna zouden ze met haar de reusachtige Potemkintrappen afdalen – de 'escalier monstre', zoals ze in de negentiende eeuw weleens werden genoemd – om een van de veerboten naar Istanbul te nemen, die twee keer per week varen. In Istanbul zou een Turkse tussenpersoon haar naar een restaurant of bar brengen, waar ze haar nieuwe baas zou ontmoeten, die haar voor maar liefst 4.000 dollar van de Odessagroepering had gekocht.

Binnen een dag zou ze uit haar eigen wereld via de westerse wereld in de onderwereld terechtkomen.

Sommige Trans-Nistriërs verkochten ook hun eigen vrouw, en de vrouwenhandel in dat gebied was de op één na grootste van heel Moldavië.[199] De verkiezingen waren praktisch het enige wat niet op de zwarte markt te koop was. In 2001 beweerde president Igor Smirnov, een voormalige metaalbewerker die een Saddam-achtige populariteit genoot, dat hij in een district 103,6 procent van de stemmen had gekregen.[200] Ik neem aan dat hij zijn populariteit mede te danken had aan het feit dat hij tijdens de verkiezingscampagne overal posters had laten ophangen waarop hij als een evenbeeld van Lenin werd gepresenteerd.

Toen we de eerste stad bereikten, Tighina, bedacht ik dat Trans-Nistrië heel goed tot een Sovjetthemapark zou kunnen worden omgebouwd als het land de vrouwenhandel ooit wilde afschaffen. Er stond een reusachtig monument dat tot meerdere eer en glorie van het socialisme was opgericht en waarop met witte cyrillische letters op een rode achtergrond stond: KRACHT IN EENHEID. In de straten werd gepatrouilleerd door soldaten in uniformen die aan die van het Rode Leger deden denken, en ondanks het feit dat dit officieel een gedemilitariseerde zone was, werden ze bijgestaan door ongeveer 1.500 Russische militairen. Al snel zagen we een tank, een T-34 die op een strategische plek was opgesteld. Overal wapperde de Trans-Nistrische vlag met daarop graan, druiven en de hamer en sikkel.

Toen we de rivier de Dnjester naderden, werden we weer aangehouden, hoewel Petrică voor zijn doen heel rustig had gereden. De agent blafte hem in het Russisch af (een taal die Petrică niet machtig was) en deelde mee dat hij zijn richtingaanwijzer niet had ingeschakeld toen hij van rijstrook wisselde. Petrică probeerde een antwoord te formuleren, maar de agent sleurde hem de auto uit en voerde hem mee naar een bewakingspost. Daar gaf hij Petrică in perfect Roemeens te kennen dat hij zijn rijbewijs voor een periode van drie maanden zou intrekken. Drie minuten later stapte Petrică weer in, met zijn rijbewijs op zak.

'Vijftien euro,' verklaarde hij.

Toen we langs het zoveelste humorloze bas-reliëf van Lenin kwamen, merkte ik dat ik het volkslied van de Sovjet-Unie zat te neuriën, een compositie van Prokofjev. Galmend zong ik de enige woorden mee die ik me nog kon herinneren.

Wees trouw aan het volk, zoals Stalin ons geleerd heeft,
zet ons aan tot arbeid en heldendaden!

Petrică, die zich in deze contreien duidelijk niet op zijn gemak voelde, perste er uiteindelijk toch een glimlach uit. 'Stomme communisten,' zei hij.

We reden door Tiraspol naar de grens met Oekraïne. Terwijl Petrică met het douanepersoneel van Trans-Nistrië onderhandelde, gaf ik een hondje een koekje. Het dier lag in de schaduw van een nieuwe BMW M5. Toen stapte de eigenaar in, een doodgewone grenswacht, en reed weg. Het gemiddelde salaris in Trans-Nistrië was 10 dollar per maand.

Weer schoof Petrică de douanebeambte wat geld toe. Deze keer leverde de donatie van 25 dollar zowaar iets op, want we hoefden geen extra visum te kopen voor de vrouw van Petrică, ons vermeende mensenhandelslachtoffer.

Bij de Oekraïense grenspost, waar men beter betaald kreeg dan in Trans-Nistrië, werd niet ingegaan op het steekpenningenaanbod van Petrică. Natasja, de blonde vrouw die ik gesproken had in het opvanghuis in Chişinău, had ooit gedwongen seks gehad met een Oekraïense grenswacht omdat ze op een vals paspoort reisde en daar vijf jaar cel voor kon krijgen. Omdat we er niet veel voor voelden Petrică's vrouw af te staan aan de zweterige, pafferige bewaker die voor ons stond, gingen we terug in het niemandsland waar we vandaan kwamen.

In zo'n situatie zou een vrouwenhandelaar twee opties hebben. Hij zou gebruik kunnen maken van het feit dat de vijfhonderd kilometer lange grens zich over vlak terrein uitstrekte, en met zijn vrouwen op een onbewaakt punt de grens kunnen oversteken. Of hij kon reisdocumenten laten namaken en daarop met de vrouwen naar Turkije vliegen, waar hij bij aankomst de kosten op hen zou verhalen, zodat ze gedwongen werden zich voor lange tijd onbetaald te laten prostitueren.

Omdat ik liever wilde vliegen, reed Petrică terug om me naar het vliegveld te brengen. We kwamen bij dezelfde grenspost die we al eerder in tegengestelde richting waren gepasseerd.

In de paar uur die ik in Trans-Nistrië doorbracht, leerde ik de stilzwijgende signalen van afpersing al aardig herkennen. De strenge blik waarmee de douanebeambte onze papieren bekeek. De fronsende blik, die zoveel wilde zeggen als: 'Hiermee komt u de grens niet over. Tenzij...' In dit geval waren de gefronste wenkbrauwen de voorbode van de onheuse claim dat Petrică probeerde het land via een andere route te verlaten dan hij was binnengekomen. Petrică bood de man acht dollar aan. 'Daar kan ik nog geen rekening mee betalen,' brieste de beambte. 'Voor jou? Vijftig euro.'

Het oponthoud aan de Oekraïense grens betekende dat ik maar acht uur in Istanbul zou hebben. Door de voortdurende bombardementen van Israël op Libanon waren scherpere veiligheidsmaatregelen genomen voor vluchten naar het Midden-Oosten, mijn volgende reisbestemming. Daardoor had ik uiteindelijk nog maar zes uur over. Ik was benieuwd of ik in dat tijdsbestek drie tienermeisjes van de Russische maffia kon kopen.

Ook in Turkije is mensenhandel strafbaar, en ik had geen zin om de binnenkant van een Turkse gevangenis te bekijken. Verschillende vrouwen die ik had gesproken, hadden me daar al uit de eerste hand over verteld. In de winter van 2004 werd Natasja van Chişinău naar Istanbul overgebracht. In die tijd was Turkije door het Bureau Mensenhandel in Categorie Drie geplaatst, en reageerde het land eindelijk op de druk die John Miller had uitgeoefend om daar actie tegen te ondernemen. Natasja werd opgepakt bij een grootscheepse actie van de politie tegen illegale prostituees. Voordat ze het land werd uitgezet, zat ze een week in een smoezelige Turkse gevangenis, waar ze door andere gevangenen misbruikt werd en alleen brood en olijven te eten kreeg.

Ik wist dat ik van de Turkse autoriteiten eigenlijk weinig te vrezen had, want de duizenden sekstoeristen die elk jaar op Atatürk Airport aankwamen, werd geen strobreed in de weg gelegd. Daarom besloot ik maar gewoon op zoek te gaan naar een van de verborgen illegale bordelen die de Turkse seksmarkt domineerden, de plek waar de meeste Moldavische seksslavinnen terechtkwamen. Soms werden de vrouwen in kleine raamloze cellen onder de grond vastgehouden.[201] Duizenden vrouwen, voornamelijk afkomstig uit Oekraïne en Moldavië, werkten daar zonder er zelf een cent beter van te worden en brachten gezamenlijk meer dan 4 miljard dollar in het laatje voor hun pooiers.

Nadat ik een visum had gekocht, ging ik op goed geluk naar een klein reisbureau dat in de aankomsthal van Atatürk Airport gevestigd was. Een Turkse vrouw probeerde bij de balie voor haar en vijf andere gezinsleden een hotelkamer met drie bedden te regelen. Twee bejaarde Engelse echtelieden accepteerden stilzwijgend een veel te duur shuttletochtje naar hun cruiseschip.

Kerem (niet zijn echte naam) stelde zich aan me voor. Hij was broodmager, had een spitse neus, grijs haar met een wijkende haarlijn en een borstelige snor. Zijn hemd en stropdas hingen als de zeilen van een schip om zijn lijf. Ik vertelde hem dat ik op zoek was naar een vrouw. Hij draaide zijn badge om, zodat ik zijn naam niet meer kon zien, bracht me naar het kantoor en bood een kop koffie aan.

Op forums van sekstoeristensites staat te lezen dat bij de meeste Turkse reisbureaus wel een Kerem te vinden is. Kerem was de man voor de mannen. Hij hielp cliënten die op zoek waren naar wat John Miller sarcastisch aanduidde met 'gewoon wat onschuldige recreatieve activiteiten'. Toen twee vrouwen in Istanbul onlangs weigerden mee te werken aan dergelijke onschuldige activiteiten, verminkte hun pooier hun geslachtsdelen met kokende olie.

Ik vertelde Kerem dat ik me voor wilde doen als een slavenhandelaar die drie vrouwen wilde kopen. Kerem werkte al 25 jaar als gids in de toeristische sector en was bij tientallen van zulke transacties betrokken geweest. Meestal waren het deals tussen Russische of Oekraïense en Turkse pooiers. Hij wist precies wie hij daarvoor moest bellen. Een pooier met wie hij soms samenwerkte, wilde een paar van zijn oudere meisjes kwijt, en misschien was hij genegen hen te verkopen. De pooier, een Turk, kocht vrouwen van een Russische criminele organisatie. Hij runde een bordeel in het hartje van de stad, en van daaruit stuurde hij zijn meisjes naar de klanten, die voornamelijk van Turkse afkomst waren maar soms uit andere landen in het Midden-Oosten kwamen en in hotels en appartementen in de stad verbleven. Kerem had weliswaar weinig scrupules waar het zijn eigen rol betrof, maar het ging hem soms wel aan het hart als hij zag welk erbarmelijk lot de jonge meisjes als seksslavinnen had getroffen.

'Die meisjes,' zei hij op kenmerkend vlakke toon, 'zijn zeventien, zestien jaar. Hun baas – een Rus of een Turk – pakt hun paspoort af. Drie maanden lang krijgen de meisjes geen cent. Als ze proberen te vluchten, wordt hun familie in Moldavië aangepakt.'

Hij belde de pooier op. 'Dit is iemand die ik al jaren ken,' vertrouwde hij me toe. 'Hij is een landgenoot van mij. Maar hij kan de kolere krijgen.' Er werd niet opgenomen. Kerem dacht dat de pooier misschien nog sliep, aangezien hij en de meisjes altijd tot acht uur 's morgens opbleven. Hij sliep overdag, maar de meisjes waren als escortgirls altijd oproepbaar.

Ik vroeg Kerem of hij me erheen kon brengen. Hij aarzelde, want hij was bang dat ik misschien iets onbezonnens zou doen en dat hij dan zelf gevaar liep. Er was inmiddels al een uur verstreken, zodat ik niet nog meer tijd mocht verliezen. Ik trok Kerem met een biljet van honderd dollar over de streep.

We reden over de snelweg langs de Zee van Marmara naar de monding van de Bosporus. Zoals die zeestraat de grens vormde tussen Europa en Azië, zo liep er een onzichtbare scheidslijn tussen de vrouwen die op deze hete julidag op het strand waren. Sommige hadden zich gehuld in zwarte abaja's en droegen een zonnebril om zelfs hun ogen aan het zicht te onttrekken. De meeste vrouwen hadden echter westerse badpakken aan. Kerem kende de namen van vijf of zes vrouwen die nauwelijks iets aanhadden.

Nadat we langs de terminal van de Yenikapi Ferry en het Topkapi waren gereden, kwamen we bij een kruising waar kinderen stonden te bedelen. Daar sloegen we af, Aksaray in, een arbeiderswijk in het hartje van de stad. De gemeenschap van Sovjetexpats die zich hier hadden gevestigd, was explosief gegroeid. Op bedrijfspanden stond in cyrillisch schrift aangegeven dat men goederenvervoer van en naar Odessa verzorgde, en er waren reisbureaus en geldwisselkantoren. Naast een reisbureau met aanbiedingen van Air Moldova voor vluchten naar Chişinău, Kiev en Odessa zat een 'erotische winkel'. Potige West-Afrikaanse pooiers liepen op een afstand van enkele meters achter volumineuze Slavische vrouwen aan.

Er waren inmiddels drie uren verstreken. We reden door een doolhof van steile kronkelstraatjes vol scherpe bochten die waren aangelegd in een tijd dat er nog geen autoverkeer bestond. Op een gegeven moment kwamen we bij een fort dat van rond de eeuwwisseling stamde en dat gebouwd was op een oude, afgebrokkelde muur met boogvormige, dichtgemetselde ramen. Ondanks het gewicht dat erop rustte, hield de muur het. Aan het eind van de straat stond een verkleurd, groen gebouw. Op een wit bord met blauwe letters stond dat dit het Turcan Hostel was.

'Hier is het,' zei Kerem.

We liepen een stoffige foyer binnen, waar rafelige kleden op de grond lagen. Aan de muur achter de balie hing alleen een portret van de seculiere hervormer Kemal Atatürk, die een wit vlinderdasje droeg.

Achter de balie zat een Turk in een strak T-shirt en een nauwe spijkerbroek. Net als Florian in de Jilavagevangenis leek hij op een bokser, alleen was hij een middengewicht en zou hij waarschijnlijk aanvallender vechten. Hij had een stoppelbaardje, gemillimeterd haar en een litteken op zijn voorhoofd. Zijn nek was één dikke spierbundel, en ook zijn schouders en bovenarmen waren ongelofelijk gespierd. Hij keek ons verstoord aan.

Ik vroeg waar zijn meisjes vandaan kwamen.

'Moldavië en Rusland,' zei hij. 'Tweehonderd voor de hele nacht.'

'Hoe oud?' vroeg ik.

'Hoe oud wil je ze hebben?'

Ik gaf antwoord, maar voordat Kerem dat kon vertalen, hief de pooier zijn vinger. Hij pakte een rekenmachientje dat op zijn bureau lag en gaf dat aan mij.

Ik toetste 16 in.

Hij schudde zijn hoofd. Achttien was wel te regelen, zei hij.

'Voor zestien,' zei ik, toen ik de calculator had gepakt en 300 had ingetoetst.

'Euro?'

'Euro.'

Zijn interesse was gewekt. Ik deed er nog een schepje bovenop. 'Eigenlijk ben ik meer geïnteresseerd in iets groters. Ik wil drie meisjes kopen om iets in Sharm el-Sheikh op te zetten,' zei ik. 'En ik wil ze eigenlijk meteen mee.'

Hij keek naar Kerem, die hij had herkend.

'Kom maar mee naar boven,' zei hij.

We liepen vijf krakende trappen op, waarbij we langs de kamers van de meisjes kwamen. Ondertussen legde hij uit dat hij het bordeel onlangs had overgenomen van de pooier die Kerem kende. We kwamen op het dak, dat over de hele stad uitkeek. De man stak een sigaret op.

Hij zei dat hij niet echt in de stemming was om nieuwe vrienden te maken, maar dat hij er wel in mee wilde gaan als ik serieus zaken wilde doen. In 1996 was hij met het verhandelen van slavinnen begonnen, totdat hij werd opgepakt en de afgelopen vier jaar in een Turkse gevangenis doorbracht. 'Dat stomme ding,' zei hij, terwijl hij zijn mobieltje omhooghield. 'Interpol heeft mijn gesprekken getraceerd.'

'Beste vriend,' zei ik tegen hem, 'waarom doe je niet als ik? Neem simkaarten.'

Ik keerde mijn portemonnee om en kieperde tien simkaarten op tafel. Ze zouden van een vrouwenhandelaar afkomstig kunnen zijn: Dubai, Amsterdam, Moldavië, Roemenië, Duitsland, Amman. Ik liet een simkaart uit Jemen zien. 'Deze had ik toen ik nog in kalasjnikovs deed,' zei ik.

Hij glimlachte voor het eerst en ontblootte zijn tanden, die bruin waren van de tabak. Hij wees naar een hoek van het dak, waar een wietplant uit een ontluchtingspijp stak. 'Weet je wat dat is?' vroeg hij.

'Dat was mijn eerste handeltje toen ik achttien was,' zei ik. Ik verzon ter plekke een crimineel verleden.

Hij reikte me de hand, die ik schudde. 'Onze handel draait om mensen,' verklaarde hij, 'en vertrouwen is daarbij heel belangrijk.'

Ik vroeg of ik de meisjes mocht zien. Hij zei dat ze er geen van allen waren, maar dat ze 's avonds terug zouden komen.

'Ik heb geen zin om mijn tijd te verdoen als ze niet van topkwaliteit zijn,' zei ik.

Hij liet me een kleurenfoto van een mollig blond meisje zien, plus een kopie van haar Moldavische paspoort, waaruit bleek dat ze achttien was.

'Is dit een van de meisjes die ik zou kunnen kopen?' vroeg ik.

'Ik kan direct meisjes uit Moldavië voor je laten ophalen,' zei hij. 'Die zijn goedkoper dan meisjes die hier al aan het werk zijn. Regel jij dan visa voor hen om Egypte in te komen? Moet ik dan mee?'

Ik legde uit dat er iets van de prijs af zou moeten als ik hun visa moest regelen. Hij zei dat hij wel Moldavische paspoorten voor hen kon laten maken. Ik wilde cijfers horen. Hij aarzelde maar zei dat hij dan een deel van het geld vooraf wilde hebben, voor het geval hij ze niet binnen een halfjaar terug had. Ik vroeg hoeveel.

'Ik moet eerst met Moskou bellen,' zei hij. De baas van zijn baas werkte daar. Hij zei dat ik de onderbaas wel mocht spreken, ook een Rus, om de deal morgen af te ronden.

Ik keek op mijn horloge. Nog tweeënhalf uur te gaan. 'Kan het niet vanavond?' vroeg ik. 'Of nu?'

Kerem kreeg het benauwd en durfde mijn vraag niet te vertalen. In de veronderstelling dat de pooier geen Engels verstond, vertelde hij me wat hem dwarszat. 'Dit is mijn werk niet,' zei hij glimlachend, maar met een panische blik in zijn ogen. 'Ik ben toeristengids. Ik heb drie kinderen. Die Russen – die komen achter je aan.'

De sfeer was gespannen. Kerem baadde in het zweet en stond op het punt af te haken. Ik bedankte de pooier voor zijn tijd en vroeg hem zijn telefoonnummer.

'Je weet waar je me kunt bereiken,' zei hij.

Een op de zeven slaven die vanuit Afrika naar de andere kant van de Atlantische Oceaan werden gebracht, overleefde de overtocht niet. Soms werden de slaven aan de andere kant van deze route op beestachtige wijze mishandeld,[202] maar over het algemeen hielden hun nieuwe meesters er rekening mee dat hun slaven investeringen waren, die omgerekend naar onze tijd een waarde van 40.000 dollar hadden.

Tegenwoordig kosten vrouwen uit Oekraïne meer dan Moldavische vrouwen, die meer kosten dan vrouwen uit Nigeria, die weer meer kosten dan vrouwen uit China, die weer meer kosten dan vrouwen uit Cambodja. Maar ze waren allemaal goedkoop, en 'vervangbaar', om met de slavernijdeskundige Kevin Bales te spreken. En hoewel sommigen al barbaars werden behandeld toen ze hun woonplaats verlieten, waren de beproevingen van de reis niets in vergelijking met de ellende die hen aan het eind van de nieuwe doorgangsroute te wachten stond.

Op een avond in het begin van maart 2006 gingen twee Pakistaanse mannen van begin twintig op zoek naar wat onschuldig vermaak in Dubai, het snelst groeiende mekka van de vrouwenhandel. Eerst gingen ze langs een ijzerwinkel in het aangrenzende emiraat Sjarjah en daarna bezochten ze een prostituee uit Oezbekistan met wie ze al eerder seks hadden gehad, toen voor 40 dirham, ongeveer 10 dollar. Deze keer eisten ze korting. De vrouw werd eerst door de ene en daarna door de andere man verkracht. Toen ze om hulp schreeuwde, gebruikten de mannen de spullen die ze in de ijzerwinkel hadden gekocht om haar tot zwijgen te brengen.

Haar geschreeuw ging over in gegorgel toen er bloed in haar luchtpijp kwam. Ze werd zeven keer in haar hals gestoken.

Ziedaar de klanten, de sekstoeristen. Ze maken gebruik van de diensten van de vrouwen en vormen een mysterieus en gevarieerd gezelschap. Voor de meeste onderzoekers bestaan ze niet. De meeste overheden leggen hun niets ten laste. Maar als consumenten van mensenlijven tasten ze onmiskenbaar de psyche van hun slachtoffers aan.

De moord in Dubai bracht een discussie op gang onder de vaste bezoekers van de *International Sex Guide*, het grootste forum voor sekstoeristen dat op internet te vinden is.[203]

Normaal gesproken zou de dood van een vrouw tot geen enkele discussie leiden. Het zou gewoon een dode 'hoer' zijn, jammer maar helaas, een onvermijdelijk neveneffect van hun pleziertjes. Alleen al in 2005 werden in Dubai meer dan tien prostituees vermoord en vaak ook verminkt en daarna in de woestijn of in afvalcontainers achtergelaten. In de drie maanden na de moord in Dubai werd er een Oezbeekse vrouw gewurgd, een negentienjarig Oekraïens meisje doodgestoken en een meisje uit Bangladesh vanaf een balkon op de vierde verdieping naar beneden gegooid, en dat alleen omdat ze zich hadden verzet tegen seksslavernij. Een ander meisje uit Bangladesh, dat zich tegen vrouwenhandelaars verzette maar toch gedwongen werd in de prostitutie te gaan werken, stierf in dezelfde periode aan aids. Die berichten kregen hooguit twee regeltjes in de plaatselijke krant en werden in de *Sex Guide* helemaal genegeerd.

Eén detail van het nieuwsbericht uit maart trok echter de aandacht van een van de bezoekers, een gespierde Amerikaan van 1,80 meter die zich 'Lomion' noemde. '40 dirham... Dan hebben ze ons al die tijd afgezet :),' schreef hij op het forum.[204]

'Dat is niet grappig,' reageerde iemand uit Los Angeles. 'Die dames zijn ook mensen.'[205]

De volgende dag bood Lomion zijn verontschuldigingen aan zijn collega-sekstoerist aan en verklaarde hij zich nader. 'Ben de afgelopen 10 jaar van het ene afschuwelijke oorlogsgebied naar het andere gehopt (Bosnië-Kosovo-Sierra Leone-Bosnië-Kosovo-Bosnië-Irak-Afghanistan-Irak), maar ik snap wel dat mijn grapje misschien misplaatst was,' schreef hij.[206]

In een vlaag van openhartigheid voegde hij eraan toe: 'Gezien het feit dat we allemaal gebruikmaken van een dienst die afhankelijk is van de handel in slavinnen (laten we wel wezen: we hebben hier niet te maken met vrouwen uit de streek zelf), sta ik ervan te kijken dat dit zoveel verontwaardigde reacties oproept.'

Net als de meesten die de diensten van seksslavinnen kochten, had Lomion zelden zoveel oog voor de rol die hij zelf speelde. Hij was in dienst van het Amerikaanse ministerie van Defensie en was sinds de oorlog in Bosnië in 1995 betrokken geweest bij alle grote Amerikaanse legeroperaties. 'Waar soldaten en huurlingen zijn, zijn ook hoeren,' schreef hij vanuit Afghanistan.[207] 'Dat is al zo sinds de mens voor het eerst het land van een ander in bezit nam, duizenden jaren geleden.'

In Kabul bezocht Lomion regelmatig illegale bordelen achter Chinese restaurants. Als hij had gewild, had hij daar ter plekke een meisje kunnen kopen voor niet meer dan honderd kilo graan.[208] In het post-Baathistische Bagdad had hij door zijn legerkleding en zijn rossige haar totaal geen moeite pooiers te vinden. Maar in het Sarajevo van na de burgeroorlog vond Lomion zijn dystopische Hof van Eden.[209] De helft van de seksslavinnen daar was afkomstig uit Moldavië. De vrouwen, met hun mengeling van Russisch, Roemeens, Joods, Roma- en Oekraïens bloed, vond hij onweerstaanbaar. Ze waren buitengewoon knap om te zien en hadden een fel karakter, maar werden getemd door hun armoedige bestaan vol misbruik en geweld.

Destijds liep er een onderzoek om na te gaan of de Amerikaanse soldaten Oost-Europese seksslavinnen in hun verblijven in de Bosnische hoofdstad hielden. Hun collega's van de vn-vredesmacht hadden een buitengewoon kwalijke reputatie opgebouwd, die zich niet tot Sarajevo beperkte. Blauwhelmen in Congo hadden meisjes tot slavernij gedwongen, in Cambodja en Eritrea hadden ze seksslavinnen gekocht, en ze werden eerder met verkrachtingen dan met vrede geassocieerd, zoals John Miller het verwoordde. 'De vn-vredesmacht is het ergste leger ter wereld,' zei Miller tegen me. 'Ik eis dat je mij hierin citeert.'

Op 14 maart 2004 zette Lomion een verhaal op het forum over Florida, een bordeel in Sarajevo, een paar maanden nadat de eigenaar door de maffia was geliquideerd.[210] De tent was behoorlijk opgeknapt, schreef hij, en er zat nu een meisje uit Oekraïne, 'een zigeunerachtig ding,' en, nog veel beter, drie Moldavische meisjes. 'De blonde Moldavische is ernstig uitgezakt, lijkt geen plezier in haar werk te hebben en ligt daar maar wat te wachten tot je klaar bent.' De andere twee Moldavische meisjes waren jong en levendig, maar meestal moest je voor hen in de rij staan omdat ze 'niet meer dan tien minuten tussen twee klanten aanhielden'. Hun pooier verbood de meisjes met de klanten te praten en stond erop van tevoren betaald te worden.

Toen Lomion twee jaar later weer in Bosnië kwam, merkte hij dat er maar weinig Moldavische seksslavinnen meer over waren. Het land had zich enigszins hersteld van de afschuwelijke oorlog, en door regionale initiatieven, zoals het door de vs gesponsorde Operatie Mirage, was de toevoer van slavinnen via de westelijke route tot stilstand gebracht. Kofi Annan, de secretaris-generaal van de vn, had een zerotolerancebeleid ingesteld voor blauwhelmen die zich met mensenhandel inlieten, en president Bush, minister van Defensie Donald Rumsfeld en diens gedeputeerde Paul Wolfowitz vaardigden soortgelijke maatregelen uit voor de Amerikaanse militairen. Hoewel Miller verklaarde dat de naleving van de vn-richtlijn ook 'zero' was, maakte Lomion gewag van een dalend aanbod.[211]

'Ik denk dat het in Bosnië dezelfde kant op gaat als in Kroatië. Het sekstoerisme bestaat er nog, maar het hoogtepunt is voorbij. Het gaat steeds beter met de economie, en binnen de EUFOR en de VN wordt de mensenhandel (en de pure slavernij) aangepakt,' jammerde Lomion.[212] 'Het is lang niet meer zo'n seksparadijs als in Dubai, Hongkong en Bangkok. Nou ja, het was leuk zolang het duurde.'

Lomion was niet de enige sekstoerist die het jammer vond dat de economie wat opbloeide. Voor sommigen waren de cijfers die in *The Economist* werden gepubliceerd net zo onlosmakelijk met seks verbonden als condooms of glijmiddelen. In de herfst van 2004 kreeg de economie van Moldavië een steuntje in de rug door een Duitse compensatieregeling voor slavernij in de oorlog. De sekstoeristen vonden dat maar niks en richtten zich op vrouwen uit Wit-Rusland. In het voorjaar van 2006 vond een verschuiving van de markt plaats toen Rusland een boycot op Moldavische wijn afkondigde. De sekstoeristen juichten: als het belangrijkste exportartikel aan banden werd gelegd, zou het op een na belangrijkste exportartikel het des te beter gaan doen.

'Ik zal jullie eens wat geks vertellen,' schreef een groothandelaar van middelbare leeftijd uit Canada.[213] 'Armoede is goed. Ja, je hoort het goed. Zo, dat is eruit. Voor jongens als wij is armoede goed, omdat de vrouwen daardoor minder arrogant of verwend of veeleisend worden. Ga maar eens na uit welke landen de beste vrouwen komen. Wat hebben die allemaal gemeen? Inderdaad: armoede.'

De leden van de *Sex Guide* vormden slechts het meest zichtbare deel van het totaal aantal consumenten van vrouwenlijven. Er zijn constant 2 miljoen vrouwen die tot prostitutie gedwongen worden, en die bedienen heus niet alleen die 160.000 geregistreerde leden, die elk ervaring hebben met een tiental seksslavinnen.[214] Er waren talloze sekstoeristen, en slechts weinigen namen de tijd om uit te zoeken of de vrouwen die ze bezochten zich uit vrije wil prostitueerden.

Toen Tatjana nog maar een maand als seksslavin in Amsterdam werkte, kwam een Nederlandse klant bij haar die een zeker fatsoen leek uit te stralen. Ze flapte eruit dat ze gevangengehouden werd, dat ze gedwongen werd zich te prostitueren, dat ze dagelijks vernederd en verkracht werd. Ze smeekte hem haar te helpen ontsnappen. 'Hij vond het heel naar voor me, maar hij wilde gewoon seks hebben, dus dat gebeurde toen ook,' zei ze. 'Zo ging het altijd.'

Om het beruchtste bordeel van Dubai binnen te komen, de Cyclone, betaalde ik 16 dollar, waarna de kaartverkoper mijn kaartje afstempelde met het officiële logo van het ministerie van Toerisme en Handel. In Dubai is prostitutie niet toegestaan. De wetten van het land zijn op de islam gebaseerd, en bij overtreding kan zelfs de doodstraf worden opgelegd. Maar dat stempel was pas de eerste van een reeks tegenstrijdigheden die ik hier tegenkwam, in dit oord waar vrouwen als slavin verhandeld werden en dat door een bereisde Britse sekstoerist omschreven werd als een 'Disneyland voor mannen'.[215]

Op een bordje stond VERBODEN TE TIPPELEN, op een ander GEEN LEGERKLEDING OP DE DANSVLOER. In de club waren maar liefst 500 prostituees beschikbaar voor enkele tientallen aanwezige klanten, waaronder een paar westerse militairen.

Ik liep naar de bar, waar ik werd benaderd door twee Koreaanse meisjes die nog geen vijftien leken en beweerden zusjes te zijn.

'Wilt u een massage?' vroeg de een.

Door het stroboscopisch licht, de harde muziek en het overweldigende aanbod aan nerveuze vrouwen hing er een treurige, chaotische sfeer. De meisjes waren keurig gerangschikt naar etnische afkomst. Links in de zaak hielden de Chinese, Taiwanese en Koreaanse vrouwen zich op, in het midden de Afrikaanse vrouwen en rechts de vrouwen uit Oost-Europa en Centraal-Azië, die zich aanvankelijk voordeden als Russinnen, maar later toegaven dat ze uit Bulgarije, Oekraïne, Oezbekistan en natuurlijk Moldavië kwamen.

Een jonge Chinese had een kinderlijk geurtje opgedaan. Door het blacklight leek ze net een radioactief negatief van zichzelf. In gebrekkig Engels legde ze uit dat ze 28 dagen geleden in Dubai was aangekomen en dat haar een baan als dienstmeisje in het vooruitzicht was gesteld. Ze werd door mensensmokkelaars, die bekendstonden als slangenkoppen, verkocht aan een madam die haar dwong tot betaalde seks om haar schuld af te lossen. Trillend vertelde ze dat ze weer naar huis wilde.

Ze was geen uitzondering. Een avond daarvoor zat ik in een ander megabordeel, dat gevestigd was in het York International Hotel, een driesterrenhotel in de sjieke wijk Bur Dubai, toen een dertigjarige Oezbeekse me vertelde dat ze een schuld van 10.000 dollar moest terugbetalen, omdat haar kinderen anders door de maffia vermoord zouden worden.

Na verloop van tijd vertelde elke vrouw die ik in de Cyclone sprak dat de mensenhandelaars hun paspoort als onderpand hadden ingenomen en dat ze dat pas zouden terugkrijgen als ze hun schuld hadden afbetaald. Zowel Lomion als iemand die zichzelf 'Big Bob II' noemde, vertelde dat ze hier prostituees hadden bezocht die onder de blauwe plekken zaten. Dat weerhield ze er niet van seks met hen te hebben, of om daarna weer naar de Cyclone te gaan.

Alina, een geblondeerde vrouw die uit het noorden van Roemenië afkomstig was, zat verloren in een hoekje achter in de zaal op een speelkast te patiencen, met een sigaret in de hand. Ze had een hese stem en een grauw gezicht, waardoor ze er met haar 23 jaar veel ouder uitzag dan ze was. Ze was hier in 2004 gekomen, nadat ze was gescheiden van een alcoholist, de vader van haar zoontje van drie. Een Roemeense serveerster in Dubai had haar een baantje in een restaurant in die stad toegezegd.

Toen Alina door de vrouw op het vliegveld werd afgehaald, kreeg ze te horen wat ze feitelijk voor werk moest gaan doen. Zonder haar paspoort, zonder een cent op zak, zonder verdere contacten in de stad moest ze wel met de vrouw mee naar de Cyclone. Vanaf dat moment bestond haar leven uit één lange stroom klanten – mannen uit Amerika, Europa, India, en vooral Arabieren. Sommige mannen lieten zich oraal bevredigen in de 'vipzaal' boven de bar, maar de meesten namen haar mee naar een hotel of appartement. Vaak gebruikten ze geweld.

'Veel lastige klanten,' zei ze, met name onder de Arabieren.

Elke ochtend om zes uur ging ze naar het appartement van de madam, een onbetrouwbare vrouw die al haar geld inpikte. Alina zelf kreeg alleen een maaltijd per dag, koffie en sigaretten.

Alina overwoog te ontsnappen, maar als ze de woestijn in vluchtte, zou ze een wisse dood tegemoet gaan, en als ze naar de politie ging, zou dat een wisse dood voor haar zoon betekenen. Haar gezondheid ging achteruit, haar huid begon te schilferen, en in de Cyclone, waar een overvloed aan vrouwen was, kreeg ze geen klanten meer, tot woede van haar madam.

Op een avond moest ze van de madam met een Syrische man mee naar de nabijgelegen stad Al Ain. Zodra ze bij hem in de auto was gestapt, begon hij in het Arabisch tegen haar te schreeuwen. Ze was doodsbang en zat de hele weg naar zijn appartement te huilen. Daar martelde en verkrachtte hij haar twee dagen lang. Kort nadat hij haar had laten gaan, verklaarde de madam dat ze naar Roemenië terugging en Alina zou vrijlaten.

Voor het eerst in een jaar kon Alina kiezen wat ze ging doen. Ondanks het afschuwelijke geweld dat ze had moeten ondergaan, en ondanks het feit dat ze illegaal in het land was, koos ze voor de prostitutie. Ze wist dat haar reputatie in Roemenië ernstig aangetast was en dat ze nooit meer legaal werk zou kunnen vinden, of een man die haar en haar zoontje zou kunnen onderhouden. Daarom bleef ze. Maar wel zei ze erbij dat ze nu 'helemaal onafhankelijk' was.

In de Cyclone trof ik vrouwen van verschillende nationaliteiten aan, en hoorde ik tal van trieste levensverhalen. Hoewel sommigen van hen als seksslavin waren verhandeld, waren verscheidene vrouwen nu vrij. Maar net als zovelen kon Alina niet van die vrijheid genieten.

Voordat ik daar wegging, zag ik een bordje hangen dat nu eens niet in tegenspraak was met de praktijk. Op een bierviltje dat onder de plastic afdekplaat van de bar terecht was gekomen, stond een citaat van Martin Luther King.

We zijn hier allemaal met verschillende schepen gekomen,
maar nu zitten we allemaal in hetzelfde schuitje.

In de jaren negentig maakte Dubai een stormachtige groei door en ontwikkelde het zich sneller dan welk land ook. In 1991 bestond het uit niet meer dan een handvol flats langs een stoffige tweebaans-snelweg, met hier en daar een oase, kameelsporen en uitgestrekte zandvlaktes.

Vijftien jaar later was Dubai een bruisende metropool waar anderhalf miljoen mensen woonden. Overal zag je spiegelglas, en hoewel de temperatuur buiten kon oplopen tot wel 40° Celsius, was het binnen in de wolkenkrabbers door de airconditioning zo fris als in een koelcel. Prachtige moskeeën en paleizen zorgden voor een afwisselende skyline en de oproep tot het gebed werd door luidsprekers uitgezonden. Er liepen nog steeds kameelsporen langs de snelweg van Al-Makhtoum, maar het eerste wat je zag wanneer je Abu Dhabi binnenkwam, het grootste der zeven emiraten, was een ijsbaan. Sinds 1999 staan hier vijf van de hoogste gebouwen ter wereld.

Het sjeikdom was in feite nog steeds een ouderwetse bedoeïenenstaat, maar er kwamen steeds meer technocraten die het fundament legden voor een economie die niet langer van de olie-inkomsten afhankelijk was. Het land werd een speeltuin voor vermogende toeristen, er werd geïnvesteerd in infrastructuur, en Dubai werd een aantrekkelijk conferentiecentrum voor zakenlieden. Nu is hooguit 20 procent van de inwoners nog Arabisch. Verder bestaat de bevolking voor het overgrote deel uit mensen die afkomstig zijn uit zuidelijk Azië en de Filippijnen, mensen die in de bouw en de dienstverlenende sectoren werken.

Maar de explosieve groei had ook een keerzijde. Toen de Verenigde Arabische Emiraten probeerden steeds meer investeerders en arbeidskrachten aan te trekken, kwamen ook gewetenloze lieden het land binnen. In de twee jaar voordat ik er kwam, werden drie keer zoveel drugssmokkelaars opgepakt als daarvoor.[216] A.Q. Khan, de kernfysicus met een twijfelachtige reputatie, gebruikte Dubai als doorvoerhaven voor illegaal verhandelde wapenonderdelen.

Ook werd Dubai het mekka van de nieuwe slavenhandel. Hoewel de slavernij hier in 1963 was afgeschaft, werden nog steeds veel mensen onder bedreiging met geweld gedwongen onbetaald werk te verrichten. Soms kwamen onbetaalde of onderbetaalde arbeiders in opstand. In maart 2006 trok een kleine groep bouwvakkers uit zuidelijk Azië door het emiraat. Ze werkten aan de Burj Dubai-toren, die het hoogste gebouw ter wereld moest worden, en protesteerden tegen de slechte arbeidsomstandigheden en het karige loon. Rami G. Khouri, redacteur van de *Daily Star* in Beiroet, noemde dat 'onze eerste hedendaagse slavenopstand in de Arabische regio'.[217]

De opstandelingen werden uitgebuit, maar ze leidden geen slavenbestaan. Tienduizenden anderen wel, maar over hun lot werd gezwegen. De bouwvakkers waren niet de enigen die het zwaar hadden: Filippijnse hulpen in de huishouding werden stelselmatig door hun Arabische bazen geslagen en verkracht, en hun loon werd ingehouden. Maar liefst 6.000 kamelenjockeys, kleine jongens, voornamelijk afkomstig uit zuidelijk Azië, kwijnden weg in verborgen slavernij op kamelenboerderijen, waar ze door hun baas werden mishandeld en nauwelijks te eten kregen omdat ze anders te zwaar zouden worden. In 2004 zond de televisiezender HBO een documentaire over de jockeys uit, waardoor John Miller zich genoodzaakt voelde de VAE in het *Trafficking in Persons Report* in Categorie Drie te plaatsen van landen waar de mensenhandel floreerde.

Een jaar later, een dag voordat Millers organisatie het jaarverslag over 2005 zou presenteren, wees een functionaris van de ambassade op de dreigende aantasting van de reputatie van het sjeikdom. Ik was in het nabijgelegen Abu Dhabi voor een reportage voor *Newsweek* over de repatriëring van kamelenjockeys. Maar de functionaris legde uit dat de degradatie tot Categorie Drie deels te wijten was aan een nieuwe soort slaven, over wie weinig bekend was: slachtoffers van mensenhandel voor de prostitutie.

In die tijd waren in Dubai minstens 10.000 van zulke slavinnen.

Hoewel men in de emiraten probeerde het schandaal rond de kamelenjockeys te sussen door er meer dan 1000 te repatriëren, werd weinig gedaan aan de omvangrijke slavernij zoals in de Cyclone. De dag na de publicatie van het TIP-rapport leek het slechte nieuws weinig indruk te maken op de man die verantwoordelijk was voor de bevrijding van de slaven en slavinnen, luitenant-kolonel dr. Mohammed Abdullah al Mur, hoofd van de afdeling Mensenrechten van de politie in Dubai. 'Buitenlandse organisaties hoeven ons niet voor te schrijven wat we moeten doen,' vond hij.

Al Mur zag mensenhandel als een moreel probleem, dat zou worden opgelost door de agenten van de leider van de VAE, zijne hoogheid sjeik Khalifa bin Zayed Al Nahyan, door handhaving van de islamitische wetgeving, die buitenechtelijke seks verbood. Meer dan eens hoorde ik dat woordvoerders van de VAE zich in precies dezelfde bewoordingen uitlieten: 'De sjeik, God zegene hem, denkt altijd aan zijn volk.' Net als Michael Horowitz zag Al Mur prostitutie als een overtreding *per se*. Voor Al Mur was het niet van belang of een vrouw al dan niet gedwongen werd zich te prostitueren, zolang het probleem maar uit de openbaarheid kon worden gehouden. En ondanks zijn minachting voor het rapport werd er hard opgetreden om een betere beoordeling in het TIP-rapport over 2006 te bewerkstelligen. Dat voorjaar werden er duizend buitenlandse prostituees opgepakt en op staande voet uitgezet.

Natasja, die ik in het opvanghuis in Chişinău had gesproken, was tegen wil en dank een van de begunstigden van de zoveelste poging van de Verenigde Staten om prostitutie tegen te gaan. Destijds werkte ze weer als slavin in de Cyclone voor een Russische madam. Op een avond deed de politie een inval. De lichten gingen aan, de mannen moesten vertrekken en de paspoorten van de meisjes werden ingenomen. Omdat dat van Natasja door haar madam was afgepakt, belandde ze in een overvolle gevangenis in de woestijn, waar ze een maand lang zonder vorm van proces en onder erbarmelijke omstandigheden werd vastgehouden. Volgens haar werd er Bron door haar eten gedaan, een middel met codeïne, dat geacht werd haar libido te onderdrukken. Daardoor raakte ze versuft, waardoor ze een gemakkelijke prooi voor andere gevangenen werd. Een maand later zat ze weer in Chişinău, opnieuw zonder een cent op zak en zonder uitzicht op een beter leven.

In het verslag dat Millers organisatie over 2006 uitbracht, kwamen de VAE er iets beter van af dan het voorgaande jaar, maar de deportaties hadden geen effect op het erbarmelijke bestaan van de prostituees. De klanten waren blasé. 'Het leven gaat door,' schreef een vaste klant van de York.[218] 'Het enige verschil is dat de tarieven tegenwoordig meer fluctueren.' Een ander verklaarde 'er kapot van te zijn' toen de politie een inval deed en zijn favoriete meisje oppakte en haar uitzette naar Kirgizië, waar ze oorspronkelijk vandaan kwam. Maar hij voegde eraan toe dat het haar eigen schuld was, omdat ze er dan maar niet zo'n riskante levensstijl op na had moeten houden.

'Kon ze dan kiezen?' vroeg 11Bravo, een reguliere bezoeker van de Cyclone.[219] 'Ik weet er niet veel van, maar het lijkt me sterk dat haar schulden wegens verzachtende omstandigheden zullen worden kwijtgescholden, schulden die ze heeft moeten aangaan om hiernaartoe te komen, zeker als ze met "bepaalde" lieden in zee is gegaan. Helaas zie je hier de duistere keerzijde van de vrolijkheid en de lol,' ging hij verder. 'Wanneer ze in een taxi stapt, kun je maar het beste denken: uit het oog, uit het hart. Wat voor leven ze leidt als ze niet bij jou is,' besloot 11Bravo, 'daar kun je maar beter niet te lang bij stilstaan.'

Vlak voordat ik voor de tweede keer naar Nederland ging, verklaarde Michael Horowitz ten overstaan van de Commissie voor Internationale Betrekkingen van het Huis van Afgevaardigden hoe hij dacht over de Nederlandse aanpak van seksslavernij. 'Dat land, waarvan ik de naam niet zal noemen, maar waarvan de belangrijkste stad Amsterdam is,' zei hij in mei 2006, 'is altijd een soort symbool van dit kwaad geweest.'[220]

In de herfst daarvoor had ik John Miller gevraagd welk land de meeste slavinnen telde. 'Het is lastig om te zeggen welk land in dat opzicht het ergst is,' zei hij. 'Als je het per hoofd van de bevolking bekijkt, denk ik dat Nederland er tamelijk slecht van afkomt.' Millers pogingen Nederland in Categorie Twee op te nemen, werden stelselmatig tegengewerkt door zijn superieuren in de regering. Desondanks keurde hij het Nederlandse beleid onherroepelijk af. Miller vergeleek de Nederlandse voorstanders van de legalisatie van prostitutie met de regulationisten, die tegen de afschaffing van de slavernij waren en in plaats daarvan pleitten voor 'betere matrassen in slavenschepen'.

In de ogen van de Amerikaanse neo-abolitionisten was Amsterdam een tweede Sodom. Niet alleen prostitutie, maar ook het homohuwelijk was in Nederland bij wet toegestaan, en op de dag dat ik daar aankwam, verklaarde de Partij voor Naastenliefde, Vrijheid en Diversiteit zich in te willen zetten voor het legaliseren van pedofilie, kinderporno en seks met dieren.

Maar de Nederlanders trokken zich niets aan van de afkeuring van de regering-Bush. Integendeel, als iemand zich binnen de bovenlaag van de Nederlandse bevolking uitsprak voor het Amerikaanse standpunt in deze kwestie, stond dat gelijk aan politieke zelfmoord. 'In Nederland heerst één taboe,' verklaarde Amma Asante, lid van de Amsterdamse gemeenteraad. 'Iedereen vindt het erg om voor moralist uitgemaakt te worden.'

De belangrijkste Nederlandse organisaties tegen mensenhandel hekelden Millers uitlatingen en bestempelden het verbieden van prostitutie als een veel te strenge maatregel die 'de marginalisering en stigmatisering van vrouwen in de seksindustrie' alleen maar in de hand zou werken.[221] Ook van overheidswege werd de druk die vanuit Amerika kwam bekritiseerd. Dat met sancties gedreigd werd, zou zuiver symbolisch zijn, en ondanks de waarschuwende woorden van Horowitz en Miller stond Nederland al sinds het eerste rapport uit 2001 in Categorie Een. 'Ik heb meneer Miller ontmoet toen hij in Amsterdam was,' zei Harold van Gelder, een erudiete rechercheur die zich met de bestrijding van mensenhandel in Amsterdam bezighield. 'Hij zei dat hij het jaarrapport naar me zou opsturen. Dat is niet gebeurd. Maar dat geeft niet. Ik ben er niet zo in geïnteresseerd.'

Aan de andere kant kwam ik binnen het opsporingsteam niemand tegen die vond dat prostitutie een goede zaak was; men achtte alleen strafrechtelijke vervolging niet pragmatisch. Een groot deel van de Nederlandse bevolking is van mening dat prostitutie een aanvaardbare en open 'economische activiteit' kan zijn; de rosse buurt in Amsterdam levert de overheid inderdaad jaarlijks miljoenen aan belastinginkomsten op.

Maar er is een subtiel verschil tussen legaal en legitiem. Ik vroeg drie fervente Nederlandse voorstanders van het legaliseren van 'sekswerk' of ze het een prettig idee zouden vinden als hun dochters hun lichaam tegen betaling aanboden. Ze reageerden weinig enthousiast.

En in de jaren negentig diende zich een nieuwe lichting slavenhandelaars aan, die zich niet aan de Nederlandse erecode hielden. Hoewel in Amsterdam al eeuwenlang vrouwen werden verhandeld, veranderde het spel na de val van de Muur, al bleven de regels hetzelfde. Eerst leek het alsof Oost-Europese vrouwen gebruikmaakten van hun nieuwe bewegingsvrijheid om snel geld te verdienen. Maar toen vielen er doden. Een vrouw werd vermoord nadat ze een buitenlandse journalist had verteld hoe ze in haar slavenbestaan terecht was gekomen. Het met kogels doorzeefde lichaam van een Joegoslavische werd op straat aangetroffen nadat ze de belangrijkste Nederlandse organisatie tegen mensenhandel om hulp had gevraagd.[222] Er waren maar weinig seksslavinnen die zo aan hun einde kwamen, maar toch baarden de moorden opzien in een verder vredige stad.

De Nederlanders hadden moeite de zaak in de hand te houden. Toen het land in de jaren zeventig overspoeld werd door de eerste golf seksslavinnen vanuit Zuid-Oost Azië, werd er van overheidswege een gedoogbeleid ontwikkeld. Nu ging men nog een stap verder: bordelen werden gelegaliseerd en er werden tippelzones ingesteld. Het idee erachter was de branche zichtbaarder te maken, zodat er controle kon worden uitgeoefend. Men wilde betere bedden in de peeskamertjes, de vrouwen werden regelmatig medisch gekeurd, de bordeelhouders moesten belasting gaan betalen, en degenen die de seksindustrie bestierden, werden financieel, maar niet moreel, verantwoordelijk gehouden.

Een neveneffect hiervan was dat het pooierschap, dat op sterven na dood was, een nieuwe impuls kreeg. De slavenhandelaars zagen hun kans schoon snel geld te verdienen op deze open seksmarkt, die in het daaropvolgende decennium met 25 procent groeide.[223] Het begon met de Turken en de Marokkanen, toen kwamen de Albaniërs, Antillianen, Moldaviërs en Roemenen. In 1988 waren drie maffiaclans in Nederland geïnfiltreerd. Vier jaar later waren het er bijna honderd.[224]

Prostitutie mocht dan wel uit de illegaliteit zijn gehaald, maar dat gold niet voor vrouwen als Tatjana, voor wie de hervormingen van de jaren negentig weinig positiefs brachten. In 2003 gaf Amsterdam eindelijk toe dat de tippelzones afschuwelijke oorden waren waar geweld aan de orde van de dag was, en ze werden gesloten. Bovendien konden bevrijde slavinnen een tijdelijke verblijfsvergunning krijgen als ze bereid waren tegen mensenhandelaars te getuigen. Maar de illegale immigranten merkten nog steeds weinig van deze progressieve maatregelen. Toen de tippelzones werden gesloten, schoten de ongeregistreerde escortbureaus als paddenstoelen uit de grond. De overheid bood dan wel een tijdelijke verblijfsvergunning aan, maar dat vertelden de mensenhandelaars niet aan hun slavinnen. Ondanks de goede bedoelingen van de overheid gingen de vrouwen onverminderd gebukt onder misbruik en geweld.

'Vijf jaar nadat we bordelen hebben gelegaliseerd,' zei Amsterdams burgemeester Job Cohen in 2005, 'moeten we constateren dat het doel nog niet verwezenlijkt is.'[225]

Binnen een maand bezocht ik meer dan tien seksclubs, bordelen, parenclubs en raamprostituees in Amsterdam. Ik deed me voor als klant om met de vrouwen in contact te komen, hoewel ik altijd mijn identiteit prijsgaf wanneer we met het interview begonnen, op veilige afstand van pooiers en bordeelhouders. Wanneer ik in contact trad met mensenhandelaars, deed ik me voor als wapenhandelaar.

Die gesprekken leverden een schat aan fascinerende antropologische gegevens op. Bijna alle vrouwen die ik sprak verafschuwden hun werk. Een vrouw vertelde dat ze in de ogen van haar klanten niet meer dan een asbak was. Voor Albanese slavenhandelaars was het veel lastiger in Nederland aan kalasjnikovs te komen dan aan vrouwen. Maar geen van de vrouwen wilde erkennen dat ze zelf een slavenbestaan leidde. En diverse prostituees beweerden dat ze heel wat geld verdienden dat ze zelf mochten houden.

Een Braziliaanse die haar werk afschuwelijk vond, beweerde dat ze de opleiding van haar kind gefinancierd had met het geld dat ze als prostituee verdiende. Ze stond over het algemeen niet toe dat mannen haar penetreerden of hun handen gebruikten, en simuleerde een coïtus door hun penis vlak voor haar vagina te houden. Een negenentwintigjarige vrouw uit Italië zei dat ze met de voetbalkaravaan door Europa trok, van de ene wereldcupwedstrijd naar de andere, en dat haar klanten vaak te dronken waren om seksueel iets te presteren maar desondanks vijftig euro betaalden. 'U zult het misschien niet geloven,' zei ze, 'maar ik ben hier oorspronkelijk voor de lol mee begonnen. Ik ben gek op seks!'

Ik kreeg ook minder rooskleurige verhalen te horen. Zes van de vrouwen die ik interviewde, zeiden dat ze oorspronkelijk als slavin waren verhandeld, en kwamen met hartverscheurende, complexe verhalen over verleiding, wanhoop, onmenselijkheid en overlevingsdrang. Mensenhandelaars lieten een vrouw foto's zien van haar familie in Albanië, met de duidelijk boodschap: als jij ervandoor gaat, zijn zij er geweest. Een vrouw die van het noordelijk platteland van Nigeria kwam, vertelde me dat ze als slavin verkocht was maar de vrijheid vreesde omdat haar lot door middel van een voodooceremonie was bekrachtigd.

Tot vijf keer toe kwam ik jonge Oost-Europese vrouwen tegen die zo bang waren dat ze niet met me durfden te praten. Ze waren allemaal nog maar een maand in Nederland. Een Bulgaarse vreesde dat haar 'beschermer' dan misschien argwaan zou krijgen. Hun pooiers waren constant bij hen in de buurt. Omdat het me bekend was dat er vrouwen waren vermoord omdat ze met de media hadden gepraat, maakte ik in dat soort gevallen snel dat ik wegkwam.

De Nederlandse autoriteiten spoorden elk jaar zo'n 400 slachtoffers van mensenhandel op. Een hooggeplaatste politiefunctionaris zei tegen John Miller dat 40 procent van de 30.000 prostitutees in Nederland in slavernij leefde. Maar sinds 1999 was de prostitutie in de strak gereguleerde rosse buurt met de helft afgenomen en de politie was niet van plan of in staat de bloeiende escortbranche grondig aan te pakken. Tatjana schatte dat in Nederland 5.000 vrouwen net als zij gedwongen in de prostitutie werkten. De exacte getallen waren niet bekend.

'Wat wij te zien krijgen is alleen het topje van de ijsberg. Ik ben realistisch genoeg om dat te onderkennen,' zei rechercheur Van Gelder. 'En ik heb geen flauw idee wat zich allemaal onder de oppervlakte afspeelt.'

Eind augustus 2002 was het benauwd weer in Amsterdam. De luchtvochtigheid lag ver boven het gemiddelde en het wilde maar niet gaan regenen. Je haar bleef als klimop aan je huid en je oren plakken. De blauw-witte trams waren wel goed geventileerd, maar boden weinig soelaas. Honderden mensen in de stad zochten verkoeling op de stranden en in de parken, velen liepen er topless of helemaal naakt bij en waren blij dat ze met dit warme weer in zo'n tolerant, of in elk geval pragmatisch land leefden.

Tatjana kreeg het letterlijk en figuurlijk steeds benauwder. Ze was al tien wekenlang van plan een ontsnappingspoging te wagen, en ze wist dat ze daar niet al te lang meer mee kon wachten. De man die haar oorspronkelijk had verkocht, Luben, was bij haar huidige pooier Anton op bezoek geweest met een vervelende boodschap. Zonder dat Tatjana wist wat er aan de hand was, brachten Anton en Luben haar en de andere meisjes van hun appartement over naar een hotel in Rotterdam, een uur rijden. De volgende avond gingen ze weer naar een ander hotel. En naar nog weer een ander hotel. Een week lang waren ze op de vlucht voor iets – of iemand – waar Anton doodsbang voor was.

Tatjana ving wat gespreksflarden op toen Anton met zijn mobieltje aan het bellen was: ze zouden de volgende dag naar Spanje vertrekken. Hij bracht de vrouwen terug naar het appartement en zei dat ze hun spullen moesten pakken.

Tatjana dacht koortsachtig na en moest onmiddellijk denken aan een jonge Turkse klant, die haar had verteld dat hij haar wel wilde helpen vluchten als de gelegenheid zich voordeed. Ze had het gevoel dat die gelegenheid nu gekomen was. Ze bedacht hoe ze hem zou kunnen bereiken en rende als eerste de trap op om bedenktijd te winnen. Ze deed de voordeur open en ging naar binnen.

Daar werd ze opgewacht door twee forsgebouwde mannen, die haar met een pistool met geluiddemper onder schot hielden. Een van hen pakte haar mobieltje en gooide dat op de bank, naast haar huisbaas, die daar gekneveld en vastgebonden lag. De andere man vuurde drie kogels af in de richting van Anton, Luben en de drie andere meisjes, die er als een haas vandoor waren gegaan zodra Tatjana achter de voordeur was verdwenen. De schutter ging hen achterna en kwam terug met een hysterisch krijsende Maria.

'Kop dicht,' zei de man. 'Verroer je niet.'

De heren beseften dat de politie gealarmeerd zou worden, ook al hadden ze geluiddempers gebruikt, dus ze lieten de huisbaas op de bank achter, gingen met de meisjes naar buiten en hielden een taxi aan. Een man fluisterde tegen Tatjana dat ze bij hem moest blijven. Als ze zouden worden aangehouden, moest ze net doen of ze een stel waren, anders zou hij niet aarzelen haar aan flarden te schieten. Hij drukte de loop van zijn pistool in haar ribbenkast.

'Op dat moment,' vertelde ze achteraf, 'besefte ik dat ik doodgeschoten kon worden, dat ik zo aan mijn eind kon komen, en dat ze dat helemaal niets kon schelen. Ik had gedacht dat mijn eerste dag in Nederland de verschrikkelijkste dag van mijn leven was geweest. Maar deze dag was nog afschuwelijker.'

De mannen spraken geen Engels en maakten haar duidelijk dat ze tegen de taxichauffeur moest zeggen dat ze de stad uit wilden. Ze was ten einde raad. Maar omdat er een pistool in haar zij gedrukt werd, zag ze geen kans de chauffeur duidelijk te maken wat er werkelijk aan de hand was. Ze reden naar een gebouw aan de rand

van een bos buiten Amsterdam. Daar liepen ze naar een appartement op de eerste verdieping, waar drie mannen zaten te wachten.
Een van hen was een concurrerende pooier die Tatjana van de straat
kende.

Toen de mannen met elkaar overlegden, begreep ze wat er aan
de hand was. Dit was een machtsgreep, een poging tot overname
van een rivaliserende bende, of een rivaliserende groepering binnen hetzelfde criminele netwerk. Blijkbaar hadden deze mannen
in 1999 drie meisjes aan Anton willen verkopen en was de deal
misgelopen. Nu wilden ze hem opsporen en hem en Luben vermoorden.

'Vertel op,' zeiden ze tegen de vrouwen, 'anders komen jullie hier
niet meer levend vandaan.'

'Ik weet helemaal niks,' riep Tatjana uit. 'Als ik wist waar ze
waren, zou ik dat heus wel vertellen, dan hoefde ik niet meer voor
ze te werken.'

De ontvoerders gooiden het over een andere boeg, haalden twee
flessen wodka tevoorschijn en vertelden de vrouwen dat ze eerst
maar eens wat moesten drinken om tot rust te komen. Ze begonnen te geinen en zeiden dat ze samen moesten gaan dansen, als
bij een lesbische act in een stripclub. Daarna bespraken de mannen
wat ze met hen aan moesten.

'Misschien kunnen we ze aan de Albanezen verkopen,' zei een
van hen. 'Waarschijnlijk krijgen we er wel 2.500 euro per stuk voor.'

Toen de meisjes na een uur nog niets hadden losgelaten, werden
de mannen gewelddadiger. Een van hen greep Maria beet en sleurde haar naar een slaapkamer. Een ander pakte Tatjana. Ze dacht
koortsachtig na terwijl ze een andere slaapkamer in werd getrokken. Dit was het eindspel. Oké, nu zijn ze niet meer met z'n vijven
maar is er nog maar eentje, overwoog ze. Uit de aangrenzende
kamer klonken gedempte geluiden van een worsteling.

De slaapkamer kwam op een balkon uit. Als ze daar van af sprong
en zes meter lager neerkwam zonder een been te breken, kon ze
misschien naar een van de buren rennen en daar op de deur bon-
zen, in de hoop dat er iemand thuis was die haar zou binnenlaten.

Eerst moest ze zich van haar belager ontdoen. Toen hij haar op het bed gooide, strekte ze haar armen uit naar het nachtkastje achter haar. Daarmee wilde ze hem op zijn kop slaan om dan het balkon op te rennen en naar beneden te springen. Plotseling klonk er een ontzettend kabaal in de woonkamer, en felle lichten schenen door het raam. Ze hoorde geschreeuw, haar belager rolde onder het bed, en ze rende het balkon op. Ook Maria deed dat; naakt, omdat ze was verkracht. De slaapkamerdeur knalde open.

'Politie!' riep een Nederlandse agent.

Tatjana was nog steeds in shocktoestand toen een andere agent een deken om haar heen sloeg.

'We weten wat er is gebeurd,' zei hij. 'Het is allemaal voorbij.'

Soms, als ze haar ogen dichtdeed, zag ze de graanvelden van haar geboorteland. Ze schrok dan niet als er een fles omviel, de onbekende in de treincoupé had niets bedreigends meer, en de schemering was niet angstaanjagend.

Op andere momenten werd ze door het monster bezocht. Dat begon nadat ze haar verklaring had afgelegd. Het monster bezocht haar toen ze hoorde dat de twee mannen die haar bijna hadden vermoord, maar twee jaar gevangenisstraf kregen. Het monster bezocht haar toen ze hoorde dat Luben en Anton, die haar leven hadden verwoest, van de aardbodem leken te zijn verdwenen. Het monster bezocht haar toen ze een permanente verblijfsvergunning aanvroeg, een onzeker proces, hoewel uitzetting haar dood kon betekenen. Het monster bezocht haar nadat ze een flatje had gekregen om voor het eerst in haar leven op zichzelf te gaan wonen. Het monster bezocht haar in haar slaap. Elke nacht.

Het monster had een menselijke gedaante aangenomen, een schimmige mannengestalte die de deur opendeed en door de maan beschenen werd. Ze sliep, maar ze was toch bij bewustzijn, en ze zag haar kat, ze zag het raam. Ze kon zich niet verroeren, maar ze hoorde zichzelf gillen, alsof ze in het schilderij van Munch gevangenzat.

Het monster dat haar achtervolgde, vertoonde zich waarschijnlijk niet aan de mannen die haar slavernij mogelijk hadden gemaakt, de klanten in hun zorgeloze paradijs aan het eindpunt van de nieuwe doorgangsroute.

In 1999 werd Zweden het eerste land ter wereld waarin de rol van de prostituee uit de criminele sfeer werd gehaald. Tegelijkertijd vaardigde de Zweedse overheid wetten uit tegen souteneurschap, mensenhandel en het kopen van seks. Hoewel deze maatregelen in tegenspraak met elkaar leken en sommigen beweerden dat de hele branche daardoor ondergronds zou gaan, bood Zweden de helpende hand aan vrouwen als Tatjana en maakte tegelijkertijd een krachtige vuist tegen mannen als Florian Costache en Lomion.

Wie zoals John Miller tal van seksslavinnen had gesproken, moest wel tot de conclusie komen dat ze er niets bij zouden winnen als ze als criminelen werden behandeld. In het openbaar stond Miller de harde lijn van Michael Horowitz voor. Maar onder vier ogen gaf hij toe dat hij er in zijn hoedanigheid van autoriteit op het gebied van mensenhandel genuanceerder over dacht.

'Vindt u dat prostitutie gezien moet worden als een overtreding *per se* die vrouwen ten laste kan worden gelegd?' vroeg ik hem in november 2006.

'Bij het ministerie van Justitie vinden ze dat prostituees vervolgd moeten kunnen worden, maar diep in mijn hart...' Hij zweeg even. 'Diep in mijn hart zie ik meer in het Zweedse model.'

Miller had achter de schermen gepleit voor een flexibeler Amerikaans beleid. Aan het eind van de eerste ambtstermijn van George W. Bush sprak Miller met Colin Powell, en hij betoogde dat, mocht het zo zijn dat een bepaald land in Europa overwoog het Nederlandse model over te nemen en prostitutie te legaliseren, de Verenigde Staten dan druk zouden moeten uitoefenen om ervoor te zorgen dat de rol van de vrouwen werd gelegaliseerd, maar dat de mannen hard werden aangepakt. Powell nam dit advies over, wat resulteerde in een subtiele maar belangrijke verandering in het Amerikaanse standpunt. Het Verenigd Koninkrijk, de trouwste Europese bondgenoot van Amerika, koos voorzichtig voor het Zweedse model.

Ook Tatjana heeft haar standpunt bijgesteld. Ze gebruikte haar herwonnen vrijheid om anderen te helpen aan de slavernij te ontsnappen, zonder de vrouwen te veroordelen die vrijwillig in de prostitutie zaten. Het ging haar om de strijd tegen de slavernij. Ze vond dat er in de politiek veel te veel gepraat werd over het al dan niet legaliseren van prostitutie terwijl aan de andere kant van de aardbol miljoenen vrouwen en kinderen nauwelijks in hun levensonderhoud konden voorzien.

In Boekarest legden Tatjana en ik het bij, en hoewel ze in discussies onvermurwbaar was, kon ze wel lachen om haar eigen felheid. 'Je zit tegenover een moeilijk mens,' zei ze. 'En het is ook nog eens een vrouw! Een vrouw die zelf slachtoffer is geweest. En die vrouw is agressief en koppig.' Ik zei dat het misschien juist aan haar koppigheid te danken was dat ze had kunnen overleven, en ik vertelde over de jonge vrouw in het Roemeense bordeel die, in tegenstelling tot zij de moed had opgegeven.

'Fysiek zou ze zich wel kunnen bevrijden,' zei Tatjana. 'Maar emotioneel zal dat nooit lukken. Dat gevoel van schaamte is een schaduw die je nooit kwijtraakt,' voegde ze eraan toe. 'Het is niet altijd even erg. Maar je komt er nooit meer helemaal van af.'

7

De oorlog van John Miller

'Doorgaans krijg je alleen met deze kwestie te maken als je geloof je daartoe drijft of als je de slavernij hebt gezien, gevoeld en geproefd,' zei afgevaardigde Frank Wolf. 'Belangstelling en betrokkenheid zijn heel moeilijk af te dwingen.'

Toen Wolf zijn fiat had gegeven aan de benoeming van John Miller als hoofd van het Bureau Mensenhandel werd die laatste deels door zijn geloof gedreven, maar vooral door zijn ambitie. Daar kwam op 20 september 2003 verandering in toen Miller voor het eerst een bevrijd slachtoffer ontmoette. Katja was een jong meisje uit Tsjechië dat net als Tatjana een paar vergissingen had gemaakt. Eerst was ze met een foute man getrouwd. Toen die haar en hun tweejarige dochtertje in de steek liet, reageerde ze op een personeelsadvertentie voor een baan in een Amsterdams restaurant. Maar die beslissingen rechtvaardigden geen van beide wat haar vervolgens overkwam. Door een landgenoot werd ze naar Nederland gesmokkeld, waar ze werd verkocht aan een Nederlandse schurk, die haar naar de rosse buurt bracht.

'Hier ga ik niet werken,' zei ze tegen de vrouwenhandelaar.

'Jawel hoor,' antwoordde hij, 'want we krijgen nog twintigduizend euro van je.'

Katja bleef zich verzetten. Uiteindelijk wist de man haar wil te breken door haar voor de keus te stellen: je werkt mee of je dochtertje gaat eraan. Zo dwong hij het meisje, dat nog geen twintig was, elke avond meer dan twaalf klanten af te werken. Haar verdiensten hield hij zelf. Bij wijze van 'beloning' haalde de Tsjechische mensenhandelaar na een paar maanden haar dochtertje naar Amsterdam. Katja, depressief en in de war door de dagelijkse verkrachtingen, overwoog het kind te doden. Uiteindelijk bracht een mee-levende taxichauffeur een knokploeg op de been om haar pooier aan te pakken. Na een worsteling met de kerel, die schadeloosstelling eiste, slaagde de chauffeur erin haar vrij te krijgen.

Tijdens dat twee uur durende gesprek in Amsterdam leerde Miller meer dan uit alle dikke rapporten van Michael Horowitz. Hij hoorde over het diepe trauma en het zelfverwijt van de slachtoffers van mensenhandel. Hij begreep dat er een moment komt waarop een slachtoffer geen slachtoffer meer is, maar een overlever. En hij leerde ook dat overlevers en slachtoffers toch altijd in de eerste plaats mensen zijn. Katja was inmiddels met haar redder getrouwd en werkte in een ziekenhuis. Haar leven was verwoest, maar ze was aan de herstelwerkzaamheden begonnen.

Katja weersprak Millers verwachting dat iemand die zoiets vernederends en traumatiserends heeft meegemaakt, daarna nooit meer een zelfs maar enigszins normaal leven zou kunnen leiden. Maar ze bevestigde ook zijn eerdere, op uitspraken van Horowitz en anderen gestoelde overtuiging dat 'seksslavernij de allervernederendste vorm van slavernij is die er bestaat'.[226] In de weken daarop zou echter zelfs die overtuiging door overlevenden van andere vormen van slavernij aan het wankelen worden gebracht.

Miller nam het vliegtuig en deed Zweden, Griekenland, Rusland en India aan. In al die landen ontmoette hij tientallen slachtoffers, en naarmate hij meer verhalen te horen kreeg, zag hij steeds duidelijker in dat de vernederingen van de slavernij zich niet tot het bordeel beperken.

In Bangkok, de laatste tussenstop, ontmoette hij in een staatsopvanghuis een meisje dat Lord heette. Toen ze veertien was, verkochten haar ouders haar aan een mensenhandelaar in Laos. Die handelaar verkocht haar door aan een borduuratelier in Thailand, waar ze veertien uur per dag moest werken. Toen ze in opstand kwam tegen het onbetaalde zwoegen, drukte de zoon van de eigenaar een pistool tegen haar wang en haalde de trekker over. Even dacht ze dat ze doodging, maar toen het luchtbukskogeltje in haar huid boorde, begreep ze dat ze er alleen een litteken aan zou overhouden. Ze bleef zich echter verzetten, waarop hij haar gezicht nog erger verminkte met zuur.

Wat Miller het meest trof, was niet haar afschuwelijke levensverhaal, maar haar blijdschap omdat ze bevrijd was. Ze had plastische chirurgie ondergaan, gefinancierd door een ngo. Toen Miller haar zag, had ze nog steeds duidelijke littekens, maar ze lachte als een doodgewoon meisje.

Die avond in zijn hotel had hij geen nachtmerries, maar dat kwam alleen doordat hij niet kon slapen. Hij had overal pijn en even vreesde hij dat het een hartaanval was. Het zou voor Miller de eerste van vele slapeloze nachten zijn. Miljoenen mensenhandelslachtoffers per jaar betekenden niets voor hem, totdat hij er een ontmoette. Nu had hij er tientallen gesproken en hun leed werd hem bijna te veel. Seksslavernij was dan wel de hoofdmoot van de grensoverschrijdende mensenhandel, maar het kwaad had vele gezichten.

Als voor die tientallen miljoenen slaven helemaal geen hoop was geweest, als ze afgeschreven waren, dan had die last niet zo zwaar op hem gedrukt. Maar Lord kon weer lachen. En haar lach was voor Miller een aansporing: aan de slag.

Millers sterkste wapen bestond uit economische sancties, en in de tijd dat hij als afgevaardigde de strijd met China aanbond, had hij al een reputatie opgebouwd als een van de snelste vechters van Washington. De wet ter bescherming van de slachtoffers van mensenhandel vergemakkelijkte zijn taak, want daarin werd bepaald dat de president sancties moest opleggen als het land in kwestie drie maanden na indeling in Categorie Drie nog geen significante vooruitgang had geboekt. De procedure begon met een onderzoek door het bureau van Miller. Zijn staf – die tijdens zijn ambtsperiode van dertien naar vierentwintig medewerkers was uitgebreid – oefende zware druk uit op regeringen en ambassades opening van zaken te geven, ook al waren die daar vaak niet toe bereid.

In 2001 stelde de vs vast dat 23 landen ernstig tekortschoten in het bestrijden van hedendaagse slavernij. Dat aantal daalde ieder jaar gestaag, totdat er in 2006 nog maar 12 landen in Categorie Drie over waren.

Het proces werd echter door andere buitenlandse belangen overheerst. Als Miller zijn jaarlijkse aanbevelingen aan Paula Dobriansky had overhandigd, kwamen de landenbureaus bijna altijd aandringen op een gunstiger beoordeling voor het land waar zij zich mee bezighielden, want iedereen was als de dood voor de complicaties die het bestraffen van vrienden met zich meebracht. In de regel kregen de bureaus hun zin, vooral als de uiteindelijke beslissing door Colin Powell of later door Condoleezza Rice werd genomen. Elke classificatie moest door meer dan 20 mensen worden goedgekeurd.

De enige staten die geregeld sancties opgelegd kregen, behoorden vanouds tot de meest rabiate tegenstanders van Amerika: Noord-Korea, Soedan, Cuba en Myanmar (het vroegere Birma). Als een bondgenoot van de vs in Categorie Drie terechtkwam – zoals de Verenigde Arabische Emiraten in 2005 – maakte die altijd meteen 'significante vorderingen', waarop de minister van Buitenlandse Zaken het land in kwestie opnieuw beoordeelde en het in Categorie Twee plaatste voordat de sancties werden doorgevoerd.

'Significante vorderingen, wat houdt dat precies in?' vroeg ik aan Miller.

'Het aannemen van een wet kan significant zijn, en dat verdient ook erkenning,' zei hij. 'Maar als het jaar daarop blijkt dat die wet niet wordt gehandhaafd, dan moeten ze er echt harder aan gaan werken. Je kunt wel twee jaar achter elkaar een wet aannemen, maar dat is niet genoeg.'

In het zeldzame geval dat de vs het wapen van de sancties inzetten tegen een land dat geen verklaarde vijand was, zoals het kleptocratische staatje Equatoriaal Guinea, was het een wassen neus. De handelsbetrekkingen en sommige vormen van ontwikkelingshulp leden er niet onder. De vs konden een land waartegen sancties waren ingesteld toch nog steeds als handelspartner de status *most favored* toekennen. Een land in Categorie Drie kreeg weliswaar een

tegenstem van Amerika als het een lening aanvroeg bij de Wereldbank, maar als genoeg andere landen vóór stemden, kreeg het land
de lening toch.

Op 25 juni 2003 stelde afgevaardigde Brad Sherman van de Democratische Partij tijdens een hoorzitting van een subcommissie
van het Bureau Internationale Betrekkingen een paar zeer kritische
vragen aan Miller.

'Ik zie hier sancties waarbij landen die anders vijftig miljoen
hadden gekregen, nu maar vijfentwintig miljoen krijgen,' zei Sherman. 'Vijfentwintig miljoen – als dat een sanctie is, dan wil ik ook
wel zo'n sanctie.'[227]

In het openbaar verdedigde Miller zijn superieuren en voerde hij
aan dat het niet zozeer om de sancties zelf ging als wel om het
internationaal voor schut zetten van de regering in kwestie, zodat
die in actie kwam. Onder vier ogen toonde hij zich echter gefrustreerd omdat hij geen ruimere sancties tot zijn beschikking had.
Hij was vooral slecht te spreken over het feit dat zijn superieuren
geen sancties wilden opleggen aan landen die niets ondernamen
tegen de slavernij en verminking van kinderen zoals Lord. Maar
hij was er niet van overtuigd dat sancties, zelfs echte, het beoogde
effect zouden hebben.

'Ik moet toegeven dat je het niet kunt bewijzen,' zei hij. 'Want
dacht je nu heus dat de regering van zo'n land tegen ons zou zeggen: "We hebben er iets aan gedaan omdat ons sancties boven het
hoofd hingen"? Natuurlijk niet.'

Toch wist Miller een ander machtig wapen, de schande, effectief
in te zetten. Nationalisme was een hachelijke zaak, vooral nu het
zo slecht was gesteld met het prestige van de vs na het roekeloze
optreden in Irak. Maar Miller wist dat zijn zaak alles te boven ging.
In 2004 kwam de president van Guyana naar Washington om hem
te smeken zijn land uit Categorie Drie te halen. Het jaar daarvoor
had de minister van Buitenlandse Zaken van Kazachstan op de
degradatie van zijn land gereageerd door zich op tv een halfuur
lang uit te spreken tegen de mensenhandel.

Nadat Miller Lord en Katja had gesproken, stond hij er op dat buitenlandse hoogwaardigheidsbekleders naar opvanghuizen voor slachtoffers van mensenhandel gingen om met degenen te spreken die slaaf waren geweest. Dat deden maar weinigen, en velen ontkenden glashard dat slavernij bestond. In Singapore waren in één jaar zeventien huisslavinnen uit wolkenkrabbers gesprongen. Daarmee confronteerde Miller de regering.

'Hun verklaring luidde dat die meisjes waren gevallen bij het ophangen van de was,' zei hij. 'Dat was hun verklaring.'

Miller had weinig behoefte aan zelfbevestiging. Zijn eerste benoeming, in 2002, was weinig opzienbarend verlopen, en dat vond hij prima. Hij had een gruwelijke hekel aan recepties en plechtigheden, vooral als die te zijner ere waren. Maar in de zomer van 2004 hadden de afgevaardigden Frank Wolf en Chris Smith een ambassadeurschap op maat voor hem geregeld. Bush ondertekende de wet waarin de bevordering werd bevestigd en de Senaat ging unaniem akkoord met de benoeming.

Als ambassadeur had Miller meer invloed, zowel bij de eigen regering als bij internationale onderhandelingen. Nu de presidentiële troef al was uitgespeeld in een toespraak voor de assemblee van de vn die volkomen werd genegeerd, en het sanctiewapen alleen losse flodders bleek af te schieten, had Miller nog maar twee middelen tot zijn beschikking om de slavernij te bestrijden: diplomatieke druk en subsidies voor abolitionistische bewegingen. Voor allebei was veel werk achter de schermen nodig en alle beetjes invloed konden helpen.

Toen hij op 7 september onder de schitterende kroonluchters van de Benjamin Franklin Room van het ministerie van Buitenlandse Zaken de ambtseed aflegde, gebruikte hij meteen zijn nieuwe invloed om duidelijk te maken dat de slavernij het volgens hem wel waard was op gezette tijden de voorname rust van de koele, beheerste diplomatie te verstoren.[228] Hij noemde Wilberforce als voorbeeld van een abolitionist die werd afgeschilderd als een moralist die 'de wereld de Britse normen en waarden wilde opleggen', maar die wereld uiteindelijk wel aanzienlijk had verbeterd. Hij prees de aanwezigen, onder wie Colin Powell, maar las ze ook vriendelijk de les: ze moesten 'hun taalgebruik aanpakken' en een slaaf een slaaf durven noemen.

Zijn medewerkers beschreven de obsessie waaraan John Miller na zijn ontmoeting met Katja en Lord ten prooi viel. Sommigen maakten zich zorgen over zijn gezondheid, en die van henzelf, toen hij werkdagen van achttien uur begon te maken en soms zelfs het hele weekend doorwerkte. De pogingen het aantal slaven te tellen begon hem te veel te frustreren en daarom stak hij zijn energie liever in hun bevrijding. Soms werd de obsessie maniakaal. Weliswaar verontschuldigde hij zich er altijd voor, maar hij belde zijn medewerkers vaak 's avonds laat of ging bij hen langs. Vaak vroeg hij hun dan of ze een kritische blik wilden werpen op een idee dat in zijn vruchtbare brein was ontstaan.

'Ik heb een idee,' zei hij dan. 'Vertel jij me eens waarom ik me vergis. Praat het me uit mijn hoofd!'

Bij rechtstreekse internationale onderhandelingen trad Miller krachtiger op en stond hij minder open voor kritiek. Als Amerikaanse ambassademedewerkers hem ervan probeerden te weerhouden met bevrijde slachtoffers te gaan praten, negeerde hij hun bezwaren en ging hij op eigen houtje naar de opvanghuizen. Daar verzamelde hij dan levensverhalen waarmee hij de buitenlandse autoriteiten om de oren kon slaan. Dat leverde soms zeer onaangename confrontaties op.

In 2005 boekte Miller een symbolische overwinning toen hij Condoleezza Rice wist over te halen Saudi-Arabië in Categorie Drie te plaatsen. De Saudiërs hadden de slavernij officieel in 1962 afgeschaft. Maar internationale organisaties wisten te melden dat de frauduleuze bestuurders en andere leden van de elite huisslavernij door de vingers zagen en vaak ook zelf slaven hielden. Het verbaasde niemand dat president Bush weigerde het koninkrijk sancties op te leggen. Nu het in Irak zo misliep, leunde de vs steeds zwaarder op gezaghebbende bondgenoten in de regio. Saudi-Arabië was de grootste bondgenoot, en Miller erkende later dat de dreiging met sancties daar nooit meer dan 'puur theoretisch' was geweest.

Vier maanden nadat de president had verklaard zich van sancties te willen onthouden, ontmoette Miller in een Starbucks in Riyad de vijfentwintigjarige Nour Miyati. Miyati, zedig gekleed, met een zwarte hoofddoek, vertelde met zachte stem haar geschiedenis van slavernij en overleving. Miller had in Saudi-Arabië wel meer van die verhalen uit de eerste hand gehoord, maar dat van Nour sprong eruit. Zijn blik gleed meteen van haar droeve ogen naar haar handen. Die waren verminkt, misvormd en gemangeld door maandenlange gruwelijke foltering.

Ze had vier jaar in de huishouding gewerkt om haar negenjarige dochtertje in Indonesië te kunnen onderhouden. Toen ze een andere betrekking aannam, dwongen haar nieuwe werkgevers haar vaak wel achttien uur per dag te werken, onbetaald. Ze sloegen haar regelmatig en sloten haar een maandlang in een badkamer op, waar ze haar handen en voeten vastbonden totdat ze begonnen af te sterven. In een poging hun 'bezit' te 'repareren' brachten haar eigenaars haar naar het medisch centrum van Riyad, waar de artsen een paar vingers en tenen moesten amputeren. Daarna dienden ze namens haar een aanklacht in, waarop een Saudische rechtbank Nour tot 79 zweepslagen veroordeelde wegens het doen van 'valse aangifte'.

Miller besloot dit geval aan te grijpen om het Huis van Saud aan de schandpaal te nagelen. Op 22 januari 2006, de laatste dag van zijn bezoek, beschreef hij Nours handen tijdens een gesprek met kroonprins Sultan.

'Zoiets kunt u niet toelaten,' zei Miller.

De Saudische troonopvolger, die goed bevriend was met Bush en Cheney, was op zijn teentjes getrapt. Hij beweerde er niets van te weten, maar beloofde de zaak te onderzoeken. Miller zette uiteen dat de kwestie president Bush zeer aan het hart ging en dat de Saudiërs in de gaten werden gehouden. Nours vonnis werd snel vernietigd.

Uiteindelijk resulteerde Millers recht-voor-zijn-raapbenadering in meer dan 100 wetten tegen mensenhandel en meer dan 10.000 veroordelingen, overal ter wereld. Maar Miller besefte dat de rapporten, toespraken, diplomatieke druk en zelfs de wetten en veroordelingen slechts middelen waren om een doel te bereiken. 'Het zijn alleen maar hulpmiddelen,' zei hij. 'Je moet dit willen doen omdat je de slaven moet bevrijden.'

In fysieke zin gebeurde dat soms door de politie, maar vaker door instanties die niets met de overheid uitstaande hadden. In de negentiende eeuw zetten de Britten de marine in om de slavenhandel te bestrijden. Millers troepen waren minder imposant. Ze bestonden uit non-gouvernementele organisaties, dikwijls plaatselijk, vaak onopvallend, die zich in meer dan honderd landen inzetten voor de bevrijding en maatschappelijke reïntegratie van slaven.

Het grootste deel van de 375 miljoen dollar die Amerika voor de bestrijding van mensenhandel had uitgetrokken, ging in de vorm van subsidie naar dergelijke organisaties. In Millers ogen waren zij de ware helden, en hij zat het ministerie van Buitenlandse Zaken op de huid het geld sneller uit te keren, want voor een slaaf kon uitstel dodelijk zijn. 'De traagheid waarmee die subsidies worden betaald is om gek van te worden,' zei hij. 'Er is zo veel bureaucratie. De mensen ondertekenen zoveel waar we niets mee opschieten.'

Miller had een groot respect voor de gelovigen (waartoe hij zichzelf tot op zekere hoogte ook rekende), en onder zijn toeziend oog groeide het aantal religieus getinte groeperingen die subsidie kregen van minder dan 1 op de 10 in 2002 tot ongeveer 1 op de 3 in 2006. Volgens hem werden godsdienstige groeperingen vóór zijn komst ten onrechte achtergesteld. Daarom beloonde hij evangelisch georiënteerde groepen die aantoonbare resultaten boekten, zoals de *International Justice Mission*. De ijm, die seksslavinnen in Cambodja bevrijdde, kreeg miljoenen.

Maar met zweverig gedoe had hij geen geduld; geloof was heel mooi, maar om bij Miller iets te bereiken moest je ook laten zien dat je over gezond verstand beschikte. John Eibner en Christian Solidarity International kwamen geregeld bij hem lobbyen, maar hij slikte hun verhalen over de situatie in Soedan niet kritiekloos. Hij leerde al snel onderscheid te maken tussen een speculatief standpunt van de Horowitzcoalitie en de harde feiten die zijn ijverige staf had gecontroleerd.

'Hij ziet heel snel het verschil tussen gelul en gegevens,' zei Kevin Bales, een pionier in het onderzoek naar hedendaagse slavernij, wiens koepelorganisatie Free the Slaves de subsidies verdeelt onder een aantal van de meest effectieve, weinig publiciteit trekkende plaatselijke organisaties. Miller had veel respect voor Bales, maar hij trok diens schattingen van het totale aantal slaven openlijk in twijfel, niet omdat hij hem niet geloofde, maar omdat hij bewijzen wilde zien.

De organisaties die Miller via Bales subsidieerde, bevrijdden de slaven niet alleen, maar zorgden ook voor maatschappelijke reïntegratie door middel van omscholingsprogramma's en inkomsten genererende projecten. Die gezond-verstandbenadering ging Miller steeds meer waarderen. Hij had bij de eerste president Bush aangedrongen op maatregelen voor mondiale armoedebestrijding en begon aan zijn werk voor de tweede president Bush met de overtuiging dat armoedebestrijding essentieel was voor de wereldwijde afschaffing van de slavernij. Maar in de Horowitzcoalitie verzetten velen zich tegen alles wat buiten het terrein van de wetshandhaving viel.

'Als er een gemakkelijke, onomstreden oplossing bestond om vrouwen onder de armoedegrens aan een baan te helpen – natuurlijk, graag,' zei Michael Horowitz. 'Je weet maar nooit, misschien is het de wederkomst van Christus. Of misschien moet je [de progressieve econoom] Paul Krugman mijn inkomen onder de bevolking van Sri Lanka laten verdelen. Maar tot dusver heb ik nog niets gezien wat echt werkt.'

Miller zelf haalde vaak voorbeelden aan waarbij slachtoffers van mensenhandel niet tot de allerarmsten behoorden, en hij zei ook dat zijn bureau 'geen algemeen armoedebestrijdingsfonds was'. Maar hij beschouwde organisaties die zich richtten op preventie, reïntegratie en emancipatie als de voorhoede. In verschillende internationale onderzoeken werd aangetoond dat een toename in de juridische vervolging weinig effect heeft op het verschijnsel van de mensenhandel als geheel, maar dat vermindering van de armoede de kwetsbaarsten er vaak tegen beschermt. Miller koos voor een meer geïntegreerde strategie, in samenwerking met het Amerikaanse Bureau voor Internationale Ontwikkeling en de Wereldbank.

Regelmatig vond hij de houding van het ministerie van Buitenlandse Zaken of van regeringen van andere landen frustrerend, maar als hij voor de tweede of derde keer een land bezocht, was hij ook vaak dolgelukkig als hij de gemaakte vorderingen zag. De mensen van de ambassades wisten wat mensenhandel inhield. Steeds meer ambassadeurs van andere landen voelden zijn hete adem in hun nek en deden aan preventieve diplomatie, zo niet aan preventieve wetshandhaving. En het belangrijkste: Miller ontmoette meer ex-slaven zoals Lord en Katja, die de vrijheid hadden gevonden en weer een leven opbouwden.

Toch besefte hij dat er voor iedere bevrijde slaaf tien, twintig, honderd anderen waren die in de anonimiteit een gruwelijk bestaan leidden. Dat besef beheerste zijn leven.

Onder de aanwezigen bij zijn beëdiging in 2004 was zijn zoon Rip, inmiddels een opvallend goede footballspeler in het team van zijn middelbare school in Seattle. Met zijn lengte van 1,75 meter en zijn 73 kilo was hij klein voor een verdediger, maar volgens zijn coach was hij onoverwinnelijk. Miller was gek op zijn zoon. Na de ceremonie vroeg Rip of hij met zijn vader mee op reis mocht. Dat verzoek herinnerde Miller eraan dat zijn obsessie met de slaven zijn gezinsleven naar de achtergrond had gedrongen.

June, zijn vrouw, hoefde daar niet aan te worden herinnerd. Ze waren inmiddels gescheiden en zij was niet bij zijn beëdiging aanwezig.

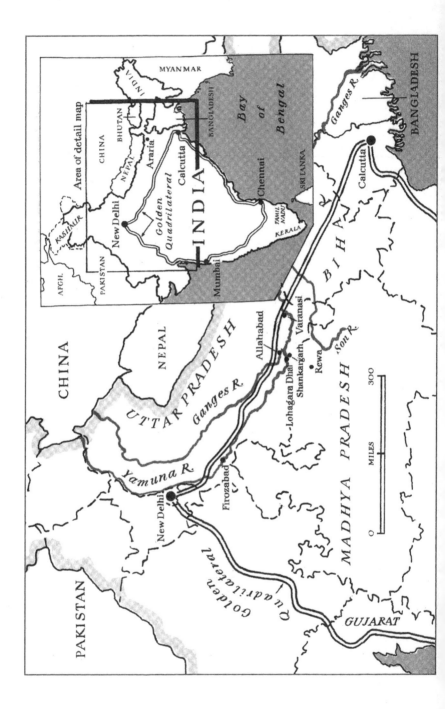

8

Kinderen van Visjnoe

Op het eerste gezicht ziet Gonoo eruit als Frederick Douglass op een bepaalde foto uit 1866.

Dat portret van Douglass is niet zijn meest gedistingeerde, maar het hangt aan de muur in mijn kantoor in Manhattan. Het verschilt sterk van de eerste daguerreotype van de grote abolitionist, zo'n twintig jaar eerder genomen, waarop een uitgeputte, boze jongeman staat. Op het moment van die eerste fotosessie was Douglass net ontsnapt na 21 jaar brute slavernij. Maar voor de wet was hij nog steeds eigendom van zijn meester. Nadat die eerste foto was genomen, betaalden Britse abolitionisten 710,96 dollar om zijn vrijlating te bewerkstelligen. Douglass waardeerde dat gebaar zeer, maar achtte het overbodig: hij had de vrijheid gegrepen op het moment dat hij besloot geen slaaf te zijn.

De foto uit 1866 toont een vijftigjarige Douglass, ten tijde van een negentig jaar oud Amerika in een overgangsperiode. [229] Het is de eerste foto van hem na de burgeroorlog, aan het begin van de Reconstructie. Voor Douglass is het een tijd van professionele triomf en persoonlijk verlies. In 1860 stierf zijn geliefde dochter vlak voor haar elfde verjaardag, en Douglass nam het zichzelf kwalijk dat hij er niet was om haar in leven te houden. Zijn haar is nog steeds lang, maar nu met grijs doorschoten. Zijn gezicht is niet minder vastberaden, maar op de een of andere manier zijn de gelaatstrekken zachter geworden. Hij heeft dezelfde strenge wenkbrauwen, maar hij is zwaarder geworden. Hoewel hij nog niet de borstelige witte baard heeft waarmee hij op zijn bekendste foto's staat afgebeeld, experimenteert hij al wel met een sik.

Ik vind het een mooie foto omdat zij laat zien dat deze icoon een mens is, met al zijn gebreken en onzekerheden. Ooit was onze trotse natie in de eerste eeuw van haar bestaan ook onzeker, verwikkeld in een worsteling om haar grootste geboorteafwijking te corrigeren en haar grootste belofte in te lossen: vrijheid voor allen. Honderdveertig jaar later stond India, net als het Amerika ten tijde van de Reconstructie, op het punt een groots land te worden, maar droeg het de vloek van een weliswaar onwettige, maar alomtegenwoordige slavernij.

Ik ontmoette Gonoo Lal Kol bij toeval op een koude avond begin december 2005 in Logahara Dhal, een gehucht in een vergeten, met slik overdekte uithoek van Uttar Pradesh, een Noord-Indiase staat waar 8 procent van alle armen ter wereld woont. Dankzij zijn gelijkenis met Douglass was de zesenveertigjarige man me tegelijkertijd vreemd en vertrouwd. Hij was lid van de Kol, een stam die ten tijde van het Britse rijk door een bestuurder werd omschreven als 'het oudste en meest karakteristieke ras van het land'.[230] Hij had een donkere huid, een volle sik, strenge wenkbrauwen en een lange, woeste grijze haardos.

Met een twintigtal andere lusteloze arbeiders in sjofele, vuile kleren sjokte Gonoo voort. Achter hem lag een diepe kloof in de grond, een witte wond in de verder vlakke en donkere aarde. In die groeve werden Gonoo en zijn gezin door hun meester gedwongen te werken, 14 uur per dag. In de zomer was de hitte ondraaglijk. 'Als je op een steen gaat zitten, is het alsof je op vuur zit,' aldus Gonoo.

Zijn gezin oogstte de plaatselijke marktgewassen, grind en zand, door steen te verbrijzelen en de loodzware massa naar een truck te slepen. In dat gat werd Gonoo, zoals de slaaf in de steengroeve uit het gedicht *Thanatopsis* van William Cullen Bryant, 'zijn kerker in gegeseld'.

Van tijd tot tijd brachten slaven een primitieve springstof aan in de rotswand, ontstaken de lont en renden weg. Vaak werden de explosieven door kinderen geplaatst, aangezien die in kleinere hoekjes konden kruipen. Gonoo was getuige van tientallen ongelukken waarbij slaven onder vallende stenen terechtkwamen.

Sommigen stierven onmiddellijk; anderen waren voor de rest van hun leven verminkt. In 2003 verloor een jonge jongen zijn arm. De slavenhouder, een grote, dikke, norse aannemer, Ramesh Garg, dwong het kind weer aan het werk te gaan nog voordat zijn wonden volledig waren genezen.

Gonoos gereedschap was eenvoudig. Het bestond uit een rudimentaire hamer en een ijzeren puntbeitel. Zijn handen voelden aan als plastic en waren met lagen eelt overdekt. Door de reuma waren ze alleen nog bruikbaar voor het werk in de steengroeve. 'Ik kan geen chapati's meer vasthouden,' zei hij. 'Ik voel niet of het brood dat ik in mijn handen heb heet is.' De huid tussen zijn rechterduim en -wijsvinger was ingescheurd; zijn linkerduim was verbrijzeld. Zijn vingertoppen waren afgesleten. Hij had geen vingerafdrukken meer.

Het gereedschap van Garg was minder eenvoudig. Dat bestond uit de mannen, vrouwen en kinderen die voor hem werkten. Hun enige nut was het omzetten van steen in zilverzand voor gekleurd glas, of in kiezelzand voor wegenbouw of ballast. Alle verdere menselijke aangelegenheden waren alleen maar lastig. Garg was een van de rijkste mensen in Shankargarh, de dichtstbijzijnde middelgrote stad, gesticht ten tijde van de Britse heerschappij maar nu in handen van bijna 600 exploitanten van steengroeven. Hij verdiende zijn geld door hele families onder de duim te houden met terreur en wreedheid, waarbij hij hen zonder loon liet werken in ruil voor niets anders dan drank, graan en de meest essentiële bestaansmiddelen. Indien nodig kocht hij eenvoudige medicijnen voor de slaven; soms betaalde hij voor een bescheiden bruiloft of een begrafenis.

Met andere woorden, Garg financierde het levensonderhoud, de bedwelming en af en toe een ceremoniële uitgave van zijn menselijke drilboren, meer niet. Volgens een schatting van Kevin Bales moest een slaaf in het zuiden van de Verenigde Staten 20 jaar werken om zijn of haar aanschafprijs terug te verdienen.[231] Gonoo en de andere slaven bezorgden Garg in minder dan twee jaar netto winst. Alleen door slavenarbeid kan met de hand vervaardigd zand rendabel zijn, zoals Bales opmerkte na zijn bezoek aan Shankargarh in 1999.[232]

Iedere man, vrouw en kind in Logahara Dhal was slaaf. Maar in theorie had Garg hen niet gekocht en bezat hij hen evenmin. In theorie werkten de slaven om een schuld aan Garg af te betalen. Voor velen lag de aanvankelijke schuld onder de 10 dollar, maar hier gold een rente van meer dan 100 procent per jaar. Van de 150 gezinnen in het dorp hadden er 100 schulden die zich uitstrekten over minstens twee generaties. De schulden hadden geen wettelijke basis. Ze waren een door Garg zorgvuldig geconstrueerd en onderhouden verzinsel.

Gonoos slavernij was voortgekomen uit een lening van 62 cent. Dat bedrag had zijn grootvader in 1958 geleend van de eigenaar van een boerderij waar hij werkte, om de povere bruidsschat voor Gonoos moeder te kunnen betalen. Drie generaties en drie slavenhouders later was Gonoos familie nog steeds door die schuld gebonden.

Gonoo schatte dat Garg nu ongeveer 500 dollar van hem te goed had. Maar zoals al zijn dorpsgenoten – op 25 na – was hij analfabeet en kon hij niet rekenen, en Garg hield de boekhouding bij. Toen hij ooit zijn fictieve schuld in twijfel had getrokken, was hij door Gargs mannen geslagen tot zijn ogen helemaal dichtzaten van de zwellingen. Volgens de slaven had de aannemer meer dan 12 anderen gedood nadat ze in verzet waren gekomen tegen hun rol als goedkope, vervangbare werktuigen.

Gonoos leven was nu beperkt tot een straal van 300 meter rond de steengroeve. De stilstaande bruine waterpoel in de uitgraving was voor hem en de andere slaven de voornaamste waterbron. Gonoos huis was een *jhopari*, een hut van 3,5 bij 1,5 meter waarin zijn bovengrondse bestaan zich afspeelde. Het rieten dak was iets meer dan 1 meter hoog, terwijl Gonoo zelf zo'n 1,80 meter lang was. Zelfs zijn kinderen moesten zich bukken om binnen te komen. De cementloze buitenmuur was geschroeid door een kookvuur; binnen sliepen alle 7 gezinsleden op hooi en voddige dekens op de aarden vloer. Toen Gonoo me vertelde dat hij nooit met zijn hoofd in de richting van de steengroeve sliep, dacht ik dat dat te maken had met het stof. In werkelijkheid was het omdat de steengroeve ten noorden van hem lag – de richting waarin de Kol hun doden neerleggen.

De jhopari bevatte al zijn bezittingen. In een hoek lag het steenhouwgereedschap: eenvoudige lange breekijzers en een paar pikhouwelen met houten handvat, alles zelfgemaakt. Vlak naast het gereedschap bevond zich een kleine open haard vol as met daarbovenop een beroete ketel. Er waren 6 gebutste pannen, 2 lange metalen lepels, 1 geïmproviseerde lamp die uit een kaars en een fles kerosine bestond, 1 witte plastic emmer, 5 of 6 sari's die aan het plafond hingen en in een hoek een stapeltje tot op de draad versleten kleding en een kam. Dat was het. Geen stoelen, geen meubilair behalve een zelfgemaakt veldbed, een *khatiya,* buiten voor de hut.

Een waarnemer omschreef Frederick Douglass' stem ooit als 'zeer melodieus en vol, met een tamelijk elegante uitspraak'.[233] Gonoos hoge, astmatische stemgeluid werd belaagd door een chronische hoest, aangezien zijn luchtwegen ontstoken waren door het alomtegenwoordige siliciumstof. De tabak, die hij mengde met een wit kalksteenpoeder, vervormde zijn woorden. Zijn glimlach leek een grijns, doordat de paar tanden die hij nog had in de loop van tientallen jaren donkerbruin waren gekleurd door de betelnoten.

Bij onze eerste ontmoeting probeerde hij niet mijn voeten aan te raken. Andere leden van de kaste van de *dalits,* ofwel de 'vertrapten', hadden dat wel gedaan, en ik stond er altijd onthutst bij te kijken. Dat gebruik buiten beschouwing gelaten was Gonoo een en al eerbied, en het duurde weken voor hij echt loskwam.

'Wat is een slaaf?' vroeg ik hem.

'Een *ghulam* ben ik,' zei hij – hij gebruikte het Hindi-woord. 'Als je een schuld aangaat, word je een slaaf.'

Voor de wet was hij allang vrij; in zijn eigen ogen zou hij voorgoed slaaf blijven. Ik vroeg hem met klem te bedenken wat hij zou doen als hij ooit zou ontsnappen. Hij dacht er een tijdje over na. 'Ik zou proberen te overleven,' zei hij. 'Ik zou proberen aan eten te komen voor mijn gezin.'

Hij had er ooit over gedacht naar Allahabad, de dichtstbijzijnde grote stad, te gaan om daar een riksja te gaan trekken. 'Maar ik mocht geen ander werk doen dan steenhouwen. Ramesh stond het niet toe,' zei hij. 'Ik heb niet de hoop dat ik in mijn leven de schuld zal afbetalen. Voor mijn kinderen zal het niet anders zijn.'

In de loop van mijn twee maanden met hem gebeurde er iets bijzonders: Gonoo kwam per toeval in vrijheid. Maar voor deze slaaf, die zijn lot had aanvaard, zou de vrijheid een nog zwaardere last betekenen dan slavernij.

Het India van Gonoo bevindt zich, net als het Amerika van Frederick Douglass, in een staat van uitgestelde emancipatie. Hoewel de officiële schattingen mijlenver uit elkaar liggen – van nul tot miljoenen – ligt het aantal slaven in India volgens de meeste waarnemers tussen de 10 en 20 miljoen. Als je de laagste schatting van het aantal slaven in Zuid-Azië neemt – hoofdzakelijk Nepal, India, Pakistan en Bangladesh – worden de schattingen voor de hele rest van de wereld ruim overtroffen. Er zijn zó veel slaven en zo weinig mensen die iets om hen geven.

India is een symbool van de vrije markt geworden, een successstory op ontwikkelingsgebied die de wereld, en vele Indiërs, verblindt voor de slavernij die vlak onder de oppervlakte voortbestaat. In 1991 stelde de Indiase regering het land open voor de zakenwereld door verlaging van de tarieven, privatisering van staatsbedrijven, drastische subsidievermindering en stimulering van concurrentie. Voor een land waarin de succesvolste staten onder marxistische leiding stonden was dit een drastische stap, maar wel een verstandige, gezien de ineenstorting van India's oude bondgenoot, de Sovjet-Unie. De gok pakte goed uit. Na China is India de snelstgroeiende grote economie ter wereld.

Indiase expats zijn met recht trots op hun land. Mijn vrienden van Indiase afkomst waren niet blij toen ik verslag uitbracht over de massale slavernij in hun vaderland. Velen hadden gehoord over Indiërs die door mensenhandelaars naar het Midden-Oosten werden gebracht voor huishoudelijke dwangarbeid of om als contractarbeider in de bouw te gaan werken. Maar slechts weinigen wisten iets van de overige 90 procent van de Indiase slaven, die het land nooit verlaten.

De omvang van de slavernij in India verbijsterde me. Ik sprak met kinderen die als slaaf hadden gewerkt in theekraampjes en sari-fabrieken in de buurt van de hoofdstad New Delhi, waar minstens een half miljoen kinderen in slavernij leeft. Honderdduizenden werken onder dwang als wever in de tapijtfabrieken rond Varanasi, als visser in de Golf van Bengalen of als roller van *bidi*-sigaretten in Gujarat.

Ik bracht een bezoek aan Firozabat, de door roet verstikte glas-hoofdstad van India. Daar werden tot 1993 dalitkinderen uit nabij-gelegen *jhuggi's*, ofwel sloppenwijken, verhandeld in een 'kinder-bazaar' in de openlucht. De fabrieken waar de kinderen door de kopers aan het werk werden gezet, deden denken aan de beginda-gen van de industriële revolutie. De winterlucht golfde door de verzengende hitte van de kolenovens met een temperatuur van ruim 1600° Celsius, terwijl jongens lange dunne metalen staven ronddraaiden met aan het uiteinde ervan smeltheet oranje glas. Anderen hamerden armbanden uit het glas, die zouden worden verkocht in winkels zoals het chique warenhuis naast mijn ap-partement in Brooklyn. Vlakbij kwam uit een onbeveiligde opslag-plaats arseentrioxidepoeder vrij, in Europa een verboden stof, maar hier verwerkt door kinderen. Waren de jongens slaven? Het werd me niet duidelijk tijdens korte gesprekken onder het toeziend oog van de fabriekseigenaars, maar hun slavernij was eerder al goed gedocumenteerd door Anti-Slavery International.

De meeste slaven maken geen exportproducten. Duizenden kin-deren werken zonder betaling onder bedreiging met geweld in ren-paardenstallen in de buurt van Mumbai of Divali-vuurwerkfabrieken in Tamil Nadu. Over het hele land zwoegen misschien wel acht miljoen mensen in de oudste vorm van lijfeigenschap, die in de landbouw. Sommige boeren laten meisjes als slavin op katoenvelden werken omdat de overlevering wil dat de gewassen niet opnieuw aangroeien als de oogst door mannen wordt binnengehaald. In 2001 troffen onderzoekers landbouwslaven letterlijk in ketenen aan.

In de heilige stad Varanasi zag ik bordelen waar pooiers prostituees slechts in voedsel uitbetaalden, hen in cellen van 1 bij 2 meter gevangen hielden en hen dwongen tot onbeschermde gemeenschap met honderden mannen. In zuidelijk India zijn tienduizenden meisjes *devadasi*, rituele seksslavinnen.

Ontkenning van slavernij is lang typerend geweest voor India's onverlichte heersers. In 1833 verboden de Britten slavernij in hun hele rijk, maar in India lieten ze die ongemoeid. Tien jaar later verklaarden de Britten wel dat Indiase slaven geen wettelijke status als zodanig hadden en vrij waren om desgewenst hun meesters te verlaten. Die meesters dachten daar anders over. Al snel begonnen overheidsfunctionarissen van het Britse rijk te spreken van 'vrijwillige' of 'goedaardige' slavernij. In 1926 verklaarden de Britten officieel dat slavernij in India niet langer bestond. Tegenwoordig zijn er geen slaven, maar alleen 'gebonden' of 'uitgebuite' arbeiders of simpelweg 'onderontwikkelde arme mensen'. En niemand ontkent dat er een heleboel armen zijn; 600 miljoen mensen leven van minder dan 2 dollar per dag; 260 miljoen overleven op minder dan 1 dollar.

Veel nationale overheidsfunctionarissen stellen terecht dat, hoewel er in India meer kinderen werken dan in welk ander land ook, namelijk 100 miljoen, de overgrote meerderheid van die kinderen geld verdient. Vaak is het alternatief van werken omkomen van de honger. Maar diezelfde ambtenaren sluiten gemakshalve hun ogen voor het feit dat miljoenen slaven kindarbeiders zijn, hoewel niet iedere kindarbeider slaaf is. Het ontkennen van slavernij is hier de standaardprocedure. Ondanks de inspanningen van een klein team van advocaten die namens mij verzoekschriften indienden, weigerden ambtenaren van het ministerie van Arbeid in New Delhi me te woord te staan zodra ze hoorden waarover het ging.

Op een dag ging ik undercover om in de buurt van Varanasi vier eigenaren van tapijtfabrieken die er slaven op na hielden te interviewen. Vermomd als tapijtkoper liet ik me rondleiden door een raamloze, ondergrondse fabriek waar rij na rij vol zat met onbetaalde kinderen uit Bihari. Ze werkten tot wel 15 uur per dag achter de weefgetouwen, 7 dagen per week. Velen van hen hadden een verminderd gezichtsvermogen en luchtwegaandoeningen. Twee weken later interviewde ik drie mensenhandelaars in Bihar en ontmoette ik meer dan twintig bevrijde slaven en gezinnen wier kinderen nog steeds als slaaf ergens in India's 'carpet belt' werkten. Bij sommigen waren hun jonge botten misvormd geraakt door de te krappe werkplaatsen. Een van hen kon alleen met behulp van een stok lopen.

Na die research ontmoette ik Jay Kumar, secretaris Sociale Zaken van Araria, een van de armste districten van Bihar, de armste staat van India. Kumar, een gezette man met vier ringen, een dikke zwarte snor, achterover geplakt haar en een turquoise gehaakte pullover met gouddraad, stond me te woord in zijn uit één vertrek bestaande ambtsruimte. Hij was hier verantwoordelijk voor de behandeling van klachten over kinderarbeid. En zijn reactie was bikkelhard: ik had niet gezien wat ik had gezien.

'In vredesnaam, kom me nou niet vertellen dat hier wrede slavernij bestaat,' zei Kumar. 'Er zijn geen tralies, iedereen is vrij. Misschien wordt het universum niet door de meest verheven waarden bestuurd, maar het is onmogelijk dat in dit district slavernij bestaat.'

Dit was de meest uitgesproken ontkenning van slavernij die ik had gehoord sinds ik drie jaar daarvoor met Mauritaanse ambtenaren had gesproken over de hardnekkige huishoudelijke slavernij binnen hun grenzen. Kumar merkte mijn verwarring op en legde uit hoe het zat. 'Ziet u, arme mensen zijn niet rationeel,' zei hij. 'Daarom vergelijk ik hen met apen.'

Vervolgens vertelde hij een verhaal. Op een warme dag liet een moederaap haar babyaapje op de gloeiendhete grond vallen om in een boom te klimmen, zodat ze zelf haar voeten niet brandde. Dat is de reden, zei hij, waarom ouders hun kinderen verkopen.

Gonoo heeft in zijn leven driemaal met een trein gereisd. Met de eerste kwam hij als peuter naar de steengroeve, en met de tweede ging hij als jongeman terug naar zijn geboorteplaats. Die beide reizen waren bedoeld om hem naar de vrijheid te brengen. De derde trein bracht hem terug naar de slavernij.

Hij was in 1959 geboren in de aangrenzende staat Madhya Pradesh, een jaar nadat zijn grootvader, na 62 cent te hebben geleend, slaaf werd van een brahmaanse boer. De minuscule schuld waardoor zijn familie werd gebonden was niet ongewoon. Twee decennia later bleek uit een onderzoek in Madhya Pradesh dat 80 procent van de 500.000 als slaaf levende landarbeiders in deze staat hun vrijheid had verkocht voor minder dan 11 dollar.[234] Zo'n 90 procent van hen waren dalits, die vroeger 'onaanraakbaren' werden genoemd. In theorie leven Gonoo en zijn stam, de Kol, buiten het kastenstelsel. De Kol zijn een van de vele tribale groepen binnen de 67 miljoen inheemse Indiërs, de *adivasi's*, wier voorouders waarschijnlijk 70.000 jaar geleden uit Afrika emigreerden. Duizenden jaren later kwamen hun landgenoten van arische afkomst uit Centraal-Azië. Zij introduceerden het hindoeïsme en daarmee het kastenstelsel.

Volgens de overlevering waren de Kol niet altijd onderdrukt.[235] Op een dag kwam een Kol te paard een brahmaan tegen, die een ploeg voortduwde door een veld. Aangezien hij dat nooit eerder had gezien, vroeg de ruiter gefascineerd of hij het ook eens mocht proberen. Zo geschiedde; de brahmaan sprong op het paard van de Kol en ging ervandoor – en sindsdien hebben de Kol de velden van de brahmanen geploegd. Tegenwoordig vegen de Indiërs de Kol op één hoop met de 250 miljoen dalits. Zij doen het allerlaagste werk. Hun slavernij is een karmische lotsbestemming. Treurig genoeg verkeert India nog steeds stevig in de greep van wat Frederick Douglass 'het ongeëvenaarde venijn van de kasten' noemde.

In 1962 zat Gonoo als driejarig jongetje voor het eerst in de trein. Op dat moment wist hij niet waarom zijn familie werd onderdrukt. Hij wist alleen dat zijn vader, nadat de boer hem bijna had doodgeslagen, zijn gezin had meegenomen voor een rit van een aantal kilometers, zonder kaartje, boven op het dak van een trein naar Shankargarh. Hij had gehoord dat hij daar met werk in een steengroeve genoeg zou kunnen verdienen om zijn vrouw en kind te eten te geven. Op dat kortstondige moment was de familie van Gonoo vrij.

Toen Gonoo zes was, ging hij naast zijn beide ouders aan het werk in de steengroeve van Devnarayan Garg. In die tijd hadden ze geen schuld: ze werden tot hun werk gedwongen door armoede, niet door geweld. Althans, zo zag Gonoo het. De dorpsoudsten spraken hem tegen. Zij vertelden me dat Gonoo en zijn familieleden door Garg als slaven gevangen werden gehouden vanaf het moment dat ze in de steengroeve aankwamen. De versie van de oudsten is waarschijnlijk de juiste. De Kol uit het gebied waar Gonoo vandaan kwam, voorzagen vroeger in hun onderhoud door bijenteelt en het verbouwen van gewassen voor eigen gebruik. Rond de tijd waarin India onafhankelijk werd, in 1947, namen de hogere kasten te midden van de chaotische massamigratie in verband met de afscheiding van Pakistan stukken land in beslag. De Kol, die nooit eigendomsrechten op hun land hadden gehad, vervielen tot schuldslavernij. In sommige gevallen dateerde hun slaaf-zijn zelfs al van daarvoor en omspande het twee eeuwen en acht generaties van een familie.

Volgens Gonoo verviel zijn familie in 1969 tot slavernij. In dat jaar werd zijn moeder ziek. Hij had de indruk dat het werk in de steengroeve de oorzaak was van haar vreemde, plotselinge aandoening die gepaard ging met spastische hoestaanvallen waarbij ze bloed opgaf. De andere arbeiders, van wie de meesten een vorm van die kwaal hadden, noemden deze 'Shankargarh-wali-tb', de tuberculose van Shankargarh. Later zouden onderzoekers de ziekte identificeren als ultramicroscopisch vastgestelde silicaten-pneumoconiose van vulkanische oorsprong, beter bekend onder de handzamere naam silicose. Deze ziekte veranderde arbeiders die al verzwakt waren door armoede en ondervoeding in wandelende skeletten. Het zand dat Garg rijk maakte, verwoestte langzaam de longen van zijn slaven en liet hun bloedvaten opzwellen. Vaak leidde de silicose tot tuberculose of kanker. De ziekte was ongeneeslijk. Het is een afschuwelijke manier om te sterven.

Gonoos vader stond voor de keuze: toekijken hoe zijn vrouw langzaam wegkwijnde, of de vrijheid van zijn gezin aan Garg verkopen in ruil voor een lening voor de behandeling die haar misschien kon redden. Hij koos voor het laatste. Die zomer van 1969 was het gruwelijk heet; diep bezorgd om zijn moeder werkte de tienjarige Gonoo zijn handen kapot onder het juk van Garg. Hoewel er nooit een diagnose was gesteld, ontwikkelde zich bij zijn moeder waarschijnlijk actieve tuberculose. De behandeling, die misschien uit niet meer dan een hoestonderdrukker bestond, redde haar leven niet. Gonoo vermoedde dat zijn moeder rond de veertig was toen ze stierf. Totaal van streek door haar dood en afgeschrikt door een toekomst van slavernij besloot hij weg te lopen.

In 1972, op zijn twaalfde, nam Gonoo zijn tweede trein. Op een ochtend glipte hij weg, hij liet zijn vader en zusjes achter en vluchtte naar het naburige dorp Line Par. Daar sprong hij boven op een vrachttrein terug naar Madhya Pradesh, waar hij nog familie had. Hij vond werk als dagarbeider bij de ACC Cement Company, waar hij ladingen versjouwde.

Het was zwaar werk en het loon was bijzonder karig, maar hij was vrij en hij voelde zich vrij. Hij herinnerde zich dat hij na werktijd zijn kleren uittrok en met een andere jongen uit de fabriek in de rivier de Son zwom, de grootste zijtak van de Ganges. In 1973 zag hij voor de eerste en laatste keer een film, een Bollywoodproductie met Sujit Kumar.

'Dat was het mooiste moment van mijn leven,' aldus Gonoo.

Als je vanuit de Indiase hoofdstad naar de steengroeve van Gonoo rijdt, zie je de glorieuze opkomst van het land. Maar nergens ligt de slavernij ver onder de oppervlakte.

New Delhi, een groezelige megastad, weet via de media een fris optimisme uit te stralen dat doet denken aan het Amerika ten tijde van Eisenhower. Op een billboardadvertentie worden hypotheken aangeprezen met een afbeelding van een lachend echtpaar en de tekst MAAK HAAR BLIJ MET EEN NIEUW HUIS! Op de spatlappen van een vrachtauto staat te lezen MIJN INDIA IS FANTASTISCH! Politieke posters voor de nationalistisch-hindoeïstische Bharatiya Janatapartij jubelen: INDIA SCHITTEREND!

Veel hier is hartveroverend ongewoon. Dieren maken nog steeds de dienst uit. Het is een politietaak om de 40.000 loslopende koeien bijeen te drijven, maar de agenten worden daarin vaak gehinderd door vrome hindoes. In sommige Indiase staten is het slachten van vee nog steeds een misdaad. Een omgeslagen ossenkar of een spontaan gevormde kudde zeboes leidt tot blinde paniek onder de autoriksja's met hun viertaktmotoren, die ratelend op hun drie wielen alle kanten op stuiven.

Vijfduizend exemplaren van een andere heilige diersoort, de aap, springen wild door de straten van Delhi. Onlangs heeft het metrobedrijf een slankaap getraind om andere apen ervan te weerhouden passagiers te belagen. Uitlaatgassen, vlagen chapati-olie en wierook uit theekraampjes en tempels walmen om het hardst. Op de ene straat warmen mannen zich aan een vuurtje van verbrand vuilnis. Verderop wordt in een halalslagerij geitenvlees verkocht, recht tegenover een winkel met Mariabeeldjes, waarnaast een kraam staat met beeldjes van de hindoegod Ram.

Veel is overweldigend, met name India's aanzwellende mensenzee. Terwijl Amerikanen termen gebruiken als 'honderden' of 'duizenden' om bevolkingsgroepen aan te duiden, schatten Indiërs, die zich vermeerderen met dertig baby's per minuut, aantallen mensen in *lakhs* (honderdduizenden) of *crores* (tien miljoenen). Een bevolkingsklok in het centrum van Delhi telt vastberaden af tot een moment ergens in de komende tien jaar waarop India, dat al meer dan een miljard inwoners telt, China zal voorbijstreven als het land met de meeste inwoners ter wereld.

Veel is pijnlijk. Een door polio verminkte jongen die zich nauwelijks overeind kan houden in de mensenmassa, rolt voort in een handmatig bewogen rolstoel. Een omzwachtelde bedelares met zwarte, door lepra aangevreten handen tikt met een overgebleven vingernagel op autoraampjes. Het contrast wordt nog sterker op het noordelijke gedeelte van India's nieuwe supersnelweg van vele miljarden dollars. Deze weg, de grootste infrastructurele onderneming in zo'n vijf eeuwen, loopt van New Delhi in het noorden tot Calcutta in het oosten, Chennai in het zuiden en Mumbai in het westen. Door ontwikkelaars werd dit vijftien jaar durende bouw-project de Gouden Vierhoek genoemd, een bijnaam al even bom-bastisch als de lokale Ambassador-auto's. Als je in oostelijke rich-ting over de pas geasfalteerde vierbaansweg rijdt, krijg je een aangenaam vaag beeld van de met eucalyptusbomen afgezette om-geving. Sommige stukken zouden in het Amerikaanse midwesten kunnen liggen, met uitzondering van de heilige mannen in saf-fraankleurige gewaden die op een middenberm om een aalmoes bedelen.

Niet veel Indiërs kunnen autorijden. In Amerika beschikt meer dan 75 procent van de huishoudens onder de armoedegrens over een auto. In India heeft minder dan 1 procent van de totale bevolking er een. Maar voor het eerst reizen meer mensen per auto dan per trein, waarbij het voertuig vaak met viermaal de officiële capaciteit wordt beladen.

De Gouden Vierhoek is op zich een krasse metafoor van de In-diase groei. En de Indiase groei is op zich een van de grootste menselijke prestaties in de moderne geschiedenis. Sinds de her-vormingen van 1991 is het bnp per hoofd jaarlijks met meer dan 6 procent toegenomen. In diezelfde periode groeide het aantal in-woners met het equivalent van de totale bevolking van de Ver-enigde Staten. Op dit moment is het land nog steeds decennia verwijderd van een middenklassemaatschappij volgens westerse normen. Maar een gedeelte van India begint dik en gelukkig te worden. Het obesitascijfer neemt toe. Porsche en Audi hebben vestigingen geopend in New Delhi en er worden zelfs Rolls Royces en Lamborghini's verkocht. 350 Miljoen mensen zijn de armoede ontstegen en vormen een naar Indiase normen vrije, krachtige middenklasse. In 1979 was de gemiddelde levensverwachting 54 jaar; tegenwoordig is dat 65. India telt 83.000 miljonairs, en bijna 40 procent van hen is sinds 2003 tot dat gezelschap toegetreden. Er zijn 15 miljardairs.

Toch is een welvarende Indiër nog steeds een uitzonderlijke In-diër. Als wanhoop herkenbaar was bij een snelheid van 100 kilo-meter per uur, zou de Vierhoek er minder goudkleurig uitzien op het traject door het hart van het hindoeïsme in Uttar Pradesh. Na een tijdje gaan de kinderen die vee over de weg voortdrijven op in de idyllische omgeving. Datzelfde geldt voor hun neefjes die in de rivieren vissen of met hooi sjouwen. Een paar kinderen zitten gehurkt in klaslokalen in de openlucht: de meeste Indiase scholen hebben slechts één lokaal of helemaal geen gebouw. India gaat prat op 's werelds uitgebreidste programma voor het uitbannen van kinderarbeid. Toch is de grondwettelijke garantie van gratis scholing tot veertienjarige leeftijd evenmin verwezenlijkt als de afschaffing van het kastenstelsel.

Zoals in veel ontwikkelingslanden groeien de steden in India, maar tweederde van de bevolking werkt nog op het land.[236] De meeste mensen kunnen maar net overleven. Sommigen verkopen hun dieren. Elk jaar drinken duizenden boeren liever pesticiden of schieten ze zichzelf liever dood dan een leven van slavernij tegemoet te zien. Een kijkje van dichterbij in het vredige landschap onthult lelijke details. De glanzendgele mosterdvelden zijn een lust voor het oog, maar de mogelijke slavernij van de mannen die erop werken, kwelt het geweten. De diepgroene rijstvelden die zich uitstrekken zover het oog reikt vormen een liefelijke achtergrond, maar het leven van degenen die de oogst binnenhalen wordt vaak beknot door geweld. De piramidevormige schoorstenen die boven een rij mangobomen uitsteken, zien er aanvankelijk uit als tekenen van industriële vooruitgang. Uit veel van die schoorstenen komt echter de rook van steenovens waarin over het hele land zo'n 100.000 slaven werken.

De hobbelige tweebaansweg naar Gonoos dorp splitst zich van de Gouden Vierhoek af in Allahabad, waar de Ganges en de Yamuna bij elkaar komen. Delen van het platteland die vage vlekken waren, worden nu duidelijker zichtbaar. Tweederde van alle Indiërs woont nog in een dorp, en dorpelingen langs de weg lijken versteld te staan van de snelheid van moderne auto's. Op een bord, bedoeld om snelheidsmaniakken tot langzamer rijden te manen, staat in blokletters BEETHER LATE THRAN NEEVER. Mannen in ondergoed kijken wantrouwig naar voorbijkomende reizigers terwijl ze zich wassen met bekers water uit plassen langs de weg.

Bijna 50 kilometer verderop is de lucht gevuld met stofdeeltjes. Langs de weg liggen steenhouwerijen en roestige machines waarin het zilverzand wordt gezuiverd. Vanuit de ruimte gezien glinstert het hele gebied van de silicadeeltjes. Anderhalve kilometer ten noordoosten van Shankargarh staat een flitsend, ultramodern Reliance-tankstation dat totaal misplaatst oogt. Het personeel, met een dienstverlening die even energiek is als hun uniform, voorziet je van brandstof in smetteloze compartimenten, ontworpen door Amerikaanse consultants. Het dak van het tankstation is voorzien van een satellietschotel en industriële schijnwerpers. Een deur verder, voor een hutje van leem en riet, staat een vrouw in sari water te pompen uit een van de weinige functionerende waterputten in de regio. Vlakbij staan dikke, stekelharige wilde zwijnen te wroeten.

Ten slotte, voorbij een paar acacia's met eekhoorns erin, komt de weg bij Lohagara Dhal. Als je even niet oplet, rij je er voorbij. Aan de linkerkant van de weg ligt Gonoos steengroeve, en ook wat de plaatselijke bevolking 'Ramesh *basdee*' noemt, de barakken van Ramesh, een reeks stenen jhopari's. In de huisjes wonen tien gezinnen, allemaal slaven van Ramesh Garg. Voor een ervan zit een geknielde vrouw met haar handen glanzende koeienmest uit te spreiden om de grond te reinigen.

Aan de overkant van de weg ligt Gonoos jhopari. Gonoo vond de snelweg op vijftien meter van zijn huis modern, maar hij kon die nergens mee vergelijken. De Gouden Vierhoek had hij nooit gezien. Toch zat er in zekere zin iets van hem in die prachtige nationale weg. Het kiezelzand, geproduceerd met Gonoos slavenarbeid, vormde de ondergrond. Waar je ook komt in India, slavernij ligt nooit ver onder de oppervlakte.

Een derde en laatste trein zou Gonoo al snel van een leven gebaseerd op eigen keuze naar een wereld van geweld brengen, maar begin jaren zeventig genoot hij van zijn twee jaar in vrijheid. Hoewel het voor de vijftienjarige bepaald geen tijd van zorgeloos vertier was, verdiende hij een beetje geld, en nu ervoer hij iedere dag als zíjn dag. Het werk in de cementfabriek was slopend, maar om de paar weken had hij een dag vrij, en die buitte hij ten volle uit door met de andere jongens van de fabriek een potje te cricketen of lekker te luieren.

Kort nadat Gonoo naar Madhya Pradesh was teruggekeerd, arrangeerden zijn grootvader en zijn oom een huwelijk voor hem met een meisje van daar. Er waren geen bloemen, geen enkele luxe, maar verschillende van zijn nog levende familieleden en een paar verwanten van zijn aanstaande vrouw waren aanwezig. Het twaalfjarige meisje dat zijn bruid werd, kwam tevoorschijn met haar hoofd bedekt door een sari. Gonoo slikte. Dit is van nu af aan mijn levensgezellin, zei hij bij zichzelf.

Aan het eind van de ceremonie schoof hij de sari van haar hoofd. Ze deed hem terug. Hij schoof hem weer omlaag, en ze herhaalden het ritueel zeven keer, tot ze ten slotte de sari om haar hoofd hield, waar hij volgens de traditie zou blijven tot de dood van haar echtgenoot. In het flikkerende licht van het vuur kon Gonoo haar gezicht niet goed ontwaren. Pas de volgende dag bij zonsopgang zag hij zijn vrouw. Ze is mooi, dacht hij.

In het voorjaar van 1975 werd de ACC Cement Company gereorganiseerd en raakte Gonoo zijn baan kwijt. Tot overmaat van ramp kreeg hij van een familielid te horen dat zijn vader was overleden, waardoor de zorg voor zijn drie jongere zusjes en zijn neefje, die allemaal nog steeds voor Devnarayan Garg werkten, op Gonoos schouders terechtkwam. Zijn vader liet hem ook zijn schuld na. Met zijn zussen in slavernij had Gonoo geen keus. Samen met zijn jonge bruid klom hij op de derde en laatste trein van zijn leven, terug naar de steengroeve.

Een jaar nadat Gonoo opnieuw tot slavernij verviel, verklaarde de Indiase regering dat hij vrij was. De verkondigde afschaffing van de slavernij was echter louter politiek. Premier Indira Gandhi had campagne gevoerd onder de leuze 'Garibi hatoo' – weg met de armoede. Aanvankelijk zag ze haar verkiezing als een volmacht om de armen zélf weg te maken. In plaats van het initiëren van

broodnodige economische hervormingen om zo welvaart te creë-
ren, gaf ze opdracht tot het vernietigen van krottenwijken en gedwongen massasterilisatie van dalits.

Op 26 juni 1975 besliste een gerechtshof in Allahabad dat de
verkiezing van Gandhi nietig was. Er braken massale straatpro-
testen uit, waarbij de organisatoren eisten dat ze werd afgezet. Ze
riep de noodtoestand uit, zette politieke tegenstanders in de gevangenis en muilkorfde de media en de studentenbewegingen.
Die reactie wekte de vrees dat de grootste democratie ter wereld
begon af te glijden naar een totalitaire staat. Om haar imago op te
poetsen, aanvaardde de regering van Gandhi op 25 oktober 1976
een wet die een einde maakte aan gedwongen arbeid, de Bonded
Labour Abolition Act.

Door de nieuwe wet verviel Gonoos schuld en konden Devnarayan Garg en andere slavenhouders worden veroordeeld tot een
gevangenisstraf van 3 jaar, waarnaast Gonoo aanspraak kon maken
op een schadevergoeding van minstens 400 dollar, 60 cent voor
elke dag van zijn slavernij. Uiteraard ging Garg niet vrijwillig
boete doen, en omdat er geen voorzieningen voor wetshandhaving
op lokaal niveau waren, bleef hij zijn arbeiders dwingen te werken
zonder loon.

Gonoo, die drie decennia later slechts vaag wist van de door Gandhi afgekondigde slavenbevrijding, raakte steeds dieper in de
schulden. Garg stopte met het betalen van zelfs maar een fractie
van de 25 cent die, in theorie, Gonoos dagelijkse loon was. Hij gaf
hem de allernoodzakelijkste levensmiddelen, maar niet op regelmatige tijden. 'Soms kwam het voor dat we twee dagen zonder eten
zaten,' aldus Gonoo. Gargs betaling aan de jongen omvatte ook
een fles van het plaatselijke bocht als hij de hele nacht doorwerkte.
Op feestdagen liet de meester zich van zijn gulle kant zien door
zijn slaven dronken te voeren.

Dat was een oude truc. Frederick Douglass' meester 'betaalde'
zijn slaven ook uit in alcohol. Volgens Douglass was die bedoeld
om hen gedwee te houden. 'We werden aangezet tot drinken, ik
net als de anderen, en als de feestdagen voorbij waren, kwamen

we strompelend overeind uit ons eigen vuil, haalden eens diep adem en gingen op pad naar onze respectieve werkplaatsen, met het overheersende gevoel dat we blij mochten zijn uit datgene wat ons door onze meesters was voorgespiegeld als vrijheid, terug te keren in de armen van de slavernij.'[237]

Naast geweld en bedrog was alcohol een van de instrumenten die Garg gebruikte om te voorkomen dat de slaven zich organiseerden. 'Als een slaaf dronken is, hoeft de slavenhouder niet te vrezen dat hij een opstand beraamt; hij hoeft niet bang te zijn dat hij naar het noorden zal vluchten,' schreef Douglass. 'Het is de nuchtere slaaf die gevaarlijk is en de meester tot waakzaamheid dwingt om hem slaaf te laten blijven.'

Op zijn heldere momenten besefte Gonoo dat hij met zijn achttien jaar voor de rest van zijn leven slaaf zou blijven. Hij omschreef een soort rust die over hem kwam. Het was geen leven waarvoor hij zou hebben gekozen, maar voorzover zijn meester het toeliet en binnen de grenzen van zijn slavernij voelde hij zich tenminste beschermd tegen de hongerdood. Door afstand te doen van de dagelijkse beslissingen leidde hij een eenvoudig bestaan. Aangenaam was het niet, maar in zekere zin wel rustig.

De man die belast was met het bevrijden van de slaven in Shankargarh was de districtsmagistraat van Allahabad, Amrit Abhijat, de hoogste burgerlijke bestuurder van de regio. Op zekere avond ging ik op pad om hem over Gonoo te vertellen.

Ik nam een fietsriksja over de Yamunarivier naar de heilige stad. Door 's avonds zo te reizen stond ik redelijk onderaan in de mobiele pikorde, maar het bood me een blik van nabij op Allahabad, een roerige stad met 2 miljoen inwoners waar ruraal India vaak korte metten maakte met de Britse infrastructuur uit het koloniale tijdperk. Vanuit een auto zag alles er chaotisch uit, en autorijden was een geloofsdaad. Maar vanuit een riksja of vanaf een motor bezien verliepen de voortdurende onderhandelingen tussen mens, dier en machine volgens een vreemde, voorspelbare orde. Kleinheid bracht begrip. Er waren maar weinig straatlantaarns, maar de zwakke koplampen van langsdenderende vrachtauto's wierpen wat licht op de weg. De vrachtwagenbestuurders toeterden altijd in het voorbijgaan. De claxon was hier even belangrijk voor een auto als de rem in Amerika of de boomboxen in Haïti. Een kudde waterbuffels met gigantische bezwete lijven en, ondanks de inspanning, een passieve uitdrukking op hun kop kwam aan weerszijden van de riksja voorbij gedreund. Op een bord stond TESTY BITE RESTAURANT: AN UNIQUE RESTAURANT. Een paar huizen verderop hing een tekstloze advertentie voor een wapenhandel die duidelijker taal sprak: er stond een simpel, handgeschilderd dubbelloops geweer op met eronder een rode pijl die voorbij een lang bakstenen gebouw met een zinken dak wees naar een 'gun house'.

Mijn chauffeur reed rakelings langs een traag voortschrijdende, met touwen afgezette bruidsstoet die werd aangevoerd door een opzichtig, zilverkleurig *diwana*-apparaat met twaalf versierde megafoons waaruit oorverdovende bhangramuziek schalde. Ondanks de ordelijke dansen, het vuurwerk, de snoeren met rode lampjes en eerbiedig omhooggehouden kandelaars kreeg je het idee dat dit een treurige aangelegenheid was, die eerder aan een begrafenis dan aan een huwelijksfeest deed denken.

De bevolking van de stad was tijdelijk verdubbeld in verband met de jaarlijkse *Magh Mela*, een gebeurtenis vergelijkbaar met de hadj, die elke winter plaatsvindt op het punt waar de Ganges en de Yamuna bij elkaar komen. Vele pelgrims sliepen voor het treinstation op een stuk karton. Naast de ingang stond op een gigantisch blauw met wit bord URINOIR in het Sanskriet en het Engels. Verschillende mannen urineerden pal onder het bord, kennelijk niet begrijpend dat het verwees naar voorzieningen binnen.

Als je de weg naar het districtskantoor in sloeg, kreeg je het gevoel dat je zestig jaar terug in de tijd belandde. Het gebouwencomplex bezat de gelambriseerde grandeur van de koloniale bureaucratie. In de wachtkamer voor Abhijats kantoor hing een lijst met diens voorgangers die terugging tot de tijd vóór de Britse heerschappij. Onder de Britten werden door de bestuurders belastingen geïnd die de armen beroofden van het weinige land dat ze hadden en velen van hen de schuldslavernij in dreven. Op grond van de Bonded Labour Abolition Act moesten de bestuurders deze mensen nu bevrijden.

Ik liep naar een portret van Mahatma Gandhi, dat verderop aan de muur hing. In 1931 had Gandhi hier in Allahabad, de geboorteplaats van Jawaharlal Nehru, zijn strijdmakker en India's eerste premier, plannen gesmeed voor de vrijheidsstrijd.

'Gandhiji was een leugenaar,' zei een stem achter me.

Abhijat nam geen blad voor de mond en was bovendien heel gevat, zoals ik al snel zou ontdekken. De achtendertigjarige ambtenaar had ook een zwaar Noord-Indiaas accent, waardoor *lawyer*, advocaat, klonk als *liar*, leugenaar. 'Dus u ziet wel dat de wet heel belangrijk is voor onze vrijheden,' besloot hij.

Abhijats functie bestond ten dele uit het opzetten van programma's om de nationale doelstellingen voor armoedebestrijding te realiseren. Hij had de naam een ijverig en, zacht uitgedrukt, onorthodox man te zijn als het daarom ging. Abhijat wees er vaak op dat zijn district met meer dan 6 miljoen inwoners, opeengepakt op minder dan 8.000 vierkante kilometer, het dichtstbevolkte gebied in India was. Om daar iets tegen te doen had hij onlangs een nieuwe impuls gegeven aan Indira Gandhi's massasterilisatieprogramma onder de armen, waarbij hij plaatselijke onderwijzers tot eind maart 2006 de tijd gaf om de 'sterilisatietargets' te halen.[238]

Minder griezelig was dat Abhijat zijn opdracht inzake dwangarbeid goed zei te begrijpen. Het rampzalige bewind van Indira Gandhi had 75 procent van de plattelandsbevolking in de schulden gebracht, en in 1982 oordeelde P.N. Bhagwati, een activistische rechter van het hooggerechtshof, dat de regering meer moest doen om een einde te maken aan de daaruit voortvloeiende gedwongen arbeid.[239] Hij gaf een brede definitie van 'gedwongen arbeid' door te beslissen dat iedereen die minder dan het minimumloon ontving van staatswege beschouwd moest worden als iemand die tot werken werd gedwongen door 'schulden en economische dwang'.

In feite had Bhagwati drie kwart van alle arbeiders – 500 miljoen mensen – gedefinieerd als dwangarbeiders. Pure, echte slaven zoals

Gonoo werden op één hoop gegooid met een heleboel mensen die het moeilijk hadden, die werden uitgebuit, maar die wel vrij waren. De breedheid van Bhagwati's definitie maakte de wet onafdwingbaar. En zijn meer specifieke bevelen om slaven in baksteenfabrieken en steengroeven te bevrijden, werden volkomen genegeerd. In de loop van de twintig jaar die volgden werden enkele duizenden dwangarbeiders bevrijd door abolitionisten van eigen bodem, maar de weinige politieagenten die aan het programma deelnamen, arresteerden slechts een handvol slavenhouders. Niemand kreeg ooit een serieuze gevangenisstraf voor het houden van slaven.

Abhijat zag zijn mandaat uitsluitend als een opdracht om armoede en ziekte tegen te gaan. Het uitroeien daarvan zou een eind maken aan 'uitbuitingspraktijken'. Eén plan, dat Sampoorna Grameen Rozgar Yojana (universeel programma voor plattelandsontwikkeling) heette, voorzag in handmatige loonarbeid in plattelandsgebieden, voornamelijk voor dalits. Het was het rurale Indiase equivalent van de grote werkverschaffingsprogramma's van Roosevelt tijdens de crisis. Zonder zo'n alternatief om in hun onderhoud te voorzien zouden maar weinig slaven hun meesters verlaten, zelfs als ze niet fysiek bedreigd werden.

Maar Abhijat onderschatte het geweld dat wordt gebruikt om arbeiders als Gonoo te onderdrukken. Hij vergeleek de slaven van de steengroeven met Maleise medewerkers van callcenters die lange, zware uren maken voor een hongerloontje. 'Een mensenleven hoort niet zo'n dwangbuis te zijn,' zei hij. 'Dat is ook gedwongen arbeid.'

'Als je met ontslag wordt bedreigd is dat één ding,' zei ik. 'Het is iets anders als je wordt bedreigd met de dood of verminking, zoals het geval is bij degenen die voor Ramesh Garg werken.'

Gonoos vrouw was een muisje. Niet alleen was ze onzichtbaar, op de paar keren na dat ze zich met bedekt hoofd buiten de jhopari waagde; ze was ook stil, afgezien van het geritsel van haar sari en af en toe een gesmoord kuchje. Maar eenmaal ving ik een glimp op van een stoutmoediger periode in haar leven.

'Wat is dat voor tatoeage op de arm van je vrouw?' vroeg ik aan Gonoo. Hij glimlachte alleen maar.

In 1974 had Gonoo zijn kindbruidje ter gelegenheid van hun huwelijk meegenomen naar een plattelandskermis. Er was een reizend openluchttheater, dat op het Indiase platteland bekendstaat als *nautanki*. En daar was een tatoeageartiest. Kolvrouwen krijgen vaak een tatoeage rond de tijd waarin ze trouwen, en Gonoos bruid wilde een pauw. De artiest verwerkte haar naam in de vogel. Dat gaf de verder wat ruwe tatoeage een persoonlijk tintje, dat overigens niet besteed was aan Gonoos vrouw, die nooit haar eigen naam had leren lezen.

Gonoo herinnerde zich die kermis vooral vanwege de olifant. Die bezorgde hem een doodsschrik, en sindsdien werd hij in zijn dromen af en toe door een olifant achtervolgd. In de volksverhalen van de Kol voorspellen olifanten in dromen gewoonlijk voorspoed, maar niet altijd.[240] Gonoo geloofde dat het sterven in een droom de echte dood voorspelde; daarom zorgde hij altijd dat hij wakker werd voordat de olifant hem verpletterde. Daarbij gebeurde het vaak dat hij zichzelf en zijn gezin in de jhopari onderplaste.

Nadat Gonoo was teruggekeerd naar het slavenbestaan in de steengroeve, kreeg zijn vrouw hun eerste kind. Op de dag van de geboorte van zijn dochter zag hij tegen de verantwoordelijkheid op, maar hij hoopte dat zij ooit vrij zou zijn. Acht jaar later daagde de realiteit, toen Garg haar dwong met haar ouders in de steengroeve te gaan werken.

In 1988 werd Gonoos eerste zoon geboren. Anuj was een tenger kind, en de lokale bevolking gaf hem een bijnaam in de plaatselijke taal die 'mager' betekende. Ondanks de zwakke gezondheid van de jongen wilde Gonoo een kleine ceremonie houden, een Koltraditie na de geboorte van een zoon. Garg, die intussen al behoorlijk oud was, weigerde hem nog een lening te geven.

Anujs ontwikkeling verliep onbestendig, aangezien zijn ouders hem niet voldoende voedsel en verzorging konden geven. Toch hoopte Gonoo dat de jongen op de een of andere manier naar een van de scholen in Shankargarh zou kunnen gaan. Hoewel er slechts één leraar per driehonderd leerlingen was, waren die scholen de enige kans om je op te werken uit de slavernij. 'Ik hoopte dat hij niet in dezelfde val terecht zou komen als ik,' zei Gonoo. 'Maar mijn dromen vervlogen.'

Rond deze tijd nam Devnarayan Gargs zoon Ramesh de steengroeve over. In 1991 had de oude slavenhouder als teken van zijn vroomheid en grootmoedigheid in de buurt een tempel laten bouwen. Buiten de alcohol was dit zijn enige welwillende gebaar tegenover de slaven. Devnarayan was volgens Gonoo 'heel wreed'. Maar Ramesh was een monster, zoals Gonoo al snel zou ontdekken.

Is een seriemoordenaar erger dan een slavenhouder? Het is een moreel oordeel, maar ook een theoretische vraag. En zoals wel vaker voorkomt bij theoretische kwesties, doet het er in de echte wereld niet zoveel toe. Voor Gonoo vielen de twee samen. Nadat Ramesh Garg de steengroeve overnam, werden Gonoo en de rest van Logahara Dhal de slaven van een seriemoordenaar.

Er bestaat in dit deel van de wereld een aangename en pretentieloze beleefdheid die de harde waarheid over barbaren zoals Garg verdoezelt. 'Elke gemeenplaats over India kan onmiddellijk worden weersproken met een andere gemeenplaats over India,' schreef de geleerde Shashi Tharoor.[241] Terwijl de Indiase vrijheidsstrijd een toonbeeld van geweldloosheid was, moest de door Gandhi gepredikte *satyagraha* op het Indiase platteland vaak het veld ruimen voor een andere praktijk van Indiase origine: de brute *thuggee*-methode.

Garg rechtvaardigde de slavernij van de dorpelingen door bedrog, maar hij handhaafde haar met geweld. Niemand in Lohagara Dhal kon met zekerheid zeggen wanneer hij zijn eerste slaaf had vermoord, maar ze wisten – en de politie van Shankargarh wist – dat hij in 1989 zijn eerste brahmaan had omgebracht. Garg doodde de man, een collega-aannemer, als wraak voor de moord op zijn oudste broer. De politie, die vaak geld afperste van vrachtwagenchauffeurs en bescherming bood aan aannemers zoals Garg, deed niets. Omdat het recht vleugellam werd gemaakt door bureaucratie en omkoperij, was moord hier vaak dé manier om vergelding te zoeken, en vendetta's tussen families werden van generatie op generatie voortgezet.

De politie van Shankargarh had Garg aangeklaagd voor drie opeenvolgende moorden. Dorpelingen konden minstens twaalf andere mensen opsommen die door Garg waren omgebracht, maar die slachtoffers waren dalits en dus, om met Kevin Bales te spreken, 'wegwerpmensen'.

Gonoo herinnerde zich een warme zomerdag kort nadat Ramesh Garg de steengroeve had overgenomen. Een jong, ongetrouwd dalitmeisje was net begonnen met haar ouders mee te werken. In haar onschuld dwaalde ze van het werk af om met een jong katje te spelen dat in de steengroeve rondliep op zoek naar water. Gonoo besteedde geen aandacht aan het meisje, tot hij het schot uit Gargs Mauser-geweer hoorde. Het incident werd nooit door de politie onderzocht en de ouders deden geen aangifte. Die week werd het kleine lichaam van het meisje door haar familie gecremeerd. Garg betaalde voor de ceremonie. Vervolgens telde hij de kosten op bij de schuld van de familie.

Garg sloeg de slaven regelmatig als ze niet op hun werk verschenen of niet hard genoeg werkten, of wanneer ze om betaling vroegen. Soms sloeg hij ze alleen maar om zijn absolute macht te bevestigen. Gonoo herinnerde zich hoe Garg en zijn mannen in 1995 een tienjarige jongen, Gangu, zeven uur lang martelden.

Garg was met name gewelddadig tegenover vrouwelijke slaven, die gemakkelijker in toom te houden waren met fysiek geweld. Toen in 1990 een man weigerde aan het werk te gaan, sleepte Garg diens echtgenote aan haar haren naar de steengroeve en brulde haar toe dat ze daar zou blijven tot ze stierf of tot haar echtgenoot zou komen werken. In 2003 vonden Gargs mannen een ontsnapte slavin in de jhopari van haar vader. Ze sleurden haar terug naar de groeve, waar ze haar in het bijzijn van haar familie verkrachtten.

De andere twee slavenhouders van Lohagara Dhal, onder wie Ramesh' broer Bhola, gebruikten ook seksueel geweld. Naburige aannemers hielden er geselecteerde Kolmeisjes vanaf 12 of 13 jaar op na als seksslavinnen.[242] Een slavenhouder bracht zo'n meisje aanvankelijk onder in een kleine jhopari vlak bij zijn huis. Maar zodra ze te oud werd, zou ze worden teruggestuurd naar de steengroeve, gebroken door haar meester en verafschuwd door haar stamgenoten. Een te schande gemaakte jonge Kolvrouw verbrandde zichzelf in een ritueel vuur nadat ze door een aannemer was verkracht.

In totaal liepen er elf officiële aanklachten tegen Garg voor ernstige misdaden, van beroving tot moord. Bhola werden vijf soortgelijke delicten ten laste gelegd. Maar ondanks twintig jaar van schaamteloze schurkenstreken werden de broers nooit berecht. In 1995 kwam de politie van Shankargarh het dichtst in de buurt van het opsluiten van Ramesh Garg, toen deze in een woedeaanval het varken van een brahmaan had neergeschoten. De brahmaan klaagde hem aan wegens emotionele chantage en het verlies van niet alleen het varken, maar ook de tien biggetjes die het had kunnen baren. Kennelijk vond de politie het doden van het varken van een brahmaan ernstiger dan het afslachten van dalits. Uiteindelijk wist Garg steeds aan justitie te ontkomen, zelfs voor varkensmoord.

Ik vroeg me soms af welk advies Mahatma Gandhi aan Gonoo zou geven. In toespraken vergeleek de Mahatma de positie van de geketende slaaf vaak met die van India in het Britse rijk. Toen hij in 1942 in Bombay sprak en erop aandrong dat het All India Congress Committee (AICC) de 'Weg uit India'-resolutie zou aannemen, zei Gandhi: 'De ketenen van een slaaf worden verbroken op het moment waarop hij zichzelf als een vrij wezen beschouwt.'[243]

Voor Gandhi was slavernij een mentaal concept. Voor Gonoo was slavernij zijn wereld. Allereerst deed hij geen afstand van zijn slavernij omdat hij het gevoel had dat het zou leiden tot zijn ondergang. Hij geloofde dat Garg een groot netwerk van criminelen had dat hem zou opsporen als hij met zijn gezin vluchtte. 'Ramesh is een moordenaar,' zei hij toen ik hem vroeg waarom hij er niet vandoor ging. 'Als ik probeer weg te lopen, pakt hij me. Ik zal hier nooit weg kunnen zonder voor mijn vrijheid te betalen.'

Een andere reden waarom Gonoo niet vluchtte, was – al is dat een onverdraaglijk idee voor degenen onder ons die hun hele leven vrij zijn – dat het slavenbestaan hem een zekere mate van veiligheid verschafte. 'U gaf me eten en kleding, hoewel ik zelf voor mijn voedsel en kleding had kunnen zorgen door middel van mijn werk,' sprak Gandhi tegen zijn hypothetische slavenhouder. 'Tot dusver was ik niet van God maar van u afhankelijk voor voedsel en kledij. God heeft me nu een drang tot vrijheid ingegeven, en ik ben vandaag een vrij man en zal niet langer van u afhankelijk zijn.'

Gonoo had er niet zoveel vertrouwen in dat God Zijn gulle gaven aan zijn gezin zou schenken. Zo nu en dan zag hij kans hun dagelijkse kost aan te vullen door het vangen van een van de weinig voedzame, zich snel voortplantende *desi*-vissen die in nabijgelegen meertjes zwommen. Voor het overige was Garg God, de verschaffer van levensmiddelen, de nemer van leven. En dus leefde Gonoo voort als slaaf.

'Wat was de gelukkigste tijd van je leven?' vroeg ik hem.

Hij dacht even na en zei toen: 'Ik weet niet wat je bedoelt met "gelukkigst".'

Ik probeerde het te omschrijven in termen van blijdschap, maar besefte al snel dat hij daarvoor geen referentiekader had. In plaats daarvan omschreef ik het als de afwezigheid van pijn.

Hij herinnerde zich dat hij, toen zijn dochter begon mee te werken in de steengroeve, een spelletje van het werk probeerde te maken om haar te laten ophouden met huilen. Hij gooide kiezeltjes naar haar terwijl ze de mand vol stenen droeg die hij had gevuld. Eerst had het haar geïrriteerd. Toen giechelde ze soms. Op die momenten voelde hij zich geen mislukkeling.

Gonoo beschreef echter maar één moment in zijn leven als een triomf. In 1995 kreeg zijn vrouw een zoon tijdens Divali. 'Dat was een prachtige dag voor ons,' zei hij. 'Hij had een groot hoofd! Hij zou heel slim worden.'

In een vlaag van optimisme noemde Gonoo de baby Visjnoe, 'de ondersteuner', naar de hindoeïstische heer van de wereld. Anderen in Lohagara Dhal noemden hem Pawan Kumar, 'Zuivere Prins'.

Nadat hij Visjnoes navelstreng had begraven, kreeg hij het gevoel dat de fortuin hem toelachte. Hij nam de 6 dollar die zijn familieleden uit Madhya Pradesh hem als geboortegeschenk hadden gegeven en zette het allemaal tegelijk in bij het kaartspel tijdens de Divalifestiviteiten. Hij won en bleef doorgokken. Aan het eind van de dag had Gonoo bijna 500 dollar. Het was niet genoeg geld om zijn familie vrij te kopen, maar als hij het verstandig investeerde, zou hij vanaf zijn vijfendertigste een nieuw leven kunnen opbouwen.

In plaats daarvan besteedde hij een gedeelte van deze meevaller aan een feestelijke maaltijd met anderen in Lohagara Dhal. Hij kocht zoetigheid en liet zelfs een nautankivoorstelling geven ter ere van Visjnoe. Het grootste deel van de winst ging echter op aan illegaal gestookte sterkedrank. Binnen een paar weken was het geld helemaal op.

Maar hij had in elk geval Visjnoe. En Visjnoe gaf Gonoo iets wat hij niet had gehad sinds hij als jongen van twaalf op een trein terug naar Madhya Pradesh was gesprongen: hoop. Het kind begon al vroeg te praten. Zijn eerste woord, *amma*, betekende 'moeder'. Al voor hij één was kon hij staan, met het *khatiya*-ledikant als houvast, en al snel zette hij zijn eerste stapjes.

Omdat alle gezinsleden moesten werken, konden ze alleen voor het kind zorgen als ze het elke dag meenamen naar de steengroeve. Op een koele avond viel de jongen onder een acacia in slaap. Gonoo dacht dat hij was teruggelopen naar de jhopari. Toen hij hem daar niet aantrof, raakte hij in paniek. Hij rende onder angstig geroep terug naar de steengroeve. Daar kwam Visjnoe aangelopen, slaapdronken, zich afvragend waar al die drukte over ging.

In 1999 hoefde Visjnoe niet langer hele dagen door te brengen bij de steengroeve. Een plaatselijke organisatie met de naam Sankalp had in een nabijgelegen dorp een *bachpana kendra*, een informeel onderwijscentrum opgezet. Elke ochtend voor de dageraad bracht Anuj zijn kleine broertje te voet naar het centrum een paar kilometer verderop, waar de jongen hard studeerde om zijn belofte aan zijn moeder te vervullen, dat hij zou leren lezen.

'Hij was slimmer dan de andere kinderen op school,' zei Gonoo. Visjnoe, dacht hij, zou vrij zijn.

In 1997 kreeg Gonoo een derde zoon, die hij Manuj noemde. Anders dan Visjnoe werd Manuj onder een slecht gesternte geboren. Kort nadat hij begon te lopen kreeg hij een verschrikkelijke koorts, waardoor een van zijn benen verlamd raakte. Tweederde van alle poliogevallen ter wereld doen zich voor in Uttar Pradesh, en de kleine Manuj was er een van. Garg gaf Gonoo een voorschot voor de behandeling en na anderhalve maand begon Manuj weer te lopen, zij het kreupel. Algauw begon Gonoo door andere gebeurtenissen te betwijfelen of Manuj als vrij man zou leven, áls hij al zou leven.

Garg eiste dat Gonoos oudste zoon Anuj, die toen tien was maar niet naar school ging, in de steengroeve kwam werken om het voorschot voor de behandeling van Manuj terug te betalen. Gonoo klaagde dat alleen hij verantwoordelijk mocht worden gehouden voor het terugbetalen van zijn schuld.

Garg sleurde Anuj naar zijn kantoor, waar hij de handen van de jongen bijeenbond en hem hard met de zweep sloeg terwijl Gonoo toekeek, niet bij machte zijn zoon te verdedigen. Toen Garg een barbiersmes tevoorschijn haalde, kuste Gonoo zijn voeten en smeekte hem om genade voor de jongen. In plaats van het kind de keel door te snijden nam Garg genoegen met het vernederen van de jongen. 'Ramesh schoor hem kaal,' zei Gonoo. 'Ik was heel erg boos op hem.'

Pas door dat drama raakte Anuj op de hoogte van zijn vaders schuld. Vanaf die dag werkte de jongen met de rest van het gezin mee in de steengroeve; hij werd uitsluitend in alcohol uitbetaald, en dat slechts zo nu en dan.

Op een avond aan het begin van het droge seizoen van 2001 begon Gonoos vrouw na thuiskomst uit de steengroeve bloed op te hoesten. Net als zijn moeder ontwikkelde ze al snel actieve tuberculose. Garg leende Gonoo 200 dollar voor haar behandeling in het gezondheidscentrum van Shankargarh, dat uit 200 bedden bestond. De verpleegkundigen in de kliniek hadden volop ervaring met de ziekte. Lohagara Dhal was wereldwijd hét brandpunt van tuberculose. India telde meer tb-gevallen dan welk ander land ook en nam eenderde van het wereldwijde totaal voor zijn rekening. Een onderzoek uit 1999 uit Lohagara, de marktstad vlak bij Lohagara Dhal, wees uit dat ten minste één lid van elk gezin tuberculose had. In de helft van het aantal gezinnen leed iedereen aan de ziekte.

De behandeling was niet opgewassen tegen een levenlang in de steengroeve, en Gonoos vrouw verloor geleidelijk aan haar stem. Al snel was ze helemaal niet meer in staat om in de steengroeve te werken. Omdat Gonoos dagelijkse bestaan toch al enkel ellende was, gingen de akelige dingen des levens, zoals de slopende ziekte van zijn vrouw, op in het geheel. Alcohol hielp daarbij.

De Kol geloven dat wanneer iemand droomt, zijn ziel losbreekt en over het land dwaalt.[244] Gonoos dromen waren echter een echo van zijn leven. De pure doodsangst tegenover een aanstormende olifant was de enige onderbreking in de monotonie van zijn droomwereld. Meestal droomde hij dat hij stenen stuksloeg en ze naar een truck sjouwde, keer op keer. Zijn vrouw vertelde hem dat hij soms in zijn slaap schreeuwde, in navolging van de opzichters: 'In de goede truck! Die daar!'

Tijdens het regenseizoen van 2003 voelde Gonoo iets wat hij zich niet herinnerde ooit eerder te hebben ervaren. Echte pijn. Scherpe pijn.

Op een avond zag Gonoo puisten op Visjnoes benen. Algauw verspreidde de uitslag zich over zijn hele lichaam. De jongen kreeg koorts. Gonoo leende opnieuw geld van Garg om medicijnen te kopen, maar Visjnoe braakte zo hevig dat hij die niet binnen kon houden. Zijn benen zwollen op tot tweemaal hun normale omvang.

In de paar weken die volgden jammerde Visjnoe elke nacht van de pijn. En elke nacht tilde zijn moeder hem op van de vloer en liet ze hem buiten lopen, in de hoop dat hij zou bedaren. Gonoo was doodsbang. Naarmate de ziekte voortschreed werd Visjnoe rustiger en Gonoo bezorgder over het lot van zijn zoon.

'Visjnoe was een stoere jongen,' herinnerde Gonoo zich. 'Op

school accepteerde hij het niet als andere kinderen grappen met hem uithaalden. Dan ging hij op de vuist!' Die vechtersmentaliteit had de achtjarige ook in zijn ziekte, en zelfs terwijl de mysterieuze aandoening door zijn lichaam raasde, probeerde hij zijn familieleden op te vrolijken door vechtende katten en kinderen uit de buurt na te doen.

Ten slotte, drie maanden nadat de eerste symptomen zichtbaar waren geworden, vreesde Gonoo dat Visjnoe niet lang meer zou leven, en hij droeg hem naar de kliniek in Shankargarh. Twee avonden daarna vroeg Gonoo Garg om nog een lening. Ditmaal weigerde Garg. Hij zei dat het uitgesloten was dat Gonoo ook maar de helft van de leningen in zijn leven zou kunnen terugbetalen. Even overwoog Gonoo het graan te verkopen waar ze van leefden, maar hij besefte dat dat nog niet de helft van het benodigde bedrag voor de medicijnen zou opbrengen.

Toen de arts Visjnoe voor de laatste maal glucose toediende, trok de jongen zelf het infuus uit zijn arm. Terwijl Gonoo zijn zoon naar huis droeg, keek Visjnoe naar hem op. 'Ik ga gauw dood,' zei hij.

'Ik laat je niet doodgaan,' antwoordde Gonoo.

Die nacht werd Gonoo door Visjnoe met zijn kleine handje wakkergeschud. Slijm stroomde uit zijn neus en mond. Hij begon te kokhalzen en verstikte geluiden te maken. Omringd door zijn familieleden hield hij op met ademen.

Gonoo was ontroostbaar, maar hij moest genoeg geld bij elkaar schrapen om zijn dierbare zoon een fatsoenlijke begrafenis te geven. In plaats daarvan haalde hij een fles drank en bezatte zich alvorens Garg te gaan vertellen dat hij de kosten moest betalen. Garg antwoordde dat hij hem misschien het geld zou geven, als Gonoo de trucks sneller zou volladen. Gonoos bloed steeg naar zijn hoofd en hij was zo onverstandig aan te dringen, waarbij zijn toon zo scherp werd dat hij Garg feitelijk bedreigde. 'We zullen nog weleens zien wie hier de grootste *gunda* is!' brulde hij – 'gunda' is Hindi voor 'gangster'.

Daar liet Garg geen twijfel over bestaan. Met zijn mannen sleurde hij Gonoo van de steengroeve naar zijn kantoor, waar ze hem uitkleedden, vastbonden en met de zweep bewusteloos sloegen. Gonoos vrouw keek in tranen toe en sleepte haar man na de afranseling mee naar huis. Hij was volkomen bebloed en gebroken.

Het was niet voor het eerst, en het zou ook niet voor het laatst zijn, dat Garg Gonoo sloeg. Maar het zou niet lang meer duren voordat Gargs gewelddadigheid Gonoo een kans op vrijheid bood.

'Dit is een daad zo onnatuurlijk,' schreef de Amerikaanse abolitionist William Lloyd Garrison, 'een misdaad zo monsterlijk, een zonde zo hemeltergend dat die alle andere vormen van onderscheid tussen mensen in de schaduw stelt.'[245]

De hel van Gonoo is het vergeten hart van de wereldwijde slavernij. Volgens elk geloofwaardig onderzoek is het aantal schuldslaven over de hele wereld vele malen groter dan het aantal slachtoffers van andere vormen van slavernij en mensenhandel. Toch is Gonoo in conferenties over mensenhandel en pr-campagnes van de zogenoemde Nieuwe Abolitionisten onzichtbaar; seksslavinnen zoals Tatjana staan op de voorgrond.

Voor één klein bondgenootschap in een sober, roze kantoor in Shankargarh waren de slaven van de steenhouwerijen geen lijken om te betreuren, maar een inspirerende kracht. Sankalp, de groep die Visjnoes provisorische school runde, was geen gewone ngo, en kinderen het alfabet leren vormde maar een heel klein onderdeel van hun werk. Hun zaak was de revolutie. 'Sankalp' betekent vastberadenheid, en hier, waar de staat uiteen was gevallen, waren zij vastbesloten de belofte van de grondvesters van India in te lossen.

De man achter Sankalp, Rampal, was een norse belichaming van de idealen van de organisatie. Hij was tegendraads, maar niet de praatzieke, ruziezoekende Indiër die door Amartiya Sen wordt beschreven in diens naar hem genoemde boek. Als hij sprak gebruikte hij nauwelijks zijn lippen, die roodgevlekt waren van de betelnoten. Hij was stevig en koppig en bewoog zich met een ijzige kalmte. Als hij zou reïncarneren als waterbuffel, zou dat een kleine karmische stap zijn.

Maar in zijn ogen zag je een behoedzaamheid en een vriendelijkheid die voortkwamen uit een hard leven en passie voor rechtvaardigheid. Net als Gonoo was hij in 1959 geboren als telg van een boerenfamilie. Rampals vader bezat een stukje land in het dorp Majhiyari, vlak bij Allahabad. Hij verdiende net genoeg geld om zijn gezin te kunnen onderhouden met een paar stuks vee. Bij gebrek aan georganiseerde irrigatie graasden de runderen van zijn vader in de wei van een plaatselijke *jamidar* ofwel landheer.

In het droge seizoen van 1969 verscheen de jamidar bij de jhopari van Rampals familie en klaagde dat de ossen te veel hadden gegraasd. Rampals vader antwoordde dat ze niet meer gras hadden gegeten dan normaal. Onverwachts gaf de landheer zijn vader een vuistslag in zijn gezicht en trapte hem vervolgens op de grond, terwijl zijn vrouw stond te huilen en zijn zoon de man smeekte op te houden. Rampal had al eerder gezien dat de jamidar zijn slaven sloeg, maar bij zijn vader, een vrij man, had hij dat nog nooit gedaan. Het was een aanblik die hij nooit zou vergeten.

Vanaf zijn vijfde bezocht Rampal een kosteloze lagere school in de buurt, en hij werd het eerste gezinslid dat leerde lezen. Al snel las hij over geschiedenis en kwam hij erachter waarom hij, een dalit, door veel van zijn leeftijdgenoten werd veracht. Hij las over Mahatma Gandhi's afschuw van het kastenstelsel, over zijn pogingen het te ondermijnen door te eisen dat zijn vrouw en andere leden van de hogere kasten de uitwerpselen van hun dalit-landgenoten opruimden. Gandhi probeerde het hindoeïsme om te vormen tot een geloof waarin niet langer de kaste, maar de gelijkheid heilig werd gehouden. Hij ging daarbij zover dat hij de onaanraakbaren omdoopte tot *harijan*, ofwel 'kinderen van Visjnoe'.

'Als de onaanraakbaarheid voortleeft,' zei Gandhi, 'sterft het hindoeïsme.'[246]

Maar Rampal kon het gevoel niet van zich afzetten dat het hindoeïsme zélf ten grondslag lag aan zijn lage status. Hij zag dit gevoel weerspiegeld in de geschriften van Gandhi's tijdgenoot Bhimrao Ramji Ambedkar. Ambedkar, een dalit, werd India's Thomas Jefferson en Frederick Douglass in één. Hij was de bekendste pleitbezorger van zijn onderdrukte volk, en tegenwoordig prijkt zijn bebrilde gelaat in dalitdorpen over het hele land. Ook stond hij aan het hoofd van de commissie die de nieuwe Indiase grondwet opstelde.

'We gaan een leven vol tegenstellingen tegemoet,' sprak Ambedkar in 1949 aan de vooravond van de ondertekening.[247] 'In de politiek krijgen we gelijkheid, maar in het sociale en economische leven ongelijkheid.'

Voor Ambedkar was Gandhi's gepraat over kasten niet meer dan dat: gepraat, en nog van paternalistische aard ook. Gandhi was oprecht in zijn afschuw van de onaanraakbaarheid, maar zijn beroep op de religie had voor Ambedkar, die in 1935 afstand had gedaan van het hindoeïsme, een holle klank. Praten zette geen zoden aan de dijk; er moesten wetten komen, en die moesten ook worden gehandhaafd. Ambedkar voorzag de grondwet van een verbod op gedwongen arbeid en ook van bepalingen voor positieve discriminatie. Hij wilde historische misdaden tegen wat hij 'geplande stammen' noemde, zoals de Kol van Gonoo, en 'geplande kasten' zoals Rampals dalits, rechtzetten.

Rampal kreeg zijn schrijnendste lessen over het kastenstelsel buiten het klaslokaal. Toen hij een keer op bezoek kwam bij een vriend uit de hogere kasten, zei die tegen hem dat hij niet op de stoelen van zijn ouders mocht gaan zitten. Als dalit zou Rampal zijn familie kunnen besmetten. Rampal was boos en ontsteld. Op school was hij een gemiddelde leerling, maar de leraren uit de hogere kasten behandelden hem alsof hij eigenlijk geen mens was. Hij vocht vaak. Hij herinnerde zich dat er elk jaar op 15 augustus een kleine ceremonie gehouden werd voor Swatantrata Divas, de Indiase onafhankelijkheidsdag. We zijn zogenaamd onafhankelijk, dacht hij. Maar de mensen in mijn dorp leven in slavernij.

Aanvankelijk dacht Rampal dat het kastenstelsel de enige oorzaak was van die slavernij. Dat was een logische veronderstelling, aangezien in een onderzoek was aangetoond dat van de 10 miljoen slavenarbeiders in het land bijna 90 procent dalit was. Maar in de loop van zijn studie begon hij het probleem in veel materialistischer termen te zien. In 1978 ging hij met een studiebeurs naar de universiteit. Daar sloot hij zich aan bij de Jayaprakash (JP) Narayanbeweging, die vier jaar eerder was ontstaan toen de socialistische oprichter ervan opriep tot een 'totale revolutie' om de Indiase democratie te redden van Indira Gandhi's poging die te vernietigen.

Toen Rampal toetrad tot de beweging verklaarde hij, zoals miljoenen andere dalits, dat hij niet langer hindoe was. Hij bezorgde zijn vrome ouders een nog grotere schok toen hij ook afstand deed van zijn achternaam, een overblijfsel van zijn kastenstatus.

Na zijn afstuderen in 1982 werd Rampal journalist, naar eigen zeggen 'om de problemen in mijn dorp naar buiten te brengen.' Vijf jaar later kwam hij als journalist van de in Allahabad gevestigde krant *Aaj* (Vandaag) naar Shankargarh. Hij wilde arbeiders interviewen voor een artikel over silicose, maar velen van hen waren hun spraakvermogen geheel kwijtgeraakt door de ongeneeslijke beschadiging van hun longen. Hoe meer hij echter hoorde van degenen die wel konden spreken, hoe sterker hij besefte dat ze niet alleen door ziekte werden geteisterd, maar ook door slavernij. En die twee gingen hand in hand. Toen hij de droge hoest van de kinderen hoorde en getuige was van hun slopende werkdagen, vroeg hij aan een man waarom hij zijn zoon dwong om in zulke omstandigheden te werken.

'Omdat ikzelf daartoe gedwongen word door schuld,' zei de man, en hij legde uit dat hij een tijd geleden een lening van slechts een paar roepies had genomen toen hij ziek werd, maar die lening niet kon afbetalen vanwege de hoge rentekoers. 'Ik zit klem.'

Rampal voelde zijn oude woede weer oplaaien.

Toen ze door Rampal werden ontdekt, waren de steengroeveslaven van Shankargarh onzichtbare mensen. Cultureel bestond de racistische overtuiging dat de Kol gewoon hun voorbestemde rol speelden in de onderste laag van de maatschappij. Officieel werd door de plaatselijke en landelijke overheid glashard ontkend dat er in Uttar Pradesh nog slavernij bestond. Rampal zelf wilde dieper graven.

Hij kwam erachter dat de stamleden niet van nature slaven waren. Op 20 december 1831 organiseerden de Kol in Bihar een bloedige opstand tegen de plaatselijke landheren die hen in schuldslavernij hielden – met de stilzwijgende instemming van de Britten, voor wie stabiliteit altijd boven democratie ging. Tijdens een bijeenkomst 'spraken we af dat we aan het hakken, plunderen, moorden en eten zouden gaan,' verklaarde een Kolleider later.[248] Ze doodden honderden mensen en staken politiebureaus en meer dan 4.000 huizen van leden van de hogere kasten in brand. Zesentwintig jaar later vormde een andere opstand, opnieuw met Kolarbeiders onder de rebellenleiders, de aanleiding tot de inname van India door de Britten, die het uitriepen tot deel van het rijk van koningin Victoria.

Zodra de kans zich voordeed zouden de Kol de vrijheid grijpen, dacht Rampal. In 1994 vormde hij een voorhoede van fanatieke activisten met het bescheiden doel om, in zijn woorden, 'een einde te maken aan uitbuiting van arbeiders overal in India.' Eerst moest hij echter voldoende geld zien in te zamelen voor een telefoon. Ze schraapten moeizaam wat geld bij elkaar, maar vonden al snel 'bourgeois-sponsors'.

Het volgende, meest tijdrovende obstakel was het inzetten van hetgeen volgens Rampal het aangeboren vrijheidsverlangen van de slaven was. Hij glipte 's avonds stilletjes jhopari's van dorpelingen binnen om de Indiase grondwet uit te leggen. Eerst waren de slaven bang dat hij in opdracht van de aannemers kwam. Vervolgens dachten ze dat hij gek was. Maar dan begonnen ze te luisteren.

Nu sommigen wisten dat ze wettelijk vrij waren, zouden ze misschien, zoals Gandhi had geadviseerd, ronduit tegen hun meester zeggen: 'Ik was tot nu toe uw slaaf, maar dat ben ik nu niet meer. U kunt me doden als u wilt, maar als u me in leven laat, zal ik niets meer van u vragen als u me vrijwillig laat gaan.'[249]

Rampals visie was een beetje ruiger, dacht ik. Op zeker moment, toen ik in een nabijgelegen steengroeve neerhurkte om een arbeider te interviewen, zag een medewerker van de plaatselijke aannemer Rampals motor staan en kwam boos schreeuwend op ons af. Het was een kleine, magere man in pak en das met een bril op. Rampal stond op en keek hem strak aan. De man bleef schreeuwen, maar Rampal verloor zijn kalmte niet. De man raakte steeds meer de kluts kwijt. Ten slotte trok Rampal zijn trui een stukje omhoog, zodat een in zijn broekband gestoken zesschotsrevolver zichtbaar werd. Einde ruzie.

'Wij zijn geen doorsnee ngo-activisten,' zei Rampal met een aanstekelijke grijns.

'Ben jij socialist?' vroeg ik Rampal op een dag tijdens de lunch.

De vraag was er nog niet uit of ik kreeg een ongemakkelijk gevoel. In Amerikaanse oren klonk het alsof ik hem had gevraagd of hij graag met apen copuleerde. In afwachting van zijn beledigde reactie boog ik me over de *rasgulla*-kaasballetjes en gefrituurde hete paprika's die we samen van één bord aten. Zodra de vertaler mijn vraag had overgebracht, antwoordde Rampal zonder aarzelen. 'Nou en of!'

In India kun je zonder schaamte je rode inborst blootgeven. De communistische partij speelt een belangrijke rol in de nationale politiek en Kerala, een staat die prat gaat op een bijna geheel geletterde bevolking, een sterke dienstensector en de hoogste levensstandaard van het land, wordt gerund door een marxistische regering.

Maar Rampals antwoord gaf iets weer van een veel groter gevaar dat op de loer ligt waar slavernij in stand blijft te midden van een vrijemarktdemocratie. Volgens Adam Smith, de achttiende-eeuwse Schotse radicaal die als eerste het kapitalisme rationaliseerde, was slavernij fundamenteel onverenigbaar met dat concept: 'Ik geloof dat uit de ervaring van alle eeuwen en alle naties blijkt dat het werk verricht door slaven, hoewel het in schijn alleen maar hun onderhoud kost, uiteindelijk de duurste soort arbeid is.' En hij ging verder: 'Iemand die geen eigendom kan verwerven, kan geen ander belang hebben dan zo veel mogelijk te eten en zo weinig mogelijk te werken. Elk werk dat hij verricht buiten datgene wat volstaat om in zijn eigen onderhoud te voorzien, kan alleen maar uit hem worden geperst door geweld, en niet door enig belang voor hemzelf.'

Maar al te vaak verwierpen Indiase slaven, zodra ze zich bewust werden van hun slavernij midden in de grootste kapitalistische democratie ter wereld, het hele concept van de vrije markt.

En daar verschijnen de naxalieten op het toneel. Deze groep gewapende opstandelingen, met wortels in de ideologie van Mao Zedong, ondermijnde de ontwikkeling en bleek in staat tot buitensporig geweld. Hun verboden politieke partij beloofde een einde te maken aan de slavernij als ze aan de macht zouden komen, en voor veel leden van diverse stammen vormden ze een aantrekkelijk alternatief voor de slavernij.

De rebellen organiseerden hun oorlog vanuit de Indiase oerwouden, waartoe ook het voorouderlijke thuisland van de Kol behoorde en officieel het gebied met de steengroeven rondom Shankargarh. Volgens een schatting van bestuurders in tribale gebieden stond de helft van de bevolking achter de opstand.[250] Hun bloedrode vorm van maoïsme was al aan de macht in een vijfde deel van het bosgebied van het land. De rebellen, zo'n 15.000 man sterk, rekruteerden kinderen van maar acht jaar voor hun strijdmacht en hadden een enorm arsenaal aan machinegeweren en raketten opgebouwd. Ze veroverden steengroeven, vielen bouwprojecten langs de Gouden Vierhoek aan, kaapten treinen, bevrijdden hun kameraden uit de gevangenis en vermoordden duizenden leden van de hoogste kasten, onder wie landheren, politieagenten en lokale politici. Ze organiseerden *jan adalats* (volksgerechten) waarin contrarevolutionaire aanhangers van het kapitalisme werden aangeklaagd en standrechtelijk onthoofd.

De naxalieten wilden een India onder een totalitair maoïstisch regime, en dit ging niet ongemerkt voorbij aan Delhi. Indira Gandhi had de groepering gebruikt als rechtvaardiging voor de noodtoestand, en in de jaren tachtig slaagde haar regering erin de leiders om te brengen. Na de hervormingen van 1991 leidden de stijgende ongelijkheid en de dalende prijzen voor landbouwproducten tot wanhoop onder de tribale volkeren en een herleving van het naxalisme. 'Het is niet overdreven te stellen dat het naxalisme het allergrootste binnenlandse veiligheidsprobleem is waar ons land ooit mee is geconfronteerd,' aldus premier Manmohan Singh in april 2006.[251] Dit is echter niet het enige binnenlandse veiligheidsprobleem dat voortkomt uit het falende overheidsbeleid inzake de slavernij. En de maoïsten zijn niet de enige extremistische groepering die een ontwikkelingskloof opvullen die door de Indiase overheid is veronachtzaamd.

Tijdens mijn bezoek aan Bihar, de armste en corruptste staat van India, ontdekte ik dat veel families voor een afschuwelijke keuze stonden: hun kinderen zien omkomen van de honger, hen aan mensenhandelaars verkopen of hen in handen geven van radicale islamisten.

Op een dag verliet ik de gebaande paden en drong ik diep door in nog niet in kaart gebracht gebied – nog verder van de kaart gevaagd door jaarlijkse overstromingen – vlak bij de Nepalese grens. In een dorp bezocht ik de enige school kilometers in de omtrek: een madrassa waar op een kale, open binnenplaats jongens met kapjes soera's opdreunden die met de hand op houten schrijftabletten geschreven waren. Daar zaten ze heen en weer te schommelen en de koran uit het hoofd te leren.

Hoewel de hindoes nog steeds een dominante meerderheid vormen, heeft India de op twee na grootste moslimbevolking ter wereld. De meeste kindslaven die ik in Bihar interviewde waren moslim, en zij en hun hindoeïstische dalit-lotgenoten met wie ik in Nepal sprak (aan de Nepalese kant werd de stad beheerst door maoïstische opstandelingen, zodat ik zonder visum de grens over kon) hadden te maken met dezelfde basale valstrik: de enigen bij wie ze geld konden lenen waren onofficiële, vaak gewetenloze woekeraars. Ik sprak met drie van dergelijke geldverstrekkers; bij elkaar hadden ze tientallen kinderen als slaaf verkocht.

De imam van de madrassa, een kleine man met een lange grijze baard en een verrassend hoge stem, erkende dat hij *dalal* was geweest, het Hindi-woord voor 'pooier', dat tegenwoordig staat voor 'mensenhandelaar'. Hij had een aantal madrassaleerlingen verkocht voor werk in weeffabrieken. Ook sprak hij zijn sympathie uit voor de meedogenloze ideologie van Osama bin Laden. Ik was de eerste blanke Amerikaan die hij ontmoette, maar hij ontving me hoffelijk en bood me de uit stro en modder gemaakte jhopari van zijn zoon aan voor de avond. Nadat ik op het hooi in slaap was gevallen, stak hij zijn hoofd naar binnen, brandend van nieuwsgierigheid en nogal verontwaardigd. 'We hebben gehoord dat Amerika de vrede van de islam verstoort,' zei hij.

Je zou zeggen dat de Amerikanen zelf er alle belang bij hadden de leerlingen van deze man een alternatief te bieden voor slavernij en jihad. Communistisch terrorisme en islamistisch radicalisme waren misschien niet prettig voor een westerse bezoeker, maar voor duizenden gezinnen vielen ze te verkiezen boven slavernij of de hongerdood.

Terug in Shankargarh nam Rampal het op voor de naxalieten, die in nabijgelegen steden de macht hadden overgenomen. Volgens hem hadden ze ervoor gezorgd dat arbeiders het minimumloon verdienden en stimuleerden ze andere uit de gemeenschap zelf ontstane ontwikkelingsplannen. Hij had contact met hen gezocht en hun verteld dat hij sympathiseerde met hun doelen, hun methoden en met name met hun wanhoop. Naderhand was hij door vertegenwoordigers van de staat ondervraagd over dat contact. Maar hij bleef er kalm onder: hij had het gevoel dat hij niets te verbergen had.

'Voor de naxalieten,' zei Rampal, 'is er geen andere mogelijkheid dan geweld.'

Op 4 maart 1998 sloot Rampal een bondgenootschap met een man die zijn passie voor het bevrijden van de slaven deelde, maar voor de rest niet sterker van hem had kunnen verschillen. Op die dag bracht Amar Saran, een ontwikkelde, seculiere advocaat uit Allahabad die later rechter in het gerechtshof zou worden, voor het eerst een bezoek aan Shankargarh. Hij was geschokt door wat hij zag.

Er hing 'een alomtegenwoordige sluier van depressie' over Shankargarh, herinnerde Saran zich. Hij vulde tientallen bladzijden met aantekeningen over het ene na het andere dorp waar iedere man, vrouw en kind slaaf was. Eén Kol hield zijn dochter binnen in zijn jhopari. Hij durfde haar niet naar buiten te laten gaan uit angst dat de uitbater van de steengroeve haar zou verkrachten. Saran besloot als pro-Deoadviseur voor Sankalp te gaan werken.

Rampal, die toen al meer dan drie jaar met de Kol werkte, had een paar harde lessen geleerd over de problemen die bij hun bevrijding kwamen kijken. In feite had hij al vroeg begrepen dat het onmogelijk was hen te 'bevrijden'. Ze konden alleen zichzelf bevrijden. Maar zelfs al hadden de Kol elders een veilig toevluchtsoord, wat niet zo was, dan nog waren de meesten te bang om te vluchten.

Het was voor Saran, een advocaat met een vriendelijk gezicht en een zangerig Brits accent (zijn vader had, net als de mijne, aan Cambridge gestudeerd), een onthutsend probleem. Hij hanteerde een directe, simpele interpretatie van de wet. Maar hij was ook een pragmaticus en kwam tot het besef dat wetten op het Indiase platteland niet alles konden oplossen. Deze specifieke situatie vroeg om een wat tactischer aanpak.

Al sinds 1994 moedigde Sankalp de slaven in een nabijgelegen steengroeve aan een *mitra mandal* te vormen, een kredietorganisatie in eigen beheer. Iedere slaaf zou één roepie inleggen voor het gemeenschappelijke fonds. Vervolgens zou Sankalp zich borg stellen voor een lening van de slaven bij een bank. Algauw zouden ze genoeg geld hebben om de schuld van één enkele slaaf af te kopen. De bevrijde slaaf kon dan meer gaan verdienen en meer bijdragen aan de kredietorganisatie. Het werkte, maar het was een tergend traag pad naar de vrijheid. Bovendien was het illegaal: de Bonded Labour Abolition Act verbood het betalen van dergelijke schulden, omdat aflossing daarvan een erkenning inhield van het eigendomsrecht op mensen.

Rampal en de slaven zochten de confrontatie op. Ze probeerden het door gewoonweg rode vlaggen in de steengroeven te plaatsen en tegen de aannemers te verkondigen dat ze vrij waren, dat ze in de steengroeven zouden blijven werken maar vanaf dat moment de opbrengst van hun werk zelf wilden houden. De vlaggen bleven niet lang, en de bezetting van de steengroeven evenmin. Bijgestaan door plaatselijke autoriteiten herstelden de aannemers in een mum van tijd hun macht. Het verzet van de slaven brokkelde af, aangezien maar weinig arbeiders er vertrouwen in hadden dat de overheid hen zou verdedigen in hun pas ontdekte vrijheid. Velen beschouwden zich nog steeds als slaaf.

Rampal en Saran kwamen tot een nieuw plan: de gebruiksrechten in handen zien te krijgen, zodat de Kol zelf de steengroeven konden ontginnen en de winst konden houden. In een gebied waar een wet vaak slechts een suggestie was, wisten ze dat het verkrijgen van wettelijke rechten alleen nog maar de eerste stap zou zijn, maar Saran hield vol dat die van essentieel belang was.

Na Sarans eerste bezoek in augustus 1998 begon hij grondig onderzoek te doen naar de steengroeven. Natuurlijk waren de aanspraken van de aannemers op de slaven onwettig, maar hij kwam er al snel achter dat de meeste van hun pachtaanspraken dat eveneens waren. Officieel bestond het gebied uit bosland, maar 'de zandmaffia', zoals Saran ze noemde, hield de ambtenaren van bosbeheer met smeergeld en geweren buiten de deur.

De landheer van de 46 steengroevedorpen rondom Shankargarh was een feodale radja. De aanspraken van zijn familie op het land waren op zijn zachtst gezegd gammel, maar ze dateerden van voor de koloniale tijd. Hij verpachtte het land aan aannemers zoals Ramesh Garg, maar Saran dacht dat hij hem wel zover zou kunnen krijgen het in plaats daarvan aan de Kol te verpachten. Toen die poging mislukte, probeerde Sankalp de gebruiksrechten via de rechtbank te verkrijgen.

Intussen bereidde Sankalp ook de arbeiders in verschillende dorpen voor op een strijd tegen de aannemers, eerst door hun dodelijke angst te temperen en vervolgens door hen te helpen bij het organiseren van een manier om na hun bevrijding te kunnen overleven. Zoals voorzien was de reactie van de aannemers gewelddadig. Een van hen liet zijn mannen een bijeenkomst van de mitra mandal in zijn dorp verstoren door in de lucht te schieten, slaven in elkaar te slaan en hun jhopari's in brand te steken.

Na enig heen-en-weergedraai van de regering ten aanzien van de gebruiksrechten vond op 19 december 1999 een door Sankalp georganiseerde, verhitte bijeenkomst plaats waar honderden Kol moesten beslissen of ze al dan niet de steengroeven zouden veroveren in één massale, collectieve actie. Deze strategie werd door Rampal 'halla bol' gedoopt, wat 'aanval' betekent. Het zou een krachtige zet zijn, en ze discussieerden over de waarschijnlijkheid dat daar een even krachtig antwoord op zou komen: ze zouden en masse kunnen worden neergeschoten. Amar Saran had het gerechtshof van Allahabad al eerder gewaarschuwd dat het 'buitengewoon waarschijnlijk is dat er in deze gebieden een explosieve situatie ontstaat en het systeem van wet en orde volledig instort.' Ondanks het gevaar besloot de groep 'met ingang van 1 januari 2000 geen slaaf meer te zijn en te stoppen met werken onder dwang van de aannemers.'

'Ze vragen niets buitensporigs,' zei Saran na de bijeenkomst. 'Het enige wat ze willen is het recht om stenen en zand te delven, hun kinderen naar school te laten gaan en hun vrouwen te vrijwaren van aantasting van hun eer.'[252]

Op 1 januari 2000 om acht uur 's ochtends togen honderden slaven naar de steengroeven met pikhouwelen, scheppen en pijl en boog. Voor een kleine groep Kol zou de eerste dag van het nieuwe millennium hun eerste dag in vrijheid zijn.

De woede die de Kol in de loop van generaties hadden opgebouwd, had kunnen leiden tot een bloedige uitbarsting zoals de slavenopstand van Nat Turner of de rebellie van John Brown. Een opstand onder leiding van de naxalieten zou hebben geleid tot een terugkeer naar het despotisme, zij het met een andere kleur. Toch zouden maar weinig mensen verbaasd zijn geweest als de slaven uit de steengroeven hadden besloten het, zoals hun voorvaderen, op een 'hakken, plunderen, vermoorden en eten' te zetten, ter vergelding van de terreur waaronder ze generaties lang hadden geleefd.

Maar de Kol hadden weinig interesse in wraak. Wat zij wilden was de vrijheid een normaal leven te leiden.[253] Ze bezetten 15 van de 46 steengroeven van de radja. De radja vocht terug met hulp van de plaatselijke politie, en de aannemers vochten terug door opstandige Kol en vertegenwoordigers van Sankalp in elkaar te slaan. Ze staken enkele tientallen jhopari's in brand, waarbij de karige voedselvoorraden van de slaven werden vernietigd en een Kolmeisje verbrandde. Ondanks het bloedvergieten hielden de Kol nog steeds 8 steengroeven bezet.

Enkele tientallen Kol keerden terug naar de slavernij, in de meeste gevallen om te ontkomen aan de hongerdood. Velen die terugkeerden, deden dat omdat het idee dat ze baas over hun eigen leven waren, te veel voor hen was. Allen die terugkeerden, deden dat omdat hun verlangen naar vrijheid het aflegde tegen hun angst. Enkelen baanden zich echter moeizaam een weg naar de vrijheid. Dankzij de stille voorspraak van Saran, de onvermoeibare steun van Rampal, maar vooral hun eigen moed maakten meer dan 4.000 slaven zich vrij en vormden ze meer dan 200 microkrediet-mitra mandals. Sankalp ondersteunde aanvragen van Kolarbeiders voor bankleningen, die werden gebruikt om de gebruiksrechten voor die acht steengroeven bij opbod van de mijncommissie te kopen. Hun bezetting werd daardoor wettelijk erkend.

Tijdens een ontmoeting met Saran op 30 mei 2002 noemde de districtsmagistraat van Allahabad de actie van de Kol 'een stille revolutie', die ook nog eens gunstig was voor de overheid. In de eerste negen maanden nadat ze de gebruiksrechten verwierven, droegen de Kol meer royalty's af aan het districtsbestuur dan de radja in vijf decennia aan pachttermijnen had betaald. Door de bevrijding en rehabilitatie van de Kol, die de regering geen cent had gekost, stroomden duizenden dollars in de staatskas.

Ik sprak zo'n twintig bevrijde steengroeveslaven. Hun leven was nog steeds één grote strijd. De ouderen onder hen werden nog steeds geteisterd door silicose en tuberculose. Maar er had een subtiele verandering plaatsgevonden. Vroeger was het een overlevingsstrijd die beladen was met dagelijkse vernedering. Nu streden ze in waardigheid voor het geluk van hun gezin.

Ondanks Rampals communistische sympathieën steunde het duurzame succes van de Kol vooral op de gunstige markt voor silica- en kiezelzand, die ten tijde van de halla bol een prijspiek beleefde. De bedrijven die het zand en de stenen kochten maakte het niets uit door wie dat allemaal werd geproduceerd, zolang ze er maar niet meer voor hoefden te betalen dan vroeger. Soms konden de bevrijde Kol hun prijzen zelfs verlagen tot onder die van de aannemers, die vaak samenspanden om de kopers op te lichten en hun hoge levensstandaard te bekostigen.

'Concurrentie verbreekt de ketenen van de slavernij,' zei Samar, een ideoloog van Sankalp. Met andere woorden, het middel tegen slavernij is niet het communisme, maar juist ongebreideld kapitalisme.

Binnen een jaar na de aanvankelijke opstand hadden veel Kol een inkomen, en ze waren vrij ermee te doen wat ze wilden. Sommigen stapten over op ander werk. Eén man kocht een koe, verkocht de melk, verdiende er een inkomen mee en kocht er nog een. Sommigen zetten provisorische winkeltjes op of ventten op straat met armbanden en parfum. Met de hulp van Sankalp plantten ze 7.000 bomen en begonnen ze hun eigen voedsel te verbouwen. Ze creëerden microstroomgebieden en zetten een imkerijproject op. Jonge vrouwen begonnen anticonceptie te gebruiken en drongen er bij hun echtgenoten op aan de drank te laten staan. De sterfte onder baby's en kinderen ging drastisch omlaag doordat er betere sanitaire voorzieningen kwamen. In zes van de bevrijde dorpen ging ieder kind naar school. 'De arbeider is extreem flexibel,' concludeerde Saran.[254] 'Je hoeft hem heus niet alles voor te kauwen, zoals in de overheidsrichtlijnen voor rehabilitatie van voormalige dwangarbeiders.'

Een man met een weerbarstig uiterlijk die Bhola heette, was een uitstekend voorbeeld van die onafhankelijkheid. Met zijn 45 jaar was hij de oudste man in Ghond, dat op zo'n 5 kilometer van Shankargarh aan een zandweg lag. Ghond was het eerste dorp dat een pachtvergunning verwierf.

Anders dan Gonoo boog Bhola bij onze kennismaking niet zijn

hoofd, maar maakte hij een buiginkje met zijn hele bovenlichaam. Hij was graatmager en zijn gezicht werd overheerst door een walrusachtige grijze snor die zijn wangen omhoog leek te duwen. Hij droeg een vuil, uitgerekt T-shirt en een versleten canvas broek. Zijn handen zaten net als die van Gonoo onder de blaren en waren glad afgesleten, maar zijn gezichtsuitdrukking was heel anders. Hij grijnsde de hele tijd. Zijn ogen dansten.

Te midden van het regelmatige gedreun uit de steengroeve brulde Bhola me zijn levensverhaal toe. Hij sprak vol enthousiasme en trots over zijn strijd – mijn tolk kon hem nauwelijks bijhouden terwijl hij met allerlei ongevraagde details kwam. Net als Gonoo had hij de slavernij geërfd van zijn vader en grootvader. Als kind paste hij op de waterbuffels van de exploitant van de steengroeve, tot hij op vijftienjarige leeftijd met zijn vader begon mee te werken als steengroeveslaaf. Eenmaal vluchtte hij, maar hij werd weer gevangen. In 1985 verkocht zijn meester zijn schuld aan een andere aannemer. Bhola herinnerde zich dat hij de fiets van de nieuwe aannemer bewonderde. Nu hij eraan terugdenkt, beseft hij dat hij werd verkocht voor ongeveer dezelfde prijs als de fiets. 'Ik dacht nooit aan oud worden,' zei hij. 'Ik dacht alleen maar aan het heden, hoe ik kon overleven. Ik zat in de val.'

In 1995 begon Sankalp het lange proces om Bhola en zijn medeslaven ervan te overtuigen dat ze zich moesten organiseren. Drie jaar later liet Bhola zich niet langer door zijn meester intimideren en verwierf zijn dorp een pachtcontract en de vrijheid.

Op achtendertigjarige leeftijd begon Bhola voor het eerst na te denken over zijn toekomst. Hij woonde al meer dan tien jaar op hetzelfde stukje land, maar had nog nooit het gevoel gehad dat hij daar eigenaar van was, omdat hij zelf eigendom was van iemand anders. Nu zag hij in dat het land van hem was, zo niet de jure dan wel de facto. En hij besefte dat hij er iets mee kon doen.

Terwijl hij aan het woord was, moest ik denken aan de verhalen van Amerikaanse slaven, en aan de gedachten van één bijzonder geïnspireerde man over zijn emancipatie. 'Er begon hierboven iets te werken,' herinnerde Robert Falls, een voormalige Amerikaanse slaaf, zich; hij tikte tegen zijn voorhoofd.[255] 'Ik merkte dat ik van alles dacht en wist. En toen begreep ik dat ik mijn eigen kost kon verdienen, en dat ik nooit meer slaaf hoefde te zijn.'

Bhola liet me zijn oorspronkelijke jhopari zien, een 1.80 meter hoog bouwwerk van leem, steen en riet. De hut herbergde nu zijn enige koe en het voedsel voor zijn twee waterbuffels, die vlakbij tevreden stonden te herkauwen boven een grote stenen bak. Zijn nieuwe huis was driemaal zo hoog als het oude; het had keramische dakspanen en glad, geschilderd pleisterwerk op een bamboe skelet. Zijn zoon had de steengroeve verlaten en beheerde vlakbij een stukje land van de familie. Het graan dat hij verbouwde was voldoende om de familie te voeden en werd verkocht op de markt van Shankargarh. Bhola's jongste dochter, de eerste geletterde telg van de familie, zat inmiddels in de eerste klas van de middelbare school. 'Mijn kinderen zullen niet het leven hoeven leiden dat ik heb gekend,' zei hij.

De situatie in Ghond en alle andere bevrijde dorpen was nog steeds onstabiel. De staat had verzuimd volledige eigendomsrechten aan de Kol te geven, wat hun pas herwonnen vrijheid veel sterker zou hebben gemaakt en iets had kunnen ontketenen wat de Peruaanse econoom Hernando de Soto 'het mysterie van het kapitaal' noemde.

Maar evengoed was Bhola welstand aan het opbouwen. In 2003 kocht hij voor 30 dollar een fiets in Shankargarh, al kon hij daar in 2006 nog steeds niet op rijden. 'Ik voel me heerlijk in de zon,' zei hij. 'Nu kan ik dromen.'

Op de eerste kerstdag van 2005 was Gonoo vrolijker dan ik hem in weken had gezien. Terwijl we voor zijn jhopari zaten te eten, hoorde ik hoe dat kwam.

Omdat ik wist dat Gonoo nauwelijks genoeg had om zijn eigen familie te eten te geven, laat staan mij, had ik voor 1,5 dollar een kip gekocht van een man die er zes had, in een roestige metalen kooi aan de hoofdstraat van Shankargarh. Gonoo duwde het protesterende beest in een stenen hokje naast zijn jhopari voordat het gezin met koken begon. Iedereen hielp mee aan het bereiden van de maaltijd. Zijn vrouw plukte de kip en maakte hem schoon op een platte steen, waarbij de veren opwoeien in de wind en hoopjes ingewanden in het stof en de as van de haard terechtkwamen. Op een andere steen wreef Gonoos oudste zoon Anuj een ui fijn in een zelfgemaakte vijzel. Gonoo vormde met moeite chapati's met een tomaat en twee aardappels erbij. Het was misschien niet overdadig, maar het was een heerlijk kerstmaal.

Terwijl het laatste zonlicht, donkeroranje door het silicastof in de lucht, onder de horizon gleed, stookte Gonoo het vuur op met brokken mest. Het vroor en we zaten in dekens gehuld. Ik had het gevoel dat Gonoo me iets wilde vertellen. Ik vroeg hem waaraan hij dacht en hij begon te giechelen. Hij bedankte me voor de kip en zei dat hij voor het eerst sinds jaren gevogelte had gegeten. Ik bedankte hem voor het bereiden ervan.

'Ik ben heel blij dat je hier bent,' zei hij. 'Ik weet dat dit (Kerstmis) een belangrijke dag voor jullie is.'

Gonoo, een lakse, maar niet afvallige hindoe, had een maand daarvoor Divali gevierd. Voor hem bracht dat feest geen vreugde, alleen maar herinneringen aan Visjnoe, die in zijn dromen soms naast hem lag te slapen. Hij vroeg of ik getrouwd was. Op mijn mobiele telefoon liet ik hem een foto van mijn Italiaanse ex-vriendin zien, en legde hem uit dat ze nee had gezegd. Hij zei dat ze mooi was en merkte op dat ze haar hoofd bedekte, net als zijn vrouw. Ik zei dat ik de foto had gemaakt toen we in Jemen waren, een uitleg die Gonoo ontging: hij kende maar één buitenlands land: Amerika. Aangelokt door het licht van mijn telefoon kwam Manuj, Gonoos jongste zoon, naar ons toe. 'Tv?' vroeg hij.

Vervolgens stond hij op en gaf luidkeels een Bollywoodnummer ten gehore dat hij op de markt van Lohagara op de radio had gehoord. De jongen had een indrukwekkend geheugen en een onverwacht volume. De prettige geur van de brandende mest drong diep in mijn neus, alsof ik zojuist had gehuild. Ik voelde me uitgelaten, en algauw zaten we allemaal te lachen, al wist ik niet goed waarom.

'Wat is er aan de hand?' vroeg ik toen we waren gekalmeerd.

'Ramesh is weg,' zei Gonoo terwijl hij het donker in staarde.

De slavenhouder had eindelijk iemand vermoord die er wél toe deed. In de loop van de 3 weken die volgden, begon ik stukje bij beetje te begrijpen wat er was voorgevallen. De moord was het hoogtepunt van een 14 jaar lange vete tussen Garg en een verre neef van hem, die Om Narayan Pandey heette. Pandey, ook een brahmaanse exploitant van een steengroeve, hield er tientallen slaven op na en werd van 14 misdaden beschuldigd.

De vete was, zoals zovele in dat gebied, begonnen over geld. Sinds 1992 dongen de neven als elkaars concurrent mee naar overheidsaanbestedingen voor belastinginning. Er werd stevig tegen elkaar opgeboden, want het ging om veel geld: de winnaar kon belastingen innen van zo'n 100 kleine bedrijfseigenaren, vervolgens zeggen dat er slechts 40 hadden betaald en het verschil in eigen zak steken.

Aangezien Garg een schurk was en we ons in Shankargarh bevonden, verliep de competitie over wat in normale omstandigheden een kantoorbaan zou zijn, al gauw via het geweer. In de herfst van 2003 schoot Pandey Garg in zijn been tijdens een hooglopende ruzie met aan beide kanten zo'n 6 man. Iedereen in Shankargarh wist wat daarop zou volgen; ze wisten alleen niet wanneer.

Het gebeurde op 5 september 2005 rond halfvier 's middags op de snelweg bij het dorp Kapari. Daar reed Garg in zijn jeep, zag Pandey die op zijn Yamaha reed met zijn zoon achterop, en zwenkte om hen van de weg af te drukken. Nadat Pandey overeind was gekrabbeld, leunde Garg uit het raampje en schoot hem neer met een katta .315 van Indiaas fabrikaat. Pandeys zoon Pankash hield een *tempo*, een autoriksja, aan en bracht zijn bloedende vader naar een ziekenhuis in Mirzapur. Toen ze daar aankwamen was Pandey overleden.

Als er in die streek een brahmaan werd vermoord, was de eerste reactie van de familie van het slachtoffer gewoonlijk niet het aangeven van de misdaad, maar het doden van de moordenaar. Maar omdat ze in het ziekenhuis zijn dode vader hadden gezien, diende Pankash Pandey een aanklacht in tegen Ramesh Garg. De meesten gingen ervan uit dat Pandey nog steeds van plan was zelf wraak te nemen.

Garg was waarschijnlijk banger voor vergelding dan voor arrestatie. Hij vluchtte en liet de steengroeve over aan zijn voorman Babbuley, die de meeste slaven harteloos, maar minder gewelddadig vonden. Voor het eerst in Gonoos volwassen leven was zijn gezin verlost van de familie Garg.

'Waarom vlucht je niet?' vroeg ik.

'Waar zou ik naartoe moeten?' zei hij. 'Ik kan nergens heen. Misschien zouden ze me niet pakken, maar ik zou waarschijnlijk nog slechter af zijn dan ik nu ben. Hoe zou ik aan eten moeten komen?'

De slavernij betekende een soort vastigheid. En hij was ook bang. Zonder het voedselrantsoen van Garg, en nu van Babbuley, zou zijn gezin al snel omkomen van de honger. Bovendien was hij ervan overtuigd dat Babbulley contact hield met Garg en dat die laatste snel zou terugkeren. 'Als Ramesh terugkomt, zal hij ons dwingen voor hem te werken,' zei hij. 'Of hij spoort ons op en slaat ons in elkaar.'

'Maar heb je dan het gevoel dat je wettelijk verplicht bent voor hem te werken?' vroeg ik.

'Ik moet de schuld afbetalen,' zei hij. 'Doe ik dat niet, dan heb ik een probleem.'

Niemand lachte meer. Gonoo schaamde zich dat hij me niet als gast in zijn huis kon opnemen, maar er was simpelweg geen ruimte. Ik zei tegen hem dat hij zich niet hoefde te verontschuldigen, temeer omdat hij had geregeld dat mijn tolk en ik in de jhopari van zijn buurman konden overnachten. Het was de koudste nacht sinds zeventig jaar in Shankargarh, maar door de dekens en het hooi werd het eenvoudige kleine bouwwerk een beschut holletje. Terwijl ik in slaap viel, herinnerde ik me de opmerking van een andere Amerikaanse slaaf nadat hij door soldaten van de Unie was bevrijd. 'Ze zeiden dat ze de negers gingen bevrijden, en als zij er niet waren geweest, waren we nu nog slaaf,' aldus Charlie Davis.[256] 'Natuurlijk ben ik liever vrij dan slaaf, maar in die tijd hadden we nooit zoveel kopzorgen als de mensen tegenwoordig hebben.'

Zowel toen als nu betekende emancipatie alleen nog geen vrijheid.

Na een nachtlang braken besloot ik te gaan kijken of ik Ramesh Garg kon vinden. Mijn maag bleef de hele dag opspelen. De kip was een van de boosdoeners, maar mijn zenuwen waren medeplichtig. In de herfst van 2000, kort na de opstand onder leiding van Sankalp, was een journalist naar Shankargarh gekomen om voor Rampals vroegere krant *Aaj* een reportage te maken over de steengroevenmaffia. Hij werd ontvoerd, naar een varkensboerderij gebracht, in de rug geschoten en gecastreerd. De moordenaars gooiden zijn hoofd in een meertje in het naburige Rewa.

Rampal zei dat de familie van de man die door Garg was vermoord me niet zou helpen, aangezien ze Garg zelf wilden doden zodra ze hem vonden. Dorpsbewoners van Lohagara Dhal vertelden me wat ze wisten, maar veel was dat niet. Wel gaven ze me een breder inzicht in de brute, absolute macht van Garg. Velen voelden zich, net als Gonoo, voor het eerst van hun leven niet geïntimideerd door dagelijks geweld. Maar hun angst was niet met Garg verdwenen en niemand twijfelde eraan dat de wreedaard snel terug zou komen.

De radja bleef mijn verzoeken om een interview afwijzen, en aan de politie had ik niet veel. In een buitenpost vlak bij Lohagara belaagde ik een rechercheur, die er toch nog in slaagde mijn vragen te ontwijken door te doen alsof hij zweren in zijn mond had en niet kon spreken. Ik reed anderhalve kilometer naar Gargs hoofdkwartier op de markt van Shankargarh. Meer dan de helft van het Indiase bnp is afkomstig uit de informele sector, en dat was hier duidelijk te zien. In provisorische winkeltjes werden betelnoten en stroken met glimmende plastic zakjes shampoo en zeep verkocht. Verkopers stalden eieren en kommetjes gebakken voedingswaren in stapeltjes uit op verveloze karren met fietswielen. Een dikke man trok een grimas van inspanning terwijl hij op straat met een handnaaimachine een hemd repareerde.

De politie had de ramen en deuren van Gargs bijna 1.500 vierkante meter grote huis dichtgetimmerd. Ook het vlakbij gelegen huis van zijn broer Bhola, die eveneens in verband met de moord werd gezocht, was verzegeld. Ik nam heimelijk een foto vanaf de achterbank van de auto, en toen ik die foto later bekeek, zag ik dat er een in een deken gehulde man op stond, die me in het voorbijgaan een boze blik toewierp. Twintig minuten later hoorde ik van Rampal in het kantoor van Sankalp dat ik in de buurt van Gargs huis was gesignaleerd. Geruchten gingen hier snel, en ik viel op.

Op de binnenplaats van het 100 jaar oude politiebureau van Shankargarh zaten enkele agenten in kaki uniform onderuitgezakt op hun stoel. Naast hen stond een metalen kluis van ruim 2,5 kubieke meter, waarin de bezittingen van Garg en zijn broer zaten. De agenten zeiden dat ze de broers niet actief zochten maar hoopten dat ze zich noodgedwongen zouden aangeven, omdat zij hun eigendommen hadden. De motor van het slachtoffer lag aan de andere kant van het politiebureau.

Het politiebureau van Shankargarh had geen foto's van Garg of diens broer, maar ze hielden wel in een reusachtig grootboek een dossier bij van hun onstuitbare, teugelloze geweld. Ik vroeg waarom Garg niet achter de tralies zat terwijl iedereen zei dat hij een lange staat van dienst had als seriemoordenaar.

'De Indiase rechtbanken!' zei een grinnikende agent en hij gooide zijn handen omhoog.

Na drie van Gargs eerdere moorden hadden ze hem gearresteerd, maar de rechtbanken lieten hem al snel op borgtocht vrij. Dankzij het Indiase rechtssysteem, berucht om zijn traagheid, had hij nooit terechtgestaan.

Ik besloot dan maar achter Babbulley aan te gaan, de man die Gargs opzichter en op dat moment zijn plaatsvervanger was. Bij zijn huis trof ik alleen een kwaaie hond en een nog kwaaiere man, Babbulleys oom, die ons toegromde dat we van zijn land af moesten.

Twee weken later vertelde Gonoo me dat Babbulley voor de Magh Mela-pelgrimstocht naar het samenvloeiingspunt van de heilige rivieren was vertrokken. Daar zou hij een ascetisch leven leiden, alleen maar water uit de Ganges drinken en er driemaal daags in baden om zijn zonden af te spoelen. Dat was althans de theorie. In de praktijk was het water te smerig om te drinken en waren zijn zonden te groot om in een maand af te spoelen.

Ik begaf me naar 'de koning van alle heilige plaatsen' in Allahabad om hem op te sporen. De uiterwaarden waren volgepropt met rijen uitgestrekte tenten en provisorische tempeltjes, waarboven rode en gele gebedsvlaggen hingen. Hier en daar stonden snel in elkaar gezette *dhaba*-restaurantjes en een enkele eerstehulppost. Enkele tientallen vrijwilligers met gele petjes gingen in het kader van een poliovaccinatieprogramma van tent tot tent en dienden kinderen poliodruppels toe. Roet van openluchtvuren viel in dikke wolken naar beneden. Een rij tractors reed met pelgrims op enorme hooibergen over een zandweg die het dorp doorkliefde. Anderen reden op *tanga's*, door paarden voortgetrokken riksja's met een klein platform waarop passagiers in kleermakershouding konden zitten. Hoog boven hen wedijverden zwarte vliegers met glaspoeder in het tuiertouw met andere vliegers, rode en saffraangele.

Ik begreep al snel dat het zoeken naar de opzichter tussen zo'n drie miljoen pelgrims een hopeloze onderneming was.

Een week later had ik geluk: Gonoo zei dat Babbulley was teruggekeerd.

Het was een feestdag in Lohagara Dhal. Om één uur 's middags zaten er vijf dronken mannen te kaarten voor Gonoos jhopari. Aan de andere kant van de snelweg ging een rijtje dorpelingen de eenvoudige bakstenen tempel binnen die in opdracht van Devnarayan Garg was gebouwd. In de steengroeve stonden twee vrouwen kleren te wassen in de bruine poel. Vlakbij Babbulleys huis speelde iemand op een fluit en zaten arbeiders te drinken.

Toen we Babbulley vonden, had deze zich ingewreven met wit sandelpoeder. Ik voel me nooit prettig als ik een smoes gebruik, maar ik wist dat hij me anders niet te woord zou staan, dus ik speldde hem op de mouw dat ik bezig was met een artikel over de

Gouden Vierhoek en hem wat vragen wilde stellen over de bestanddelen daarvan. Babbulley legde uit dat hij de steengroeve alleen maar beheerde en bevestigde na mijn aandringen dat Ramesh Garg de eigenaar was.

'Is dat dezelfde Ramesh wiens naam ik heb gehoord in verband met een of andere moordzaak?' vroeg ik.

'Toen Ramesh hier was heeft iemand hem vanwege een ruzie met een andere brahmaan aangeklaagd voor moord,' zei hij. 'Daarom is hij gevlucht. Maar ik geloof niet dat hij het heeft gedaan. Op het moment van de moord zat hij thuis.'

'Hoe vindt u de arbeiders voor de steengroeve?' vroeg ik.

'Dat is niet moeilijk,' zei hij. 'Ze hoeven alleen maar in staat te zijn de stenen te breken. Verder hoeven ze niets te kunnen.'

'Wonen ze allemaal hier?'

'Sommige mensen komen uit Madhya Pradesh,' zei hij, en hij lichtte toe dat hij soms naar een dalal ging om nieuwe arbeiders te zoeken. 'Maar de meesten wonen hier al generaties lang. Het is een traditionele manier van leven.' Hij beweerde dat hij de arbeiders 1.600 roepies (36 dollar) betaalde voor het breken en in een vrachtwagen laden van de stenen, iets wat eerder door tientallen slaven en plaatselijke ambtenaren was weersproken.

'Krijgt een arbeider weleens een voorschot, bijvoorbeeld als hij ziek is?' vroeg ik.

'Als we weten dat hij voor ons blijft werken en het voorschot terugbetaalt, geven we hem een voorschot,' zei hij. 'Dat verrekenen we met zijn loon.'

Ik vroeg hem of de Kol harde werkers waren.

Hij hief zijn handen en zei grijnzend: 'Ze kunnen acht uur aan een stuk met een hamer van twaalf kilo zwaaien! Het is wel een aanslag op hun gezondheid. Maar het gebruik van explosieven verlicht het werk.'

'Wat gebeurt er als een arbeider aan wie u een voorschot hebt gegeven wil weggaan voor hij dat heeft afbetaald?' vroeg ik.

'Ik dacht dat dit over wegenbouw ging,' zei hij met een opgetrokken wenkbrauw, en hij weigerde mijn vraag te beantwoorden.

Na de thee vroeg ik hem opnieuw wat er gebeurde als arbeiders een lening ontvingen en dan wilden weggaan.

'De mensen proberen nooit onder hun schuld uit te komen,' zei hij. 'Ze betalen die terug met hun werk.'

Op mijn laatste dag in India nam ik Gonoo en zijn gezin bij wijze van dank voor het vertellen van zijn verhaal mee naar een epos van andere aard. Als ik aan het schrijven ben, helpt een goede film me vaak mijn gedachten los te maken. Aangezien de laatste keer dat Gonoo een Bollywoodfilm zag tevens zijn laatste vrije moment was, hoopte ik eigenlijk dat hij misschien een sprankje daarvan zou terugvinden op het scherm.

Toen ik hem in een autoriksja kwam ophalen, had Gonoo een paar neefjes aan het gezelschap toegevoegd. De kleinste was een jongetje van een jaar of drie met zwarte kohl rond zijn ogen om hem tegen het kwaad te beschermen. In het Kamlakar, de bioscoop van Shankargarh, vernoemd naar de vader van de radja, kostten de kaartjes 12 roepies, ongeveer 25 dollarcent. Ik kocht er tien en gaf er negen aan Manuj, Gonoos jongste zoon, wiens ogen begonnen te stralen. Hij had nog nooit een film gezien. Op zijn blote voeten baande hij zich een weg tussen de menigte bioscoopbezoekers en koeien door en liet de kaartjes aan zijn vader zien. Gonoo stond verdwaasd voor de turquoise muur van de lobby, naast een hond die opgerold lag te slapen. In de hoek een kwispedoor van rood keramiek. Tegen de muur van het theater stond een reusachtige stoffige kist, die door de plaatselijke bevolking werd aangezien voor een kippenhok. 'In feite is het een airconditioner,' legde mijn tolk uit. 'Daar heeft men veel plezier van in de zomertijd.'

We zaten achteraan op een groot balkon. De stoelen waren allemaal versleten en weinig comfortabel, met gesjabloneerde nummers op de rugleuningen. Toen het gordijn omhoogging, klonk er gejoel uit de 'tweede rang' onder ons. De film, *Zakhmi Sipahi* (Gewonde soldaat) was tien jaar oud. De projectie was bibberig en donker, en de soundtrack was nauwelijks te verstaan door de allesoverheersende bas. Maar wat de film onmiddellijk gedateerd maakte waren de kostuums: de acteurs droegen de broeken met wijd uitlopende pijpen en opgeslagen kragen van een kaskraker voor tieners uit de jaren tachtig.

Het was een typisch Mithun Chakravarti-vehikel. Chakravarti, die de held speelde, had naam gemaakt als hoofdrolspeler in gewelddadige, simpele pulp – vanwege hun pittige smaak bekend als 'masalafilms' – voor Indiërs uit de lagere kasten. Het door hem vertolkte personage was een karikaturale held, de cinematografische erfgenaam van Heer Rama in de Ramayana. Hij was een epische halfgod, een verwoester die met één zwiepende cirkeltrap zeven schurken versloeg. Zijn matje waaierde uit in zijn nek als de vleugels van een majestueuze valk.

Het was een vreselijke film, maar ongewild dolkomisch. De schurk was slechter dan slecht. Zoals veel slechteriken in masalafilms had hij een Bihari-accent. Op zeker moment trapte hij zonder duidelijke reden een figurant in een rolstoel een trap af. In de openingsscène van de film schoor hij een jonge jongen – die later het personage van Chakravarti zou worden – kaal om diens vader te schande te maken. Ik was bang dat dit, gezien de maar al te reële confrontatie tussen Anuj en Garg, voor Gonoo wat al te dichtbij zou komen. In het algemeen had ik het idee dat Gonoo nog minder van de film meekreeg dan ik, al staarde hij de hele tijd strak naar het scherm, gebiologeerd door de flikkerende beelden.

Door de hele film speelde een Gandhi-motief. De overgang van de ene naar de andere scène liep via klungelige zoomshots van een portret van de Mahatma. Op zeker moment hield de schurk om onduidelijke redenen een briefje van 50 roepie omhoog terwijl hij probeerde deel te nemen aan de groepsverkrachting van een jongedame. Na een close-up van Gandhi's gezicht op het biljet werd er uitgezoomd, zodat het hoofd verscheen van – wie anders? – Chakravarti, die vervolgens een orgie van geweld ontketende.

Tijdens de dansnummers, met onder andere een buikdanseres die op een reusachtig schaakbord de watusi deed tegen een achtergrond van fonteinen die er door de verouderde filter van de projector lichtgroen uitzagen, zat Gonoos vrouw nerveus heen en weer te schuiven. Ze hield haar rode, gezwollen ogen zonder onderbreken op het scherm gericht. Op zeker moment ontplofte Manuj bijna van opwinding en rende hij weg tijdens een wazige liefdesscène, kennelijk voor een plaspauze. Daarna kwam hij teruggerend om geen enkele actiescène te missen.

De film duurde drie uur, gelukkig onderbroken door een pauze. Halverwege draaide ik me om naar Gonoo. 'Dit zul je me moeten uitleggen,' zei ik. 'Ik spreek de taal niet.'

'Ik verstond het ook niet,' zei hij.

Aan het einde kreeg het personage van Chakravarti zijn wraak toen hij het hoofd van de schurk kaalschoor en hem en plein public vastbond en te kijk zette voor de dorpelingen. Chakravarti knevelde ook corrupte ambtenaren. Hij liet hun de ruwe handen van een magere, stille dwangarbeider zonder hemd zien, opdat ze zich zouden schamen dat ze diens uitbuiting niet hadden voorkomen.

Naderhand vroeg ik aan de uitgelaten Manuj me iets over de film te vertellen. Manuj, die dol was op populaire cultuur, had er aardig wat van meegekregen en noemde direct de naam van de hoofdrolspeler. Gonoo beweerde aan het eind van de film dat hij er ten minste één ding van had geleerd. 'Ik weet nu dat politieke leiders steekpenningen aannemen,' zei hij. 'En dat ze alle anderen uitbuiten.'

Die middag knipte Anuj, die al tweemaal eerder een film had gezien, zijn haar in een matje zoals dat van Chakravarti, en toen zijn vader even weg was vertelde hij me dat hij van plan was binnenkort te trouwen en met zijn vrouw naar New Delhi te gaan. Een mensenhandelaar had hem verzekerd dat hij 7 dollar per maand kon verdienen in een weeffabriek. Ik reageerde terughoudend, omdat ik met een paar jongens had gesproken die na een dergelijk aanbod slaaf waren geworden. Maar ik was blij dat hij verder keek dan de steengroeve.

'Ik voelde me zo vrij toen Babbulley ons vertelde dat Ramesh was gevlucht,' zei Anuj. 'En nu Ramesh weg is, is mijn vader ook *azad*, vrij. Maar als Ramesh terugkomt, is mijn vader opnieuw *ghulam*, een slaaf.'

Ik was niet zo dom te denken dat een film Gonoos ketenen kon verbreken. Maar na ons uitje stelde ik hem voor aan Rampal. Toen ik een jaar later een van de organisatoren van Sankalp belde, zei hij dat ze bezig waren met Lohagara Dhal. Ramesh Garg was nooit teruggekeerd, maar het was een hele klus het dorp te mobiliseren, omdat Garg de wreedste aannemer van Shankargarh was geweest en de angst van de slaven diep zat.

Misschien, als de plaatselijke politie het wil, zal Garg ooit terechtstaan. Misschien, als de districtsmagistraat het wil, zal de staat de slaven ooit het eigendomsrecht geven op het land dat ze al generaties lang bewonen en bewerken. Misschien, als ze het echt willen, zullen de dorpelingen ooit in de voetstappen van hun broeders en zusters in Ghond treden en de slavernij inruilen voor hun rechtmatige aandeel in de ontzaglijke groei van India.

Naast de foto van Frederick Douglass in mijn kantoor staat nu een foto van Gonoo, een van de vier foto's die van hem zijn genomen. Ik hoop dat ik hem ooit weer tegenkom en hem de foto kan laten zien. Misschien, als hij het echt wil, zal hij dan vrij zijn.

9

Openbaring: engelen met vlammende zwaarden

U zult zeggen dat het donquichotterie was. U zult zeggen dat het naïef was. Maar toen John Miller ten strijde trok tegen India, deed hij dat omdat hij de Amerikaanse wet letterlijk nam en geen andere manier wist om die miljoenen slaven te bevrijden.

Op 26 januari 2006 vloog Miller naar de Indiase deelstaat Tamil Nadu, waar hij zulke schandelijke gevallen van grootschalige slavernij zag dat hij in zijn eentje de ongelijke strijd tegen de grote tegenstander aanging. Een dag daarvoor had hij in Riyad de Saudische kroonprins onderhouden over een slavin die door haar eigenaars was verminkt. Nu bezocht hij een van de rijkste deelstaten van India, waar meer dan een miljoen lijfeigenen werkten.[257]

Bij zijn eerdere Indiase reis, in oktober 2003, had hij bevrijde slavinnen uit de bordelen van Delhi, Mumbai en Calcutta gesproken, van wie sommige pas veertien jaar waren. Miller concentreerde zich toen, zoals doorgaans in dat eerste jaar, voornamelijk op de gedwongen prostitutie, want daar ging het in de meeste gevallen om als mensen over de grenzen werden gesmokkeld, zoals hij terecht aanvoerde. Hij wist het stadsbestuur van Mumbai over te halen de traditionele danshuizen te sluiten, want een deel daarvan diende als dekmantel voor prostitutie.

Nu, tijdens zijn tweede bezoek aan het land, ging Miller door de spiegel heen en ving hij voor het eerst een glimp op van de verborgen meerderheid van de hedendaagse slaven. Na een paar uur rijden vanaf de luchthaven kwam hij in een stoffig, zondoorstoofd dorp in de Rode Heuvels waar hij een aantal stamhoofden van de Irula-gemeenschap sprak. Net als bij de Kol van Gonoo waren ook de wouden van de voorouders van de Irula door de overheid tot verboden gebied verklaard. Daardoor waren velen als schuldslaven bij de plaatselijke rijstfabrieken terechtgekomen. En net als bij Gonoo gingen hun schulden generaties terug. Een man zei tegen Miller dat hij een schuld afbetaalde die zijn grootvader vijftig jaar geleden was aangegaan: een lening van een bedrag ter waarde van nog geen dollar. Mannen, vrouwen en kinderen werkten vanaf vier uur 's morgens op blote voeten in de rijstdrogerij, schepten het basisvoedsel voor het grootste deel van de wereldbevolking uit het kokende water en spreidden het uit op de gloeiende vloer. Als ze zich verzetten of niet snel genoeg werkten, werden ze geslagen.

'Ik ben in mijn leven heus weleens geschokt geweest,' zei Miller, 'maar zelden zo erg. Het drong tot me door dat hier drie generaties werden geknecht – dit ging terug tot hun grootouders. Slavernij van ouder op kind dus. Ze komen nooit vrij!'

In Washington confronteerde Miller de bezoekende Indiase minister van Arbeid, K.M. Sahni, hiermee. Hij vroeg hem waarom slavenhouders nooit werden veroordeeld en citeerde uit een onderzoek waarbij in een klein gebied 10.000 slaven waren aangetroffen. 'O, dat hebben we onderzocht,' zei de minister. 'Maar daar was niemand geketend.' Miller zei dat er miljoenen slaven in India waren en dat bij de organisaties die de slavernij bestrijden consensus bestond dat de regering daar niets tegen deed.

'Geeft u me de namen van die organisaties maar,' zei Sahni daarop volgens Miller, 'dan zal ik ervoor zorgen dat ze worden aangepakt.'

Millers mond viel open. Hij zei tegen de minister dat hij niet alleen op hun rapporten afging, maar dat hij de slaven zelf had gesproken. 'Ik heb drie generaties slaven gezien,' zei hij rood aanlopend. 'Grootvaders, vaders en zonen! Ze waren allemaal lijfeigene! Zoiets kunt u toch niet anders noemen dan erfelijke slavernij.'

Sahni maakte een eind aan het gesprek, maar Miller was niet van plan de zaak te laten rusten. Hij was verbijsterd dat de Indiase overheid, waarmee over seksslavernij zo goed te praten viel, het wijdverbreide verschijnsel van de schuldslavernij zo volledig kon ontkennen. Hij vermoedde dat de oorzaak hiervan lag in het feit dat vrouwenhandel een probleem was dat in heel veel landen voorkwam, terwijl grootschalige schuldslavernij alleen op het Indiase subcontinent bestond, doordat het fenomeen daar dankzij het oeroude kastenstelsel kon floreren. Met andere woorden, de ontkenning daarvan was puur een kwestie van domme nationale trots.

Miller besloot India te laten merken dat het Amerika menens was met de afschaffing van de slavernij. Als het land, grootmacht of niet, tot Categorie Drie werd gedegradeerd, zou dat een ernstige bedreiging voor de internationale reputatie van het land zijn. Als Bush het besluit niet tegenhield, konden de Verenigde Staten India's aanvragen bij de Wereldbank afwijzen, en die instelling had India sinds 1961 al voor 30 miljard dollar hulp geboden. Bovendien gaf Amerika het land jaarlijks 200 miljoen dollar aan rechtstreekse ontwikkelingshulp. De miljardenhandel met India zou er weliswaar niet onder lijden, maar de sancties zouden toch aardig wat zand in de Indiase ontwikkelingsmotor strooien. Miller was realistisch. Het leek niet erg waarschijnlijk dat Condoleezza Rice met de degradatie tot Categorie Drie zou instemmen. En zelfs al deed ze dat wél, dan nog was het ondenkbaar dat de president de sancties zou goedkeuren. Maar met een voorlopige degradatie zouden de Verenigde Staten India in elk geval al duidelijk maken: jullie zijn dan wel onze handelspartner met het grootste inwonertal, maar we rekenen het jullie aan dat jullie ook het grootste aantal slaven hebben.

Bush' eerste bezoek aan India, in maart 2006, zou een kans zijn geweest voor een schot voor de boeg. Miller oefende druk uit op het Witte Huis om het onderwerp van de slavernij aan te kaarten tijdens een vertrouwelijk onderhoud van de president met premier Manmohan Singh.

Maar Bush had het veel te druk met de officiële receptie ter gelegenheid van een overeenkomst voor de uitwisseling van nucleaire brandstof en kennis met India. Die overeenkomst was grotendeels te danken aan de inspanningen van Stephen G. Rademaker, de staatssecretaris voor Wapenbeheersing. Een paar maanden later zou Rademaker, die inmiddels was opgestapt, zelf voor de Indiase regering gaan lobbyen. Bij zo'n feestelijke gelegenheid gingen de president en zijn diplomaten natuurlijk niet beginnen over het ongemakkelijke feit dat in India miljoenen mensen in slavernij werden gehouden.

Toch gaf Miller de moed niet op. Hij geloofde in de wet. Sterker nog: hij geloofde in een morele wet die boven mensen en naties staat.

Hij ontdekte dat maar weinig van zijn oorspronkelijke bondgenoten aan zijn kant stonden nu hij de strijd tegen de slavernij in India aanbond. Afgezien van afgevaardigde Chris Smith, die schuldslavernij 'een schande' noemde, was niemand uit de Horowitzcoalitie bereid zich in te zetten voor de bevrijding van de slaven in kwestie.

Ik vroeg aan Richard Land of hij weleens van schuldslavernij had gehoord. Land was het hoofd van de politieke vleugel van de ruim 16 miljoen leden sterke *Southern Baptist Convention* (sbc) en een belangrijke bondgenoot van Horowitz. 'Jawel, maar ik voer er geen campagne tegen,' zei hij. 'Je moet de mensen iemand kunnen laten zien bij wie ze zich iets kunnen voorstellen.' Gonoo was daar blijkbaar niet geschikt voor. Hij was geen prostituee. Hij was geen martelaar voor Christus. Weliswaar waren veel schuldslaven in de Pakistaanse baksteenovens christenen die horig waren aan islamitische meesters, maar niettemin was de sbc merkwaardig zwijgzaam over hun lot.

Als Miller het voor elkaar wilde krijgen India te degraderen tot de categorie van de ergste landen, zoals het verdiende, moest hij dat dus zonder de brieven- en publiciteitsbombardementen van de christelijke media zien te bereiken. In zijn eentje zou hij zijn beste *Johnson treatment* nodig hebben: de mensen van heel dichtbij indringend toespreken en al zijn charme in de strijd werpen. Het zou een moeilijke taak worden en hij zou minister Condoleezza Rice zelf moeten overtuigen. Bovendien zou hij er nooit in het openbaar over kunnen spreken, ook niet als hij slaagde. Maar hij deed het niet voor applaus. Hij deed het voor de slaven.

Vier weken nadat Miller in de hoogste versnelling was gegaan om minister Rice van het belang van de Indiase slavernij te overtuigen, hield zijzelf een lezing voor een groep mensen die in dezen ontegenzeglijk belangrijk waren. De bijeenkomst van de SBC in juni 2006 in Greensboro, North Carolina, vond plaats op een moment dat nog maar een derde deel van de Amerikaanse bevolking achter president Bush stond. Het percentage dat het eens was met Bush, daalde gestaag sinds zijn State of the Union-toespraak van 2005.[258] In die toespraak had Michael Gerson een bewogen passage geschreven over de strijd tegen de mensenhandel, om de Amerikanen eraan te herinneren dat de *freedom agenda* meer inhield dan alleen de bezetting van Irak. Nu bood de SBC de regering opnieuw een kans ten overstaan van een adorerend publiek om de hete brij heen te draaien.

Historisch gezien was Rice bepaald geen voor de hand liggende eerste spreker. Ze was voorstander van legale abortus, wat Richard Land haast net zo erg vond als het verdedigen van slavernij. Bovendien stamde ze van slaven af, en ze zou hier een verzameling mensen toespreken die, in de woorden van hun eerste leider, 'bereid waren de slavernij te verdedigen omdat de Bijbel dat instituut erkent.'[259]

De SBC had de presbyteriaanse Condoleezza Rice uitgenodigd omdat president Bush, hun eerste keus, alleen tijd had om de vergadering vijf minuten via een beeldscherm toe te spreken, en dat leek het bestuur nogal onpersoonlijk. Tijdens een vergadering met Richard Land in het Eisenhower Executive Office Building had Karl Rove voorgesteld dan maar vice-president Dick Cheney te vragen.

'Zouden we dat wel doen?' vroeg Land. 'Dat lijkt mij geen goed idee.'

'Waarom niet?' vroeg Rove.

'Om een heleboel redenen, maar ik beperk me tot de belangrijkste,' zei Land. 'De meeste Southern Baptists zijn niet gediend van het taalgebruik van Cheney.' (De vice-president had bij een zitting van de Senaat 'fuck yourself' tegen senator Patrick Leary gezegd.)

'Oké,' zei Rove, 'maar wie stel jij dan voor?'

'Condoleezza Rice. Die is populair bij de Southern Baptists,' zei Land, die in 1995 de excuses van de conventie voor het slavernij-verleden had georkestreerd en Bush zonder blikken of blozen met Lincoln vergeleek.

Land haalde de minister op 14 juni, de laatste dag van de conventie, van het vliegveld en begeleidde haar naar het Coliseum in Greensboro. Daar sprak ze met de voorzitter van de SBC, Bobby Welch, die bij de Special Forces had gediend en zijn leven aan Christus had gewijd nadat hij door een scherpschutter van de Vietcong in de borst was geschoten.

'Roll Tide,' zei Welch. Hij doelde op het geliefde footballteam uit Alabama.

'Roll Tide,' antwoordde Rice, die uit Alabama kwam.

'Dat is een belangrijk element van de zuidelijke traditie, dus zo stonden ze meteen op goede voet met elkaar,' verklaarde Land later.

Toen knielden ze neer voor gezamenlijk gebed – een nog belangrijker element van de zuidelijke traditie – waarna Rice de arena in liep. De felwitte verlichting scheen van twintig meter hoog op het veld waar normaal gesproken de NCAA-basketbaltoernooien, worstelkampioenschappen en truckrally's te zien zijn. Terwijl ze naar het glazen spreekgestoelte toe liep, hieven het voltallige koor en orkest triomfantelijke klanken aan. De airconditioning in het stadion stond veel te hoog, maar het vuur waarmee het twaalfduizendkoppige publiek haar een staande ovatie bracht, was hartverwarmend.

De toespraak had van het begin af aan de sfeer van een ouderwetse revivalbijeenkomst zoals die van Billy Graham. Rice sprak voor haar doen verrassend fel, in de geest van haar vader en grootvader, die allebei predikant waren in Birmingham. Ze ging bij zichzelf te rade en deed een beroep op het geweten van haar publiek, dat vrijwel uitsluitend uit blanken bestond, door over haar voorouders te spreken, die onder de grondwet van Jefferson 'maar voor drie vijfde als mens telden'.

Ze kreeg twaalf keer een open doekje. Eenmaal toen ze de recente moord op de terrorist Abu Musab al-Zarqawi ter sprake bracht.

Tweemaal toen ze het over de vredesovereenkomst van Danforth in Soedan had, en over het standpunt van de regering inzake de internationale godsdienstvrijheid. Maar het hoogtepunt, dat tot een werkelijk donderend applaus leidde, kwam halverwege haar toespraak:

'Als Amerika er niet was, wie zou dan een grote coalitie bijeen moeten brengen om de mensenhandel, die gruwelijke internationale misdaad aan te pakken? De slavernij is in de negentiende eeuw niet afgeschaft. Voor duizenden is slavernij nog de tragische dagelijkse realiteit, vooral voor vrouwen en jonge meisjes, die worden ontvoerd, mishandeld en als vee verkocht. Onder leiding van president Bush hebben de vs een nieuwe abolitionistische beweging op de been gebracht om een eind te maken aan de mensenhandel. Wij sporen de daders op en bieden de helpende hand bij de zorg voor de slachtoffers. We roepen elk land ter verantwoording dat mensenhandel door de vingers ziet. En we hebben aan iedereen die nog als slaaf wordt vastgehouden de belofte gedaan: zolang Amerika er iets over te zeggen heeft, mag de slavernij in onze hedendaagse wereld niet meer bestaan.'[260]

Het dak vloog eraf, de camera's flitsten en Rice moest een halve minuut wachten voordat de gelovigen weer zo stil werden dat ze verder kon gaan. Aan het eind van haar toespraak werd ze opnieuw onthaald op enthousiast applaus en het publiek hief spontaan 'God Bless America' aan. Dominee Welch kwam naar haar toe.

'Ze zijn niet meer te houden,' riep hij boven het lawaai uit.

Hij boog zijn hoofd, legde een hand op haar schouder en ging voor in gebed, terwijl velen in het extatische publiek hun handen ten hemel hieven.

'Hemelse vader, wij danken u voor deze vrouw, die gij hebt beschermd, geleid en gezegend,' bad hij. 'En wij willen u bidden om een schare engelen met vlammende zwaarden die haar wegen bewaren en haar beschermen tegen den boze en tegen alle kwaad. Behoed haar, zegen haar. Gij weet hoezeer wij naar zo'n leider hebben gehunkerd, en wij zijn u dankbaar, Heer.'[261]

'Mooi,' zei Rice tegen Land toen ze van het spreekgestoelte af stapte. 'Echt heel mooi.'

In mei van dat jaar onderwierp Miller de woorden van Rice aan de vuurproef door op hoog niveau te proberen India in Categorie Drie geplaatst te krijgen. Het was een eenzame, clandestiene strijd. De wereld zou nooit kennisnemen van de details, maar India en andere dwarsliggende landen zouden de abolitionistische inzet van de VS in het vervolg afmeten aan de uitkomst van de strijd.

Hij had een machtige tegenstander. De Amerikaanse ambassadeur in India, David Mulford, was een zakenman; hij was kandidaat geweest voor het ministerschap van Financiën en was fel tegen plaatsing van Delhi op een lijst voor economische sancties. Hij wilde zich niet door mij laten interviewen, maar volgens bronnen bij het ministerie van Buitenlandse Zaken beschouwde Mulford de schuldslavernij niet als slavernij, ook al wordt die in de Amerikaanse wet wel als zodanig omschreven. Millers staf heeft nog geprobeerd hem met zeer plastische afbeeldingen van de situatie ter plaatse te overtuigen, maar vergeefs.

Miller scoorde zijn eerste punt toen hij de sceptische Paula Dobriansky wist over te halen India in Categorie Drie te plaatsen. Maar Mulford reageerde daarop met een run op een oude vriend. Onderminister Robert Zoellick had in de tijd van Reagan op het ministerie van Financiën met Mulford samengewerkt, en beiden waren groot voorstander van vrije handel. Inmiddels was Zoellick de tweede man op het ministerie van Buitenlandse Zaken, en hij vernietigde de beslissing van Dobriansky.

Dwars tegen het protocol in nam Miller nu ook een home-run voor zijn rekening. Hij haalde Mulford in en maakte een afspraak met Condoleezza Rice. Tenslotte zou zij als nakomelinge van slaven toch wel overgehaald kunnen worden de Indiase lijfeigenen te redden, want de omstandigheden van de schuldslaven deden sterker denken aan het leven van de plantageslaven dan alles wat Miller op dat gebied ooit had gezien.

Millers benadering was confronterend voor de minister en een openbaring voor de autoriteit op het gebied van slavernij. Rice had vijf minuten voor hem uitgetrokken, maar de kwestie was te belangrijk voor een soundbite en Miller nam meer dan een uur. Hij bepleitte de zaak van de slaven in India en andere landen waarmee Zoellick wel handel wilde drijven. Hij oefende druk uit om haar plaatsvervanger terug te fluiten en India in Categorie Drie te plaatsen.

Uiteindelijk had Millers uitgekiende politieke tactiek niet het gewenste effect. Rice weigerde India verder te degraderen dan tot de tandeloze lijst van Categorie Twee-landen, wat de Indiase regering overigens ook al snel publiekelijk wegwuifde. En zelfs dat kleine corrigerende tikje zwakte ambassadeur Mulford nog af door in Delhi te slijmen dat India 'erkende dat mensenhandel een ernstige zaak is' en 'maatregelen nam' om die praktijken tegen te gaan.[262] Amerika zou het land dat de slavernij van miljoenen van zijn inwoners door de vingers zag dus niet ter verantwoording roepen.

Na de afwijzing van de minister was Miller helemaal de kluts kwijt. Normaal gesproken ging hij vastberaden te werk, al was hij soms wat wild, maar nu liep hij stuurloos en met gebogen hoofd door C Street. Vervolgens vertrouwde hij zijn staf toe dat hij overwoog op te stappen.

Ondertussen stond de op één na hartstochtelijkste abolitionist in regeringskringen ook op het punt van aftreden. Een paar uur na Rice' toespraak voor de sbc kondigde Michael Gerson zijn vertrek aan. Hij was al sinds het begin van de eerste campagne het geweten van Bush, en net als Miller had hij met Zoellick conflicten gehad over de mensenrechten. Nu raakte Miller dus zijn grootste bondgenoot in het Witte Huis kwijt. Zonder dit contact verflauwde al snel het uitgesproken abolitionisme van de regering-Bush.

'Ik heb de indruk dat het de president aan het hart gaat,' zei Frank Wolf in december 2006. 'Maar ik vraag me af hoe groot de betrokkenheid in de lagere regionen is. Ik vrees dat de mensenhandel op de achtergrond raakt.'

Degenen die in het Gerson-loze Oval Office kwamen praten over mensenhandel, kregen als reactie alleen een uitdrukkingsloze blik. Dat voorjaar stelde een student een algemene vraag over de rol van legalisering van de prostitutie in de seksslavernij.

'Het klinkt misschien alsof ik je vraag ontwijk,' zei Bush verward, 'maar nogmaals, jij weet hier meer van dan ik. Ik wil Condi wel even bellen over ons beleid in dezen.'[263]

Zonder Gerson, die de slavernijbestrijdingsinitiatieven behendig op de agenda voor de nationale veiligheid had weten te zetten, raakte de door Wilberforce geïnspireerde passie bedolven onder de oorlog in Irak. Net zoals Vietnam de ondergang betekende van Johnsons strijd tegen de armoede, werd Irak de ondergang van Bush' strijd tegen de slavernij. De regering-Bush besteedde in twee dagen evenveel aan de bevrijding van Irakezen als in zes jaar aan het bevrijden van slaven.

Toch bleef Miller doorvechten. Hij had minstens één historisch precedent: twee eeuwen geleden werd de strijd van William Wilberforce en Thomas Clarkson ook getorpedeerd door de oorlog met Napoleon, maar toch bleven ze strijden voor de afschaffing van de slavenhandel. Wilberforce werd door zijn geloof gesterkt, maar Clarkson had ernstige geloofstwijfel en distantieerde zich van de anglicaanse Kerk, waaraan hij aanvankelijk zijn leven had zullen wijden.[264]

Net als Clarkson distantieerde nu ook Jack Danforth, de op twee na effectiefste abolitionist in de regering, zich van de dominante religieuze autoriteiten. Na zijn bemiddeling bij de vredesonderhandelingen in Soedan werkte hij als vn-ambassadeur totdat hij in het najaar van 2004 abrupt ontslag nam. Hij zei dat hij meer tijd met zijn vrouw wilde doorbrengen, maar daarnaast had dominee Danforth nog andere redenen om op te stappen.

'Met hun recente initiatieven hebben de republikeinen onze partij getransformeerd tot de politieke vleugel van de conservatieve christelijke beweging,' schreef hij op 30 maart 2006 in de *New*

York Times. 'Onze tegenwoordige fixatie op een religieus geïnspireerde agenda leidt ons in de verkeerde richting.'[265]

De conservatieve christenen in kwestie richtten zich trouwens al snel weer op binnenlandse aangelegenheden. Zelfs al voor de val van het door republikeinen overheerste Congres in het najaar van 2006 concentreerde de conservatief-religieuze harde kern van de Horowitzcoalitie zich alweer op de homo's en de abortuskwestie. Na het wegvallen van de pressie van evangelische zijde liet de regering de akker die Danforth in Soedan had voorgeploegd, braak liggen. Ondertussen begon Khartoum, uitgerust na de adempauze en niet bereid de olievelden in het zuiden op te geven, de slavenjagers weer te bewapenen.

Tegen het eind van zijn vierde jaar in functie keek Miller om zich heen, en kwam tot de ontdekking dat hij inmiddels de enige stuurman was op het abolitionistische schip, dat terechtgekomen was in de Washingtonse gordel van windstilte.

'Mijn geest is letterlijk kromgebogen gelijk een Boog rond één enkel droevig onderwerp,' schreef Thomas Clarkson in 1793 aan een dominee. 'Dikwijls word ik plots overvallen door Duizeligheid & Krampen. Ik ervaar een onaangenaam gefluit in mijn Oren, mijne Handen trillen veel. Het Koude Zweet breekt mij regelmatig uit... Ik gevoel mij zwak, snel vermoeid & buiten Adem. Ook mijn Geheugen laat te wensen over.'[266]

De burn-out van John Miller was weliswaar minder dramatisch, maar toch overduidelijk. Het zou te gemakkelijk zijn alles aan het vele reizen toe te schrijven. Miller was in meer dan vijftig landen geweest en had sommige daarvan meerdere malen bezocht. Hij was altijd al verstrooid, maar zijn geheugen ging tijdens al dat reizen snel achteruit en regelmatig was hij zijn paspoort en zijn tickets kwijt. Weliswaar kreeg hij soms wat lichaamsbeweging in het zwembad boven zijn appartement in Virginia, maar zijn gezondheid liet hem in de steek. In Millers ogen waren dat allemaal symptomen.

Hij hield vol dat zijn terugtreden niet alleen te wijten was aan de strijd om India. Maar de interne strijd begon aan hem te vreten en ondermijnde zijn vertrouwen in de regering. Hij raakte gefrustreerd door de bureaucratie op het ministerie van Buitenlandse Zaken en maakte zich vaak ongelooflijk kwaad over de verlammende vertragingen die zijn werk daardoor opliep. Dit zou allemaal niet zo erg zijn geweest als hij aan het hoofd van een afdeling van het ministerie van Landbouw had gestaan. Maar zijn verantwoordelijkheid was wel wat groter: als hij zijn werk niet deed, zouden mensen in slavernij omkomen.

'Het gaat aan je vreten,' zei hij op een middag. Hij gunde zich een enkel moment van zelfreflectie en keek naar de lucht. 'Het gaat aan je vreten. Je ontmoet die mensen. Die slachtoffers. Die overlevers. En dan gaat het aan je vreten.'

Tijdens een nachtelijk gesprek in september 2006 zei ik op een gegeven moment dat ik hem nu wel genoeg vragen had gesteld en dat ik opstapte, zodat hij terug kon naar zijn privéleven.

'Hoezo privéleven?' vroeg hij, zonder ironie.

Hij en zijn vrouw June waren in december 2004 gescheiden, in de maand waarin hij oorspronkelijk van plan was geweest af te treden en weer naar huis te komen, naar Seattle. Op de vraag van zijn zoon Rip, inmiddels zeventien, of hij een keer meemocht op reis, was het antwoord dat Miller niet eens tijd had een belangrijke footballwedstrijd bij te wonen, laat staan hem mee te nemen naar Thailand. Na zes weken voor Montana State te hebben gespeeld, gaf Rip er de brui aan, zei tegen zijn vader dat hij in militaire dienst wilde, maar ging uiteindelijk 's nachts vloeren boenen bij de plaatselijke Wal-Mart. Een jaar later werd hij marinier.

Miller was nu achtenzestig en woonde alleen in een ongemeubileerde flat in een wolkenkrabber in Arlington. 'Zo triest is dat niet hoor,' zei hij met een flauwe glimlach. Hij kon niet koken, maar om de hoek was een goed Aziatisch eethuis, waar de stroganoff maar 5 dollar kostte, en dat kwam hem goed uit, want toen hij ambassadeur werd, had hij ingestemd met een salarisverlaging. Zijn medewerkers gaven hem met Kerstmis een servies en op zijn verjaardag een plant. Hij had onlangs een litho van de Afro-Ame-

rikaanse kunstenaar Jacob Lawrence gekocht en aan de muur ge-
hangen. Hij had zelfs een bank aangeschaft.

'Ergens is dit wel een onwerkelijk bestaan,' zei hij, en zijn stem
stierf even weg. Maar toen was daar ineens weer die ongelooflijk
brede grijns, die me was opgevallen toen ik hem voor het eerst zag.
Hij begon te vertellen over een bezoek dat hij onlangs had gebracht
aan een vernieuwend project in Indonesië waarbij ex-slachtoffers
werden omgeschoold en leerden inkomsten te verwerven.

'Ben, mijn dag kon niet meer stuk!'

Een sprankje hoop

Ik las haar verhaal voor het eerst in de herfst van 1999 in een telexbericht met als kop: ZAAK MEISJE WERPT LICHT OP HAÏTIAANSE SLAVENPRAKTIJK. De details van haar gevangenschap waren wreed maar summier, en de kranten in Miami publiceerden haar naam niet. Vijf jaar later werd het slachtoffer in de aanklacht tegen haar gevangennemer slechts aangeduid met haar initialen, 'W.N.' zoals de gewoonte is in federale rechtszaken over de verkrachting van een minderjarige. Nadat de politie haar had bevrijd, noemden de Haïtiaanse Amerikanen in Miami haar *Ti Lespwa*, of *Little Hope*.

Het levensverhaal van Little Hope was in tegenspraak met die koosnaam. Ze werd op 11 januari 1987 in de hoofdstad van Haïti geboren, in de chaotische periode na de afzetting van Baby Doc. Op haar geboortecertificaat staat de naam van haar vader, Wilben. Dat is het enige bewijs van zijn bestaan dat ze bezit.

Haar moeder, Immacula, had een moeilijk leven, maar deed haar best om haar dochter te beschermen. Immacula verdiende als schoonmaakster bij een rijke familie in Port-au-Prince net genoeg geld om voor hen beiden eten te kopen. Toen het meisje vier jaar was, ging ze haar moeder helpen; ze deed de was van de familie en zorgde voor hun gehandicapte kind. Eén keer, toen Little Hope geen brood wilde gaan kopen, sloeg Immacula haar. Dat was de eerste en de laatste keer. 's Avonds deed Immacula haar dochter altijd in bad. Als het licht uitviel, hield ze haar dochtertje dicht tegen zich aan op de grond van het hutje waar ze sliepen.

Op zondag deed Immacula de haren van haar dochter. Op een dag nam ze een bloes en een rok mee voor Little Hope. Vanaf dat moment wilde het meisje die kleren elke zondag aan, totdat ze helemaal versleten waren. In augustus 1992 passeerde de orkaan Andrew Haïti. De wind en de regen raasden door de hoofdstad, maar Little Hope voelde zich veilig in de armen van haar moeder.

Die armen waren al dun, maar ze werden nu echt uitgemergeld, want haar moeder leed aan een mysterieuze ziekte die haar beroofde van alle energie, haar elke nacht kletsnat maakte van het zweet en die haar lichaam verwoestte. Na de zesde verjaardag van Little Hope in 1993 stierf Immacula aan aids. Haar werkgever betaalde de begrafenis en Little Hope nam afscheid van haar moeder in de kist.

De werkgeefster van Immacula nam het meisje in huis als restavèk, kindslaaf. Met de dood van haar moeder was de liefde uit het leven van Little Hope verdwenen. Maar toch was ze nog beter af dan veel andere restavèks, omdat ze regelmatig eten kreeg van haar bazin, die de belofte aan Immacula nakwam en het meisje naar school liet gaan. Maar haar huiswerk leed wel onder het werk in de huishouding. Het was voor een klein meisje zwaar om het huis, met twee verdiepingen en een stuk of tien kamers schoon te houden, en dan moest ze de afwas en de was, inclusief luiers, ook nog met de hand doen omdat er geen apparaten waren.

Op een dag in 1996 kwam Marie Pompee, de zus van haar bazin, op bezoek. Marie bezat het Amerikaanse staatsburgerschap en ze was kostwinner voor haar familie in Haïti; ze kwam regelmatig terug vanuit Miami en bracht dan kleren en geld mee. Ze zag er doorgaans verzorgd uit, goed doorvoed en netjes gekapt, in broekpak en met gouden sieraden. Voor Little Hope was zij, en was Amerika, het symbool van luxe en comfort.

Marie zei tegen het inmiddels negenjarige meisje dat ze haar naar Amerika wilde laten komen. Voor het eerst sinds de dood van haar moeder voelde ze weer wat hoop. Marie merkte dat en voegde er meteen aan toe:

'Als ik je meeneem naar Amerika, ben je wel mijn slavin.'[267]

Ondanks de waarschuwing van Marie dat ze haar ketenen niet zou kunnen afwerpen, verlangde Little Hope toch heel erg om naar

Amerika te gaan. 'Het helderste baken ter wereld voor vrijheid en onbegrensde mogelijkheden,' zoals president Bush de vs na 11 september noemde, had het meisje verblind voor de gevangenis die ze binnenging. Ze was daar niet de enige gevangene. Jaarlijks komen meer slaven naar de Verenigde Staten dan er vóór de Onafhankelijkheid door de zeventiende-eeuwse slavenhandelaren naartoe zijn gebracht.

Het tellen van slaven is tegenwoordig een lastig karwei. Zoals John Miller graag zegt, staan slaven niet keurig met opgestoken vinger in de rij te wachten tot ze geteld zijn. Vooral in Amerika maken de eigenaren vaak gebruik van de angst van slaven voor de autoriteiten, zodat ze hun beter verborgen kunnen houden. Maar zelfs voorzichtige schattingen van de Amerikaanse autoriteiten gaan ervan uit dat jaarlijks 17.500 slaven door mensenhandelaars naar Amerika worden gebracht. Met andere woorden: als u met een gemiddelde snelheid leest, ongeveer 250 woorden per minuut, dan is er in Amerika weer een slaaf bijgekomen tegen de tijd dat u dit hoofdstuk uit hebt.

De gemiddelde periode waarin iemand in slavernij gevangen zit, duurt minstens drie jaar; dat betekent dat in Amerika nu ongeveer 50.000 slaven zijn. De meeste slachtoffers komen uit Azië en Mexico, hoewel er ook duizenden afkomstig zijn uit Oost-Europa, Midden-Amerika en Afrika. Amerikaanse autoriteiten hebben slaven gevonden uit 36 landen. Ze kwamen bijna allemaal vrijwillig naar Amerika, wanhopig op zoek naar welvaart en vrijheid, en ze gingen naadloos op in de 60 miljoen anderen die elk jaar het land binnenkomen. Sommigen komen legaal, maar de meesten verdwijnen in een toch al onzichtbare groep: de naar schatting 12 miljoen illegale immigranten. En maar al te vaak komen ze tot de ontdekking dat de ketenen waaraan ze in hun geboorteland wilden ontsnappen, in het 'land van de vrijheid' nog steeds knellen.

Zoals in Zuid-Azië houden woekeraars en mensenhandelaars duizenden mensen op het platteland in financiële slavernij gevangen. In 2004 schatte Kevin Bales van de universiteit van Californië,

Berkely in zijn rapport *Hidden Slaves* dat een op de tien slaven in Amerika slavenarbeid verricht in de landbouw. In de agrarische sector van Florida, bijvoorbeeld, waar jaarlijks 62 miljard wordt omgezet, hebben hulpgroepen en de politie honderden slaven ontdekt, voor het grootste deel Mexicanen.[268] En dat is waarschijnlijk alleen nog maar het topje van de ijsberg. Toch zijn door de federale overheid maar een stuk of zes gevallen van slavernij voor de rechter gebracht.

Net als in Europa worden in Amerika elk jaar duizenden vrouwen het land binnen gesmokkeld door syndicaten en echtparen die zich met mensenhandel bezighouden. Het onderzoek van Bales, dat grotendeels gebaseerd is op recente journalistieke rapporten over 131 gevallen van slavernij, schat dat bijna de helft van de slaven in illegale bordelen, massagesalons of in de straatprostitutie werken. Het aantal gedwongen prostituees loopt waarschijnlijk in de duizenden. In 1999 rapporteerde de Immigratie- en Naturalisatiedienst van de vs dat er meer dan 250 bordelen met uit de vrouwenhandel afkomstige prostituees waren.[269] Ondanks honderden politieacties blijven nog steeds erg veel van die bordelen geopend, en de mensenhandelaars proberen ontdekking te voorkomen door hun slavinnen te rouleren.

Ook de Verenigde Staten hebben, net zoals Zuidoost-Azië, hun beschamende centra van kinderprostitutie. De gemiddelde leeftijd waarop een prostituee voor het eerst haar lichaam verkoopt is veertien, en net als in Roemenië nemen mensenhandelaars zowel immigrantenkinderen als kinderen uit het land zelf. Het is een probleem dat de aandacht heeft van de regering-Bush. Via het project 'Verloren Onschuld' heeft het ministerie van Justitie in 27 steden teams aangesteld om pooiers en kinderhandelaren te arresteren.

Net zoals in het Midden-Oosten verkeren ook in Amerika de slaven die in de huishouding werken voortdurend in angst dat ze door hun meesters zullen worden afgetuigd of door de immigratiedienst het land uit gestuurd zullen worden. Volgens het onderzoek van Bales gaat het in een derde van de slavernijzaken om huishoudelijke slaven, hoewel de werkelijke verhouding waarschijnlijk veel hoger is.

En net als in Haïti zijn ook in Amerika restavèks, die door Haïtiaanse meesters het land binnen worden gesmokkeld; ze duiken op in allerlei steden en voorsteden, tot aan Connecticut toe. Kindertelefoons in Little Haïti, Miami krijgen jaarlijks tientallen telefoontjes van restavèks, maar meestal hoort de rest van het land pas iets over slavernij als er een moord is gepleegd. Op 3 januari 1978 doodde de zeventienjarige restavèk Lyonel Dor, die jarenlang misbruik achter de rug had, zijn bazin met een loden pijp terwijl ze lag te slapen in haar appartement in Brooklyn. Twintig jaar later zat de twaalfjarige Marie Joseph als slavin gevangen in een huis in Miami. Ze werd weggehouden van school en van straat, en haar slavernij kwam pas aan het licht toen ze werd gedood bij een schietpartij tussen drugshandelaren terwijl ze voor de familie op een vlooienmarkt werkte.

De nieuwe Amerikaanse slavernij is even verspreid en divers als de Amerikaanse bevolking. De afgelopen tien jaar zijn in meer dan honderd Amerikaanse steden slaven ontdekt; Californië, New York, Florida en Texas – de belangrijkste invoerhavens voor immigranten – hebben de grootste concentratie slachtoffers van mensenhandel.

Immigranten, die het levensbloed van Amerika vormen, komen meestal pas het land binnen als ze het geld hebben voor de reis. Tegenwoordig bieden mensensmokkelaars die mensen de kans met weinig of geen geld de reis te maken. Maar achteraf blijkt altijd dat daar een prijskaartje aan hangt. Soms met een ketting.

Op een ochtend in 1996 bereidde Little Hope zich voor om naar een nieuwe wereld te vertrekken. Marie had een mensensmokkelaarster ingehuurd die het meisje had verteld wat ze moest zeggen en hoe ze zich moest gedragen bij de Amerikaanse douane. Toen de vrouw het paspoort liet zien van een ander meisje, dat overtuigend genoeg op haar leek, voelde Little Hope wel dat het een riskante onderneming was, maar toch vertrouwde ze haar. En hoewel ze wist dat haar een leven als slavin te wachten stond, verheugde ze zich erop naar een land te gaan waar ze haar ketenen misschien kon afwerpen.

Op de luchthaven van Miami besteedden de douanebeambten geen aandacht aan Little Hope. Elk jaar komen ongeveer 10.000 kinderen zonder begeleiding van een volwassene het land binnen.[270] Hoewel een derde daarvan seksueel uitgebuit gaat worden door volwassenen, was er vóór 11 september en de Trafficking Victims Protection Act niet veel controle. Voor de douanebeambte was Little Hope gewoon het zoveelste jonge zwarte Haïtiaanse meisje, en de oudere Haïtiaanse vrouw die bij haar was, was gewoon haar begeleidster.

De smokkelaarster bracht Little Hope naar Miami. Onderweg nam het meisje de nieuwe wereld vol rechte lijnen en gladde wegen in zich op. Hier waren massa's auto's in plaats van massa's dieren en mensen. Hoge gebouwen in plaats van hoge bergen vuilnis. Het was allemaal heel onwerkelijk en steriel. In Miami betaalden Marie en haar echtgenoot, Willy Pompee Sr., beiden veertig jaar, de smokkelaarster en brachten het meisje naar hun grote huis in de buitenwijk Miami Lakes. Het negenjarige kind was onder de indruk van het enorme huis, maar ze schrok er ook een beetje van, omdat zij het moest gaan schoonhouden. En hoewel er twee volwassen kinderen in huis woonden, moest ze van het echtpaar Pompee ook nog voor de twee jongste kinderen zorgen, een baby en een kind van vier jaar.

Het echtpaar had een bedrijf, Willy's Rags, in wat de Haïtiaanse Amerikanen de *pepe*-handel noemden: de handel in tweedehands Amerikaanse kleding die in Haïti met winst werd verkocht. *Pepe* is het belangrijkste bestanddeel van de garderobe van de gemiddelde Haïtiaan, en elk jaar worden miljoenen kilo's gebruikte kleding naar het land geëxporteerd. Willy Sr., die regelmatig heen en weer reisde tussen Port-au-Prince en Miami, had er door allerlei trucs veel geld aan verdiend.

In Haïti verkeerde Little Hope in een moeilijke situatie waarbij ze gedwongen moest werken, maar in Miami was ze onderworpen aan keiharde slavernij. Vanaf het begin had ze het gevoel dat Marie haar aanwezigheid niet kon verdragen en dat haar kinderen haar haatten. Ze kreeg een klein bed in een logeerkamer maar ze moest in de keuken eten terwijl de familie samen at voor de televisie. Een of twee keer mocht ze mee naar een hamburgertent, maar meestal moest ze thuisblijven en kreeg ze na afloop de restjes.

Ze ontving een fikse uitbrander als ze niet hard genoeg werkte. Als kinderen uit de buurt kwamen spelen, praatte Little Hope niet met ze, behalve als ze iets bij hen in de buurt moest schoonmaken en ze, met terneergeslagen blik, vroeg of ze daar last van hadden. Soms zei Marie tegen haar dat ze een hoer was, 'net als je moeder,' en ze sloeg haar met een leren zweep die ze had meegenomen uit Haïti. Als de baby te hard huilde, of als de hond in de garage had gepoept, wist Little Hope dat zij er weer met die zweep van langs zou krijgen. De afranselingen waren soms zo hevig dat het meisje dacht dat Marie haar wilde vermoorden. Willy Sr. mishandelde Little Hope nooit en zo nu en dan kwam hij tussenbeide om de mishandelingen wat te temperen.

De oudste zoon, Willy Jr., was een gespierde, stugge jongen. Hij was van een militaire opleiding gestuurd en nu was hij verslaafd aan videospelletjes. Vanaf de eerste dag was Little Hope bang voor hem.

Marie moest zich aan de leerplicht houden, en stuurde het meisje naar een grote openbare basisschool in de buurt. Elke zaterdag en de meeste dagen na schooltijd nam Willy Jr. haar mee naar het *pepe*-pakhuis waar ze tweedehands kleding moest sorteren. De andere kinderen hoefden daar niet te werken. Little Hope was altijd uitgeput en had het erg moeilijk op school, maar een van de leerkrachten had te doen met het stille meisje en gaf haar een prijs voor goed gedrag.

Op een avond, een paar weken nadat Little Hope in Amerika was gearriveerd, stapte de forse, achttienjarige Willy Jr. bij haar in bed. Hij zei dat ze stil moest zijn. Ze wist niet wat er gebeurde – niemand had haar ooit iets over seks verteld – maar het deed pijn en ze voelde dat het verkeerd was. Na afloop zei Willy Jr. tegen haar dat ze weer terug op straat in Haïti zou belanden als ze er iets over zou zeggen.

Ondanks zijn bedreigingen was ze de volgende dag zo bang door de pijn en het bloeden dat ze het aan Marie vertelde. Marie beschuldigde haar ervan dat ze loog. Toen Willy Jr. ontdekte dat ze het had verteld, zei hij dat hij haar zou vermoorden als ze dat nog een keer deed. De verkrachtingen gingen door en werden steeds heftiger, waardoor Little Hope soms bijna niet meer kon lopen. Als de jongeman haar kamer binnenkwam, dook ze in elkaar en stelde zich voor dat ze ergens anders was, in een ander huis, bij een andere gezin, bij haar eigen familie, ook al had ze die niet meer.

Marie verbood Little Hope alleen weg te gaan, maar soms ontsnapte ze op een manier die alle Amerikaanse jongeren kennen: de televisie. Ze keek tv als de anderen niet thuis waren, en wat ze zag leek erg op het Amerika van haar dromen. Op MTV werd ze geïmponeerd door de R&B-zangeres Mary J. Blige. De *Oprah Winfrey Show* gaf haar moed, niet omdat ze alles kon verstaan wat er werd gezegd – haar Engels was slecht, want de familie sprak Haïtiaans tegen haar – maar omdat ze in Oprah zag wie zij misschien ooit zou kunnen worden, als ze later vrij zou zijn.

In 1997 betaalde het echtpaar Pompee 351.000 dollar voor een huis in een smetteloze bewaakte buurt in Pembroke Pines, een buitenwijk 30 kilometer ten noorden van Miami. Achter de nieuwe, witte muren en de rolluiken van het huis van 400 m² ging de slavernij van Little Hope gewoon door. Nu had ze in plaats van een bed een matras op de grond, en ook nog een matras in de garage voor als ze ongehoorzaam was.

Op een zaterdagmiddag in 1998 liet de familie haar alleen thuis. In een opwelling liep ze weg. Ze kwam niet ver en klopte aan bij een huis in dezelfde straat. Een meisje van tien deed open en vroeg haar binnen te komen. Little Hope vertelde niet wat er aan de hand was, omdat ze een vreemde niet zo snel durfde te vertrouwen. Maar Cherokie, want zo heette het meisje, en haar zus, Melissa, waren erg aardig voor hun gast en warmden een pizzabroodje op in de magnetron. Daarna keken ze naar een film op tv. Het was een korte onderbreking; Little Hope was bang dat ze weer geslagen zou worden en ging terug naar huis.

Door die televisiemiddag bij de buren en een paar gestolen momenten op school, begon ze zich te realiseren dat de val waarin ze zich bevond Amerika niet was. Hoewel ze wist dat ze zich nooit meer zo veilig zou voelen als in de armen van haar moeder, kon ze zich nu een wereld voorstellen waarin ze zich zeker zou voelen zonder het bezit van een ander te zijn.

Op een avond in juli 1999, toen Little Hope het huis aan het schoonmaken was, zag ze iets op tv waar ze haar stofdoek van uit haar hand liet vallen. Een spotje van het Modellenbureau van John Casablanca beloofde jonge vrouwen een zelfbewust leven vol glamour. Aan het eind van het spotje verscheen een telefoonnummer in beeld.

Catalina Restrepo, een tweeëntwintigjarige stagiaire op het kantoor in Fort Lauderdale die haar aan de telefoon kreeg, bleef vriendelijk, maar maakte snel een einde aan het gesprek met het vreemde jonge meisje. Als ze avonddienst had op het modellenbureau kreeg ze wel vaker flauwe telefoontjes. Maar Little Hope belde terug, wel drie keer die avond. En de volgende avond belde ze weer. Na een week met nog meer telefoontjes werd Restrepo nieuwsgierig en begon een gesprek, want ze was inmiddels benieuwd geworden naar het vasthoudende meisje. Little Hope zei dat ze model wilde worden zodat ze weg kon uit het huis waarin ze woonde. Restrepo antwoordde dat ze met haar twaalf jaar te jong was. Maar toen ze volhield, zei Restrepo dat ze wel een keer mocht langskomen, maar dat ze dan haar ouders mee moest nemen omdat ze nog geen achttien was.

'Ik heb geen ouders,' fluisterde ze. 'Ik ben geadopteerd.'

'O, dan kunnen je adoptieouders toch wel meekomen?' vroeg Restrepo.

'Nee, dat gaat niet,' zei Little Hope.

Na twee weken met haperende gesprekken, die vaak heel abrupt stopten als een van de familieleden thuiskwam, begon Little Hope hints te geven over haar situatie. Restrepo vroeg een keer wat ze aan het doen was, want ze hoorde dat ze onder het praten ergens mee bezig bleef. Het meisje antwoordde dat ze moest schoonmaken. Restrepo kreeg de indruk dat het geen gewone huishoudelijke karweitjes waren, want ze hoorde die geluiden wel heel vaak. Uiteindelijk vertelde Little Hope dat de familie Pompee haar dwong te werken en dat ze werd opgesloten in een kast als ze weigerde. Restrepo vond het aanvankelijk een overdreven verhaal, een Assepoesterfantasie van een meisje dat niet overweg kon met haar boze stiefmoeder.

In die augustusmaand waarin Little Hope haar nieuwe telefoonvriendin leerde kennen, stuurde Marie haar naar een andere school, de Florida International Academy, een overwegend Afro-Amerikaanse gratis school in Opa-Locka. De instelling was geopend in augustus 1998 en het eerste jaar moesten de leerlingen, die vrijwel allemaal afkomstig waren uit zeer arme gezinnen, mobiele toiletcabines gebruiken omdat er nog geen stromend water was. Er waren grote problemen met het personeel, want niemand wilde op een school werken waar verscheidene leerlingen al een strafblad hadden voor mishandeling en beroving. Het bestuur had gedreigd de school te sluiten wegens overtreding van de bouwverordening, maar de tijdelijke directeur, een kleine, dappere en strijdbare vrouw van in de vijftig, Sonia Cossie Mitchell, wist dat te voorkomen. Marie stuurde haar eigen kinderen niet naar deze school, die volgens de onderzoeken een van de slechtst presterende scholen van het land was.

Haar nieuwe docenten vroegen Little Hope schoolspullen aan te schaffen, maar daar wilde Marie niet voor betalen. Het meisje leende dus potloden en haalde papier uit de prullenbak. Mitchell merkte dat ze in de klas uit het raam staarde en dat ze nooit haar huiswerk maakte. Ze was streng voor haar, want ze dacht dat ze lui en slordig was.

'Dat neem ik mezelf nog steeds kwalijk,' zei Mitchell later. 'Hoe bestaat het dat ik dat meisje in de klas heb gehad en niet heb gemerkt dat er iets aan de hand was?'

Op 9 september 1999 vertelde Little Hope iets vreselijks aan Catalina Restrepo. 'Mijn broer komt 's nachts mijn slaapkamer binnen en dan doet hij iets met mij,' zei ze. 'En dat doet erg pijn.'

Een van de superieuren van Restrepo, een vroegere leerkracht die alert was op signalen van seksueel misbruik van kinderen, belde de politie, die haar doorverwees naar een informatienummer van de kinderbescherming. Uiteindelijk werd ze teruggebeld door iemand van de afdeling Gezinszaken, die openlijk twijfelde aan het verhaal van Little Hope.

Toch belde de volgende dag iemand van Gezinszaken op en maakte een afspraak met de familie Pompee. Een paar uur later stond een gestreste maatschappelijk werkster op de stoep. Ze praatte even met Little Hope in aanwezigheid van Marie, en vertrok weer, ervan overtuigd dat er geen sprake was van misbruik; kennelijk vond ze het geen probleem dat ze het kind had ondervraagd in aanwezigheid van de vermeende dader.[271] Toen ze weg was, gaf Marie Little Hope een pak slaag en zei dat ze haar in Port-au-Prince op straat zou zetten als ze nog een keer haar mond open deed.

Maar het meisje bleef stiekem naar het modellenbureau bellen en de mensen daar bleven de kinderbescherming bellen. Ook de directeur van haar school, Sonia Mitchell, had contact opgenomen met de kinderbescherming omdat ze zich zorgen maakte om haar leerling. Maar er werd geen adequate actie ondernomen.

Op de ochtend van 28 september was Little Hope, zoals zo vaak, te laat op school omdat ze eerst nog thuis moest schoonmaken. Sonia Mitchell, die de leerkracht van de klas van Little Hope verving, zag dat het meisje heel voorzichtig liep en naar haar buik greep van de pijn. Ze liet de conciërge komen om op de klas te letten en nam het meisje even mee de gang op. Little Hope vertelde met neergeslagen blik dat haar 'broer' haar had geschopt.

Mitchell legde haar hand op de opgezette buik van Little Hope, waarop diens gezicht vertrok van de pijn.

'Wacht,' zei Mitchell met haar zangerige West-Indische accent. 'We gaan even naar mijn kamer.'

Mitchell was geen arts, maar ze had wel in de gaten dat de symptomen niet bij het verhaal pasten. Ze drong aan. Uiteindelijk gaf het meisje verlegen toe dat de pijn verder naar beneden zat, tussen haar benen, en ze tilde haar rok op. Ze bloedde. Mitchell vroeg of ze ongesteld was. Little Hope barstte in tranen uit en vertelde huilend wat er aan de hand was. Dat bloeden kwam door ruwe seks. Mitchell zei dat ze haar ouders zou bellen, maar het meisje smeekte haar het niet te vertellen.

Aan het eind van de schooldag kwamen Catalina Restrepo en haar moeder onverwachts op school. Ze kwamen zogenaamd omdat Little Hope had verteld dat ze geen geld voor de lunch en geen schoolspullen had, en dat kwam Catalina nu brengen. Mitchell riep de twee vrouwen bij zich op haar kamer, waar ze met elkaar overlegden.

Mitchell vertelde dat Little Hope regelmatig blauwe plekken had, dat ze vaak te weinig eten kreeg en dat ze altijd te laat kwam. Mitchell liet het meisje komen. Catalina ontmoette haar nu voor het eerst en gaf haar een chocolaatje. Het smolt meteen in haar hand. Catalina voelde aan het voorhoofd van het meisje en ontdekte dat ze koorts had.

Op dat moment zag Catalina William Jr. aankomen. Alle drie de vrouwen betwijfelden of het wel een goed idee was het meisje met de eenentwintigjarige Willy naar huis te laten gaan. Maar Mitchell wist uit ervaring dat de politie bellen de enige andere mogelijkheid was. En na vijf vruchteloze telefoontjes naar de politie en de kinderbescherming, maakte ze zich wat dat betreft geen illusies. Ze vreesde dat de politie Little Hope alleen maar weer terug naar huis zou brengen, en dat Marie of Willy Jr. haar dan zouden straffen.

Mitchell drukte het meisje vertwijfeld tegen zich aan. Ze besloot dat ze toch de politie zou bellen, maar dat ze het meisje voorlopig maar met Willy Jr. mee naar huis moest laten gaan.

De volgende ochtend belde Mitchell de politie van Opa-Locka, maar die zei dat het hun probleem niet was omdat Little Hope in Broward County woonde. De politie van Broward speelde de bal weer terug naar Opa-Locka. Mitchell had er inmiddels meer dan genoeg van en belde opnieuw naar Opa-Locka.

'Als jullie nu geen onderzoek instellen, bel ik de televisie,' zei ze.

Haar vasthoudendheid veranderde het leven van Little Hope. De politie ging naar het huis, ondervraagde haar, en bracht het hysterisch huilende meisje naar een kliniek voor slachtoffers van seksueel geweld in Fort Lauderdale. Ze werd onderzocht en daaruit bleek dat ze vaginaal en anaal was verkracht en dat ze aan een aantal infecties leed, waaronder hepatitis en een pijnlijke seksueel overdraagbare ziekte.

De politie vermoedde dat Little Hope niet alleen was verkracht, maar ook het slachtoffer was van slavernij, en nam contact op met het openbaar ministerie in Miami. Scott Ray, een scherpe federale aanklager die onlangs een zaak had behandeld over onvrijwillige arbeid, nam de verklaring van het meisje op. De FBI stelde meteen een onderzoek in.

Intussen kwam Willy Jr. Little Hope zoals gebruikelijk ophalen van school. Een van de collega's van Mitchell zei tegen hem dat ze bij de politie was; hij raakte in paniek en ging ervandoor. De volgende dag vaardigde de politie een arrestatiebevel tegen hem uit.

Binnen een paar zenuwslopende uren was Little Hope eindelijk bevrijd. Die avond zag ze vanuit haar ziekenhuisbed op tv de zoeklichten van politiewagens schijnen op het huis van de Pompees, waar de luiken nog voor de ramen zaten na de orkaan Floyd. Ze had drie jaarlang als slavin opgesloten gezeten in dat huis, en in die drie jaar was de televisie haar venster op de wereld geweest. Nu was ze door dat venster geklommen en beland aan de andere kant, waar ze zich heel eenzaam voelde.

Scott Ray, de procureur-generaal die de zaak tegen de familie Pompee leidde, stond voor een zware opgave. De openbare aanklagers op het niveau van de staat Florida hadden sluitende bewijzen dat Little Hope het slachtoffer was van gewelddadige verkrachting. Als Willy Jr. in Florida werd berecht, kon hij de doodstraf krijgen, omdat het slachtoffer minderjarig was. Maar in Florida waren nog geen wetten tegen mensenhandel en op federaal niveau zou het nog een jaar duren voordat president Clinton de wet tekende die slachtoffers van mensenhandel moest beschermen.

Ray had in deze zaak dus niet veel armslag, en de geschiedenis van zijn openbaar ministerie op het gebied van de bestrijding van slavernij was lang maar niet bepaald glorieus. In 1870, kort nadat Frederick Douglass de laatste bijeenkomst van de American Anti-Slavery Society had toegesproken, richtte het Congres het ministerie van Justitie op om de afschaffing van de slavernij te realiseren. Het was een lastige kwestie voor het ministerie, want in de Reconstructie, de periode na de Amerikaanse Burgeroorlog, maakte de huishoudelijke slavernij al snel plaats voor schuldslavernij. In de twintigste eeuw werd slechts een handvol slavernijzaken behandeld: de mensenhandelaars wisten hun slachtoffers steeds slimmer te verbergen bij diverse gemeenschappen van immigranten, die vaak door taal- en cultuurbarrières ontoegankelijk waren voor de Amerikaanse autoriteiten.

In de periode waarin Little Hope werd gered, maakte Ray deel uit van een klein groepje gemotiveerde openbare aanklagers die zich inzetten voor de bestrijding van de moderne slavernij. Ondanks de persoonlijke belangstelling van de minister van Justitie Janet Reno, kwamen in 1999 maar 25 slavernijzaken voor de rechter. Maar dit groepje aanklagers was behoorlijk scherp en gemotiveerd, en hoe meer ze te maken kregen met de slachtoffers, hoe vastberadener ze werden.

Om de jury ervan te overtuigen dat de familie Pompee het meisje tot onvrijwillige arbeid had gedwongen, moest Ray het verhaal van de verdediging weerleggen dat de familie het meisje liefdevol in het gezin had opgenomen om haar te redden van een zwerversbestaan in Haïti. De advocaten van Pompee gingen meteen in de aanval en beweerden dat Little Hope een beschadigd kind was dat het promiscue gedrag van haar moeder had geleerd, die prostituee was. Ze beweerden dat de buren hadden geklaagd dat ze uit huis sloop en naar bed ging met jongens uit de buurt. En dat Marie Pompee het meisje naar dezelfde particuliere school en dezelfde huisarts had gestuurd als haar eigen kinderen. Ze zouden al een adoptieprocedure gestart zijn, ze zouden het meisje hebben overladen met weelde en hun liefde voor haar hebben betoond met een kamer vol kleren en speelgoed. Marie zou het meisje niet hebben gedwongen te werken, beweerden ze, want ze had een werkster die tweemaal per week kwam schoonmaken.

Ray wist al die beweringen gemakkelijk te weerleggen en het verhaal van Little Hope werd bevestigd door de resultaten van het lichamelijk onderzoek. De politieagent van Pembroke Pines die het huis van de familie de eerste keer had doorzocht, had in de garage een matras gevonden met uitwerpselen en bedorven voedsel ernaast, en een klein stapeltje voddige kleren van Little Hope in een kast in de badkamer. Een week later nam de FBI alle familiefoto's in beslag; Little Hope stond op niet één ervan, terwijl ze meer dan zes jaar bij deze familie in Haïti en Amerika had gewoond.[272] De agenten deden een buurtonderzoek. Niemand kon bevestigen dat het meisje zich promiscue had gedragen en maar weinig mensen zagen haar ooit zonder begeleiding op straat. Meerdere mensen zeiden dat ze hadden gezien dat Marie haar in het openbaar vernederde.

Terwijl Ray aan de zaak werkte, gingen de politieagenten uit alle macht op zoek naar Willy Jr. en zijn vader. De ochtend nadat de politie een arrestatiebevel voor de zoon had doen uitgaan, stond Willy Sr. op de passagierslijst van een vlucht van American Airlines naar Haïti. Door een communicatiefout tussen rechercheurs, douanebeambten en een vluchtcoördinator in Texas weigerde de in verwarring gebrachte piloot Willy Sr. terug te brengen naar de gate. Terwijl de douanebeambten stonden te wachten tot het vliegtuig terugkeerde, zagen ze tot hun stomme verbazing dat het wegvloog. Twee uur later verdween Willy Sr. in Port-au-Prince. Hij had een retour genomen, maar hij kwam niet meer terug. Ook Willy Jr. verdween spoorloos; in plaats van het risico te lopen tot de doodstraf te worden veroordeeld, houdt hij zich waarschijnlijk samen met zijn vader schuil in Haïti.

Intussen werd in die eerste week na haar bevrijding goed duidelijk hoe erg Little Hope er fysiek en emotioneel aan toe was. De familie Pompee was nooit met haar naar de tandarts geweest en ze had maar één keer een dokter gezien, toen ze haar inentingen kreeg op school. Nu werd ze door de verpleegkundigen behandeld voor ondervoeding, ze kreeg antibiotica tegen de infecties en een tandarts trok twee rotte kiezen. Catalina Restrepo en Sonia Mitchell kwamen haar allebei opzoeken. Restrepo nam floss voor haar mee en liet haar zien hoe je dat moest gebruiken.

De blauwe plekken waren snel genezen, maar haar vertrouwen bleef beschadigd. En ondanks de koosnaam die ze kreeg van de Haïtiaans-Amerikaanse gemeenschap, die woedend was over het misbruik, zag de toekomst van Little Hope er somber uit. Toen de details over haar slavernij bekend werden, waren de mensen om haar heen geschokt.

'Ik dacht dat dit meisje voor de rest van haar leven verknipt zou zijn,' zei Mitchell. 'Dat iemand op zo'n kwetsbare leeftijd dat allemaal moet meemaken... Als ik aan haar zaak denk, lopen de rillingen me nog steeds over de rug.'

Little Hope's echte naam is Williathe Narcisse. Acht jaar na haar bevrijding beweegt ze zich met haar 1 meter 70 lange lichaam waardig en welbewust, en in haar eigen tempo. Ze heeft een gladde, zwarte huid en een innemende glimlach die haar gezicht doet oplichten. Ze houdt van praten. Nadat ik haar dossier had gelezen en met haar advocaten en hulpverleners had gesproken, ontmoette ik haar, en was verbijsterd te zien hoe open ze was. Ik was naar Miami gekomen in de veronderstelling dat ik zou kennismaken met een slachtoffer, maar ik trof iemand die zich niet klein liet krijgen.

We gingen lunchen op een paar kilometer afstand van het huis waar de familie Pompee drie jaar van haar leven had afgepakt. Ze woonde op kamers in een bewaakte buurt tegenover een winkelcentrum en ze zat in haar eerste jaar op het nabijgelegen Broward Community College. Ze was in veel opzichten een doorsnee-studente. Ze had een stapel kortingskaarten voor restaurants en winkels, die ze allemaal keurig ondertekende met haar naam en haar zelfgekozen bijnaam: 'Hello Kitty'. Ze was dol op hiphop en de ringtone op haar mobiel was haar lievelingsnummer, 'This is why I'm hot.' Ze had een MySpace internetpagina waar een citaat van Diana Ross op stond: 'Je kunt niet gewoon maar afwachten tot andere mensen jouw dromen waarmaken. Je moet zelf aan de slag en zorgen dat je zelf bereikt wat je wilt.'

Drie maanden eerder was Williathe twintig geworden. Ze wilde een feestje geven, want ze had jarenlang niet eens geweten wanneer ze jarig was, en ze wilde de gemiste feestjes inhalen. Maar doordat ze nog maar net in het eerste jaar zat, wist ze niet wie ze moest uitnodigen.

'Ik heb helemaal geen vrienden,' zei ze. 'De enige vriend die ik nu heb, is God.'

Ze was een tijdje bevriend geweest met de dochter van een van de pleegmoeders die na haar bevrijding voor haar hadden gezorgd. Die dochter zat nu in het derde jaar op de universiteit van Florida.

'Zij is toch ook nog steeds een vriendin?'

'Jawel, maar zij is heel populair,' zei Williathe.

'Hoe bedoel je?'

'Ze is populair. Ze heeft per-soon-lijk-heid,' verklaarde ze, met nadruk op elke lettergreep.

'Maar jij hebt toch ook persoonlijkheid?' vroeg ik.

'Jawel, maar ik denk dat mensen die van mij niet zo gauw te zien krijgen als die van haar.'

Ze is zo druk met haar studie en haar baantje 's avonds in een kledingzaak dat ze weinig tijd heeft voor zelfmedelijden. Ze fantaseert over wat ze graag zou willen worden, net zoals ze als kind had gedaan. Maar nu schrijft ze die fantasieën op, want ze gelooft dat ze daardoor bereikbaarder worden. Haar wens voor de korte termijn is dat ze een beter betaald vakantiebaantje krijgt, zodat ze kan sparen voor een auto, wat in Pembroke Pines bij gebrek aan goed openbaar vervoer wel nodig is. De plannen voor na haar studie zijn ambitieuzer. Haar docenten hebben gezegd dat ze advocaat moet worden, 'maar ik wil graag televisiepresentator worden, net als Oprah. Dat vind ik zo'n tof mens.'

Ze heeft nog de littekens van de zweep van Marie, maar ze heeft het meeste last van de littekens die ik niet kon zien toen ik haar voor het eerst ontmoette. Bij onze tweede ontmoeting begon ze daar zelf over. 'Ken je die televisieserie *Monk*?' vroeg ze. Ze bedoelde een sitcom over een obsessief-dwangmatige detective. 'Wat hij heeft, heb ik ook.'

Haar obsessies begonnen toen ze in een pleeggezin terechtkwam. Ze waste zich voortdurend en ging elke middag drie keer heel lang in bad. Ze keek naar zichzelf in de spiegel, boende haar gezicht, en zei tegen zichzelf dat ze lelijk was. Ze poetste het aanrecht en de voorraadpotten, ook al waren die al helemaal schoon. Ze had voortdurend nachtmerries. Soms kreeg ze overdag een zenuwinzinking, dan zakte ze in de douche op de grond en schreeuwde dat haar haren uitvielen; soms hoorde ze stemmen in haar hoofd die zeiden dat ze moest moorden. Ze kreeg medicijnen en was op haar achttiende al bij vijf verschillende therapeuten geweest. Maar telkens als ze zich wat veiliger voelde, moest ze weer naar een andere omgeving.

'De pleegzorg was verschrikkelijk, ik heb meer dan twintig pleeggezinnen versleten,' zei ze. 'Ik ben de tel kwijtgeraakt. De meeste mensen doen het voor het geld. Ik wilde zo graag liefde, maar toen ik die eindelijk kreeg, herkende ik het niet, ik begreep het gewoon niet.'

Soms, als ze moest wachten tot er een plekje in een pleeggezin vrijkwam, zat ze tijdelijk in een opvanghuis van de gezinszorg. Daar liep ze een keer weg, met een rugzak en twee knuffels.

'Ik wist niet waar ik naartoe wilde, ik liep gewoon zomaar weg,' zei ze. 'Ik wilde eruit. Ik liep zomaar over straat. Daar hebben ze me ook weer teruggevonden.'

In het voorjaar van 2004 stelde Williathes kwetsbare psychische gesteldheid hoofdaanklager Scott Ray voor een dilemma. Om te bewijzen dat de Pompees haar hadden gedwongen tot onvrijwillige arbeid, moest hij haar als getuige oproepen. Dan moest ze voor de rechtbank vertellen over de ergste dingen die ze had meegemaakt, in aanwezigheid van Marie en de andere familieleden. De advocaat van Marie zou proberen Williathes geloofwaardigheid te ondermijnen en het misbruik in de schoenen van de mannelijke gezinsleden te schuiven, die nu buiten het bereik van de Amerikaanse justitie waren.

Ray wist dat slavernij erg moeilijk te bewijzen was, vooral in zaken zoals deze. In de Trafficking Victims Protection Act werd een bredere definitie gegeven van dwang, maar die wet bestond nog niet toen deze zaak speelde. Hij had dan ook ondervonden dat het belangrijk kon zijn meerdere aanklachten in te dienen. In zaken betreffende vrouwenhandel voegde hij aan de aanklacht een overtreding van de Mann Act toe, die ook bekendstond als de White Slave Traffic Act van 1910. Volgens die Mann Act hoefden openbare aanklagers nooit te bewijzen dat een vrouw tot slavin was gemaakt; ze hoefden alleen maar aan te tonen dat de verdachte haar had vervoerd over de grenzen van een of meer staten 'met het oogmerk haar te prostitueren of op het slechte pad te brengen of met enig ander immoreel doel.'[273]

In de zaak van Williathe beschuldigde Ray Marie van een andere misdaad: het onderdak bieden aan een illegale buitenlander. Die aanklacht was heel duidelijk, en toen Marie dit feit in juni 2004 toegaf, liet Ray de aanklacht wegens onvrijwillige arbeid vallen. Hij wist dat Marie alleen al op grond van het onderdak bieden een gevangenisstraf van tien jaar kon krijgen en hij wilde Williathe niet blootstellen aan een vijandige publieke tribune.

De veroordeling van Marie op 1 juli 2004 in Fort Lauderdale was een circus. Marie smeekte de rechter van het districtsgerechtshof om vergeving, maar ze vroeg Williathe, die niet aanwezig was, geen vergiffenis. 'Ik wil niet alleen mijn excuses aanbieden aan het hof, maar ook aan u persoonlijk voor alles wat er met het kind is gebeurd,' snikte Marie. 'Ik wilde dat kind alleen maar helpen en ik wist niet dat ik me daardoor zoveel moeilijkheden op de hals zou halen!'[274]

De familie Pompee kwam massaal naar de rechtbank om een goed woordje voor Marie te doen en Williathe verdacht te maken.[275]

Een nicht van Marie, de drieëntwintigjarige Veronica DuPont, verklaarde dat Williathe loog en dat het meisje eerder had toegegeven dat ze het hele verhaal had verzonnen. Ze werd 'behandeld als een prinses', zei DuPont.

Uiteindelijk veroordeelde de rechter Marie Pompee tot maar zes maanden gevangenisstraf; hij zei dat hij geloofde dat ze niets van het seksueel misbruik had geweten. Toen Marie opstond om zich te laten meenemen, begonnen DuPont en de andere familieleden te jammeren en te roepen dat God de uiteindelijke rechter was.

'Ik ben behoorlijk kwaad dat ze niet hoeft te boeten voor wat ze heeft gedaan,' zei Williathe later over Marie. 'Maar als ze langer de gevangenis in was gegaan, was mijn verdriet daar niet minder door geworden.'

Voor de pleeggezinnen en de therapeuten die slechts korte tijd met Williathe te maken kregen in haar puberteit, leek het alsof haar slavenbestaan bij de familie Pompee later had plaatsgemaakt voor een vorm van emotionele slavernij, die naar buiten kwam in de vorm van smetvrees en ritueel zelfdestructief gedrag. Voor haar docenten en de medeleerlingen in de overvolle openbare scholen was ze gewoon een probleemjongere. Niemand begreep de strijd die ze elke dag moest leveren.

'Op de middelbare school had ik weleens vriendinnen, nou ja, kennissen, aan wie ik het verhaal van mijn bevrijding vertelde, en dan zeiden ze: "Ja, dat kan ik me nog herinneren!" En dan kregen ze medelijden met mij, maar dan zei ik dat dat niet nodig was, omdat ik ook geen medelijden met mezelf heb.'

In de tijd waarin Marie haar vrijheid verloor, begon Williathe haar vrijheid juist te herwinnen. Toen ze net op de middelbare school zat, sloeg ze zichzelf als ze slechte cijfers had. Vooral wiskunde was een struikelblok. Maar ze leerde aan de docent te vragen iets uit te leggen als ze het niet snapte. Williathe had het moeilijk tijdens die eerste jaren van herstel, maar ze was geen slappeling.

Naarmate ze beter kon lezen, ging ze dat steeds meer doen. Ze begon met tijdschriften over muziek en beroemdheden. Ze las de autobiografie van de rapper DMX, die zich aan een jeugd vol ellende en geweld had ontworsteld. Ze zag haar eigen leven weerspiegeld in Celie, de hoofdfiguur uit *The Color Purple* van Alice Walker, die fysiek en seksueel misbruik overwon en haar kracht vond in een maatschappij waarin ze als waardeloos werd beschouwd.

Ze had voldoende studiepunten gehaald om te slagen voor haar gewone openbare middelbareschoolexamen, maar steeds als ze de strengere Florida Comprehensive Assessment Test deed, die vereist was om verder te studeren, kreeg ze last van faalangst. Williathe leek net als de helft van haar klasgenoten voorbestemd haar diploma niet te halen.

De staat wees haar een strenge, maar hartelijke maatschappelijk werker toe, Mike Stevens, om haar te helpen in haar ontwikkeling. Hoewel Stevens meer dan 100 gevallen in zijn portefeuille had, genoot Williathe toch zijn speciale belangstelling. In augustus 2005 stapte ze met hulp van Stevens over naar de Life Skills school, een kosteloze bijzondere instelling voor kinderen die het in de traditionele onderwijssituatie moeilijk hebben.

In de kleinere klassen van die nieuwe school bloeide Williathe op. Ze kreeg haar eerste betaalde bijbaantje, in een winkel in de buurt. Ze won een opstelwedstrijd die was uitgeschreven door een hiphop-radiozender, waar ze vervolgens stage mocht lopen. De mensen die daar werkten, waren als familie voor haar, en toen de directeur van een R&B platenmaatschappij haar levensverhaal hoorde, bood ze Williathe een beurs aan, op voorwaarde dat ze een opstel schreef over de reden dat ze wilde gaan studeren.

Op 10 juni 2006 werd Williathe om 8 uur 's ochtends wakker, bruisend van de energie. Die dag was de diploma-uitreiking en zij mocht als *salutatorian* – na de *valedictorian* de beste van haar klas – een speech houden. Ze dacht terug aan een van de fijnste herinneringen uit haar jeugd, toen ze van haar moeder een bloes en een rok had gekregen. Nu had ze van haar eigen geld een bruine rok met glittertjes en een glanzend wit topje gekocht.

Ze straalde in haar nieuwe outfit met de baret van de school op haar hoofd, maar toen ze de speech moest houden die ze zo zorgvuldig had voorbereid, kreeg ze een brok in haar keel. Er viel een ongemakkelijke stilte, totdat iemand in het publiek een aanmoediging riep.

'Ik begon te huilen omdat ik wilde dat mijn moeder erbij kon zijn,' zei Williathe. 'Dat werd me even te veel.'

Ze herstelde zich en hield haar toespraak.

'Ik ben misschien niet het allerbeste rolmodel, maar ik heb wel een tip voor jullie,' zei ze. 'Blijf altijd in jezelf geloven.'[276]

Sinds de politie Williathe in de herfst van 1999 bevrijdde, heeft de vs, in theorie, stappen genomen om een einde te maken aan slavernij. De regering-Bush kan bogen op het feit dat ze de kwestie meer bekendheid heeft gegeven. President Bush en zijn ministers van Justitie hebben de successen die werden geboekt in de strijd tegen de mensenhandel vaak in hun toespraken benadrukt wanneer het met andere punten op de agenda even niet zo goed ging. Maar de zelfingenomenheid van de regering was niet terecht. Aan het eind van het tijdperk-Bush heeft Amerika nog lang niet het 'onvoltooide werk' afgemaakt waar Lincoln in zijn Gettysburg Address over sprak.

Een paar enthousiaste en apolitieke advocaten van de afdeling Burgerrechten van het ministerie van Justitie die zich aan het begin van de regering-Clinton onvermoeibaar inspanden om slaven te bevrijden, boekten onopgemerkt succes. In de zes jaar na de Trafficking Victims Protection Act (TVPA) van 2000, die mede onder druk van deze advocaten tot stand was gekomen, kon de afdeling het aantal vervolgingen verhogen met 600 procent, en het aantal veroordelingen met 300 procent. Intussen werden in 27 staten wetten tegen mensenhandel aangenomen: in Florida bijvoorbeeld, staat daar nu maximaal dertig jaar gevangenisstraf op.

Maar door de omvang van het probleem leek de stijging van het aantal veroordelingen en wetten op staatsniveau een druppel op een gloeiende plaat. Aangenomen dat de schattingen van de overheid correct zijn, is in Amerika tijdens de zes jaar sinds de invoering van de TVPA minder dan 2 procent van alle slaven bevrijd. John

Miller bleef tegenover buitenlandse autoriteiten volhouden dat de vs waarschijnlijk zouden worden ingedeeld in Categorie Twee: een land waar nog geen einde aan de slavernij is gemaakt, maar dat wel belangrijke pogingen in die richting onderneemt.

Voor een deel draagt de politiek de verantwoordelijkheid voor die tekortkoming. Net zoals de feministen en de evangelische groeperingen van Michael Horowitz het door flink te lobbyen voor elkaar kregen dat John Miller en het ministerie van Buitenlandse Zaken het onderscheid schrapten tussen vrijwillige en onvrijwillige betaalde seks, zo verwrongen ze nu de tvpa tot een mandaat voor justitie om vrijwillige prostitutie door volwassenen te verbieden zonder dat er sprake was van federale wetten. Het gevolg is een binnenlands beleid dat net zo verwarrend is als het buitenlandse ten aanzien van de kernvraag: Wat is een slaaf?

Ondanks het feit dat minder dan de helft van alle Amerikaanse slaven in de gedwongen prostitutie werkt, gaat meer dan drie kwart van alle vervolgingen over betaalde seks. Het is zeker waar dat vrouwenhandelaren jaarlijks duizenden vrouwen en meisjes dwingen tot prostitutie. Maar de ambtenaren van het ministerie van Justitie die werkelijk te maken kregen met de slachtoffers, waren eigenlijk woedend dat Horowitz en zijn aanhangers van hen verwachtten dat ze een zelfstandig werkende callgirl in Georgetown die 90.000 dollar per jaar verdient en dat geld zelf kan houden, in moreel opzicht vergelijkbaar vonden met een meisje van 14 jaar dat 15 keer per dag wordt verkracht in een stinkende stacaravan in een werkkamp voor migranten.

De afdeling Burgerrechten verzette zich tegen de druk van Horowitz om alle toch al beperkte middelen in te zetten voor massale pooierjachten in plaats van het geld te besteden aan de vervolging van grootschalige gedwongen prostitutie en dwangarbeid. In de maand waarin ik Miami bezocht, diende het kantoor van Scott Ray nog eens drie aanklachten in tegen vrouwen in Miami wegens restavèkslavernij.

Toch concentreerden veel Amerikaanse advocaten zich alleen op georganiseerde betaalde seks, omdat ze niet op de hoogte waren van andere vormen van mensenhandel, waardoor veel gevallen van verborgen slavernij niet aan het licht kwamen.

De strategie die Amerika volgde bij het uitbannen van de mensenhandel was in wezen een potje pooiermeppen. Terwijl de TVPA, grotendeels dankzij de inspanningen van wijlen senator Paul Wellstone, de binnenlandse en buitenlandse preventieprogramma's 'in beslag nam, wist de regering-Bush dat ze meer pr-effect zou boeken met een arrestatie in New Jersey die uitgebreid in de publiciteit kwam, dan met een microkredietproject in Mexico.

En gedwongen prostituees waren meestal het gemakkelijkst aan te merken als slaven, vooral als ze minderjarig waren. Zonder uitgebreid recherchewerk zouden fabrieksslaven gewoon onderbetaalde arbeiders lijken, en slaven die op het land werkten zouden zichzelf, uit angst voor uitzetting, zelden aangeven. Buren konden kindslaven die in de huishouding werkten gewoon beschouwen als geadopteerde kinderen die karweitjes in de huishouding moesten doen. Dus terwijl de gemiddelde zaak tegen vrouwenhandel 2,5 jaar duurde, was dat voor de gemiddelde zaak tegen uitbuiting bijna 7 jaar.[277]

Williathe werd alleen bevrijd doordat twee alerte, gewetensvolle vrouwen op haar pad kwamen. Tegenwoordig letten de lokale politiemensen en mensen in de jeugdzorg veel meer op signalen van mensenhandel dan in 1999. Maar in onze vrije maatschappij is hun bereik beperkt. En hoewel de overheid het publiek bewust kan maken van dit probleem, kan het hun geweten niet bij wet bepalen.

Op onze laatste dag samen reden Williathe en ik terug naar het huis van de familie Pompee. Toen haar man en zoon waren gevlucht voor justitie, raakte Marie Pompee haar huis, haar zaak en haar vrijheid kwijt. Nu keerde Williathe voor het eerst sinds haar bevrijding terug naar de plek waar ze gevangen had gezeten.

Pembroke Pines had overal in Amerika kunnen zijn, afgezien van de paar palmbomen. We verlieten de snelweg en reden langs tientallen restaurantketens, benzinepompen en winkels. Aan de rand van de stad lagen een paar mooie, bewaakte wooncomplexen, al leken ze aan de buitenkant allemaal op elkaar. Williathe, die hier acht jaar niet was geweest, kon net als ik de weg niet vinden in het uitgestorven doolhof. Onderweg in de auto vroeg ik of ze Marie nog eens zou willen terugzien.

'Nee. Ik haat haar nog steeds,' zei ze. 'En die haat probeer ik uit mijn hart te krijgen. Ze liegt, ze wil niet toegeven wat ze heeft gedaan. Ze wist dat ik werd verkracht en ze zei dat ze het niet wist.'

Eindelijk herkende Williathe een vijver in de buurt van haar vroegere huis. Omdat de bewaker niet op zijn post was, en niet één van de bewoners die we op goed geluk hadden gebeld ons binnen wilde laten, reden we snel achter een schoolbus aan voordat de slagboom weer dichtging.

De buurt was een welvarend toevluchtsoord. We zoefden over genummerde straten met een zijdeglad wegdek, afgezien van de goed aangegeven verkeersdrempels, tussen witte trottoirs en keurig verzorgde gazons door. Uniforme postbussen markeerden de opritten, waar vaak een suv stond geparkeerd. Elk huis had een dak met steenrode dakplaten, zoals je vaak ziet in Zuid-Florida. Er kwamen hier maar weinig vreemden, en de mensen die hun gazon aan het bijwerken waren, keken verbaasd naar ons toen we langzaam voorbijreden.

Williathe was heel stil. We hadden het onderweg gehad over hiphop omdat ik haar een beetje wilde opvrolijken. Nu zat ze met een dichtgeknepen keel naast me. Aan het eind van een lange oprit stond het huis van Pompee, een hoog, wit gebouw, soberder dan de andere huizen, maar toch indrukwekkend.

'Wat gaat er nu door je heen?' vroeg ik.

'Niets,' zei ze. 'Helemaal niets.'

Ik keerde en we reden zwijgend weg. Op een gegeven moment kwamen we langs een huis dat er levendiger uitzag dan de andere huizen in de straat; het leek toegankelijker omdat het op de hoek van een straat stond en uitnodigende openslaande tuindeuren had.

'Dat is het!' riep Williathe uit. 'Dat is het huis van Cherokie en Melissa!'

We stopten bij de ronde oprit, Williathe stapte uit en belde aan.

'Wat moet ik zeggen?' vroeg ze nerveus terwijl we stonden te wachten.

'Vraag of ze je nog herkennen,' zei ik.

Een pubermeisje deed open en Williathe vroeg of Cherokie en Melissa daar nog woonden. Ze knikte, en Cherokie kwam de hoek om.

'Herken je me nog?' vroeg Williathe, en ze lachte voor de eerste keer.

'Ja.' Cherokie lachte terug.

'Hoe oud ben je nu?' vroeg Williathe.

'Negentien.'

'Zit je nog op school?'

'Ja, op het bcc,' zei Cherokie.

'Ik ook!'

Cherokie vroeg ons binnen te komen en schreef haar telefoonnummer en mailadres op voor Williathe.

'Nu weet je hoe je me kunt bereiken,' zei ze. Williathe, die altijd meer vrienden had gehad dan ze wist, zag dat Cherokie een van hen was.

Epiloog

Een strijd die het waard is gestreden te worden

Misschien vraagt u zich af wat er is geworden van de slaven die ik in gevangenschap heb aangetroffen. Hoe is het gegaan met dat arme Roemeense meisje wier eigenaar haar wel wilde inruilen voor een tweedehands auto? Heeft ze uit dat stinkende bordeel in Boekarest weten te ontsnappen? Heeft de politie haar gered nadat ik haar lot had gemeld? Nam ze uiteindelijk toch de treurige stap, weg uit deze wereld, zoals ze al zo vaak had geprobeerd?

En hoe is het met Gonoo Lal Kol, zijn familie en de andere dorpelingen in Lohagara Dhal? Hebben ze gebruikgemaakt van de vlucht van hun meester en hebben ze de ketenen afgeworpen? En die onbekende slaven die mij door mensenhandelaars werden aangeboden? Hoe is het met de drie meisjes over wie ik in Istanbul onderhandelde? Zijn ze ontsnapt aan de greep van de pooiers uit Odessa? En het meisje dat in Port-au-Prince voor 50 dollar te koop werd aangeboden? Is zij verkocht aan een zorgzaam gezin? Of aan een sadist?

Ik wou dat ik kon zeggen dat het goed met ze gaat. Dat ze allemaal levend en wel zijn, ook al zijn ze niet vrij. Maar dat kan ik niet zeggen. Ik weet niet wat er met hen is gebeurd. En dat blijft me bezighouden.

Voordat ik die slaven en handelaren ontmoette, had ik me voorgenomen dat ik alleen zou observeren en niet betrokken zou raken. Toen ik aan het onderzoek en het schrijven begon, wat uiteindelijk een proces van vijf jaar werd, was het mijn bedoeling journalistiek te bedrijven, niet om een pleidooi te houden. Mijn voorbeelden, de boeken van Samantha Power en Philip Gourevitch over genocide, behandelden verschrikkelijke menselijke drama's op een briljante, discrete manier die toch gevoelig en toegewijd was.[278] Maar ik ontdekte al snel het verschil met mijn onderwerp: de mensen over wie ik schreef waren niet dood.

In één geval heb ik wel behoorlijk ingegrepen en konden mijn principes me even gestolen worden. U herinnert zich Camsease Exille, het meisje dat met mijn hulp door haar moeder werd bevrijd in Port-au-Prince. Na haar lange weg naar de vrijheid wachtten haar thuis in Brésillienne allerlei problemen. Ze was al dertien, maar kon niet lezen of schrijven, want haar eigenares had haar niet naar school laten gaan. Haar moeder had genoeg gespaard om haar twee of drie maanden naar de plaatselijke school te sturen. Daarna zou Camsease van school moeten en thuis bij haar ouders moeten werken. Het schoolgeld voor een jaar, inclusief het inschrijfgeld, was 87 dollar. Ik heb toen aangeboden het schoolgeld te betalen voor dat jaar en voor alle jaren die ze daarna op school bleef.

Een paar maanden later, op 23 december 2005, zat ik in een krakkemikkig internetcafé in Bihar, de armste staat van India. Tot mijn verbazing kreeg ik een mail van Limyè Lavi, de enige hulporganisatie die contact onderhoudt met Brésillienne. Via verscheidene tussenpersonen en een vertaler stuurde Camsease me een rommelig maar oprecht bedankje en schreef ze hoe het op school ging. Ze had de oorspronkelijke tekst in het Creools zelf geschreven. Ze eindigde het briefje als volgt: 'Ik ben het, jouw kind, Came Suze die jij uit de ellende in Delmas 34 hebt gehaald.'

Dat was het enige kerstcadeau dat ik dat jaar kreeg. En ook het enige wat ik wilde.

George W. Bush heeft meer gedaan om slaven te bevrijden dan welke andere president ook. Maar het gaat er niet om of de een het beter doet dan de ander, maar of er in absolute zin gescoord wordt.

Critici zullen concluderen dat zijn inspanningen wel van erg korte duur waren. En het gebrek aan aandacht in de media was een afspiegeling van die tanende aandacht van de overheid: in 2006 waren er half zoveel nieuwsberichten over moderne slavernij als in 2004.

Na het aftreden van John Miller gingen zijn assistenten verder met de strijd om India naar Categorie Drie te degraderen omdat het meer slavernij duldde dan welk ander land ook. Ze kregen steun van de beroepsdiplomaat John Negroponte, de vervanger van Robert Zoellick als de nieuwe tweede man op Buitenlandse Zaken, maar Condoleezza Rice keerde de Indiase slaven in 2007 opnieuw de rug toe.

Ter verdediging van de regering zou kunnen worden gezegd dat Miller, ondanks vele fouten, een dappere aanval heeft ingezet op een misdaad tegen de menselijkheid die schandelijk genoeg over het hoofd was gezien. Hij was het toonbeeld van het optimistische denken dat de afschaffing van de slavernij werkelijk mogelijk was. Daarmee stond hij lijnrecht tegenover het cynisme van veel internationale organisaties. Maar hij zag over het hoofd dat het beleid voor zijn komst al tekortschoot en dat na zijn vertrek opnieuw zou doen.

De grootste tekortkoming in de Amerikaanse strategie begon al met onduidelijkheid over enkele fundamentele vragen. Op de eerste plaats deze: Wat is een slaaf? In dit boek is een slaaf iemand die door bedrog of bedreiging met geweld wordt gedwongen te werken zonder daarvoor betaald te worden, afgezien van het levensonderhoud. Bij de twintig beleidsmakers in Washington die ik heb geïnterviewd was er niet één die me zo'n beknopte definitie kon geven.

Voor de toonaangevende coalitie die zo briljant werd samengesteld en geleid door Michael Horowitz waren slaven – althans de slaven die aandacht van de Amerikanen verdienden – alleen prostituees. En alle prostituees waren slavinnen. Dat was een cirkelredenering die de mensen die de echte slaven, de echte prostituees en de echte slavinnen in de prostitutie probeerden te helpen, verstomd deed staan.

Horowitz pleitte vurig voor een onderscheid tussen vrouwenhandel en andere vormen van slavernij, om de grens tussen prostitutie en arbeid niet te laten vervagen. En dat is prima. Het beëindigen van de prostitutie is een nobel streven, en als een maatschappij dat het beste denkt te doen door die bedrijfstak illegaal te maken, dan moet die maatschappij de prostitutie vooral verbieden. Maar dat mag niet ten koste gaan van de vrouwen die daarbij betrokken zijn. John Miller heeft dat eindelijk begrepen. Nadat hij honderden slaven in de seksindustrie had gesproken, werd hij voorstander van zware straffen voor pooiers, vrouwenhandelaars en klanten, maar eigenlijk vond hij dat een rechtvaardige en barmhartige maatschappij de prostituees zelf niet hoorde te straffen.

En de commerciële seksslavernij is nog maar een fractie van de algemene slavernij van deze tijd. Horowitz verdedigde de nadruk die hij op de prostitutie legde met de redenering dat de beëindiging daarvan uiteindelijk zou doorwerken in de afschaffing van de veel grootschaliger schuldslavernij en arbeidsslavernij. Die redenering is onlogisch en ook immoreel.

De slavernij van Gonoo was niet acceptabeler dan die van Tatjana. De verkrachting van Williathe was niet acceptabeler dan die van Natasja. De Amerikaanse wet, die is opgesteld door zowel democraten als republikeinen, is heel duidelijk: de Trafficking Victims Protection Act van 2000 definieert mensenhandel ten behoeve van arbeid ook als mensenhandel. Het is dus de taak van de Amerikaanse regering ook daar tegen op te treden, net als tegen vrouwenhandel. Maar het idee van Horowitz was dat de bevrijding van de ene slaaf moest wachten op die van de andere, en dat denkbeeld werd overgenomen door veel leden van het overwegend republikeinse Congres en de regering-Bush. En het was een denkbeeld waardoor Amerika op een negatieve manier de geschiedenis in dreigde te gaan.

De tweede grote tekortkoming van de antislavernijstrategie van Bush was dat er weinig creatieve ideeën bestonden op het gebied van de preventie. De helft van de wereldbevolking moet rondkomen van minder dan 2 dollar per dag, en het merendeel daarvan is geen slaaf. Het is zeker waar dat slappe wetshandhaving en regelrechte corruptie mensenhandel mogelijk maken. Maar ontkennen dat armoede een essentiële rol speelt in de hedendaagse slavernij is hetzelfde als ontkennen dat de zwaartekracht iets te maken heeft met de regen.

Horowitz verafschuwt 'onderliggende oorzaken' die zijn gestroom-lijnde agenda doen opzwellen met 'utopische overdaad' en 'het stellen van onbereikbare doelen'.[279] Hij beweert dat de bestrijding van armoede een onbelangrijke factor is in de strijd tegen men-senhandel en dat het een utopie is te denken dat alle vormen van slavernij kunnen worden uitgebannen.

Met alle respect: daar ben ik het niet mee eens. Slavernij bestaat al vijfduizend jaar, maar met vereende krachten kunnen we het in één generatie uitbannen. Zoals Kevin Bales duidelijk heeft ge-maakt, zijn er tegenwoordig weliswaar meer slaven dan ooit, maar vormen ze nu toch het kleinste percentage van de wereldbevol-king.[280]

Met de beëindiging van de slavernij kan niet worden gewacht tot er geen armoede meer zal zijn, maar een realistische strategie voor de wereldwijde afschaffing dient enige elementen van doelgerich-te armoedebestrijding te bevatten. Als die bestrijding alleen maar bestaat uit giften, zal dat de budgetten uitputten en op de lange termijn geen effect hebben op de bevrijding van slaven. Het is voor een groot deel te danken aan Paul Wellstone dat in de TVPA 'eco-nomische alternatieven' zijn opgenomen 'ter voorkoming en ont-moediging van mensenhandel' door microkredieten en subsidies aan non-gouvernementele organisaties. Terwijl Wellstone nog aan dat wetsontwerp werkte, bewezen microkredietbanken als de Gra-meen Bank – opgericht nadat de stichter in zijn geboorteland Ban-gladesh een slaaf had ontmoet – dat de armsten der armen hun eigen welvaart kunnen opbouwen.

Overheden zijn verantwoordelijk voor sommige elementen van de afschaffing, maar als ze daartoe niet genegen of in staat zijn, moeten de maatschappij en de particuliere sector de handschoen opnemen. Stel bijvoorbeeld dat de regering van Haïti aan haar constitutionele verplichting zou voldoen en zou voorzien in gratis basisonderwijs voor iedereen, dan nam het aantal restavèks dras-tisch af. Dat zal echter niet snel gebeuren, omdat Haïti al moeite genoeg heeft het hoofd boven water te houden. [Wat nog is versterkt door de zware aardbeving van januari 2010; vert.] Daarom zouden internationale organisaties er goed aan doen via lokale partners in te grijpen, ten behoeve van de kinderen.

De belangrijkste aanleiding van schuldslavernij is een gezondheidsprobleem. Als een land niet kan voldoen aan de basisverplichting het welzijn van de burgers te waarborgen, dan moeten internationale organisaties en particuliere instellingen samenwerken om een vangnet te spannen. Een 'strijd tegen diarree' klinkt misschien minder spectaculair dan een 'strijd tegen slavernij', maar als elke 3 minuten in India een kind sterft aan diarree, is het dan niet de moeite waard om per kind dat het gevaar loopt in de slavernij terecht te komen, 2 dollar te investeren voor een LifeStraw waarmee schoon drinkwater voor een jaar wordt gegarandeerd?

Als slavernij het gevolg is van oorlog, dan moeten regeringen vrede stichten. De wapenstilstand die Jack Danforth in Soedan wist te bereiken, heeft een einde gemaakt aan de slavenontvoeringen. De regering in Khartoum, die zulke ontvoeringen steunde, heeft nu de verantwoordelijkheid voor de bevrijding van slaven die nog steeds wegkwijnen in het noorden. Bij gebrek aan effectieve internationale druk zijn de vooruitzichten somber: in mei 2007 steunde de Soedanese regering nog steeds massale slavenrazzia's, deze keer om Zuid-Darfur te ontvolken.

Het is noodzakelijk dat regeringen antislavernijwetten opleggen. De regering-Bush heeft duizenden processen wegens mensenhandel aangevoerd als bewijs dat buitenlandse regeringen zwichten voor Amerikaanse druk. Hoewel er geen meetbaar verband is tussen het aantal slachtoffers van mensenhandel en de veroordelingen, is een stevig politieoptreden een belangrijke strategie in de strijd tegen de slavernij. Slavernij is een misdaad van internationaal belang en de VN-lidstaten moeten elkaar aanspreken op het gedogen van slavernij, desnoods door multilaterale druk.

Wat regeringen vaak het best kunnen doen is een stap opzij zetten.[281] In zuidelijk Azië, waar meer dan de helft van de slaven een zwaar bestaan leidt, zitten miljoenen straatarme mensen op een stukje grond dat eigendom is van de staat. Als zij het eigendomsrecht van dat land zouden krijgen, zouden velen voor het eerst van hun leven iets bezitten. En als die nieuwe landeigenaren toegang krijgen tot microkredieten, dan zouden ze minder kwetsbaar zijn voor woekeraars, mensenhandelaars en slavenmeesters. Dan zouden ze geleidelijk een welvarend bestaan kunnen opbouwen.

De vrije markt kan het effectiefste middel zijn om een einde te maken aan armoede. En als overheden en handelsorganisaties het spel volgens de regels spelen, kan een eerlijke markt het beste middel zijn om een einde te maken aan de slavernij. De abolitionisten van eind achttiende en begin negentiende eeuw hebben alleen succes kunnen boeken doordat ze gesteund werden door machtige industriëlen. En een recenter voorbeeld: toen de grote chocoladefabrikanten overeenkwamen dat slavenarbeid moest worden uitgebannen, deden ze dat onder Amerikaanse druk, maar ook omdat het in zakelijk opzicht een verstandige beslissing was.

Een paar maatschappelijk ondernemers hebben een creatieve nieuwe benadering gevonden om een einde te maken aan deze eeuwenoude plaag. Hoewel niet de grootste van dergelijke organisaties, is Free the Slaves van Bales in Washington wel de effectiefste die ik ben tegengekomen. Onder de paraplu van die organisatie werken negen lokale partners aan op maat gemaakte strategieën om mensenhandel te voorkomen, slaven te bevrijden en de bevrijde slaven te helpen een nieuw bestaan op te bouwen. Ze doen dat door overlevenden op de hoogte te brengen van hun rechten en van mogelijkheden om een eigen inkomen te verdienen, en ze niet afhankelijk te maken van de overheid.

Nu ik dit schrijf vanuit Noord-Cambodja, lijkt mijn rondreis langs de hedendaagse slavernij jammerlijk onvolledig. In Afrika heb ik in het voorbijgaan gesproken met gedwongen kindsoldaten, maar in dit boek krijgen zij, en de 120.000 andere kinderen die op dat continent in dezelfde situatie verkeren, niet de aandacht die zij verdienen. Ik heb allerlei lokaties waar volgens betrouwbare rapporteurs mensen onder bedreiging met geweld onbetaalde arbeid verrichten niet kunnen onderzoeken, van de Braziliaanse houtskoolbedrijven tot de Chinese steenovens. Dat zijn lokaties waar spullen worden gemaakt die u thuis misschien ook hebt.

Hier, in dit malariawoud, ben ik omringd door de treurige geesten van ondoordachte 'reddingsacties'. De buitenwereld is tegenwoordig op de hoogte van de utopische nachtmerrie van de Rode Khmer – de dwangarbeid op de plantages en de genocide – maar veel minder mensen weten iets over de ellende die is aangericht door de vredesmacht die hier naderhand orde op zaken moest stellen. Toen hier in maart 1992 vn-vredestroepen werden gestationeerd, waren er in Phnom Penh nog geen duizend prostituees. Maar toen veel soldaten meisjes begonnen te kopen als hun tijdelijke 'echtgenote', bloeide de seksindustrie op. In 2003 sloot de Cambodjaanse overheid onder druk van de Amerikaanse regering de bordelen in het hele land. Tegenwoordig zijn er van Siem Reap tot Sihanoukville honderden kleine, ongecontroleerde massagesalons, karaokebars en pensions die hun klanten met rode lichtjes proberen te lokken. Er vinden elke dag duizenden verkrachtingen plaats, maar zelfs de lokale ngo's weten niet precies hoeveel slavinnen er zijn.

Ik word er hier ook aan herinnerd dat een massale actie tegen slavernij alleen werkt als iedereen die zo'n actie steunt zich op kleine schaal actief inzet voor de afschaffing. In het hart van de Franse wijk van Siem Reap, zes kilometer van de immense quincunxtempel Angkor Wat, staat een klein, luxueus viersterrenhotel, het Shinta Mani. De acht kamers zijn fraai ingericht, met donkere teakhouten meubels, er is een luxe wellnesscentrum en onberispelijke, onveranderlijk vriendelijke bediening. Maar de werkelijke innerlijke schoonheid van dit hotel is het bedrijfsmodel: ongeveer 20 procent van de werknemers bestaat volgens plan uit lokale jonge mannen en vrouwen die het risico liepen slachtoffer te worden van mensenhandel. De Cambodjaanse eigenaar, Sokoun Chanpreda, zag dat zijn gemeenschap werd gedecimeerd door oorlog en slavernij en besloot een gratis hotelopleiding te bieden aan gezinnen die anders misschien hun kinderen zouden hebben meegegeven aan mensenhandelaars. Toen de zaken goed begonnen te lopen, voegde Chanpreda een bladzijde toe aan het menu van de roomservice, waarop gasten dingen konden bestellen als biggetjes of waterpompen voor gezinnen in de buurt. Op dit moment hebben de gasten al bijna 200.000 dollar bijgedragen en daarmee de toekomst veranderd van meer dan 500 straatarme gezinnen. Een kleine daad met grote gevolgen.

De hulp van iedereen is nodig. De oorspronkelijke abolitionisten vormden een gevarieerde groep en hun succes was voor een deel te danken aan de diversiteit van hun aanpak. In de strijd tegen de slavernij worden allerlei verschillende wapens gebruikt, van de karabijnen en speren van John Brown tot de werkwoorden en zelfstandige naamwoorden van Charles Sumner, maar ze dienen allemaal hetzelfde doel. Iedereen is daarbij welkom. Er zijn mensen die vinden dat John Eibner en Michael Horowitz een verkeerde richting zijn ingeslagen, en daar ben ik het tot op zekere hoogte wel mee eens. Maar Eibner en Horowitz waren pioniers in een pas ontluikend gevecht, en wat dat betreft was hun keuze juist.

Henry David Thoreau, die werd verscheurd tussen pacifisme en abolitionisme, schreef op 10 april 1861 aan een vriend over de gevaren van krantenartikelen over slavernij en de dreigende verdeeldheid die twee dagen later zou uitbarsten in de burgeroorlog.

> Zolang je ervan op de hoogte bent, ben je *particeps criminis*. Waarom zou je, als je 'een engel van het licht' bent, piekeren over de daden der duisternis? [282]

Nu, aan het einde van het boek, staat u voor de keus. U kunt terugkeren naar uw status van 'engel van het licht' en de verhalen die u hebt gelezen uit uw geheugen wissen.

Maar u kunt ook uw handen uit de mouwen steken. U kunt druk uitoefenen bij de autoriteiten, hun verzoeken de afschaffing van de slavernij tot een centraal thema te maken van de buitenlandse en binnenlandse politiek. U kunt ook directere actie ondernemen door u aan te sluiten bij een van de groepen die een rigoureuze, holistische benadering volgen bij de strijd tegen de slavernij. Ik zou u willen aanraden meer te lezen over een van de beste organisaties op dat gebied: Free the Slaves, op www.freetheslaves.net.

Slavernij is tegenwoordig veel minder zichtbaar dan in de tijd van Thoreau, dus het is niet zo moeilijk te doen alsof het niet meer bestaat. Als u wilt, kunt u doen alsof slavernij alleen nog in de geschiedenisboekjes voorkomt. Ik wou dat ik dat ook kon.

Noten

1. Amy Lifson, 'Voices of the Slave Trade', *Humanities*, vol. 23, no. 2 (maart-april 2002).
2. Zie Victor Serge, *From Serfdom to Proletarian Revolution* (1930).
3. Todd Howland, 'In Haiti, Rhetoric Trumps Human Rights', *Boston Globe*, 16 augustus 2005, p. A15. [Een gegeven dat in het licht van de aardbeving van januari 2010 nog dramatischer vormen heeft aangenomen, vert.]
4. Beverly Bell, *Walking on Fire* (Ithaca, NY: Cornell University Press, 2001), p. 20.
5. 'Port-au-Prince Street Action: 8 mei 2004', *World Sex Guide*; op 15 oktober 2005.
6. Gebaseerd op een door de VN gesponsord onderzoek uit 1984. Als de andere economische indicators worden geëxtrapoleerd, kan de conclusie getrokken worden dat het verschil tegenwoordig nog groter zou zijn. Geciteerd in Debbie Sontag, 'The Littlest Slaves in Haiti: If a Child Is Only Poor and Hungry, He Is One of the Lucky Ones'. *Miami Herald* (Tropic Magazine), 30 december 1990.
7. Gedeeltelijk aangepast overgenomen uit Jocelyn McCalla en Merrie Archer, *Restavèk No More: Eliminating Child Slavery in Haiti: A Report by the International Coalition for Haitian Rights*, 18 april 2002.
8. De auteur heeft geen aanwijzingen dat kapperszaak Le Réseau (het Netwerk) het werk van Benavil steunt.
9. Amerikaanse ministerie van Buitenlandse Zaken: *Haiti Human Rights Practices*, 1992, maart 1993; 1998 onderzoek van UNICEF geciteerd in Amerikaanse ministerie van Buitenlandse Zaken, 2005: *Trafficking in Persons Report*; McCalla en Archer, *Restavèk No More*. De Haïtiaanse overheid schat het totale aantal voor 2006 op 90.000 tot 120.000, maar er is geen uitgebreid onderzoek naar gedaan.
10. Geciteerd in Linda Goyette: 'Haiti's Invisible Children Are Seen Everywhere', *Calgary Herald*, 21 maart 1999, p. A7.
11. *Haiti Enquête: Mortalité, et Utilisation des Services, 2002* (Port-au-Prince: Institut Haïtien de l'Enfance); en State of the World's Children, UNICEF, 2005).
12. Uit een onderzoek uit 1998, in opdracht van UNICEF, en uitgevoerd door het Psychological Institute of the Family (Institut Psycho-Social de la Famille, of IPSOFA), geciteerd in McCalla en Archer, *Restavèk No More*.
13. Carol J. Williams, 'A Nation Loses Its Childhood', *Los Angeles Times*, 21 november 2003, p. A1.
14. 'Campaign to End Child Servitude in Haiti: A Joint Initiative of Beyond Borders and the Limyè Lavi Foundation', januari 2005. Een deskundige op de conferentie van 1984 over restavèks die werd georganiseerd door het regime Duvalier herinnert zich het volgende: 'Een Haïtiaanse dichter die in Montreal woont, Jean Richard Laforest, geeft in een mooie tekst over huiselijke verkrachting toe dat hij, als volwassene, de seksuele

daad niet kan verrichten zonder te denken aan het jonge hulpje dat hem op seksueel gebied heeft ingewijd.' Eddy Clesa citeerde in Sontag 'The Littlest Slaves in Haïti'.

15. Tim Padgett, 'Of Haitian Bondage; America's Newest Immigrants Have Brought With Them a Nefarious Practice – Child Slavery', *Time*, 5 maart 2001, p. 50; Carolyn Salazar, 'One in 10 Children in Haiti is Enslaved, Activists Contend', *Miami Herald*, 13 april 2002, p. B5; en Patrick Smikle, 'Haiti: Slavery in Modern Times?' IPS-Inter Press Service, 18 oktober 1999.

16. Cijfer van 1791 afkomstig van Roger Plant, *Sugar and Modern Slavery* (Londen: Zed Books, 1987), pp. 6-7.

17. 'Les enfants qui naîtront des mariages entre esclaves seront esclaves et appartiendront aux maîtres des femmes esclaves et non à ceux de leurs maris, si le mari et la femme ont des maîtres differents.' – Louis XIV, *Le code noir*, Article XII (Versailles, 1685).

18. Mildred Aristide, *L'Enfant en Domesticité en Haïti: Produit d'un fosse historique* (Port-au-Prince: Imprimerie Henri Deschamps, 2003), p. 101.

19. Geciteerd in Edner Brutus, *Instruction publique en Haiti* (Port-au-Prince: Imprimerie de l'Etat, 1948), p. 23.

20. Ibid., p. 83.

21. Een som die in 1838 werd verminderd tot 60 miljoen francs en uiteindelijk in 1883 werd afbetaald.

22. Harriet Beecher Stowe, *De negerhut van Oom Tom; of Life Among the Lowly, Vl. II* (Boston: John P. Jewett & Company, 1852), p. 76.

23. Geciteerd in Letta Tayler, 'Haiti: A Legacy of Neglect', *Newsday*, 1 januari 2006, p. 10.

24. Abraham Lincoln, Annual Message to Congress, Washington DC, 3 december 1861.

25. Theodore Roosevelt, 'Events Since Columbus's Discovery', (brief aan Kermit), 14 november 1906 in Joseph Bucklin Bishop, *Theodore Roosevelt's Letters to His Children* (New York: Charles Scribner's Sons, 1919), p. 177.

26. Theodore Roosevelt, *An Autobiography* (New York: Charles Scribner's Sons, 1920), p. 163.

27. De Volkerenbond richtte in het voorjaar van 1924 de Tijdelijke Commissie Slavernij op om te proberen kritiek te uiten over de slavernij die nog steeds bestond. De koloniale machten hielden zich daarvan afzijdig.

28. Suzanne Miers, *Slavery in the Twentieth Century: The Evolution of a Global Problem* (Walnut Creek, CA: AltaMira Press, 2003), pp. 106-109.

29. Haiti Solidarity International, onderzoek uitgevoerd door Jean Lhérisson in samenwerking met UNICEF, geciteerd in Jacky Delorme, *Haiti: Tarnished Children*, International Confederation of Free Trade Unions (ICFTU), januari 2004, pp. 1-18.

30. Jean-Claude ('Baby Doc') Duvalier, geciteerd in V.S. Naipaul, *The Return of Eva Perón* (New York: Alfred A. Knopf, 1980), p. 199.

31. Jean-Bertrand Aristide, zoals geciteerd in David Adams 'Haitian Child Slaves Look to New President to Save Them From a Life of Abuse', *The Independent*, Londen, 26 februari 1991, p. 12.

32. Amerikaanse ambassade van Haïti, 'Vertrouwelijk telexbericht', Port-au-Prince, 1 april 1994, pp. 2-3, geciteerd in Bell, *Walking on Fire*, p. 21.

33. Ely-Raphel, geciteerd in Tom Squitieri, 'Defiant Military Regime "Turning Haiti into Hell"', *USA Today*, 14 juli 1994, p. 10A.

34. Rep. Phil Crane (R-IL), *Congressional Record*, 6 oktober 1994, p. H11095.

35. Padgett, 'Of Haitian Bondage', *Time*, 4 mei 2001.

36. Mathilde Flambert, een aristocraat die door Aristide was aangesteld als minister van Sociale Zaken om de Haïtiaanse elite tevreden te stellen, was fatalistisch, maar vroeg toch om meer geld. 'We kunnen dit probleem niet meteen oplossen. Het is diepgeworteld en heeft in ons land altijd al bestaan,' zei ze in juni 2000. 'Beetje bij beetje richten we meer [toevluchtsoorden] op als we meer geld krijgen.' – Interview met Kathy Slobogin, CNN, 25 juni 2000.

37. Jean-Robert Cadet, 'Capitol Hill Hearing Testimony, Senate Foreign Relations Committee', Federal Document Clearing House Congressional Testimony, Dirksen Senate Office Building, Washington DC, 28 september 2000.

38. Getal volgens Bell, *Walking on Fire*, p. 19.

39. Lydia Polgreen, '200 Years After Napoleon, Haiti Finds Little to Celebrate', *New York Times*, 2 januari 2004, p. A3.

40. Ibid.

41. Amerikaanse ministerie van Buitenlandse Zaken: *2005 Trafficking in Persons Report*, juli 2005.

42. Zie o.a. 'Les fondements de la pratique de la domesticité des enfants en Haiti' (December 2002), mede uitgegeven door UNDP, UNICEF, ILO, Save the Children Canada en Save the Children UK, met officiële toestemming van het Haïtiaanse ministerie van Sociale Zaken.

43. Don Bohning, 'Haiti Struggles for Space: Burdened by Swelling Population, the Nation Searches for a Way Out', *Miami Herald*, 22 juni 1999, p. 1A.

44. Hugo Merveille, 'Haiti: Violence – a Bad Legacy Bequeathed to Kids', Panos Institute, Washington DC, november 2002.

45. Ginger Thompson, 'New Scourge in Haiti: A Wave of Kidnapping', *International Herald Tribune*, 7 juni 2005, p. 4.

46. Nicholas Kristof, 'Back to the Brothel', *New York Times*, 22 januari 2005, p. A15.

47. Gregory Kane, 'Slave Redemption a "Racket"? Just take a look at the eyes', *Baltimore Sun*, 2 juni 2002, p. 1B.

48. Alicia Mundy, 'The Real Deal', *Seattle Times*, 21 augustus 2005, p. 18.

49. Colin Powell, 'On the Rollout of the 2003 Trafficking in Persons Report', uitgegeven door het kantoor van de Woordvoerder, Amerikaanse ministerie van Buitenlandse Zaken, 11 juni 2003.

50. John Miller, 'Nixon and Hiss: The First Battle of the Gold War', *Seattle Times*, 27 april 1994, p. B7.

51. Jeffrey L. Pasley, 'New House GOP Freshman Class Wary of Following Reagan's Budget Lead', *National Journal*, 16 maart 1985, p. 584.

52. 'Treasury Secretary, Virginia Congressman Tangle over Slave Labor', Associated Press, 6 maart 1986.

53. Hoewel dit ook elders wordt gezegd, kan Miller zich niet herinneren of hij wel of niet een keiharde belofte heeft gedaan, maar het leidde geen twijfel dat 'June het niet leuk vond in Washington'.

54. Mona Charen, 'Leftist Nomination Whining is Spectacular Chutzpah', *Cleveland Plain Dealer*, 23 juli 1993, p. 5B.

55. Michael Specter, 'Contraband Women', *New York Times*, 11 januari 1998, p. A1.

56. Hillary Rodham Clinton in een interview op *PBS Wide Angle* met Jamie Rubin, 25 september 2003.

57. William J. Bennett en Charles W. Colson, 'The Clintons Shrug at Sex Trafficking', *Wall Street Journal*, 10 januari 2000, p. A26.

58. Deborah Scroggins, *Emma's War: An Aid Worker, A Warlord, Radical Islam and the Politics of Oil – a True Story of Love and Death in Sudan* (New York: Pantheon Books, 2002), p. 83.

59. Frank Wolf, Jim Lehrer en de Soedanese ambassadeur Abdalla Ahmed Abdalla, 'Another Somalia', *MacNeil/Lehrer NewsHour*, 4 mei 1993.

60. John Eibner, Capitol Hill Hearing Testimony, House Committee on International Relations, Subcommittee on Africa, 22 maart 1995.

61. Gus Constantine, 'Wolf at Sudan's Door, Charging Slavery, Rights Violations', *Washington Times*, 23 maart 1995, p. A13.

62. William Jefferson Clinton, 'Remarks by the President at Human Rights Day Observance', Presidential Hall, Dwight D. Eisenhower Executive Office Building, 6 december 2000.

63. John C. Danforth, *Resurrection: The Confirmation of Clarence Thomas* (New York: Viking Penguin, 1994), p. 207.

64. Victor Malarek, *The Natashas: Inside the New Global Sex Trade* (New York: Arcade Publishing, 2003), p. 199.

65. Gary Haugen, 'State's Blind Eye on Sexual Slavery', *Washington Post*, 15 juni 2002, p. A23.

66. Francis Mading Deng, *The Dinka of the Sudan* (Prospect Heights, IL: Waveland Press, 1972), p. 137

67. 'Murahileen' is afgeleid van het woord 'murhal', dat verwijst naar de seizoensgebonden migratieroutes van de Baggara.

68. Niet te verwarren met de daaropvolgende, al even buitensporige genocide in Darfur.

69. Geciteerd in Cameron Duodo, 'Africa's New Slaves: Slave Trade Thrives in Sudan', *South Africa Mail and Guardian*, 28 januari 2000.

70. Jacobs geciteerd in Allan D. Hertzke, *'Freeing God's Children': The Unlikely Alliance for Global Human Rights* (Lanham, MD: Rowman & Littlefield, 2004), p. 111.

71. Melanie Burney, 'Students Protest Slavery in Sudan', *Philadelphia Inquirer*, 19 mei 2001, p. B2.

72. John Garang, 'Address to the United Nations Human Rights Commission by Dr. John Garang, Chairman, SPLM en C-in-C, SPLA', Genève, 24 maart 1999.

73. Eibner geciteerd in Ian Fisher, 'Selling Sudan's Slaves into Freedom', *New York Times*, 25 april 1999, p. A10.

74. Richard Woodbury 'The Children's Crusade; How Fourth- and Fifth-graders in Colorado Are Buying the Freedom of Slaves in a Faraway Land,' *Time*, 21 december 1998, p. 44.

75. Geciteerd in Robert Hutchison, *Their Kingdom Come: Inside the Secret World of Opus Dei* (New York: Thomas Dunne Books, 1999) p. 424.

76. In de jaren '70 bracht de Amerikaanse oorlogscorrespondent Richard Critchfield een bezoek aan Neetil, een dorp in het Nubagebergte, en aan een ander gebied waar het Arabische noorden en het Afrikaanse zuiden van Soedan elkaar raken. Een rechtenstudent van de universiteit van Khartoum had hem getipt dat tientallen kinderen

aan Baggara waren verkocht als veehoeders. 'Die kinderen konden door de Arabieren met hun kamelen worden meegevoerd zonder dat iemand er iets van wist,' vertelde de student aan Critchfield. 'Ze snijden hun pezen door zodat ze niet weglopen. Ik ben ervan overtuigd dat het nog steeds gebeurt.' Al die kinderen werden naar verluidt door arme families aan de stamleden verkocht in ruil voor een jaarlijkse betaling van een koe aan de vader van het kind.

Geschokt en geboeid ging Critchfield op zoek naar de waarheid, en hij slaagde erin een week lang in een zariba te verblijven met enkele slaven. Een slaaf, die de Wali werd genoemd, vertelde hem dat zijn meester, toen zijn vader de jaarlijkse vergoeding niet meer kwam ophalen, de koeien gewoon zelf hield en de jongen dwong voor hem te blijven werken. Critchfield schrijft: 'Ondanks zijn akelige leefomstandigheden leek de Wali een buitengewoon gelukkige persoon; hij had plezier in kleine dingen en ik heb eerlijk gezegd genoten van de dagen met hem. Hij had nooit eerder een blanke gezien en vond dat ik er afschuwelijk uitzag. Op een dag zei hij: "Je haar is als dood gras dat waait in de wind."' – Richard Critchfield, *Villages* (New York: Anchor Press/ Doubleday, 1981), pp. 38-39.

77. Tijdens de hele oorlog vertoonde de door de staat gecontroleerde televisie in Soedan beelden van een glorieuze, patriottische Heilige Oorlog tegen de heidenen. De meeste inwoners van Khartoum trapten er niet in, maar moesten wel vechten. Rekruten in andere delen van het noorden kwamen uit vrije wil, tot de Popular Defense Force aangetrokken om het geloof te verdedigen tegen de heidenen. Na zes weken fysieke training en versterking van hun radicaal-islamistische opdracht werden ze naar het zuiden gestuurd om naast de murahileen te vechten.

78. Jok Madut Jok, *War and Slavery in Sudan* (Philadelphia: University of Pennsylvania Press, 2001), pp. 29-30.

79. 'The Tears of Orphans – No Future Without Human Rights', *Amnesty International*, februari 1995.

80. Sheila Rule, 'Guns Tipping Cruel Balance in the Sudan', *New York Times*, 4 mei 1986, p. A17.

81. *Slavery, Abduction and Forced Servitude in Sudan: Report of the International Eminent Persons Group*, Khartoum. 22 mei 2002, p. 55.

82. Ehud R. Toledano, 'Ottoman Concepts of Slavery in the Period of Reform, 1830s-1880s', in Martin A. Klein, red., *Breaking the Chains: Slavery, Bondage, and Emancipation in Modern Africa and Asia* (Madison: University of Wisconsin Press, 1993), pp. 43, 59.

83. Zubeir Pasha, vert. en opgetekend door H.C. Jackson van de Sudan Civil Service, *Black Ivory or the Story of El Zubeir Pasha, Slaver and Sultan. As Told by Himself* (Khartoum: Sudan Press, 1913), p. 109.

84. Augustine Lado en Betty Hinds, 'Where Slavery Isn't History,' *Washington Post*, 1 oktober 1993, p.C3.

85. Sinds zijn tijd als commandant in Zuidwest-Soedan hield al-Bashir er zelf een aantal Dinka- en Nuerslaven op na in zijn huis – *New African* (juli 1990), geciteerd in Laho en Hinds, 'Where Slavery Isn't History', p. C3.

86. Ahmed Suliman, 'In Sudan, Slavery is a Criminal Offense', *New York Times*, 30 juli 1994, p. A18.

87. Ken Ringle, 'The Next Rushdie? Gáspár Bíró Spoke Out. Sudan's Government Condemned Him', *Washington Post*, 26 maart 1994, p. D1.

88. Geciteerd in David G. Littman, 'Human Rights and Human Wrongs', *National Review*, 19 januari 2003.·

89. Als bewijs bracht el-Mufti's groep publiekelijk 27 ontvoerde jongens terug naar Bor, de stad waar John Garang woonde. El-Mufti beweerde dat ze naar het noorden waren meegenomen 'voor onderwijs', maar de vaders van de jongens hadden een heel ander verhaal. De jongens waren volgens hen door de politie ontvoerd en moesten, na gedwongen bekering tot de islam, handarbeid verrichten in een stad ten noorden van Khartoum – Nial Bol, 'Sudan Human Rights: Children Reunited with Families', *Inter-Press Service*, 9 januari 1997. Toen Amnesty International in 1995 een vernietigend rapport publiceerde over de slavernij in Soedan, zei el-Mufti dat de organisatie een 'beschermheer van de SPLM' was geworden, gefinancierd door de Britse geheime dienst, MI5. Ahmed el-Mufti geciteerd in 'Sudan opposes Amnesty Visit', *Agence France-Presse*, 22 mei 1995.

90. Geciteerd in VN-Mensenrechtencommissie, *Report of the United Nations High Commissioner for Human Rights and Follow-Up to the World Conference on Human Rights*, E/CN.4/2003/NGO/225, 17 maart 2003.

91. Richard Miniter, 'The False Promise of Slave Redemption', *Atlantic Monthly* (juli 1999), p. 63.

92. 'Government Militia Sent to Wipe Out Rebels in Bahr el-Ghazal', *Agence France-Presse*, 9 juni 1992.

93. John C. Danforth, hoorzitting van het Senate Foreign Relations Committee, Washington, 17 juni 2004.

94. John C. Danforth, 'Assessment from the President's Special Envoy for Peace in Sudan', ministerie van Buitenlandse Zaken van de VS, 21 april 2003.

95. John Eibner, 'Another Front', *National Review*, 25 maart 2003.

96. John C. Danforth, 'Report to the President of the United States on the Outlook for Peace in Sudan', 26 april 2002, p. 15.

97. Winston S. Churchill, *The River War: An Account of the Reconquest of the Sudan* (1902, Holicong, PA: Wildside Press, 2002), p. 7.

98. Muhammad Ali stuurde zijn hoofdcommandant die Soedan aan het plunderen was een bericht: 'U bent zich ervan bewust dat het doel van al onze inspanningen en uitgaven het verwerven van negers is. Voert u onze wensen in deze belangrijke kwestie met ijver uit,' – geciteerd in Paul E. Lovejoy, *Transformations in Slavery: A History of Slavery in Africa* (Cambridge: Cambridge University Press, 1983), p. 153.

99. John Ryle, *Warriors of the White Nile: The Dinka* (Amsterdam, Time-Life Books, 1982), p. 28.

100. 'Voor een revolutie zijn altijd mensen nodig, vrouwen, kinderen, alle soorten mensen,' zei commandant Abdel Gadir Hamid Mahdi, 3ᵉ Commandant in de SPLM, tegen mij; 'Sommige kinderen willen zich per se aansluiten.'

101. 'Kalashnikovs for Chickens: Small Arms Boom in East Africa', www.*checkpoint-online.ch*, 8 juli 2001.

102. Alan Whitaker, 'Slavery in Sudan', *Sudan Times*, 8 oktober 1988.

103. 'Slavery: By Any Other Name', *The Economist*, 6 januari 1990.

104. Zie Scroggins, *Emma's War*, verspr.

105 Georg Schweinfurth, vert. Ellen E. Frewer, *The Heart of Africa: Three Years' Travels and Adventures in the Unexplored Regions of Central Africa from 1868 to 1871*, Vol. I (New York: Harper & Bros., 1874), p. 158.

106. Ibid.

107. 'Habub' is Arabisch voor 'fenomeen', een verwijzing naar het feit dat de zand-storm in een mum van tijd duisternis brengt op klaarlichte dag. Mijn vader, die Khartoum in 1951 bezocht in dienst van het Britse koloniale leger, beschreef er een waarbij 'de stad als door een Londense novembermist ten tijde van Sherlock Holmes werd verduisterd, alleen bleef hier overal stof achter, binnen en buiten.' – A.N. Skinner, 'Pilgrimage in Reverse,' *Nigerian Field*, XVI (1951), p. 6. Zelf heb ik in mijn tijd in zowel Noord- als Zuid-Soedan een paar vergelijkbare zandstormen meegemaakt, waardoor je je totaal niet kon verplaatsen.

108. In 1990 veranderde de Anti-Slavery Society de naam in Anti-Slavery International.

109. Diezelfde functionaris zou ook hebben gezegd dat het aantal tussen de 50.000 en 60.000 lag en noemde in een radio-interview een aantal van 100.000. Het totale bevolkingsaantal van Aweil-West is slechts 350.000.

110. Colin Nickerson, 'The Price of Freedom', *Boston Globe Magazine*, 19 december 1999, p. 15.

111. 'The Slave Trade', CBS News 60 Minutes II, 15 mei 2002.

112. Charles Jacobs in 'Talk of the Nation', National Public Radio, 18 april 2001.

113. Charles Jacobs, 'Redeeming Values: Media Says Slave Redemption Is Fiction', *National Review*, 4 juni 2002.

114. *Schweizer Spenden Spiegel: 2003*, p. 16. Zie ook Hutchison, *Their Kingdom Come: Inside the Secret World of Opus Dei*, p. 424.

115. In 1997 fotografeerde Linda Slobodian Eibner terwijl hij op het vliegveld van Nairobi geld uitwisselde met Justin Yaac. Yaac, oorspronkelijk gynaecoloog, stond aan het hoofd van de afdeling externe relaties van het SPLA. Eind jaren 80 gaven Band Aid, Oxfam en Save the Children de humanitaire tak van de SPLM, de SRRA, $60.000 voor hun kantoor in Nairobi. Volgens Deborah Scroggins 'verdween dat geld naar een bankrekening in Addis Abeba', Niet lang daarna keerde Yaac uit Addis Abeba terug naar Nairobi, zette het hoofd van de SRRA, de advocaat Richard Mulla, met geweld uit zijn post en nam het van hem over. – *Emma's War*, p. 133. In Londen wonende aanhangers van Eibner in de Soedanese oppositie zeiden dat hij geld wisselde met 'civiele autoriteiten', ofwel niet verkozen SPLM-vertegenwoordigers zoals Yaac, die geen belangrijke militaire rol vervulden.

116. Karl Vick, 'Ripping Off Slave "Redeemers": Rebels Exploit Westerners' Efforts to Buy Emancipation for Sudanese', *Washington Post*, 26 februari 2002, p. A1.

117. John Harker, *Human Security in Sudan: The Report of a Canadian Assessment Mission Prepared for the Ministry of Foreign Affairs*, Ottawa, januari 200, pp. 39-40.

118. Vick, 'Ripping Off Slave "Redeemers"', p. A1.

119. Ter voorbereiding van een artikel over zijn werk voor *Newsweek International* deelde ik Eibner mee wat ik had opgenomen tijdens onze reizen samen, en wat hier is weergegeven. Hij protesteerde met kracht tegen elke omschrijving van zijn werk als frauduleus of militaristisch, hoewel hij geen van de specifieke citaten of gebeurtenissen ontkende.

120. 'Sudan Peace Deal Signed', CNN, 26 mei 2004.

121. Persbericht van de Soedanese ambassade in de VS: 'Al-Bashir: Sudan Determined to End Abductions!', 15 mei 2002.

122. Joel Brinkley, 'Surge in Violence in Sudan Erodes Hope', *New York Times,* 7 november 2005, p. A5.

123. Indertijd werd het terugbrengen van slaven door het CEAWC algemeen beschouwd als een legitiem, zij het tergend traag proces, dankzij de samenwerking met Save the Children.

124. Marc Lacey, 'Rebels, Many in Teens, Disarm in Sudan's South', *New York Times,* 27 januari 2004, p. A10.

125. Robert M. Press, 'Sudanese Sell Children to Avert Starvation', *Christian Science Monitor,* 27 juli 1988, p. 9.

126. Abraham McLaughlin, 'How a Sudanese Boy Came to Be Named "1 o'clock"', *Christian Science Monitor,* 8 februari 2005, p. 1.

127. Opheera McDoom, 'Sudan Abductees Start New Life in South', *Sudan Tribune,* 7 maart 2005.

128. *Slavery, Abduction And Forced Servitude in Sudan, Report of the International Eminent Persons Group,* 22 mei 2002, p. 18.

129. Schijnbaar heeft Eibner uiteindelijk ingezien dat Malongs aspiraties om Khartoum omver te werpen fantasie waren. Hoewel hij nooit heeft erkend dat de grootscheepse bevrijdingsacties frauduleus waren, hield hij ermee op, ofschoon er nog steeds werd bericht over fondsenwervingsacties op scholen voor het vrijkopen van slaven. Eibner beweerde slavenhouders in Darfur koeienvaccinaties te geven, een ruilmiddel waar minder gemakkelijk misbruik van gemaakt kan worden, in ruil voor het vrijlaten van slaven. Ten slotte ging het CSI over op het verlenen van hulp in de vorm van sorghum en overlevingspakketten aan vluchtelingen in Darfur, en doneerde het naar verluidt fondsen voor een medische kliniek in Aweil.

130. In zijn column in de *New York Times* riep Nicholas Kristof de regering-Bush kort na de vredesovereenkomst op de verantwoordelijken voor de genocide in Darfur voor het Internationaal Gerechtshof te dagvaarden, en twee weken later adviseerde een VN-commissie hetzelfde. De regering weigerde, maar vroeg om 10.000 VN-soldaten naar Darfur te sturen, wat in maart 2004 werd goedgekeurd door de Veiligheidsraad. – Nicholas D. Kristof, 'Why Should We Shield the Killers?', *New York Times,* 2 februari 2005, p. A21.

131. Frederick Douglass, Toespraak voor de American Anti-Slavery Society, Boston, 10 mei 1865, in Diane Ravitch, red., *The American reader: Words That Moved a Nation* (New York: HarperCollins, 1990), pp. 270-271.

132. Robert Kuttner, 'The Ideological Imposter', herdrukt in *The Best American Political Writing 2003* (New York: Thunder's Mouth Press, 2003), p. 63.

133. Gerson geciteerd in Jeffrey Goldberg, 'The Believer; George W. Bush's Loyal Speechwriter', *The New Yorker,* 13 februari 2006, p. 56.

134. Karl Rove geciteerd in Carl Cannon, 'Soul of a Conservative', *National Journal,* 14 mei 2005.

135. Voor de komst van Miller had de president zich in mei 2001 op aandringen van de Horowitzcoalitie uitgesproken tegen de Soedanese slavernij. Met een citaat van Theodore Roosevelt had hij gezegd dat er 'misdaden zijn, zo monsterlijk dat het Amerikaanse geweten zijn stem moet laten horen.' – 'Remarks by the President to the American Jewish Committee', National Building Museum, Washington, 3 mei 2001.

136. Interview met Richard Land voor 'The Jesus Factor', PBS *Frontline,* 29 april 2004.

137. George W. Bush, 'Remarks by the President on Gorée Island', White House Office of the Press Secretary, 8 juli 2003.

138. 'Die toespraak werd door de geschiedenis volkomen genegeerd,' zei Gerson tegen me in zijn kantoor in het Witte Huis, 'maar ik denk dat het, je weet wel, in Gods voorzienigheid een van de belangrijkste toespraken is.' Wat hij er niet bij zei was dat God en Gerson niet als enigen verantwoordelijk waren voor de toespraak: zoals in veel van zijn werk werd hij in stilte maar actief bijgestaan door Matthew Scully en John McConnell.

139. G. Robert Hillman, 'Bush Campaign Touts Africa Trip to Potential Donors', *Dallas Morning News*, 16 juli 2003, p. 8A.

140. George W. Bush, 'Remarks at the National Training Conference on Human Trafficking', Tampa, Florida, 16 juli 2004.

141. George W. Bush, 'Address to the United Nations General Assembly', VN-Hoofdkantoor, New York, 23 september 2003.

142. Dan Burton, 'The Ongoing Tragedy of International Slaves and Human Trafficking: An Overview', Subcommissie Mensenrechten en Welzijn van de Commissie voor Overheidshervorming, Huis van Afgevaardigden VS, 29 oktober 2003 (Washington DC: Government Printing Office, 2004), p. 8.

143. Ze zei: '"Tatjana" is een naam die ik uit veiligheidsoverwegingen gebruik.'

144. Christopher Walker, 'Dark Side of Liberty on Show in Romania's New Dawn', *The Times*, Londen, 10 februari 1990.

145. Ibid.

146. Rodica Gregorian en Hura-Tudor, *Street Children and Juvenile Justice in Romania* (Londen: The Consortium for Street Children, December 2003), p. 12

147. Barbara Limanowska, *Trafficking Human Beings in South Eastern Europe* (Bosnië en Herzegovina: UNDP, november 2003, p. 9l.

148. Sebastian Lăzăroiu en Monica Alexandru, *Who Is the Next Victim? Vulnerability of Young Romanian Women to Trafficking in Human Beings* (Boekarest: IOM, 2003), p. 12.

149. Von Gauting geciteerd in Isabel Fonseca, *Bury Me Standing: The Gypsies and Their Journey* (New York: Vintage Departures, 1996), p. 184-185; Nederlandse vertaling: *Begraaf me rechtop* door Rob van Essen (De Bezige Bij, 2009), p. 245.·

150. E. Zamfir en C. Zamfir, *Gypsies Between Ignorance and Concern* (Alternative Publisher, 1993), geciteerd in Gregorian en Hura-Tudor, *Street Children and Juvenile Justice in Romania*, p. 17.

151. Fonseca, *Begraaf me rechtop*, p. 34. (zie ook noot 149)

152. James Samuelson, *Roumania Past and Present* (Londen: Longmans, Green & Co., 1882), p. 50.

153. Gregory Rodriguez, 'Romanians Culturally Caged', *Christian Science Monitor*, 9 januari 1998, p. 19.

154. Verschillende westerse missionarissen werden veroordeeld voor hun activiteiten hier. In een geruchtmakende zaak uit 1998 werd een Anglicaanse priester, Michael John Taylor, in een vervallen appartement om de hoek betrapt.

155. Fonseca, *Begraaf me rechtop*.

156. Ciprian Domnisoru, 'Bucharest City Hall Makes Largest Investment Since the Revolution', *Bucharest Daily News*, 11 juli 2006.

157. In de Romacultuur kan een verstandelijk gehandicapt meisje, een *dili*, niet trou-

wen. Zelfs al was het meisje niet gehandicapt, dan zou ze toch kunnen zijn verkocht. De verkoop van kindbruiden, een verschijnsel dat door de EU wordt veroordeeld, maar door Roemeense functionarissen overwegend genegeerd, komt nog steeds voor onder Romafamilies.

158. 'A Global Alliance Against Forced Labour', International Labour Organisation, Genève, mei 2005.

159. David Harrison, 'Women Sold as "Fresh Meat": Authorities Losing the Battle Against Gangs That Are Selling Teens into Sexual Slavery', *Vancouver Sun*, 19 november 2005, p. C10.

160. Will Stewart, 'Once We Sold Wine to the World, Now We Harvest Our Women as Sex Slaves to the West', *The Mail on Sunday*, Londen, 13 oktober 2002, p. 32-33.

161. Sue Lloyd-Roberts, 'The New Warlords', *Evening Standard*, Londen, 14 juni 2002, p. 18-19.

162. Andrew Purvis en Jan Stojaspal, 'Human Slavery; Eastern Europe Has Become the Fastest-growing Point of Origin for the Trafficking of Females for Sex', *Time*, 19 februari 2001, p. 18.

163. Malarek, *The Natashas, Inside the New Global Sex Trade* (New York: Arcade Publishing, 2003). p. 37.

164. *National Human Development Report, Republic of Moldova*, UN Development Programme at 20 (1999), geciteerd in *Trafficking in Women: Moldova and Ukraine* (Minneapolis: Minnesota Advocates for Human Rights, december 2000), p. 8.

165. Moisés Naím, *Illicit: How Smugglers, Traffickers, and Copycats Are Hijacking the Global Economy* (New York: Doubleday, 2005), p. 101.

166. 'US Report: Romanian Police Commit Human Rights Abuses', Associated Press, 1 april 2003.

167. *US Department of State Country Report on Human Rights Practices 2005 – Romania* (maart 2006).

168. Mort Rosenblum, 'Romanian Government Reported Stepping Up Repression', Associated Press, 20 augustus 1983.

169. Malarek, *The Natashas*, p. 32-35; David Binder, 'A Trafficking Transit Point, Romania Also Has Its Victims', MSNBC, juni 2001.

170. Zie Malarek, *The Natashas*, p. 47.

171. Zie Roland-Pierre Paringaux, 'Prostitution Takes a Turn for the West', *Le Monde*, 24 mei 1998, geciteerd in Donna M. Hughes, 'The "Natasha" Trade: The Transnational Shadow Market of Trafficking in Women', *Journal of International Affairs*, vol. 53, no. 2 (voorjaar 2000), p. 625-65l.

172. Zie Anna Korvinus, *Trafficking in Human Beings: Fourth Report of the Dutch National Rapporteur (Supplementary Figures)* (Den Haag: Bureau NRM, 2005), p. 23.

173. Zie Naím, *Illicit*, p. 148.

174. Purvis en Stojaspal, 'Human Slavery', *Time*, 19 februari 2001, p. 18.

175. Paula Dobriansky, opmerkingen tijdens de Trafficking in Persons Conference, Helsinki, Finland, 1-3 juni 2003.

176. Limanowska, *Trafficking in Human Beings in South Eastern Europe*, p. 29; en ingediende verklaring van Mohammed Y. Mattar, *The Ongoing Tragedy of International Slavery and Human Trafficking: An Overview*, Subcommissie Mensenrechten en Welzijn van de Commissie Overheidshervorming, Amerikaanse Huis van Afgevaardigden, 29 oktober 2003 (Washington, DC: Government Printing Office, 2004), p. 100.

177. 'Onafhankelijke zakenman "getuige" van moordaanslag op maffialeider', *Gazeta Sporturilor*, Boekarest, 25 februari 2005.

178. Christian Levant, 'Voormalig hoofdofficier van politie waarschuwt machtige georganiseerde criminele bendes in Roemenië', *Evenimentul Zilei*, Boekarest, 11 oktober 2004.

179. '60,000 Romanians, Bulgarians Smuggled into Spain: Report'; Agence France-Presse, 24 mei 2006; Naím, *Illicit*, p. 89.

180. Fonseca, *Begraaf me rechtop*.

181. Peter Baker, 'In Struggling Moldova, Desperation Drives Decisions', *Washington Post*, 7 november 2002, p. A14.

182. Alecs Iancu, 'Moldovan President Denies Receiving Official Invitation to Join EU with Romania', *Bucharest Daily News*, 13 juli 2006.

183. Julianna Arnold en Cornelia Doni, *USAID/Moldova Antitrafficking Assessment – Critical Gaps in and Recommendations for Antitrafficking Activities* (Washington DC: Office of Women in Development, Bureau for Global Programs, Field Support and Research, USAID, oktober 2002), p. 5.

184. Preston Mendenhall, 'Infiltration Europe's Shameful Trade in Human Beings', MSNBC, juni 2001.

185. Michael Jandl, 'Moldova Seeks Stability Amid Mass Emigration', *Insight* (Migration Policy Institute; december 2003).

186. De meeste mensen hier waren etnische Moldaviërs, maar de Russische bevolkingsgroep van Chişinău was sinds de onafhankelijkheid gegroeid, in tegenstelling tot de Moldavische.

187. 'Het is een gevaarlijke mythe dat vrouwen en kinderen die in de prostitutie werken zelf voor een dergelijk leven hebben gekozen,' Amerikaanse ministerie van Buitenlandse Zaken, International Information Programs, *Fact Sheet: Sex Trafficking, the United States, and Europe*, Washington DC, 6 januari 2005.

188. De Horowitzcoalitie verwoordde de kwestie al vroeg en vaak. De strijd over de formulering van de Trafficking Victims Protection Act werd gewonnen door Michael Horowitz, die een streng verbod eiste. Dankzij een lobby van meer dan honderd evangelische en conservatieve groeperingen vaardigde president Bush vervolgens in 2002 een nationale veiligheidsrichtlijn uit waarin stond dat prostitutie per definitie schadelijk was. In 2003 nam Christopher Smith in de bekrachtiging van de TVPA een voorziening op waarin 'het gebruik van fondsen waardoor de legalisatie of de uitoefening van prostitutie wordt bevorderd, ondersteund of verdedigd,' werd verboden. Ingediende verklaring van Chris Smith in *The Ongoing Tragedy of International Slavery and Human Trafficking: An Overview*, p. 13. 'Er is een grens tussen prostitutie en slavernij,' zei Smith in zijn kantoor tegen mij, 'maar die is rafelig. Waar jij nu zit hebben weleens prostituees gezeten, en dat zijn gebroken vrouwen.' Na de bekrachtiging door Smith moesten alle antimensenhandelgroeperingen die staatsfondsen aanvroegen, trouw beloven aan het justiniaanse principe van beëindiging van de prostitutie door algemene overeenstemming. Verschillende organisaties brachten daartegenin dat ze door deze beperking geen toegang hadden tot de slachtoffers die er het ergst aan toe waren. Sommigen maakten onderscheid tussen prostitutie en slavernij: prostitutie werd door hen weliswaar als een misdaad aangemerkt, maar slavernij als een universeel erkende misdaad tegen de menselijkheid.

189. Melissa Fadey, Isin Baral, Merab Kiremire en Ufuk Sezgin, 'Prostitution in Five Countries: Violence and Posttraumatic Stress Disorder', in *Feminism* & *Psychology* (1998), p. 405-26.

190. Lincoln geciteerd in Michael S. Green, *Freedom, Union, and Power: Lincoln and His Party in the Civil War* (New York: Fordham University Press, 2004), p. 32.

191. Farley et al., 'Prostitution and Trafficking in Nine Countries: An Update on Violence and Posttraumatic Stress Disorder', in Melissa Farley, red., *Prostitution, Trafficking and Traumatic Stress* (New York: Haworth Maltreatment & Trauma Press, 2003), p. 37, 47, 51, 53 en 57.

192. 'Trafficking Women's Symptoms Akin to Torture Victims', Reuters, 26 juli 2006.

193. Jana Costachi, 'Trafficking in Human Beings in the Republic of Moldova', in Simona Zavratnik Zimic, *Women and Trafficking* (Ljubljana: Peace Institute, 2004), p. 100.

194. 'Council of Europe to Help Moldova Combat Slave Trade', ITAR-TASS, Russisch nieuwsagentschap, 8 mei 2001.

195. 'Moldovan Police Report Successes in Fight Against Human Trafficking', *Flux*, 1 mei 2004.

196. Zie Naím, *Illicit*, p. 58.

197. EU Grensassistentie missie-rapport, geciteerd in 'Moldova's Uncertain Future', *International Crisis Group Europe Report No.* 175, 17 augustus 2006, p. 6.

198. Naím, *Illicit*, p. 57.

199. *Trafficking As It Is: A Statistical Profile, 2004-2005 Update* (Chişinău: International Organisation for Migration, maart 2006), p. 4.

200. 'Moldova: Country Reports on Human Rights Practices – 2003', Bureau of Democracy, Human Rights, and Labour, US Department of State, 25 februari 2004.

201. In de zomer van 2005 haalde de Turkse politie vijf Oekraïense meisjes uit een raamloze ondergrondse cel van 6 bij 6 meter in de toeristenplaats Antalya. De twee mannen die de meisjes vasthielden, hadden hen tien maanden lang als seksslavinnen aan plaatselijke klanten verhuurd. – Amberin Zaman, 'Turkey One of Largest Markets for Trafficking of Women', *Irish Times*, 3 februari 2006, p. 15.

202. Kevin Bales geciteerd in Susan Llewelyn Leach, 'Slavery Is Not Dead, Just Less Recognisable', *Christian Science Monitor*, 1 september 2004, p. 16.

203. De leden die daaraan deelnamen, bevonden zich overal ter wereld. In Mauritanië, zo vertelde 'Teegee', droegen vrouwen kleine buideltjes onder hun rok, die ze niet afdeden tijdens de seks omdat ze 'een of andere toverkracht' bevatten. 'Ratufreddie' deelde mee dat je in Fiji voor $30 een Indiaas meisje kon kopen voor '2 uur gymnastiek'.

204. 'Lomion', *International Sex Guide*, 19 maart 2006.

205. 'Nice Guy 99', *International Sex Guide*, 19 maart 2006.·

206. 'Lomion', *International Sex Guide*, 20 maart 2006.

207. 'Lomion', *International Sex Guide*, 10 februari 2005.

208. Christien van den Anker,· 'Introduction: Combating Contemporary Slavery', in Van den Anker, red., *The Political Economy of New Slavery* (New York: Palgrave Macmillan, 2004), p. 6.

209. Stewart, 'Once We Sold Wine to the World', p. 32-33.

210. 'Lomion', *International Sex Guide*, 14 maart 2004.

211. John R. Miller, 'Combating Human Trafficking', getuigenis voor de Subcommissie voor Afrika, Wereldwijde Mensenrechten en Internationale Operaties van de Commissie Internationale Betrekkingen van het Huis van Afgevaardigden, 9 maart 2005.

212. 'Lomion', *International Sex Guide*, 1 april 2006.

213. 'Rock Dog', *International Sex Guide*, 7 februari 2006.

214. In dezelfde trant zei een pornoschrijver tegen Frank Rich van de *New York Times*: 'We beseften dat als er per jaar 700 miljoen pornofilms worden verhuurd, dat niet kon komen door een miljoen viespeuken die er elk 700 huurden,' – Frank Rich, 'Naked Capitalists', *New York Times Magazine*, 20 mei 2001, p. S1.

215. 'Big Bob II', *International Sex Guide*, 11 oktober 2004.

216. Hassan M. Fattah, 'Dubai Journal: Bustling Gulf City Finds It Has Imported a Drug Problem', *New York Times*, 5 mei 2005, p. A4.

217. Rami G. Khouri, 'Slave Revolts and Arab Summits', *Jordan Times*, 31 maart 2006.

218. 'Discerning', *International Sex Guide*, 8 mei 2006.

219. '11Bravo', *International Sex Guide*, 3 mei 2006.

220. Michael J. Horowitz, 'Hoorzitting over bordelen tijdens de Duitse Wereldcup', Commissie Internationale Betrekkingen van het Huis van Afgevaardigden, Washington DC, 4 mei 2006.

221. Marjan Wijers, *La Strada, European Network Against Trafficking in Women* (Amsterdam: La Strada, 2005), p. 14.

222. Sietske Altink, *Stolen Lives: Trading Women into Sex and Slavery* (Londen: Scarlet Press, 1995), p. 48.

223. Janice G. Raymond, 'Ten Reasons for *Not* Legalizing Prostitution and a Legal Response to the Demand for Prostitution', in Farley, red., *Prostitution, Trafficking and Traumatic Stress*, p. 318.

224. Jenifer Chao, 'Dutch Waking Up to Organised Crime in Their Midst', Associated Press, 14 december 1994.

225. Job Cohen geciteerd in 'Politie negeert mensenhandel', *NRC Handelsblad*, 1 oktober 2005.

226. John R. Miller, openbare briefing over het vergaderdocument 'Pathbreaking Strategies in the Global Fight Against Sex Trafficking', Amerikaanse ministerie van Buitenlandse Zaken, 29 mei 2003.

227. Afgevaardigde Brad Sherman, 'Global Trends in Trafficking and the Trafficking in Persons Report', Hoorzitting van de Subcommissie Internationaal Terrorisme, Non-proliferatie en Mensenrechten van de Commissie Internationale Betrekkingen van het Amerikaanse Huis van Afgevaardigden, 25 juni 2003.

228. John R. Miller, beëdiging als ambassadeur in algemene dienst, Benjamin Franklin Room, Amerikaanse ministerie van Buitenlandse Zaken, 7 september 2004.

229. Aangezien hij niet over een geboortebewijs beschikte, kan Douglass iets jonger geweest zijn: later in zijn leven zei hij dat zijn geboortedatum in februari 1816 was, maar geschiedkundigen beweren dat hij in februari 1818 was geboren.

230. F.B. Bradley-Birt, *Chota Nagpur: A Little Known Province of the Empire* (New Delhi, 1903), p. 23, geciteerd in G.S. Ghurye, *The Scheduled Tribes of India* (New Brunswick, NJ: Transaction books, 1963), p. 10.

231. Kevin Bales, 'The Social Psychology of Modern Slavery', *Scientific American* (april 2002), p. 86.

232. Kevin Bales, *Understanding Global Slavery: A Reader* (Berkeley: University of California Press, 2005), p. 1.

233. James M. Gregory, *Frederick Douglass: The Orator* (Springfield, IL: Willey & Co., 1893), p. 100.

234. Brahma Chellaney, 'Debt-Bondage Labor Becomes Issue in India', Associated Press, 25 maart 1982.

235. Walter G. Griffiths, *The Kol Tribe of Central India* (Calcutta: Asiatic Society, 1946), p. 210.

236. Somini Segupta, 'On India's Despairing Farms, a Plague of Suicide', *New York Times*, 19 september 2006, p. A1.

237. Frederick Douglass, *My Bondage and My Freedom* (New York: Miller, Orton & Mulligan, 1885), pp. 255-256.

238. Peter Foster, 'Teachers Seek Sterilization "Volunteers"', *Calgary Herald*, 25 februari 2006, p. A19.

239. P. Sainath, *Everybody Loves a Good Drought* (New Delhi: Penguin Books, 1996), pp. 195-196.

240. Griffiths, *The Kol Tribe of Central India*, p. 196.

241. Shashi Tharoor, *India: From Midnight to the Millennium* (New York: HarperCollins, 1997), p. 8.

242. 'India: Police Pledge to Defend Tribal Women', *The Hindu*, New Delhi, 5 november 1997, p. 15.

243. Mohandas Karamchand Gandhi, 'Speech at AICC Meeting: 8 August 1942', in Rudrangshu Mukherjee, red., *The Penguin Gandhi Reader* (New York: Penguin Books, 1993), p. 171.

244. Griffiths, *The Kol Tribe of Central India*, p. 197.

245. William Lloyd Garrison, 'American Colorphobia', *The Liberator*, 11 juni 1847, in Mason I. Lowance, red., *Against Slavery: An Abolitionist Reader* (New York: Penguin Books, 2000), pp. 117-118. Britse abolitionisten liepen natuurlijk een stuk voor inzake de slavernijkwestie, en waarschijnlijk heeft Garrison de volgende uitspraak van Thomas Day uit 1776 aan het adres van een Amerikaanse correspondent gejat en afgezwakt: *'Slavery ... is a crime so monstrous against the human species that all those who practice it deserve to be extirpated from the earth.'* – Thomas Day (geschreven in 1776, gepubliceerd in 1784), brief aan een Amerikaanse correspondent, geciteerd in Vincent Carretta, red., *Unchained Voices: An Anthology of Black Authors in the English-speaking World of the 18th Century* (Lexington: University Press of Kentucky, 1996), p. 6.

246. Gandhi, 'Caste Has to Go: 16 november 1935', in Mukherjee, red., *The Penguin Gandhi Reader*, p. 223.

247. Geciteerd in A.M. Rajasekhariah, *B.R. Ambedkar: The Politics of Emancipation* (Bombay: Sindhu Publications, 1971), p. 285.

248. Biharilal Sarkar, 30, Cuthbert & Wilkinson to Thomason, 12 februari 1832, geciteerd in Ranajit Guha, *Elementary Aspects of Peasant Insurgery in Colonial India* (Durham, NC: Duke University Press, 1999), p. 22.

249. Gandhi, 'Speech at AICC Meeting: 8 August 1942', in Mukherjee, red., *The Penguin Gandhi Reader*, p. 171.

250. Randeep Ramesh, 'Inside India's Hidden War', *The Guardian*, Londen, 9 mei 2006, p. 23.

251. Manmohan Singh geciteerd in 'Focus on Good Governance: Prime Minister Singh', *Hindustan Times*, New Delhi, 13 april 2006.

252. Geciteerd in Arindam Roy, 'Breaking the Shackles', *Economic and Political Weekly*, 5 februari 2000, p. 425.

253. Voor een gedetailleerder beschrijving van de activiteiten van Sankalp met de Kol, zie de Free the Slaves-documentaire *Silent Revolution* (april 2006), geproduceerd door Peggy Callaghan. Zie ook Zoe Trodd en Kevin Bales, *To Plead Our Own Cause: Personal Stories by Today's Slaves* (Ithaka, NY, Cornell University Press, 2008).

254. Amar Saran tegen Margaret O'Grady van Anti-Slavery International, 2000.

255. Robert Falls in een interview door Della Yoe voor Work Projects Administration, *Slave Narratives: A Folk History of Slavery in the United States from Interviews with Former Slaves.* Vol. XV: Tennessee (Washington DC, 1941), p. 16.

256. Charlie Davis in een interview met Annie Ruth Davis voor Work Projects Administration, *Slave Narratives: A Folk History of Slavery in the United States from Interviews with Former Slaves.* Vol. XIV: *South Carolina, Part I* (Washington DC, 1941), p. 245.

257. Anti-Slavery International, 'Debt Bondage in India, Nepal and Pakistan', ingediend bij de VN-Commissie Mensenrechten, Subcommissie bevordering en bescherming van mensenrechten, Werkgroep tegenwoordige vormen van slavernij, 25e vergadering, Genève, 14-23 juni 2000.

258. George W. Bush, tweede inaugurele rede, Washington DC, 20 januari 2005.

259. Dominee William Bullein Johnson geciteerd in John Patrick Daley, *When Slavery Was Called Freedom: Evangelicalism, Proslavery, and the Causes of the Civil War* (Lexington: University Press of Kentucky, 2002), p. 77.

260. Condoleezza Rice, uitspraken tijdens de jaarvergadering van de Southern Baptist Convention, Greensboro Coliseum, Greensboro, North Carolina, 14 juni 2006.

261. Bobby Welch, uitspraken tijdens de jaarvergadering van de Southern Baptist Convention, Greensboro Coliseum, Greensboro, North Carolina, 14 juni 2006.

262. David C. Mulford, 'We Can Make a Difference in the Fight Against Human Trafficking', *The Times of India*, 6 juni 2006.

263. George W. Bush, uitspraken van president Bush over de wereldwijde oorlog tegen de terreur, Paul H. Nitze School of Advanced International Studies, Johns Hopkins University, Washington DC, 10 april 2006.

264. Thomas Clarkson tegen aartsdeken Plymley, 27 augustus 1793, geciteerd in Adam Hochschild, *Bury the Chains: Prophets and Rebels in the Fight to Free an Empire's Slaves* (New York: Houghton Mifflin, 2006), p. 237.

265. John C. Danforth, 'In the Name of Politics,' *New York Times*, 30 maart 2005, p. A17.

266. Clarkson tegen aartsdeken Plymley, in Hochschild, *Bury the Chains*, p. 237.

267. Via haar advocaat sloeg Marie Pompee mijn verzoek om een interview af, maar ze ontkende dat ze Little Hope tot slaaf had gemaakt.

268. Opiniestuk, 'End America's Denial of Farm Labor Reality', *Palm Beach Post*, 14 december 2003, p. 2E.

269. Amy O'Neill Richard, *An Intelligence Monograph: International Trafficking in Women to the United States: A Contemporary Manifestation of Slavery and Organized Crime*, DCI Exceptional Intelligence Analyst Program, november 1999, p. 3.

270. Richard J. Estes en Neil Alan Weiner, *The commercial Sexual Exploitation of Child-*

ren in the U.S., Canada and Mexico (Philadelphia: University of Pennsylvania School of Social Work, 19 september 2001), p. 39.

271. Little Hope herinnert zich dat ze werd ondervraagd door een politieagente, geen maatschappelijk werkster. Volgens het dossier van de overheid werd de ondervraging gedaan door iemand van de kinderbescherming, die later, toen bekend werd hoe dat was verlopen, werd ontslagen.

272. De advocaat van Willy Jr. kwam later nog met een foto op de proppen waarop Marie en Williathe beiden lachten.

273. In 1986 verving het Congres de tekst 'op het slechte pad brengen' en 'ander immoreel doel' door een preciezere omschrijving.

274. Geciteerd in Ann O'Neill, 'Pines Woman Sentenced for Harboring Alien', *Sun-Sentinel*, Fort Lauderdale, 2 juli 2004, p. 1B.

275. Ibid.

276. Ik ben dank verschuldigd aan Darran Simon voor deze beschrijving, en voor zijn logistieke hulp. Zie Darren Simon: 'Tragedy to Triumph: A Trek of Inspiration', *Miami Herald*, 11 juni 2006, p. B1.

277. Richard, *An Intelligence Monograph: International Trafficking in Women to the United States*, p. 3.

278. Zie Samantha Power, *A Problem from Hell: America and the Age of Genocide* (New York: Basic Books, 2002); en Philip Gourevitch, *We Wish to Inform You That Tomorrow We Will Be Killed with Our Families: Stories from Rwanda* (New York, Picador, 1999).

279. Michael Horowitz, 'Memorandum to Interested Parties RE: Passage of the End Demand Act', Washington DC, 6 januari 2006.

280. Afgelegde verklaring van Bales, *The Ongoing Tragedy of International Slavery and Human Trafficking: An Overview*, p. 111.

281. Voor deze ideeën ben ik dank verschuldigd aan de Peruaanse econoom Hernando de Soto, *The Mystery of Capital: Why Capitalism Triumphs in the West and Fails Everywhere Else* (New York: Basic Books, 2000).

282. Henry David Thoreau, brief aan Parker Pillsbury: 10 april 1861, in *The Correspondence of Henry David Thoreau*, Walter Harding, red. (New York: New York University Press, 1958), p. 611.

Dankwoord

Op een avond in het voorjaar van 2001, na mijn laatste dag als assistent van Walter Russell Mead bij de raad voor Buitenlandse Betrekkingen in New York, nodigde hij me uit voor een etentje in een chique bistro aan Madison Avenue. Ik moest destijds in New York zien rond te komen van een onderzoeksassistentensalaris en kon me zelden vlees veroorloven, dus bestelde ik op Walters kosten een biefstuk. Lekker.

Maar bij dat etentje kreeg ik iets nog veel waardevollers: het idee dit boek te schrijven. Het kwam heel terloops ter sprake. Walter had in de evangelische media een aantal rapporten gelezen over hedendaagse slavernij en vond dat daar veel te weinig over bekend was.

'Stel je eens voor: op dit moment zijn er meer slaven dan ooit tevoren,' zei hij.

Ik kocht meteen *Disposable People – New Slavery in the Global Economy* van de hedendaagse pionier op dit gebied, de onderzoeker Kevin Bales, die dat inderdaad had vastgesteld. Tijdens twee opdrachten voor *Newsweek International* probeerde ik die cijfers een gezicht te geven, en zo kreeg ik een duidelijker beeld en inzicht in de impact van slavernij.

Dankzij Mead, Bales en mijn redacteuren bij *Newsweek*, Marcus Mabry en Richard Ernsberger, kreeg het idee handen en voeten. De verloskundigen die me bijstonden bij het ter wereld brengen van het boek zelf waren Geri Thoma, mijn agente, en Martin Beiser, mijn redacteur. Het geduld van Thoma en de vaste hand van Beiser, in combinatie met hun beider gevoel voor de compositie van een verhaal, hebben dit boek, mijn eersteling, mogelijk gemaakt.

Tot mijn blijdschap en trots mag ik een vooraanstaand staatsman, Richard Holbrooke, mijn vriend en mentor noemen. Uit zijn grote steun bij dit project – hij schreef ook het voorwoord – blijkt wel hoe hij de abolitionistische zaak is toegedaan.

Maya Angelou schreef eens: 'De geschiedenis, hoe gruwelijk pijnlijk die ook kan zijn, kan niet ongedaan worden gemaakt. Maar als we haar moedig onder ogen zien, hoeven we haar niet opnieuw te beleven.' Haar woorden geven goed weer waarom ik in de eerste plaats de slachtoffers dankbaar ben omdat ze me het vertrouwen hebben geschonken dat nodig was mij hun geschiedenis te vertellen. Ze zijn daar niet voor betaald. Ze hebben gesproken omdat ze ervan overtuigd waren dat ze het leed van anderen konden verlichten door de wereld in hun ervaringen te laten delen. Bill Nelson, Camsease Exille, Muong Nyong Muong, 'Tatjana', Natasja, 'Gonoo' Lal Kol, Bhola, Williathe Narcisse en meer dan honderd anderen wier verhaal niet in dit boek staat, bepleitten niet alleen hun eigen zaak, maar ook die van duizenden anderen die nog steeds in stilte lijden.

Ambassadeur John Miller heeft belangeloos meegewerkt, net als Mark Taylor en de rest van de staf van het bureau voor onderzoek naar en bestrijding van mensenhandel. Ook de juristen van het Bureau voor Mensenrechten van het ministerie van Justitie hebben belangrijke bijdragen geleverd. Met name officier van justitie Lou DeBaca, die de hedendaagse slavernij al langer bestrijdt dan alle anderen die ik op dat gebied in de vs heb ontmoet, heeft me ruimhartig in zijn kennis laten delen.

Aan Mary Van Evera ben ik dank verschuldigd voor haar steun, die van essentieel belang was bij het begin van mijn onderzoek, en ook aan mijn vrienden bij het World Economic Forum, die altijd bereid waren me per vliegtuig zo dicht mogelijk bij bepaalde bestemmingen te brengen.

In de vijf jaar die ik voor dit boek moest reizen, kreeg ik onderdak bij diverse mensen en gezinnen. Sommigen stonden me ook bij als ik weer eens een vreemde tropische ziekte had opgelopen. Zonder hen zou ik nu niet zo gezond zijn en had ik in elk geval dit boek niet kunnen afmaken.

De volgende mensen wil ik graag danken omdat ze hun huis voor me hebben opengesteld: Trajean LaGuerre in Brésillienne; Michael Geilenfeld, die me een kamer aanbood in zijn weeshuis Maison St. Josef in Port-au-Prince, een bron van hoop; Richard Morris, die de sfeer in hotel Oloffson in Port-au-Prince volmaakt heeft weten te bewaren, zodat het er nog steeds zo heerlijk griezelig is als in de tijd van Graham Greene; pater Pierre 'Pedro' Ruquoy in Batey No. 5 aan de grens met de Dominicaanse Republiek; Philip Chol, Chol Changath en Betty Kiden, die me in Malual Kon een tukul hebben geleend; Toby Kay van Save the Children, die in Lokichokkio hetzelfde heeft gedaan; dominee Santino Bol, op wiens terrein in Marial Bai ik mijn tent mocht opzetten; Martha en Johnson Mugambi, die me tijdens mijn ziekte hebben verpleegd en me in hun prachtige huis in Nairobi hebben opgenomen; George P. Pagoulatos en zijn vrouw, die me in hotel Acropole, een oase voor buitenlandse journalisten in Khartoum, eveneens hebben verpleegd; Buthina Bashir, Nazer Abdel Rahim, Safwan Mohamed en Al-Mutaz Ahmed, die me in Omdurman hebben ontvangen alsof ik bij de familie hoorde; Elena Moldovan, mijn dierbare hospita in Boekarest, die me in haar eigen flat heeft gehuisvest; Sasha en Veronika Imperial, die ervoor zorgden dat ik me in Chişinău thuis kon voelen; Herrmann Jungraithmayr, die in het Duitse Marburg hetzelfde heeft gedaan; Francisca 'Francie' Hoogeveen en Peter Besselink, die me wekenlang een plekje in hun appartement aan een Amsterdamse gracht ter beschikking hebben gesteld; pater Raymond D'Souza, wiens huis in Naini, India, ik bijna twee maandenlang als uitvalsbasis mocht gebruiken; de familie van Nita Colaço, die me liefdevol heeft opgenomen in een prachtig huis aan het strand van Goa; en ten slotte Scott Cunningham in Miami, die me toestond de grenzen van de vriendschap op te zoeken door me in de voorjaarsvakantie zijn appartement in South Beach af te staan.

De vertalers waren van essentieel belang. Op een enkele uitzondering na hoorden degenen die de in dit boek gebruikte getuigenissen van de slaven hebben vertaald, niet bij een bepaalde organisatie en hadden ze geen specifieke agenda. Ze bleven onder moeilijke omstandigheden opmerkelijk professioneel. Met name Laurie Richardson was een goede vriendin die van alles wist te regelen en me in Port-au-Prince door allerlei netelige situaties heen loodste, net als haar collega's Djaloki Dessables, Carla Bluntschli en Ari Nicolas; Serge, ook wel bekend als Sean R.J. Sacra, was veel volwassener dan men op zijn leeftijd zou verwachten, en ik had bij mijn reizen door Haïti niet buiten hem gekund. Ayaga Garang in Soedan zorgde niet alleen voor vlekkeloze vertalingen, maar beschermde me ook tegen de verzengende hitte tijdens de lange fietstochten tussen Malual Kon, Mangar Angui en alle tussenstations. In Boekarest deed Alexandru Petrache opmerkelijk kalm zijn werk in benarde situaties, en in Chişinău was Elena Popa een uitstekende tolk. Chandni Sharma was juriste en bracht als zodanig ook haar specialistische kennis en haar contextgevoeligheid in. Rajneesh Yadav studeerde landbouwwetenschappen en was in de streek rond Lohagara Dhal mijn nauwgezette, volhardende tolk, en in Istanbul zorgde 'Kerem' ervoor dat onze geïmproviseerde undercovermissie niet in het honderd liep.

Het manuscript is door vele handen gegaan. Iedereen bij Free Press – met name Martin Beiser en zijn assistenten Kit Frick, Andrew Paulson and Kirsa Rein – heeft veel geduld gehad met de beginneling die ik was. Aan de andere kant van de Atlantische Oceaan was Ailsa Bathgate van Mainstream mijn onvermoeibare, nauwgezette redacteur voor de Britse editie. De studenten van Walter Mead en John Ryle van het Bard College lazen een aantal hoofdstukken door en namen ze stevig onder handen, net als de jonge medewerkers in opleiding bij de raad voor Buitenlandse Betrekkingen onder leiding van Bryan Gunderson, Eitan Goldstein, Scott Erwin en Eliana Johnson. De leden van de salon van Ania Wajnberg en Michael Redlener hebben ook hun tanden in het materiaal gezet. De documentalisten van de raad voor Buitenlandse Betrekkingen, Leigh Gusts, Michelle Baute, Connie Stagnaro, Ming Er Qiu en Marcia Sprules, tekenden zoals altijd voor uitstekende research. Ib Ohlsson, schatbewaarder van een uitstervende kunst, heeft alle kaarten met de hand getekend.

Dan waren er nog de uiterst belangrijke mensen die opbouwende kritiek en goede raad gaven voor het manuscript en de onderneming als geheel. Alberto Ibargüen, een vriend met een welhaast bovennatuurlijke kennis van de wereld van de media, reikte goede ideeen aan voor de compositie van het verhaal. Wijlen David Halberstam, wiens tragische overlijden samenviel met de laatste stadia van het werk aan dit boek, heeft me bemoedigd toen ik op het punt stond er de brui aan te geven. Ginny Baumann van Free the Slaves belichaamde altijd de stem van de ratio en heeft de meeste hoofdstukken geduldig doorgelezen. Parag Khanna wist me op een vriendschappelijke manier voortdurend bij de les te houden. Joaly Alcalá, Ashley Bommer en Megan Quitkin hebben me geholpen met het definitieve manuscript, en andere vrienden in New York zijn me ondanks veelvuldige langdurige afwezigheid niet vergeten.

Veel plaatselijke journalisten en buitenlandse correspondenten hebben me geholpen bij het opsporen van de verhalen, met name Reed Lindsay in Port-au- Prince, Elizabeth Drachman en Peyman Pejman in Dubai, Paul Radu en vooral Petrică Rătsjită, mijn redders in Boekarest en elders; Alina Radu, die me wegwijs maakte in Moldavië en Trans-Nistrië, en Darran Simon, die me in Miami op weg hielp.

Dank ben ik ook verschuldigd aan een aantal schrijvers en journalisten, al zijn ze zich er niet allemaal van bewust dat ik gebruik heb gemaakt van hun werk, onder wie Deborah Sontag met haar artikelen over restavèks in de *The Miami Herald*; Joel Brinkley met zijn artikelen in *The New York Times* over de Amerikaanse inspanningen in de strijd tegen de mensenhandel; Isabel Fonseca met haar prachtige boek over de Roma, *Bury Me Standing (Begraaf me rechtop)*; Deborah Scroggins met haar fascinerende biografie *Em-*

ma's War, dat ik door heel Oost-Afrika heb meegesleept; Allen D. Hertzke met zijn kroniek over de invloed van de evangelische kerken op het hedendaagse Amerikaanse buitenlands beleid, *Freeing God's Children*, en Victor Malarek met zijn boek over vrouwenhandel, *The Natashas*.

Een aantal niet-gouvernementele deskundigen hebben me bij mijn onderzoek geadviseerd en mijn tekst van commentaar voorzien. In de vs waren dat onder anderen Florrie Burke, Jean-Robert Cadet, Katherine Chon, Gigi Cohen, Alex Dupuy, Joseph Elder, Frank T. Griswold, Samantha Healy, Ann Jordan, Natasha G. Kohne, Michael F. McAuliffe, Jocelyn McCalla, Monika Parikh, John Prendergast, Jemera Rone, Ken Roth, John Ryle, rabbijn David Saperstein en Mike Stephens. In het Verenigd Koninkrijk onderbrak Aidan McQuade zijn belangrijke werk voor Anti-Slavery International om een voorwoord bij de Britse editie te schrijven; zijn collega's hebben me meer dan vijf jaar lang aan achtergrondinformatie geholpen. In Amsterdam en Utrecht heb ik veel geleerd van Sietske Altink, Sandra Claassen, Maria de Cock, Marieke van Doornick en Niene Oepkes. Drie vertegenwoordigers van de Internationale Organisatie voor Migratie in Chişinău – Iraida Margineanu, Martin Andreas Wyss en vooral Lidia Gorceag – hebben zich veel moeite getroost me hun ondergewaardeerde maar moedige werk bij het enige opvanghuis voor slachtoffers van vrouwenhandel in Moldavië te laten zien. Andere Moldavische deskundigen die me van informatie hebben voorzien, zijn Michael H. Getto, Veronica Lupu, Nicolae Misail, Ion Oboroceanu en Angelina Zaporojan-Pirgari. In Khartoum hebben James Aguer, Kate Halff en Adele Swinska me aan uitstekende achtergrondinformatie geholpen, net als Wendy Fenton in Nairobi. In Abu Dhabi vertelde dr. Ushari Mahmud me het verhaal achter zijn onderzoek naar de slavernij in Soedan – het eerste eigentijdse onderzoek op dat gebied. In Port-au-Prince kreeg ik van Martial N. Bailey, Godfroy 'Gody' Boursiquot, Abdonel Doudou en Alphonse Deo Nkunzimana goede, duidelijke uitleg over het restavèkprobleem. In Delhi zorgde Kailash Satyarthi, pionier bij de bestrijding van slavenarbeid, voor een helder overzicht van de strijd tegen de slavernij na de officiële afschaffing daarvan in India. Bruno Deceukelier, hulpverlener in Port-au-Prince, verschafte me goede informatie over de slavernij op de suikerrietplantages in de Dominicaanse Republiek en nam me ook nog op de crossfiets mee de grens over, zodat ik de praktijk met eigen ogen kon zien.

Verder wil ik graag een aantal neo-abolitionisten vermelden aan wie ik veel te danken heb, maar die ik in dit boek te weinig aan bod heb laten komen. Deze mensen verrichten bij heel kleine organisaties met weinig middelen prachtig werk; ze verdienen allemaal onze steun.

Haïti: dominee Miguel Jean Baptiste, Clermei de Rameau (ook bekend als Mammy Georges Rameau), Patrick Bernard, Wenes Jeanty, Gernie Grandpierre, Marie Pasal Douyan en Leslie Jean Jumeau drijven de Foyer Maurice Sixto, het oudste en grootste opvanghuis voor restavèks in Port-au-Prince. Aan de andere kant van Port-au-Prince geeft de kinderpsychologe Nadine Burdet leiding aan l'Escale, een rustig tehuis voor weggelopen restavèks. Jean Marcel van de ontwikkelingshulporganisatie Action Chrétienne in Cité Soleil leidt een school in de gevaarlijkste zone van het westelijk halfrond. In Jacmel staan Guerda Lexima Constant en Samson Joseph aan het hoofd van de Fondasyon Limyè Lavi, die vanuit de Verenigde Staten wordt gecoördineerd door Coleen Hedglin en David Diggs van Beyond Borders. Limyè Lavi doet schitterend werk door voorlichting te geven aan gezinnen en zo te voorkomen dat kinderen aan mensenhandelaars worden meegegeven.

Europa: Iana Matei geeft leiding aan Reaching Out, een opvangcentrum voor slachtoffers van vrouwenhandel in Piteşti, in Roemenië; in Tiraspol in Trans-Nistrië leidt Oxana Alistratova een organisatie die Interaction heet en probeert te voorkomen dat vrouwen het slachtoffer van vrouwenhandel worden. In de Amsterdamse Bijlmer is de Christian Aid and Resources Foundation (CARF) van pastor Tom Marfo de enige organisatie die hulp biedt aan West-Afrikaanse slachtoffers van vrouwenhandel.

Azië: Sharla Musabih staat aan het hoofd van City of Hope, op dit moment nog steeds het enige opvangcentrum voor slachtoffers van vrouwenhandel in Dubai. In Shankargarh leiden Rampal, Suneel Kumar en hun collega's van Sankalp een controversiële maar effectieve organisatie die de slaven in de steengroeven bijstaat als ze hun vrijheid willen veroveren. Vanuit Washington coördineert Free the Slaves een aantal zeer effectieve programma's via de directeur in Zuid-Azië, Supriya Awasthi. Van die programma's wil ik vooral de Diocesan Development and Welfare Society van pater Raymond D'Souza vermelden, die de ashram Bal Vikas heeft opgericht, een project voor bevrijding, onderdak en maatschappelijke reïntegratie van kindslaven in tapijtfabrieken, alsmede het Social Action and Research Centre (SARC) van Ranjana Gaur in Varanasi, dat zich richt op de vrouwenhandel, en de Society for Human Development and Women's Empowerment van Bhanuja Lal (MSEMVS), gericht op de bestrijding van slavenarbeid, vooral in de tapijtindustrie.

En ten slotte dank ik mijn ouders, Meg en Neil Skinner, aan wie dit boek is opgedragen en zonder wie...

Register

Meer informatie over E. Benjamin Skinner
en de boeken van Uitgeverij Cossee
vindt u op onze website www.cossee.com
en op www.acrimesomonstrous.com